보험범죄조사론

윤명성

박영사

머리말

사람은 사는 동안에 위험에서 벗어날 수 없다. 위험은 사망, 상해, 질병, 각종 사고 등 우리 주변에 그 모습을 드러내지 않고, 그 대신 손실이라는 모습으로 나타난다. 보험은 이러한 위험에 대한 인류의 대응으로 발명된 기제다. 우리는 보험을 통해서 온갖 위험에 대비하여 안정된 장래를 보장받고 싶어 한다. 보험제도는 같은 위험을 느끼는 여러 사람이 일정한 금전을 출연하여, 그중 실제 위험을 당한 사람에게 모아 주는 상부상조의 정신에 기반한다. 1인은 만인을 위하고, 만인은 1인을 위한 제도이다.

그런데 보험범죄는 인위적으로 사고를 발생시켜서 모든 가입자의 보험료를 높이는 결과를 초래함으로써, 보험제도의 근간을 파괴한다. 보험제도의 붕괴는 결국 위기가 닥쳤을 때, 스스로 문제를 해결할 수 없는 사회적 약자들에게 불이익이 돌아간다. 그래서 보험범죄를 '소리 없는 대재앙'quiet catastrophe이라고 부르기도 한다. 보험범죄는 정상적인 경제질서를 교란시킬 뿐만 아니라 개인들의 도덕적 해이moral hazard를 유발하는 요인이 된다. 또한, 보험범죄로 인한 피해는 고스란히 선량한 가입자들에게 전가된다. 일부 부당한 수령자들이 얻은 수익을 선량한 가입자들이 나누어서 부담하는 꼴이 되는 것이다. 즉 보험범죄로 인한 피해는 단순히 보험회사에만 국한되지 않으며 보험계약자, 나아가 사회 전체가 그 피해자가 될 수 있다는 점에서 그 심각성이 크다고 할 수 있다. 금융감독원 자료에 의하면 2023년 기준 보험사기 적발액이 1조 1,164억원, 보험사기로 적발된 인원은 109,522명이다. 적발된 금액이 그 정도이니 적발되지 않은 암수범죄의 액수까지 포함하면 천문학적인 금액이 보험범죄의 대상이 되는 것이다.

필자는 오랜 기간 경찰에 근무하였고, 특히 2017년 광주경찰청에 근무하면서 광주지역에 만연했던 보험범죄를 척결하기 위해 보험범죄와의 전쟁을 선포하고, 보험범죄연구회와 관련 기관 상설협의체를 운영하면서 보험범죄 특별단속을 실시하였다. 이에 대한 성과로 광주경찰청에서는 2017년 한 해 특별단속 기간에 941명을 검거하고 이 중 23명을 구속하는 등 전년 동기간에 비해 2~3배 이상의 획기적인 성과를 거두었다. 나아가 2018년 전남경찰청에 근무할 당시 보험범죄 특별수사팀을 운영하여 전년 같은 기간 대비하여 검거 건수 80.7%p, 검거 인원 70%p가 늘어나는 성과(253건, 496명 검거)를 올린 바 있다. 2022년 경찰수사연수원장으로 재직하는 동안에는 경찰청과 금융감독원, 국민건강보험공단, 건강보험심사평가원, 보험협회 등 관련 기관과 업무협약MOU을 맺어 보험범죄에 공동대응 체계를 구축하고, 경찰수사연수원에 최초로 보험범죄연구센터와 보험범죄수사교육과정을 개설하였다. 또 사단법인 한국보험범죄연구원을 설립하고, 한국보험범죄학회를 창설하였다. 보험범죄를 근절하기 위한 노력은 단기간에 끝낼 수 있는 일이 아니라 사회적 인식 변화가 함께 이루어져야 하는 장기적인 과제이다. 이러한 상황에서 보험범죄 관련 기관들의 상설 협의체 운영과 특별단속을 통한 공동대응은 체계적인 접근방식이라는 점에서 의미 있는 성과를 거두었다고 확신한다.

본 졸고는 필자의 범죄학 박사학위 논문인 '보험범죄의 실태분석 및 대응방안에 관한 연구' 자료와 그간 보험범죄 관련 기관과 함께 보험범죄연구회를 통해 보험범죄에 공동으로 대응하며 발간했던 보험범죄백서, 관련 조사사례와 판례 등 자료를 분석하고 정리한 것을 토대로 이루어졌다. 또한 2020년 이래 형사소송법, 검찰청법 개정 등 변경된 수사절차에 따른 보험범죄 조사절차와 방법을 기술하고, 각 보험범죄의 특성을 고려하여 보험범죄 유형별 조사기법과 조사사례를 소개하고 공인탐정 제도 도입 등 향후 대응방안도 제시하였다.

필자는 오랜 기간 보험범죄를 연구하고 이에 대응하면서 먼저 보험범죄자들 사이에 만연한 '보험금은 임자 없는 돈, 먼저 본 사람이 임자'라는 생각을 버리게 하는 것이 중요하다고 생각하고 있다. 보험범죄 대응을 위해서는 교육, 홍보와 같은 방법을 통한 사전예방이 형사정책적으로 가장 효과적이지만 지금의 현실은 그렇지 못하다. 현재 우리나라의 보험범죄 대응은 사후 적발을 중심으로 이루어지고 있는 것이 엄연한 실상이기 때문이다. 보험범죄 수사는 사건의 특성상 많은 수사인력과 시간이 소요된다. 건강보험심사평가원의 입원적정성 심사회시 기간이 너무 길어 수사 진행에 큰 차질이 생기고 있다. 보험사에서 보험사기 의심사건을 자체 조사하는 특별조사팀(Special Investigation Unit, SIU)은 조사권도 없고 인력도 충분하지 않다. 그간 사법처리 단계에서 보험범죄자들은 쉽게 빠져나가고 처벌 형량도 낮게 받았다. 보험범죄에 제대로 대처하지 못하는 구조적 문제이다. 이런 상황에서 결국 보험사SIU의 수사의뢰와 경찰의 보험범죄 수사는 보험범죄를 억제하는 가장 큰 축임을 부인할 수 없다. 그래서 보험범죄 수사와 관련하여 범행을 자백하지 않는 피의자들을 상대로 편취의 고의를 입증하기 위해 다양한 증거에 대한 체계적 조사와 분석방법 등 수사기법에 대한 내용도 기술했다.

보험은 자본주의의 꽃이라고 불리기도 한다. 보험은 위험을 분산시키고 불확실성을 줄여 개인이나 조직이 안정적으로 생활하고 성장할 수 있게 해준다. 보험제도가 본연의 역할을 하도록 보험범죄를 억제해야 한다. 범죄학 이론상 처벌의 확실성, 엄격성, 신속성이 확보되면 범죄는 억제된다. 보험범죄자를 예외 없이 확실하게 처벌하고, 솜방망이 같은 처벌 아닌 엄격한 처벌을 하고, 신속하게 조사하여 처벌해야 한다. 탈무드에 '죄는 처음에는 손님이다. 그러나 그대로 두면 주인이 되어 버린다.' 라는 말이 있다. 개개인의 이익을 좇는 욕망에서 벗어나서 공동체의 가치와 정의를 존중하는 풍토가 절실히 요구된다.

본 책자가 일상생활 속에 만연한 보험범죄와의 장기전에서 보험업계와 수사관, 범죄학 연구자 및 관련 기관에 보험범죄대응 정책상 유용하게 활용되기를 바란다. 끝으로 책이 나오기까지 세심하게 도움을 준 건국대 강소영 교수, 판례 분석정리를 도와 준 강동필 변호사, 삼성생명 류철, 동부화재 김춘환, 금융감독원 나성수님과 다수의 수사관, 보험업계 관계자 및 (사)한국보험범죄연구원, 한국보험범죄학회, 그리고 박영사의 한두희, 정연환님 등께 감사드린다.

차 례

제1장 서 론

제2장 보험범죄 및 대응실태

제3장 보험범죄 조사기법과 한계

제4장 보험범죄 유형별 조사기법

제5장 주요 보험범죄 조사사례

제6장 보험범죄 대응방안

부록

제1장

서 론

I 보험범죄의 개념과 특성

1. 보험범죄의 개념

(1) 보험범죄와 보험사기의 개념

보험과 관련된 일탈행위를 논의할 때 '보험사기' 이외에 '보험범죄'나 '보험사고', '도덕적 위험' 등의 용어를 함께 사용하고 있는데, 이러한 용어들의 개념을 정리해 볼 필요가 있다.

먼저 보험범죄에 관한 정의는 각국에 따라 차이가 있다. 미국은 보험사기라는 용어를 보험범죄를 포함하는 개념으로 법률 등에서 정의하고, 영국은 보험사기 및 보험범죄라는 용어를 혼용하고 있으며, 중국은 보험사기라는 용어로 형법(제198조)에 규정하고 있다. 프랑스는 사회보험법(제337-1조 및 제337-3조)에 보험사기의 용어를 사용하고 있으며, 이탈리아는 형법전(제642조)에 보험사기라는 용어를 사용하고 있다. 특이하게도 독일은 보험사기를 형법상 일반사기죄로 처벌하고, 이에 해당되지 않을 경우 별도의 보험남용죄(형법전 제265조)라는 규정을 두어,[1] 보험에 든 물건을 손상, 파괴, 양도하는 행위를 처벌하고 있다.

오늘날 산업과 교통이 고도로 발달하여 사회생활상 여러 가지 위험이 증대되고 있다. 그리고 그 위험이 실제로 발생한 경우, 생활의 곤란과 책임 부담의 가중이라는 문제를 해결하기 위하여 보험제도가 이용된다. 즉, 보험이란 우연한 사고로 일어날 손해를 전보하기 위해 대수의 법칙에 따라 합리적으로 계산된 보험료의 지불로 기금을 조성하고, 그 우연한 사고를 당한 사람에게 보험금을 제공함으로써 경제생활의 불안을 줄이는 제도이다.[2] 그리고 보험계약은 보험계약자가 보험료 지급을 약정하고 보험회사는 보험사고가 발생한 경우에 보험금을 지급하는 약정을 말한다(상법 제638조). 여기서 보험금 지급책임이 생기는 불확정한 사고를 보험사고라 하며, 불확정성, 발생 가능성, 특정성을 요건으로 한다. 즉 ① 보험사고는 보험계약 체결 시에

---

1) 장인권, "보험범죄에 관한 실증적 연구", 「박사학위논문」, 경상대학교 대학원, 2010: 10면.
2) 정찬형, 『주석 금융법(Ⅱ) 보험업법』, 한국사법행정학회, 2007: 56면.

그 발생여부와 발생시기를 확정할 수 없어야 한다. ② 그리고 보험사고에 해당하려면 그 발생이 가능한 것이어야 한다. ③ 마지막으로 보험사고는 보험계약에서 정한 보험의 목적에 관하여 보험기간 중에 생기는 것으로서 그 사고의 범위가 특정되어야 한다.

한편 경제생활의 복잡·다양화는 다양한 보험상품의 개발과 담보되는 위험의 확대를 가져왔다. 이와 더불어 보험 본래의 목적을 악용하여 보험사고를 유발하거나 사고를 위장하여 보험금을 속여 뺏으려는 자도 생겨났다. 이처럼 보험금을 노려 일부러 보험사고를 일으키거나 주의를 게을리함으로써 사고 발생의 가능성을 높이는 것을 보험의 역기능이라 한다. 이와 같은 역기능의 의도적 선택으로 경제·사회적으로 입게 되는 피해를 일반적으로 '도덕적 위험'이라고 한다.[3)]

보험범죄란, 보험가입자 또는 제3자가 받을 수 없는 보험급부를 대가 없이 받거나 부당하게 낮은 보험료를 지불하거나 부당하게 높은 보험금의 지급을 요구할 목적으로 고의적이며 악의적으로 행동하는 것을 말한다. 여기서 보험범죄와 보험사기를 구별할 것인가 혹은 양자를 동일시할 것인가가 문제된다.

먼저 보험범죄와 보험사기의 용어를 혼용하여 사용하는 견해에 따르면, 보험사기 또는 보험범죄는 보험금을 사취하기 위하여 보험제도를 악용하거나 남용하는 모든 부당한 행위를 말한다. 그 이유는 보험범죄자나 사기 행위자가 취하고자 하는 이익은 궁극적으로 보험회사에 의해 지불될 보험금에 있다는 데에 공통성이 있기 때문이다.

반면, 양자를 구별하는 견해에 따르면 보험범죄는 보험업무와 관련하여 보험금을 목적으로 보험회사에 대해 행하는 일체의 범법행위 가령 살인, 방화, 상해, 보험 관련 문서위조 등을 포함한 형사처벌의 대상이 되는 행위를 의미한다.[4)] 그에 반해 보험사기는 재산적 이익을 얻을 목적으로 보험회사를 직접 기망하는 행위로, 현행 형법상의 사기죄(제347조)의 한 유형을 의미한다.

이와 관련 우리나라에서는 2016년에 보험사기방지 특별법을 제정하여 여기에 '보험사기' 행위란 보험사고의 발생, 원인 또는 내용에 관하여 보험자를 기망하여 보험

---

3) Zalma, *Property Claims-Weapons to Fight Fraud*, 1998: 25.

4) 이병희·탁희성·박형민, "보험범죄의 형사판례 분석", 대한손해보험협회·한국형사정책연구원, 2002: 16-17면.

금을 청구하는 행위를 말한다(동법 제2조)라는 규정을 마련하였으므로, 우리나라에서 보험사기는 형법상 사기죄의 유형 중 보험사기에 대해 특별히 가중 처벌하는 특별법상 법률용어가 되었다.

결론적으로 보험범죄조사 분야를 다루는 본 저서에서는 구별론의 입장에서 접근하기로 한다. 범죄조사에서는 무엇보다 형사법상 죄명을 특정하고 관련 판례의 법리에 부합한 조사가 중요하기 때문이다. 즉 보험사기는 2016년 보험사기방지 특별법 제정 이후에는 일반 형법상 사기죄보다 가중처벌되는 특별형법상 범죄행위로서 그 구성요건 중심의 조사가 필요하고, 보험범죄는 살인, 방화, 폭행 등 그 각각의 범죄 유형별 구성요건에 대한 조사가 필요한 것이다. 본서에서는 보험범죄와 보험사기의 개념을 구별하여, 보험사기를 포함하여 보험금을 노리는 제반 범죄를 보험범죄의 개념으로, 즉 보험사기보다 더 넓은 개념으로 보고 서술해 나가겠다.

(2) 경성보험범죄와 연성보험범죄의 개념

보험범죄는 경성보험범죄(적극적 보험범죄hard fraud)와 연성보험범죄(소극적 보험범죄soft fraud)로 구분된다. 경성보험범죄는 보험금을 편취하기 위하여 보험사고를 고의적으로 각색 또는 조작하는 행위이다.[5] 범죄 관련성이 깊고 사회적으로 관심이 크고, 사고 건당 피해 금액이 크기 때문에 이를 방지하기 위한 연구와 대응책 마련이 요구된다. 대표적 유형으로는 고의사고, 방화, 자해, 살인, 진단서의 위·변조 등이 있다.

반면 연성보험범죄는 정상적인 보험사고 일부가 조작되거나 이미 발생한 보험사고에서 보험사고를 과장하여 더 많은 보험금을 청구하는 행위를 말한다. 연성보험범죄는 입증이 어려워 적발이 쉽지 않고, 범죄행위라는 인식이 부족하여 보험범죄를 저질러도 용인하거나 범죄현장을 목격하고도 묵인하는 경우가 많다. 또한, 이를 적발하기 위해 보험금 지급심사를 엄격히 하면 다수의 보험계약자가 선의의 피해를 볼 수 있기 때문에 경성보험범죄와 동일한 법규나 제도적 수단을 강구하는 것이 현실적으로 어렵다.[6]

---

5) 보험협회, 2011년 내부자료.

6) 보험협회, 2011년 내부자료.

〈표 1-1〉 경성보험범죄와 연성보험범죄의 구분

경성보험범죄	연성보험범죄
• 의도성 • 지능적 범죄 • 과대금액 청구 • 범죄전력 관련성 높음 • 공동범행 가능성 높음 • 내부종사자 공모 • 사회적 용인 불가	• 우연성 • 생계형 범죄 • 소액청구 • 범죄전력 관련성 낮음 • 단독범행 가능성 높음 • 내부종사자의 묵인, 방조 • 사회적 용인

*자료: 김현수, 1999; 박영수, 2011: 14면 참고로 재구성.

그러나 보험회사에 대한 부정적인 인식 및 경험을 많이 갖는 소비자일수록 그에 대한 반대급부 및 보상심리 등으로 스스로가 보험범죄를 용인하고 반복적인 연성보험범죄가 경성보험범죄로 이어질 수 있다는 점에서, 경성보험범죄에 못지않게 연성보험범죄 또한 그 피해 및 사회적 손실이 크다.[7]

2. 보험범죄의 특성

보험범죄에 대한 일반적 특성은 다음과 같다.

(1) 고도의 지능성

첫째, 고도의 지능성이다. 보험은 일상생활 주변의 거의 모든 위험을 담보한다. 따라서 보험범죄 수법은 매우 다양한 반면 입증이 어렵다. 보험범죄는 이런 점을 이용하여 빈번하게 발생하며 그 수법이 날로 발전하고 있다. 보험범죄는 단순 범죄와 달리 고도의 지능이 요구되는 것이다.[8]

(2) 비도덕적 경향

둘째, 비도덕적 경향이다. 보험범죄는 그 범죄의 대상을 가족이나 근친으로 하는

7) 박영수, "한국의 보험범죄 감소 방안에 관한 연구", 「박사학위논문」, 한성대학교 대학원, 2011: 13-14면.

8) 탁희성, "보험범죄에 관한 연구", 한국형사정책연구원, 2002: 60-61면.

경우가 많고, 이는 가족이라는 기본적인 신뢰관계를 깨뜨리고 보험금 수령을 목적으로 가족을 해하거나 죽음에 이르게 하는 중범죄로 이어질 수 있다는 점에서 그 어떤 범죄보다도 잔악성이 크고 비도덕적이다.

(3) 경제적 평가

셋째, 범죄행위에 대한 경제적 평가이다. 보험범죄자의 또 다른 특성은 범죄자가 범행을 위하여 지출한 비용과 범행을 통하여 받을 수 있는 보험금액을 경제적으로 비교·평가하여 볼 때, 보험가입자의 경제력에 비해 고액인 보험금을 대상으로 하게 된다. 따라서, 이러한 보험범죄를 일으키기 쉬운 계약심사업무나 위험선택업무, 그리고 조사요원의 조사 및 손해사정업무를 소홀히 하는 보험회사들을 주로 선택하게 된다. 이런 경우 발각되어도 보험사기 및 범죄에 관한 관용적 사회 분위기에 편승하여 경미하게 처벌되거나 묵인되는 경우가 많다. 이는 누구나 한 번쯤 이러한 유혹에 빠질 수 있다는 인식 때문에 강력한 처벌에 대해 부정적이고, 종래 영업 중심의 정책적인 고려 때문에 조용하게 처리되기를 바라는 일부 보험사의 풍토에도 기인한다.[9)]

(4) 공범에 의한 범죄

넷째, 공범에 의한 범죄이다. 보험범죄는 단독으로 범행을 하는 경우도 있지만, 주로 2인 이상이 공동으로 수행하는 경우가 많다. 예를 들면, 가족이나 친족을 참여시킨다거나 주위에 있는 이해관계인을 끌어들이는데, 그것은 보험사고를 위장하거나 범인 자신이 범행혐의에서 벗어나는데 유리하기 때문이다. 그래서 범인은 자기 대신 하수인을 구하고 주범 자신은 사고현장에서 멀리 떨어져 있었던 것처럼 하여 알리바이를 조작하는 수단을 강구한다. 더욱이 위장, 촉탁살인의 경우에 주범 자신이 보험수익자가 되는 경우가 많기 때문에 보험사고 발생 후 자기 자신을 나타내지 않는다. 이때, 대개 범행에 능숙한 공범이 보험사고의 위장을 주범의 지시대로 행하고 경찰이나 보험회사가 눈치채지 못하도록 보험금청구 절차를 밟는 특징이 있다. 따라서 이러한 유형은 고액이거나 여러 보험사에 여러 건의 보험계약을 체결하여

---

9) 김헌수, "보상전문가의 지식을 이용한 보험사기의 조기경보 모형의 개발에 관한 연구", 「리스크관리연구」 제10호, 한국리스크관리학회, 2000: 45-46면.

보험범죄를 야기하며 동시에 여러 가지 범죄행위를 유발한다.[10)]

(5) 입증의 곤란성

다섯째, 입증의 곤란성이다. 보험범죄가 사전에 치밀한 계획과 각본에 의해 이루어지는 범죄이므로 혐의를 입증하기 어려운 경우가 많다. 자동차 사고의 경우 고의를 입증하기가 쉽지 않으며, 특히 수사권이 없는 보험사가 고의를 입증하기는 현실적으로 한계가 있다. 아울러 보험 관련기관 간의 정보공유가 되지 않아 입증하기가 더욱 곤란하다. 경찰 등 국가수사기관의 전문수사 인력의 부재, 목격자 신고율의 저조, 신고자 보상 및 보호체제의 미흡 등도 혐의입증을 어렵게 하는 요인들로 작용한다.[11)]

(6) 범죄피해의 간접성과 광범위성

여섯째, 범죄피해의 간접성과 광범위성이다. 보험범죄로 인하여 발생하는 직접적인 피해는 보험계약 관계자들의 생명과 재산적 법익에 대한 침해이다. 외견상 보험자에게 직접적인 피해를 주는 것 같지만, 장기적으로는 보험료 인상을 통해 피해가 현재 및 장래의 보험계약자에게 전가된다. 즉, 보험범죄로 인하여 지급된 보험금의 누수는 보험제도의 원리에 의해 보험료를 인상시켜 일반 계약자들이 더 많은 보험료를 납부하게 하는 등 그 피해가 전체 보험계약자에게 돌아간다.

(7) 보험범죄의 암수성

일곱째, 보험범죄의 암수성이다. 경제범죄로서 보험범죄는 그 이익이나 손해를 정확하게 산정하는 것은 거의 불가능한 일이다. 그렇기 때문에 경제범죄에 의한 이익이나 손해가 어느 정도인지를 밝히려는 노력의 결과는 단지 추정에 불과하지만 매년 엄청나게 증가할 것이라는 점에 대해서는 거의 이론이 없다.[12)]

---

10) 은종성, “보험범죄의 실태와 그 대책에 관한 일고”, 「기업법연구」 제8집, 한국기업법학회, 2001: 23면.

11) 김상균, 『최신범죄학원론』, 양서원, 2004: 31면.

12) 강동범, “우리나라의 경제형법에 관한 연구”, 「박사학위논문」, 서울대학교 대학원, 1994: 24면.

Ⅱ 보험범죄의 유발요인

1. 보험범죄의 가해자 및 피해자 측면

(1) 가해자

보험범죄를 범하는 자는 일정한 자로 한정된다. 즉 보험거래의 당사자로서 보험계약자, 보험계약 관련자로서 피보험자나 보험수익자, 보험계약을 모집한 보험모집 종사자, 보험계약의 아웃사이더outsider로서 피해자, 보험 관련 서비스 제공자인 정비업체, 렌터카업체, 병원 등 의료기관 등이다. 이들이 보험사기를 범하는 주된 이유는 이익추구이다. 이러한 이익추구 행위에 행위자 특성과 그 행위자가 처한 상황이라는 측면이 함께 고려될 수 있다. 전자는 생물학적 유전적 특징과 인격적 특성이 범죄의 원인이 된다. 그리고 후자는 범죄를 사회 구조적 산물 또는 표현으로 보고 가정환경, 부모 양육, 교우관계, 혹은 그가 처해 있는 사회적·경제적 구조라든가 문화체계 등이 범죄를 유발한다고 본다.[13)]

보험범죄는 살인 등 강력범과 달리 복수나 증오, 치정 등이 그 원인이 아니라 대다수가 경제적 곤궁의 타개나 보험면책 사유를 회피하려거나 유흥비 마련 등을 위해 쉬운 돈벌이 찾기의 일환으로 저질러진다.

(2) 피해자

보험범죄 방지와 관련 그동안 주류적 연구는 보험회사를 단순한 피해자로 취급하고 보험사기 발생에 관한 보험회사 측의 책임성 및 원인 제공 등에 관심을 높게 두지 않았다. 그러나 보험회사를 단순히 수동적 피해 객체로만 볼 것이 아니라 보험범죄가 일어나는 과정상의 적극적인 원인제공자로 볼 필요도 있다. 멘델존Mendelsohn은 범죄발생과 관련 피해자의 작용에 따라 피해자를 (ⅰ) 아무런 귀책성이 없는 책임 없는 피해자, (ⅱ) 유책성이 적은 피해자, (ⅲ) 가해자와 같은 정도의 유책성 있는

---

13) 박상기·손동권·이순래, 『형사정책(제11판)』, 한국형사정책연구원, 2010: 359면.

피해자, (ⅳ) 가해자보다 더 유책한 피해자, (ⅴ) 가장 유책성이 높은 피해자로 분류한다.[14] 이러한 분류에 따르면 보험회사는 보험사기 피해자로서 위의 모든 단계에 해당할 수도 있다.

보험범죄 피해가 쉽게 발생할 수 있는 보험상품을 출시하는 것, 다수 보험계약을 그대로 인수하거나 타인의 사망보험에서 피보험자의 동의를 얻지 않는 계약을 인수하는 경우 등 보험회사가 보험사기의 피해에 관해 책임을 공유하는 측면이 있다. 왜냐하면, 보험회사는 그 보험거래의 객체가 되는 보험약관의 내용을 스스로 제정하는 등 어느 정도 원인을 제공하였기 때문이다. 따라서 보험범죄는 보험계약이 가지고 있는 사행계약적 성질보다는 개별 보험계약이 가지는 급부와 반대급부 간의 현저한 차이, 실제 비용과 보험금의 규모의 현저한 차이 등 보험약관의 구조적 모순에서 발생하는 점도 유의해야 한다.[15]

2. 보험시장 요인

(1) 보험업계의 경쟁의 격화

금융업과 보험업 간의 경쟁, 보험업 내부 간 경쟁의 격화, 대형 보험모집 조직의 상대적 지위 상승, 보험모집 종사자 간의 치열한 경쟁은 상대적으로 보험범죄에 취약한 소비자에게 우호적인 상품을 출시하게 하는 압박요소로 작용한다. 또한, 보험회사의 성장 위주의 정책에 따라 불량물건이 유입되거나 역선택의 기회를 주게 된다.[16] 나아가 개인정보 보호법의 제정 등 사생활 보호의 강화, 소비자의 보험지식 수준 향상 등으로 인하여 보험회사 및 범죄조사 조직의 활동이 제약을 받고 있고, 보험범죄가 점차 지능화 조직화 전문화되고 있어 보험범죄에 대한 적발 가능성을 떨어뜨리고 있다. 아울러 물질만능주의로 인하여 인명경시 풍조가 확산되고 도덕의식이 저하되면서 사회적 감시망이 허술하게 되고 있어 처벌 가능성도 감소하는 실정이다.

---

14) 박상기 · 손동권 · 이순래, 위의 책, 52면.

15) 이성남, "새로운 접근방법을 통한 보험사기의 효과적인 방어체제 구축방안", 「보험업 연구」, 2018, 12(2), 80-81면.

16) 송윤아, "소비자 보호와 보험사기 방지 조화 방안", 「Kiri 리포트」, 보험연구원, 2012. 4. 23. 26면.

(2) 정보의 비대칭

영국의 고전경제학자 애덤 스미스Adam Smith는 자본주의 시장에서 개개의 모든 이해관계는 보이지 않는 손에 의하여 궁극적·자연적으로 조화를 이룬다고 보았다. 그러나 현실 세계에서는 애덤 스미스의 예측과 달리 경제생활의 주체인 인간이 그리 합리적이지 않고, 인간들에 의해 형성된 시장은 이익을 추구하는 과정에서 보이지 않는 손에 의하여 조화롭게 결정되지 않는 경우도 종종 있다. 이러한 부조화 현상은 정보의 비대칭 이론에 의해서도 설명이 된다. 특히 보험시장은 정보의 비대칭이 존재하는 대표적인 시장 중 하나이다. 정보는 모든 거래상 직면하는 의사결정에서 합리적인 선택과 신속한 의사결정을 도와주며 전쟁에서 승리요소, 투자에서 성공요소, 거래비용의 절감수단이기도 하다. 정보 비대칭의 문제는 비단 경제적 활동뿐만 아니라 비경제적 행동으로까지 확장된다.

따라서 오늘날 모든 경제활동과 거래에서는 정보의 중요성이 강조된다. 특히 정보를 얼마나 보유하고 있는지가 거래방식뿐만 아니라 성공 여부 등 다양한 측면에 영향을 미친다. 하지만 개별 경제주체가 보유한 정보의 양과 질은 서로 다를 수 있으며, 이러한 차이로 인해 이렇게 발생하는 문제가 바로 정보의 비대칭information asymmetry이다. 정보의 비대칭은 여러 문제를 야기하는데 특히 역선택adverse selection, 도덕적 해이moral hazard, 및 지식의 독점monopolies of knowledge 문제를 야기한다. 정보의 비대칭은 상품시장에서 생산자와 소비자 사이에서만 발생하는 문제가 아니다. 노동시장에서 사용자와 근로자, 금융시장에서 채권자와 채무자, 보험시장에서 보험자와 보험계약자 등 쌍방적 거래가 이루어지는 시장에서 발생하는 문제이기도 하다. 특히 보험업은 다른 업종과 달리 각종 위험risk의 인수를 대상으로 하는 사업이고 이러한 위험을 한쪽 당사자만이 가지고 있는 특성이 있기 때문에 전형적으로 정보의 비대칭이 작용하는 대표적인 시장이라 할 수 있다.

보험시장에서 정보의 비대칭은 보험거래에 필요한 정보가 보험계약자 측에 집중되는 경우와 보험자 측에 집중되는 경우로 나눌 수 있다. 보험계약자 측에 정보가 집중될 경우 고위험군의 불량 피보험자가 보험에 가입하는 현상이 증가하여, 결국 보험계약자의 사기행위와 도덕적 해이 문제로 이어질 수 있다. 따라서 보험계약자 측의 정보가 보험회사에 자연스럽게 흐르게 하는 것이 핵심 관건이 되는데 우량보험 목적물에 대한 할인제도 강화, 보험계약 인수심사의 고도화, 위험인수기법 개발, 개별위험 평가기법의 개발, 고지의무 제도의 강화 등으로 이에 대처할 필요가 있다. 또한, 보험정보와 의료정보의 흐름을 개선하여 보험사기에 대처할 수 있는 제도적 보완이 이루어질 필요가 있다. 보험회사 측의 정보편재에는 보험상품 정보, 보상하는 손해와 면책하는 손해, 책임개시시기, 해제 및 해지사유, 무효와 취소사유, 그 밖에 재무적 정보, 계열사 간 거래 여부 등이 포함된다. 이러한 보험회사 측의 정보편재로 보험회사와 상품에 대한 정보가 부족한 보험계약자는 불필요한 보험상품에 가입하거나 필요 이상의 보험료를 납부하며, 보상이 중복되는 보험에 가입하는 등의 손해를 입을 수 있다.

보험이란 동질의 경제상의 위험에 놓여 있는 다수인이 하나의 위험단체를 구성하여 미리 통계적 기초에 의하여 산출한 일정한 금액을 내어 공동자금을 만들고 현실적으로 우연한 사고를 입은 사람에게 공동자금에서 일정한 금액을 지급하여 경제생활의 불안에 대비하는 제도이다.[17] 그런데 보험계약의 체결은 보험설계사, 보험중개사, 보험대리점 등 다양한 보험모집 종사자가 개입하여 체결된다. 따라서 보험시장에서 정보의 비대칭을 해소하기 위해서는 보험모집 종사자의 역할이 매우 중요하다. 보험시장에서 보험정보의 편재 현황은 다음 표와 같다.[18]

〈표 1-2〉 보험정보의 편재 현황

보험계약자	보험회사
• 연령, 성별, 생활습관, 질병 유무, 신체장해 유무, 운전경력, 운전면허, 종사하는 직업 직종 등 • 보험목적물의 소재지, 보험목적물의 구조 및 특성, 자동차의 용도 등	• 보험상품 정보 즉 가격, 보상하는 손해, 면책하는 손해, 책임개시 시기, 해제 및 해지, 무효, 취소, 실효 등 사유 • 그 밖에 재무적 정보, 건전성 규제 비율 충족하는지 여부, 상장 비상장 여부, 계열사 간 거래 여부, 임원 및 집행임원 등 감독당국의 각종 지적사항 등

17) 정찬형, 『상법강의(하)(제23판)』, 박영사, 2022; 521-522면.

18) 이성남, 앞의 논문, 84면.

(3) 정보의 비대칭과 보험사기

보험수요자 측면에서 볼 때, 보험상품의 공급여부와 보험료 수준의 결정은 보험수요자의 위험의 수준에 따라 달라진다. 이 과정에서 보험수요자는 자신에게 불리한 정보를 상대방에게 알리지 않으려는 속성을 가지며, 이로 인해 정보의 비대칭 문제가 발생한다. 보험상품을 구입하려는 자의 역선택adverse selection은 정보가 부족한 측이 잘못된 선택을 하게 되는 상황이다. 예를 들어, 보험사는 고객의 건강상태에 대한 정보를 충분히 알지 못해 건강이 좋지 않은 사람들에게 보험을 판매할 가능성이 있다. 도덕적 해이moral hazard는 정보가 부족한 측이 상대방의 행동을 제대로 감시할 수 없을 때 발생한다. 예를 들어, 보험에 가입한 사람이 보험금을 받기 위해 고의로 사고를 일으키는 경우가 있으며, 이는 보험사기로 이어질 수 있다. 보험의 공급자인 보험회사는 실적중심의 영업을 추진하며, 보험모집 종사자는 수수료 수익을 극대화하기 위하여 부실한 정보수집 및 제공 등으로 보험사기를 유발하거나 요인을 제공할 수 있다. 역선택은 거래 당사자가 정보를 비대칭적으로 보유한 상황에서 정보를 갖지 못한 측이 거래 상대방과 가장 바람직하지 않은 거래를 할 가능성이 높아지는 현상이다. 역선택은 은밀성과 폐쇄적 특성 때문에 발생하며, 특히 정보를 가지고 있는 측이 자기선택self selection을 하는 과정에서 나타날 수 있다.

이렇게 정보의 비대칭성은 보험사기의 가능성을 높인다. 보험계약자가 고의로 사고를 일으키거나, 사고를 과장하여 보험금을 청구하는 경우, 보험사는 이를 탐지하고 방지하기 위해 추가적인 비용과 노력을 들여야 한다. 이러한 문제를 해결하기 위해 보험사는 다양한 대응방법을 활용한다. 예를 들어, 보험계약자의 건강상태를 확인하기 위한 사전검사, 사고발생 시 손해사정사를 통한 정확한 정보수집, 그리고 보험계약자의 중요한 사항 고지의무 등을 통해 정보의 비대칭성을 줄이려고 노력한다. 결국, 보험사기는 보험계약자와 보험수익자 등의 역선택 및 도덕적 해이가 극단적으로 나타난 결과이다. 보험계약자 등은 자신이 보유하고 있는 우월한 정보를 이용하여 보험계약 관계에서 상대적으로 유리한 선택을 하려고 한다. 이 과정에서 낮은 수준의 위험을 가진 사람보다 높은 수준의 위험을 가진 사람이 보험에 가입하려는 욕구가 높게 나타나고, 나아가 보험가입금액이 더 큰 계약을 하려고 하거나 더 많은 건수의 계약을 하려고 하는 경향을 띠게 된다. 가령 인보험의 경우 보험가입을 원하는 사람은 자신의 건강상태에 대해서 잘 알고 있으나 보험자는 보험가입 청약자의 건강상태에 대해서 잘 모르기 때문에 보험가입자로서는 유리하고, 보험자로서는 불리한 선택이 전형적으로 나타난다.

3. 보험거래상 법제도적 요인

보험계약의 특성으로 보통 사행계약성과 선의계약성을 들고 있다. 당사자의 급부의무의 발생여부 및 급부의 대소 여부가 모두 우연한 사건에 의해 좌우되는 계약을 일반적으로 사행계약이라고 한다. 그러나 사행계약은 우연한 사건성을 전제하고 있을 뿐 사행계약의 속성으로서 반윤리성이라는 개념이 포함되는 것은 아니다. 보험계약은 유효한 계약으로 평가되며 인간이 이성으로 만들어낸 가장 훌륭한 제도라고 칭송되기도 한다.[19] 그러나 사행계약성은 우연한 사건성을 전제로 하므로 보험계약이 그 본래적 목적을 달성할 수 있으려면 보험계약에서 인위적 사고 등 그 악용 가능성이 배제되어야 한다는 점을 늘 주목할 필요가 있다.

보험계약법 상 고지의무 제도는 보험계약의 사행계약성 · 선의계약성이라는 기초하에 사전에 보험가입자의 협력을 얻어 보험가입자가 알고 있는 정보를 파악하게 함으로써 도덕적 위험moral hazard에 의한 보험사기를 사전에 방지하는 기능을 수행한다. 또한 고지의무 위반으로 인한 해지제도(상법 제651조), 고의에 의한 보험사고의 면책제도(상법 제659조) 등도 보험사기를 방지하는 제도 중 하나이다.

보험사기는 보험제도를 이용하는 모든 과정에서 발생한다. 보험계약 체결단계에서는 주로 보험계약자나 보험모집인이 보험사기자가 되고, 보험계약의 유지 중에는 피보험자나 보험수익자 등이 주로 문제를 야기하며, 배상책임 영역에서는 피해자가 보험제도를 악용하기도 한다. 또한 보험계약의 사행계약적 성격과 함께 보험 급부와 반대급부의 현저한 차이, 실제 비용과 보험금의 현저한 차이가 보험사기의 요인이 될 수 있다. 특히, 보험사고의 인위적 야기와 조작가능성이 높다는 점은 보험사기를

19) Patterson, *Essentials of Insurance Law*, 2 ed, 1957, 3p. Insurance Crime Strategy and Performance 29.

유발하는 인센티브로 강하게 작용한다.

4. 보험범죄 유발요인 대응

보험범죄는 인간의 비윤리적인 행동과 보험시스템의 구조적 약점 때문에 발생할 수 있다. 따라서 이를 예방하기 위해서는 인간의 윤리의식을 회복하고 보험제도의 구조를 개선하는 것이 중요하다. 윤리의식의 회복은 단기간에 이루어지기 어렵기 때문에, 장기적인 관점에서 국가차원의 종합적이고 정책적 노력이 필요하다. 단기적으로는 보험사의 조사조직과 인력을 확충하고 처벌을 강화하는 조치가 필요하지만, 이것만으로는 한계가 있다. 따라서 보험계약의 체결 및 유지과정에서 보험범죄를 유발할 수 있는 요인을 줄이고 제거하는 것이 무엇보다 중요하다. 보험범죄를 방지하기 위해서는 범죄유발 인센티브를 줄이고, 적발가능성을 높이며, 제재와 처벌을 강화하는 접근방식이 필요하다.[20)]

(1) 전사적 접근(Enterprise-wide Approach)

보험회사의 핵심업무는 보험가격설정ratemaking, 보험상품생산production 및 판매sales, 계약심사underwriting, 손해조사loss adjustment, 자산운용 및 투자investment로 나눌 수 있다. 보험범죄는 이들 특정업무에 국한되지 않고, 상품판매, 위험인수risk underwriting, 의료네트워크network, 보험금청구 및 지급, 재무운용 등 대부분의 주요 업무와 연관되어 있다. 따라서 보험범죄 방지정책은 보험업무 전반에 적용되어야 효과가 극대화되는데 무엇보다 정보의 비대칭 문제를 해소할 수 있는 장치마련이 필요하다. 보험시장에서 역선택과 도덕적 해이 문제는 정보흐름을 개선함으로써 해결할 수 있다. 그동안 개인정보 보호에 중점을 두느라 필요한 곳에 정보를 제대로 활용하지 못한 점이 있다. 발전된 정보보호기술을 활용하여 개인정보를 보호하면서, 필요한 보험정보가 사회공익을 위해 적절히 이용될 수 있도록 해야 한다.

---

20) 이성남, 앞의 논문, 86-87면.

(2) 보험계약 인수심사(underwriting)제도 개선

보험사기를 유발하는 보험상품의 개발 자체도 문제가 되지만 보험계약 체결단계에서의 허술한 언더라이팅underwriting 시스템도 보험사기 유발의 중요한 원인이 되고 있다. 보험사기방지 지향형 인수업무를 추진하기 위해서는 보험사기 지표의 개발이 이루어져야 한다. 특히, 보험계약 인수심사에 필요한 최소한의 정보공유 제도를 만들어 내고, 개인정보 유출에 대한 대비책도 함께 강구하여야 한다. 이를 위해서는 개별적인 보험사기 건에 대한 정확한 발생경위를 조사하여 이를 분석한 정보를 축적하여야 한다. 정보의 편재현상이 존재하면 보험사기와 보험소비자 문제가 발생하므로 이를 해소하기 위해서는 보험정보의 상호 간 공유 및 정보유통 흐름을 개선하여야 한다. 보험거래에서 정보의 균형을 달성하여 보험거래의 투명성을 제고하고, 보험거래의 최적화 및 적정화를 달성하여야 한다.[21]

〈표 1-3〉 보험정보의 비대칭의 문제 요약 정리

구분	보험계약자 측	보험회사 측
보험정보 편재	• 피보험자의 나이 등 질병정보 • 보험목적물에 관한 정보	• 보험약관, 사업방법서 • 보험료 및 책임준비금 산출방법서
비대칭성의 문제	• 역선택, 모럴해저드	• 정보의 未제공, 부실제공, 과장제공 등으로 인한 보험민원 발생
비대칭 해소제도	• 자기부담금제도, 공동보험제도 • 고지의무제도, 계약인수심사제도 • 보험사기조사제도	• 보험안내자료, 광고규제, 상품공시규제, 설명의무규제, 적합성규제 등
향후 개선과제	• 무한 보상 보험금, 자살보험금 제도 개선, 효율적인 보험사기 방지제도 구축, 고지의무제도 개선, 계약인수심사체계 및 기법 개선 등	• 정보제공의무, 조언의무 신설, 기초서류 규제 강화 등

(3) 과다중복보험 가입억제

보험범죄는 때때로 살인이나 방화와 같은 중대한 범죄행위가 선행되어 발생하기

21) 이성남, 앞의 논문, 88면.

도 한다. 하지만 이런 강력범죄는 무거운 처벌을 감수해야 하므로, 대개는 경미한 교통사고를 유발하여 입원기간을 연장하거나 후유장애 진단서를 발급받아 보험금을 청구하는 행위가 주로 발생한다. 이는 특히 생명보험 분야에서 많이 나타난다. 또한, 보험범죄자는 보험목적물의 실체를 제거하고 금전으로 전환하기 위해 보험사고를 조작하고, 보험금을 과다하게 청구하여 많은 금액을 받는 형태의 보험사기를 주로 대물·차량보험 분야에서 벌인다. 배상책임 영역에서는 손해배상금을 과다하게 청구하거나 보험사고를 이용하여 편승수리, 피해물 위장 등의 사례가 빈번히 발생한다. 따라서 과다중복가입을 방지하고, 경미한 교통사고를 철저히 조사하며 손해배상의 원칙에 따라 가해자와 피해자의 책임을 명확히 구분하는 것이 필요하다. 사후 모니터링monitoring을 강화하여 소위 '나이롱 환자'에 철저히 대응하고, 이를 위해 보험회사 보상 직원들이 실제로 환자상태를 관리할 수 있도록 제도적 보완이 필요하다.

(4) 보험정보 및 의료정보의 공유체계 개선

1) 보험정보의 개념

보험정보가 무엇인가에 대해서는 아직 법적으로 정리되어 있지 아니하여 이를 일률적으로 정의하기 곤란하다. 현재 보험정보는 개인정보와 신용정보로 포괄할 수 있는데 보험정보의 보호 및 이용과 관련하여 중요한 법규로서 신용정보의 이용 및 보호에 관한 법률(이하 신용정보법)과 개인정보 보호법이 있다. 위 각 법규에서는 보호하고자 하는 정보를 규정하고 있다. 신용정보란 금융거래 등 상거래에서 상대방의 신용을 판단할 때 필요한 다음의 정보로서 대통령령으로 정하는 정보를 말한다(신용정보법 제2조 제1호).

① 특정 신용정보주체를 식별할 수 있는 정보
② 신용정보주체의 거래내용을 판단할 수 있는 정보
③ 신용정보주체의 신용도를 판단할 수 있는 정보
④ 신용정보주체의 신용거래능력을 판단할 수 있는 정보
⑤ 그 밖에 ①부터 ④까지와 유사한 정보

개인신용정보란 신용정보 중 개인의 신용도와 신용거래능력 등을 판단할 때 필요한 정보로서 대통령령으로 정하는 정보를 말한다(신용정보법 제2조 제2호). 개인정보 보호법에 의하면 개인정보란 살아 있는 개인에 관한 정보로서 성명, 주민등록번호 및 영상 등을 통하여 개인을 알아볼 수 있는 정보(해당 정보만으로는 특정 개인을 알아볼 수 없더라도 다른 정보와 쉽게 결합하여 알아볼 수 있는 것을 포함한다)를 말한다(개인정보 보호법 제2조 제1호).

2) 보험정보의 공유 및 활용 현황

신용정보법에 따라 2016년 1월 1일 사단법인 한국신용정보원이 출범하였다. 한국신용정보원은 종래 각 보험협회에서 수행해 오던 신용정보의 집중관리 및 활용 등의 업무를 수행하고 있다. 보험신용정보는 생명보험회사, 손해보험회사, 각종 공제사 및 우체국(우정사업본부)으로부터 보험계약·보험금 지급 등의 정보를 집중하고 있다. 그리고 이러한 정보는 보험회사가 보험사기를 예방하고 금융소비자가 동일한 보험상품을 중복해서 가입하지 않도록 하는 데 활용되고 있다. 신용정보법에 따라 집중관리 되고 있는 보험신용정보는 다음과 같다.

〈표 1-4〉 보험신용정보의 범위

보험계약 체결에 관한 정보	보험금의 청구 지급에 관한 정보
• **보험계약 현황** 보험계약일, 보험기간, 보험상품명, 급부명, 가입금액, 보험료, 보험회사명 및 보험계약 상태, 피보험목적물 정보, 청약정보 등 • **보험계약의 피보험자 또는 보험금청구권자에 관한 정보** 성명, 개인식별번호, 직업 및 보험계약자와의 관계에 관한 정보 등 • **모집업무 수탁자에 관한 정보** 해당 보험계약을 모집한 모집업무 수탁자의 성명·명칭 및 등록번호 등	• **보험금 청구·지급 현황** 사고접수일자, 보험금 청구일자, 보험금 지급일자, 보험금액, 실지급금액, 병원 정비공장 정보 등 • **보험금 지급사유** 사고발생일시, 사고원인, 질병·부상·치료정보, 피해물 및 보상정보 등 • **보험금 청구권자 정보** 성명, 개인식별번호, 피보험자와의 관계 등

(5) 보험정보의 수집 · 이용 · 활용에 대한 규제

1) 정보의 수집

신용정보의 이용 및 보호에 관한 법률은 개인신용정보를 수집하는 때에는 해당 신용정보주체의 동의를 받도록 하고 있다(제15조 제2항). 또한 개인정보 보호법도 개인정보 수집 시 동의가 필요하다(동법 제15조 제1호). 신용정보법은 정보수집 시 동의방법에 대해 특별히 규정하고 있지 아니하나, 개인정보 보호법은 아래와 같이 다양한 동의 방법을 강구해 놓고 있다(개인정보 보호법 시행령 제17조 제2항).

① 동의 내용이 적힌 서면을 정보주체에게 직접 발급하거나 우편 또는 팩스 등의 방법으로 전달하고, 정보주체가 서명하거나 날인한 동의서를 받는 방법
② 전화를 통하여 동의 내용을 정보주체에게 알리고 동의의 의사표시를 확인하는 방법
③ 전화를 통하여 동의 내용을 정보주체에게 알리고 정보주체에게 인터넷주소 등을 통하여 동의 사항을 확인하도록 한 후 다시 전화를 통하여 그 동의 사항에 대한 동의의 의사표시를 확인하는 방법
④ 인터넷 홈페이지 등에 동의 내용을 게재하고 정보주체가 동의 여부를 표시하도록 하는 방법
⑤ 동의 내용이 적힌 전자우편을 발송하여 정보주체로부터 동의의 의사표시가 적힌 전자우편을 받는 방법
⑥ 그 밖에 ①부터 ⑤까지의 규정에 따른 방법에 준하는 방법으로 동의 내용을 알리고 동의의 의사표시를 확인하는 방법

2) 정보의 제공·조회·공유단계

신용정보법에 의하면 개인신용정보의 제3자 제공 · 활용 시 동의가 필요하다(제32조). 이 때 동의 방법은 (i) 서면, (ii) 전자서명법 제2조 제3호에 따른 공인전자서명이 있는 전자문서, (iii) 개인신용정보의 제공 내용 및 제공 목적 등을 고려하여 정보 제공 동의의 안정성과 신뢰성이 확보될 수 있는 유무선 통신으로 개인비밀번호를 입력하는 방식, (iv) 유무선 통신으로 동의 내용을 해당 개인에게 알리고 동의

를 받는 방법. 이 경우 본인 여부 및 동의 내용, 그에 대한 해당 개인의 답변을 음성녹음하는 등 증거자료를 확보 · 유지하여야 하며, 대통령령으로 정하는 바에 따른 사후 고지절차를 거친다. (v) 그 밖에 대통령령으로 정하는 방식이 있다(제32조 제1항).

3) 적용 우선순위

보험계약 및 보험금 지급정보가 개인신용정보에 해당하는 경우, 신용정보법 규정이 개인정보 보호법에 대하여 특별법의 지위에 있으므로 신용정보법이 우선적으로 적용될 것인 바, 동의 방법 및 고지사항에 관하여도 신용정보법을 준수하여야 한다.

보험정보는 보험계약의 인수 여부를 판단하는 경우와 보험금지급 시에 비례보상 여부를 판단하는 자료로서 필요한 정보이다. 또한 보험계약의 체결 및 보험금지급에 관한 정보는 사후적으로 보험사기를 판단하는 중요한 자료로 활용될 수 있다.

그간 보험신용정보는 사생활의 자유침해를 고려하여 정보를 보호하는 데 중점을 두고 관리되었다. 그러나 보험사기 등 범죄행위에 대한 방어를 위해서는 보다 활발하게 보험신용정보의 이용이 필요하다. 그런데 보험신용정보는 보험회사뿐만 아니라 우체국 및 각종 공제사의 정보까지 포함하여 집중적으로 이용되고 있으나 국민건강보험의 정보집중 및 이용은 이루어지지 않고 있다. 국민건강정보와 보험신용정보의 공유가 당장 불가능하다면 최소한 보험사기 혐의자에 대한 정보에 대해 보험회사 등이 요구할 경우 관련 정보를 제공할 수 있는 법적 근거를 마련하여 보험정보 및 의료정보의 흐름을 개선할 필요가 있다. 앞으로 보험계약 및 보험금청구 시 사기 방지를 위해서는 보험정보 및 의료정보에 대한 체계적인 관리를 위하여 보험업법의 조사자 정보관련 규정을 신설하여 보험정보의 집중 및 이용이 체계적으로 수행될 수 있는 여건 조성이 필요하다.[22)]

22) 이성남, 앞의 논문, 90-92면.

Ⅲ 보험범죄의 유형

보험범죄의 유형은 범죄의 대상이 된 보험의 종류에 따른 유형과 사기행위 태양에 따른 유형으로 다음과 같이 분류하여 볼 수 있다.

1. 보험의 종류에 따른 범죄유형

보험범죄는 보험의 종류에 따라 생명보험범죄, 화재보험범죄, 자동차보험범죄, 상해·질병보험범죄, 해상보험범죄로 구분할 수 있다.

(1) 생명보험범죄

첫째, 생명보험범죄이다. 피보험자를 살해한 후 이를 자연스러운 사고사나 병사 또는 피보험자의 자살로 위장하는 경우도 있고, 자살·실종 위장 또는 타인 살해 후 자신의 사망으로 위장하는 경우도 있다. 생명보험계약은 법률의 규정이나 계약 시 선택사항의 제한 때문에 타인을 피보험자로 하는, 즉 "타인의 생명에 대한 보험계약"을 체결하는 것은 극히 어렵다. 따라서 사망보험금을 노리고 피보험자를 살해하려고 하는 경우, 가해자와 피해자는 가족관계, 내연관계, 친구관계, 고용관계, 채권채무관계라고 하는 특수한 신분관계에 있는 경우에만 계약체결이 가능하기 때문에 가해자와 피해자의 관계가 매우 한정되어 있고, 밀접한 관계에 있다는 것이 큰 특징이라고 할 수 있다. 결국, 이와 같은 한정된 관계에 있는 사람에 대해서만 행해질 수 있는 범행이기 때문에 완전범죄를 계획할 수밖에 없고, 대단히 지능적이며 보험사고의 확실성을 보장하기 위해 범행방법이 매우 잔혹하다는 특징이 있다.

(2) 화재보험범죄

둘째, 화재보험범죄이다. 화재보험범죄란, 보험목적물에 방화하는 등 고의로 보험사고를 일으킨 후 이를 원인불명의 발화 또는 실화 등으로 가장하여 보험금을 청구하거나, 이미 발생한 보험사고를 근거로 하여 보험금을 청구할 때 손해액을 과다하게 조작하여 실제 손해액보다 다액의 보험금을 취득하려는 경우를 말한다. 보험금을 목적으로 하는 방화범의 경우 다액의 부채를 진 자가 변제자금 또는 새로운 사업자금을 마련하고자 하는 동기에서 행해지는 경우가 많다. 특징으로는 휘발유나 신나 등의 유류, 화약 등에 의하여 화세를 증강시키는 조치를 취하는 경우가 많고, 동일 범인이 동종의 보험금을 목적으로 방화를 감행하는 경우가 많다. 화재보험금을 목적으로 하는 방화범죄는 방화를 담당하는 자와 보험계약의 체결, 보험금청구 등 보험금 편취행위를 담당하는 자 등을 구분하여 행해지는 것이 대부분이다. 방화의 실행행위를 하는 것은 상당한 전문성을 요하기 때문에 실행행위의 분담이 필수적으로 이루어진다.[23]

(3) 자동차보험범죄

셋째, 자동차보험범죄로서 이는 다양한 형태로 발생하며, 대표적인 유형은 고의적인 교통사고를 일으키는 경우이며 그중에서도 차량 간의 충돌사고가 가장 빈번하다. 또한 자동차보험 사고가 없었음에도 불구하고 사고가 난 것처럼 가장하거나 이미 발생한 사고의 결과를 과장하여 보험금을 청구하는 경우, 다른 원인에 의한 손해를 보험사고로 위장하거나 피보험자에 의해 사고가 발생한 것처럼 꾸미는 유형이 있다. 계약 시기를 사고발생 이전으로 소급하거나, 사고발생 시기를 계약 후로 조작하는 경우도 있다. 자동차보험범죄의 특징은 자동차보험에 국한되지 않고 상해보험이나 생명보험 특약 등과 연계되어 발생하는 경우가 많다는 점이다. 특히 대인사고와 관련해서는 명확한 의학적 증상이 아닌 자각증상을 호소하여 진단서를 발급받거나, 사고 당시에는 대물사고로 처리한 후 상해를 주장하는 수법이 자주 사용된다. 최근에는 폭력배나 전과자들이 조직을 만들어 전문적으로 자동차 사고를 조작하는 사례도 많이 발생하고 있어, 사회적으로 큰 문제가 되고 있다.

(4) 상해 · 질병보험범죄

넷째, 상해 · 질병보험이다. 상해 · 질병보험에 관련된 범죄는 종종 발생하지 않은 사고를 꾸며내거나 실제 사고의 결과를 과장하여 보험금을 청구하는 경우를 포함한

---

23) 박영수, "한국의 보험범죄 감소 방안에 관한 연구", 「박사학위논문」, 한성대학교 대학원, 2010: 19면.

다. 또한 기존의 질병이나 기왕증을 숨기고 보험계약을 체결한 후 부정하게 보험금을 청구하기도 한다. 자동차사고와는 달리, 상해 · 질병보험 사기는 주로 허위질병이나 고의적인 자상으로 이루어진다. 보험금 부정청구에 자주 사용되는 보험종류로는 상해보험, 소득보상보험, 상해질병특약부 생명보험 등이 있으며, 이러한 사기사건에서 자주 사용되는 질병은 전도나 추락으로 인한 자발통이나 보행 곤란 같은 증상이다. 의학적으로 명확한 증상이 없더라도, 자각증상을 호소하여 진단서를 받고 입원하는 사례가 많다.

(5) 해상보험범죄

다섯째, 해상보험범죄이다. 해상보험범죄는 고의로 선박을 침몰, 또는 파괴하는 등 보험사고를 일으킨 다음 해난사고를 가장하여 당해 선박에 관하여 체결된 각종의 보험금을 편취하는 불법행위가 대부분이다. 그 외에 선박용선 계약상의 사기행위, 화물 도난사고를 가장한 사기행위, 무역 관계자가 상품 또는 그 구매가격 관계 서류를 위조하는 행위 등이 있다. 1970년대 중반까지는 해상보험의 사기범죄가 보험시장이나 해운시장에 큰 영향을 미치지 않는 지엽적인 문제였으나, 1970년대에 발생한 다수의 사건으로 해상보험의 사기행위가 일시적이고 개인적인 현상이 아니라는 사실이 드러나게 되었다.[24)]

2. 사기행위 태양에 따른 범죄유형

보험범죄자의 행위태양에 따라 사기적 보험계약의 체결, 고의사고, 사후가입, 허위과다 청구의 유형으로 구분할 수 있다.

(1) 사기적 보험계약의 체결

첫째, 사기적으로 보험계약을 체결하려는 유형이다. 자동차종합보험에서 피보험차량을 운전할 운전자의 나이, 운전경력, 사고 여부에 따라 보험료에 차등을 두고 있는데, 이를 부실 고지하는 방법으로 보험계약을 체결하는 유형을 의미한다. 또는

24) 박영수, 앞의 책, 21면.

무보험 차량이 보험사고를 낸 다음에 보험사고 발생일 이전에 보험에 가입한 것처럼 보험계약을 체결하는 유형으로 보험사기자들 대부분은 보험대리인들과 공모하여 보험가입일을 사고발생일 이전으로 조작, 변경하는 방법으로 보험계약을 체결한다. 이는 생명보험뿐만 아니라 손해보험 분야에서도 흔히 발생하는 형태이다. 이러한 유형의 보험사기 범죄자는 보험계약 체결 시에 보험금액을 의도적으로 과도하게 높은 수준에서 책정하거나, 다수 보험의 형태로 가입하거나, 고지의무 위반 등 사실을 은폐하는 방법을 사용한다. 사실을 은폐하는 이유는 일차적으로 보험가입을 할 수 있는 자격을 획득하고자 하는 의도이고, 아울러 보다 작은 보험료를 지불하기 위하여 불리한 사실을 숨기는 것이다.

(2) 고의사고

둘째, 보험사고를 고의적으로 유발하는 유형이다. 가장 악의적인 보험범죄의 유형으로서 보험금을 사취하기 위하여 고의적으로 보험사고를 유발한다. 방화행위, 살인행위, 자상행위, 자살행위, 자동차 사고의 고의적 유발행위 등이 이러한 유형에 속한다. 이러한 유형의 사기범죄자들은 다양한 수단과 방법을 사용하고 범행방법도 잔인하고 조직화되어 가고 있으며, 피보험자가 고의적으로 보험사고를 유발하는 경우와 제3자에게 범행을 교사하여 보험사고를 유발하도록 하는 경우가 있다.

(3) 사후가입

셋째, 미가입 담보손해에 가입한 것으로 변경시키는 유형이다. 이러한 유형의 보험범죄는 보험사고가 발생한 이후에 보험계약을 체결하는 유형이다. 예를 들면, 이미 사망한 사람을 피보험자로 하여 보험에 가입하는 경우, 자동차사고가 발생한 이후에 사고일자 등을 조작, 변경하는 방법으로 보험에 가입하는 경우이다. 이러한 유형의 보험범죄는 최근에 자동차보험 분야에서 빈번하게 발생하고 있다.

(4) 허위과다 청구

넷째, 보험사고가 발생한 때에 사기수법으로 보험범죄를 범하는 유형이다. 이 유형은 가능하면 보험금을 많이 지급받기 위하여 사기적으로 보험금을 허위, 과다 청구하는 경우이다. 이러한 유형의 보험범죄는 일반적으로 생명보험과 같은 정액보험 분야에서는 발생하지 않는다. 정액보험의 경우에는 보험사고로 인한 실제 손해의 규모와는 상관없이 사전에 약정한 일정액수를 지급하기 때문이다. 그러나 실손보험 분야에서는 보험사고로 인한 손해 규모에 따라 보험금에 차등이 있기 때문에 보험사기자들은 가능하면 많은 보험금을 지급받기 위하여 보험사고 발생으로 인한 손해가 매우 큰 것처럼 보험회사를 기망하는 것이다. 이러한 유형의 보험범죄는 특히 자동차보험 분야와 상해보험 분야에서 매우 빈번하게 발생하고 있는데 이러한 행동을 동조·모방하려는 행태가 나타남으로써 보험범죄를 확산, 촉진시키고 있어 심각한 사회문제로 대두되고 있다.[25)]

Ⅳ 보험범죄 발생요인의 제이론

1. 화이트칼라 범죄이론

화이트칼라 범죄라는 용어는 1939년 Sutherland가 미국 사회학회 회장 취임 연설에서 처음으로 소개하였고, 오늘날 이 용어는 많은 사회학자는 물론 일반인들에 의해서도 널리 사용되는 개념이다.[26)] 전통적으로 범죄학 연구는 하위계층에서 저질러지는 살인, 강도, 강간, 절도, 상해 등 직접적으로 일반인들에게 피해를 주는 범죄들을 더 심각한 범죄로 보고 이들 범죄유형에 연구가 집중되었었는데, Sutherland는 화이트칼라 범죄가 더 위험한 범죄로서 더 많은 죽음이나 상해, 그리고 재정적 손실을 발생시킨다고 보았고, 이런 상위계층의 범죄에 대한 문제를 제기하였다.[27)] Sutherland의 정의는 범죄행동의 원인이 사회적으로 낮은 계층의 빈곤이나 빈곤과

---

25) 장인권, "보험범죄에 관한 실증적 연구", 「박사학위논문」, 경상대학교 대학원, 2010: 28-29면.

26) 최승혁·김범준·김시업, "화이트칼라 범죄에 대한 처벌철학과 양형판단", 「한국심리학회지」, 2009, 23(3): 1-17면, 2면.

27) Sutherland, E. H., *White-collar Criminality*, American Sociological Review, 1940, 5(1): 1-12.

관련된 사회적, 개인적 병리현상 때문이라는 기존 범죄학이론으로 설명할 수 없는 상류계층의 범죄가 있다는 것을 밝힘으로써 현대 범죄학이론을 확장하는 중요한 역할을 담당하였다. 화이트칼라 범죄를 자신의 직업과 신분, 지위를 활용하여 저지르는 즉, 직업과정에서 발생하는 범죄로 한정함으로써 화이트칼라 범죄의 문제의식이 약화되는 것을 방지하였기 때문이다. 즉, 고도의 지식을 이용하여 사회적으로 지위가 있는 사람들이 범죄를 많이 행하고 있다는 것이다.

일반범죄와 비교할 때 보험범죄는 사전에 치밀한 계획에 따라 고도로 지능적인 방법으로 범죄를 저지른다는 특징이 있다. 보험약관의 내용, 보험관련 법규에 관한 규정을 잘 알고 있으며 이를 역이용할 줄 아는 지능이 요구된다. 의사의 의료보험사기, 공장경영자의 화재보험사기, 자동차정비업자의 자동차보험사기, 보험설계사의 계획적인 보험범죄 등 자신의 직업과 신분을 활용하여 지능적인 보험범죄를 저지르는 유형은 화이트칼라범죄 이론으로 설명될 수 있다. 이러한 Sutherland의 정의는 오늘날 화이트칼라 범죄에 관한 연구의 기본적 공식으로 인정받고 있으며,[28] 보험범죄 중 특정 신분과 고도의 지능성이라는 특성을 가진 계층의 보험범죄의 원인을 밝힐 수 있는 근거가 될 수 있다.

2. 합리적 선택이론

합리적 선택이론은 범죄자들이 대부분 금전적인 이득을 얻기 위한 목적으로 범죄를 한다고 보는데, 이는 "인간은 기대되는 자기의 효용계수를 최대화하려 한다"라는 경제학의 가설을 기초로 하고 있다. 이 이론은 범죄를 저지르는 사람들이 누구인가 보다는 범죄행위가 왜 발생하게 되는가에 관심을 둔다. 이는 범죄자의 특성보다는 범죄상황적 주변요인을 강조하여 상황적 유인요인이 행위자로 하여금 범죄행위를 하도록 유인하고 또는 상황적 억제요인이 행위자로 하여금 범죄행위를 못하게 한다고 본다. 그리고 이러한 상황적 요인들과 범죄에 대해 지각된 부담과 보상들이 범행을 할 것인지, 하지 않을 것인지의 여부를 결정한다고 한다.[29]

---

28) 최승혁 · 김범준 · 김시업, "화이트칼라 범죄에 대한 처벌철학과 양형판단", 「한국심리학회지」, 2009, 23(3): 1-17면.

보험범죄는 특성상 그 수법이 매우 다양하고 용이하며 동시에 지능적이라 입증하기가 어렵다. 또한, 사전에 계획적으로 치밀하게 준비할 경우 혐의를 입증하기가 힘들다고 판단하고 범죄에 유혹되는 경우가 많다. 즉, 보험범죄자는 보험범죄에서 얻은 이익과 범죄에 실패할 때의 손실을 고려하여 보험범죄의 실행 여부 및 방법, 장소 등을 선택한다. 합리적 선택이론에서 범죄는 합리적 인간의 자유의지free will에 기초한 것이고, 유전이나 환경의 산물이 아니라고 본다.[30] 또한, 개인은 특정행동으로부터 성공적으로 이득을 올릴 수 있다고 확신할 때만 범죄행동을 선택하게 된다. 하지만 범죄자들은 미래에 범죄수입이 낮거나, 경제적 이득을 얻을 수 있는 매력적이면서 합법적인 다른 기회가 이용가능할 때는 범죄행위를 그만둔다.

즉, 보험범죄자가 범죄를 통하여 납부한 보험료보다 높은 보험금을 얻을 수 있어 경제적 이득이 높다고 판단될 때나, 이미 발생한 보험사고를 과장하여 과다청구하는 연성보험범죄처럼 죄의식 없이 검거될 확률이 낮다고 판단될 할 때 범죄행동을 선택하는 것이다. 합리적 선택이론은 법위반과 법준수의 양쪽 모두에 대해 이익과 손해를 비교하는 방법에 초점을 둔다.

3. 억제이론

억제이론은 범죄로부터의 이익이 비행의 원인이라면 범죄에 대한 처벌의 고통은 비행을 제재하는 요인이기에, 범죄의 이익이 처벌의 고통보다 크면 범죄가 발생할 것이고 처벌의 고통이 범죄의 이익보다 크다면 범죄는 일어나지 않는다고 본다. 즉, 처벌을 사회적 또는 외적 통제의 수단으로 간주하는 것이다.[31] 이러한 가정에 따른다면, 인간은 범죄로부터 얻을 수 있는 이익이 더 크다고 판단할 때 범죄를 범할 것이고 범죄가 발각되어 받게 될 처벌의 고통이 더 크다고 판단할 때 범죄를 범하지 않을 것이다. 그러므로 고전주의 범죄학은 범죄를 예방하기 위해 합리적 수준의 형

29) 최승혁 · 김범준 · 김시업, 앞의 책, 95면.

30) 박종수, "CCTV의 운용에 대한 경찰과 주민의 인식연구", 「박사학위논문」, 동국대학교 대학원, 2011: 30면.

31) Jackson Toby, *Is Punishment Necessary?*, Journal of Criminal Law, Criminology and Police Science, 1964, 55: 332-337.

벌과 그 집행을 강조하였다.

고전주의 범죄학을 대표하는 Beccaria는 『범죄와 형벌』이라는 그의 저서에서 범죄를 예방하기 위한 형벌을 불필요하게 과해서는 안 되며, 시민들에게 강인한 인상을 주면서도 잔인해서는 안 된다고 강조하였다. 무릇 형벌의 효과란 범죄자가 형벌에 의해 받는 손실이 범죄로부터 얻는 이익을 초과하는 수준이면 엄격하고 확실하고 신속하게 부과될수록 효과적이라 하였다. 여기서는 처벌의 엄격성, 처벌의 확실성, 처벌의 신속성이 매우 중요한 범죄억제 요소이다.

처벌의 엄격성severity이란, 구금기간이나 벌금액의 정도와 같은 처벌의 가혹성 또는 강도에 관한 것이다. 형벌이 정당하기 위해서는 보험범죄를 단념시킬 정도의 엄격함이면 충분하다. 너무 심한 처벌은 정의롭지 못하고 충분하지 못한 처벌은 범죄를 억제할 수 없기 때문이다. 처벌의 확실성certainty이란, 범죄자에 대한 체포와 처벌의 가능성을 말한다. 보험범죄자가 자신의 범죄행동이 반드시 처벌받게 될 것이라고 인식한다면 보험범죄의 가능성은 감소할 것이다. 처벌의 신속성celerity은 법규위반과 처벌받는 사이의 시간적 간격에 관한 것으로, 보험범죄 실행 후 처벌이 얼마나 신속하게 이루어질 것인가와 관련된다. 범죄실행 후 처벌이 즉각적으로 행하여질수록 처벌은 유용하고 그 정당성은 높을 것이다. Beccaria는 이 중에서도 처벌의 확실성을 범죄예방의 최선책으로 꼽았다. 혹독한 처벌이라도 형벌을 면할 수 있는 요행을 기대할 수 있는 경우보다 형벌을 피할 수 없을 것이라는 생각이 훨씬 강한 공포를 가져오기 때문이다.

억제이론은 고전주의 범죄학의 주요 내용을 그대로 따르고 있다. 인간은 자유의지를 가진 쾌락주의적이고 합리적인 존재이기 때문에 범죄로부터 기대되는 쾌락이나 이익을 상쇄할 수 있는 수준의 형벌을 부과한다면 범죄는 억제될 것이라고 보았다. 처벌의 억제효과는 구체적으로 일반억제효과와 특별억제효과로 구분된다. 일반억제general deterrence효과란 잠재적 범죄자를 포함한 일반 시민들이 법적 처벌의 영향을 받는 것을 말하고, 특별억제specific deterrence효과란 처벌받은 경험이 있는 자에게 법적 처벌이 영향을 미치는 것과 관련된다.[32] 일반억제와 특별억제 모두 법적 처벌에 대한 어떠한 경험이 중요한 영향을 미친다. 일반 시민들은 보험범죄자들이 처벌을

---

32) Gibbs, J.P., *Crime, Punishment and Deterrence*, N.Y.: Elsevier, 1975: 32-39.

받는 것을 보거나 들으면서 '간접적인 경험'을 하고, 보험범죄자들은 처벌받음으로써 그것을 '직접적으로 경험'하게 된다고 볼 수 있다.[33)]

보험범죄자들이 보험범죄 행위에 대한 처벌을 경험하고 향후의 보험범죄를 포기하게 되는 것은 처벌의 특별억제효과이다. 이러한 보험범죄자들의 처벌에 대한 소식을 듣거나 목격한 후에 보험범죄를 범하지 않게 되는 것은 일반억제의 효과로 볼 수 있다. 즉 보험관련 범죄의 형벌이 주는 고통이 보험범죄를 예방할 것이라는 점이 현대 억제이론의 핵심이다. 즉 보험범죄자를 더욱 엄격하게 처벌하고, 보험범죄를 저지르면 반드시 검거하고 또한 보험범죄를 저지른 범죄자를 최대한 신속히 검거할 때 보험범죄 억제효과는 극대화될 수 있을 것이다.

4. 사회통제이론

사회통제이론은 일반적으로 비행이 부정적 영향으로 인해 발생하기보다는 긍정적 영향의 부재不在 속에서 발생하는 것으로 본다. 통제이론의 대표적인 논의는 허쉬Hirschi, T.의 이론을 통해서 살펴 볼 수 있다. 허쉬의 사회통제이론과 관련하여 먼저 그 기본적 가정을 살펴보면, 통제이론은 모든 사람이 일탈에 대한 동기를 일정 정도 가지고 있다고 본다. 사회통제이론에 의하면 인간은 이기적이고 자기중심적이며 충동적이기 때문에 처벌을 받지 않고 자신의 욕망을 충족시킬 수 있는 상황이나 기회가 주어지면, 누구나 언제든지 범죄행위를 범할 수 있는 존재로 가정한다.[34)]

이러한 사회통제론의 주장은 인간은 누구나 법을 위반할 수 있는 잠재력을 가지고 있어서 인간의 범죄 경향이 억제되려면 어느 정도 통제되어야 한다는 가정에서 시작된다. 그래서 대부분의 범죄원인론들이 "무엇이 범죄를 야기하는가?"라는 의문에 답하고자 하였으나, 사회통제이론은 "무엇이 사람들로 하여금 동조하게 하는가?", 즉 "왜 대부분의 사람은 일탈하지 않고 사회규범에 동조하는가?"라는 의문에 답하고자 한다. 다시 말해서, 만약 우리가 무엇이 사람들로 하여금 우리 사회에 동조하게 하는

33) Meier, R. F., & Johnson, W. T., *Deterrence as Social Control: The Legal and Extralegal Production of Conformity*, American Sociological Review, 1977, 42: 294-295.

34) Travis Hirschi, *Causes of Delinquency*, *Berkeley*, CA.: University of California Press, 1969: 34.

가를 안다면 자동적으로 왜 일부 사람들이 일탈하는가도 알게 될 것이라는 가정이다. 사회통제론자들은 "왜 일탈하는가?"가 아니라 "왜 일탈하지 않는가?"를 묻고 있다. 다시 말해서, 대부분의 사람이 규범을 위반하도록 동기부여를 받기 때문이라는 일탈적 동기를 설명할 것이 아니라 "왜 이들 중 일부만 자신의 일탈적 동기를 행동으로 옮기고 규범을 위반하는가?"를 설명해야 한다는 것이다.

따라서, 통제이론의 관점에서 보험범죄를 볼 경우, 사람들은 어떠한 이유로 보험범죄를 저지르지 않고 보험관련 법률을 준수하는가라는 질문에 관심을 가진다. 보험관련범죄에 대한 일탈은 당연하다고 받아들이고, 일탈하지 않는 순응이 설명되어야 한다고 보는 것이다.[35] 이에 대해 통제이론이 제시하는 답은 사회통제가 보험범죄를 저지르는 것을 막기 때문에 사람들이 보험범죄에 가담하지 않고, 사회통제가 약하거나 깨질 때 보험범죄는 발생한다는 것이다.

허쉬의 이론은 "비행은 개인의 사회유대가 약하거나 깨졌을 때 발생한다"라는 명제로부터 시작한다.[36] 여기서 사회유대를 구성하는 것은 애착attachment, 관여commitment, 참여involvement, 신념belief이다. 애착, 관여, 참여, 신념이 강할수록 비행을 저지를 가능성이 낮아지는 것이다. 각각의 요소를 보면, 애착은 타인에 대한 애정, 타인을 존중하여 그들의 기대에 어긋나지 않으려고 하는 것을 말한다. 사회규범은 사회구성원에 의해 공유되는 것이므로 규범을 위반하는 것은 다른 사람들의 바람, 기대에 반하여 행동하는 것이 된다. 한 개인이 타인의 바람이나 기대를 개의치 않는다면, 그는 그만큼 규범에 묶여 있지 않은 것이다. 허쉬는 규범의 내면화, 양심, 초자아의 본질은 타인에 대한 애착에 놓여 있다고 본다. 관여는 법 위반이나 일탈에 연루됨으로써 상실할 수도 있는 인습에 대한 투자분이나 순응의 이해관계가 어느 정도인가를 말한다. 참여는 인습적인 활동에 열중하는 것을 말하며, 신념은 법과 사회규칙이 도덕적으로 옳으며 지켜져야 한다는 믿음을 말한다.[37] 자기통제력이 보험범죄에 미치는 영향에 대한 연구는 상대적으로 많지 않지만, 도덕적 해이로 인한 낮은 자기통제력이 보험범죄의 원인이라는 주장은 많은 연구에 의해 경험적으로 뒷받침되어

35) Hirschi, 앞의 책, 10.
36) Hirschi, 위의 책, 10.
37) Hirschi, 위의 책, 18-26.

왔다.

이와 같은 맥락에서 다양한 국내 연구들도 도덕적 해이와 같은 낮은 자기통제력이 보험범죄에 부정적 영향을 미친다는 것을 밝혔다. 즉, 자아통제력이 낮은 사람들이 보험범죄를 저지를 가능성이 높으며 자기 통제력이 보험범죄에서 중요한 역할을 수행함을 시사한다. 보험범죄자들은 살인이나 방화 등을 수단으로 하는 경우를 제외하고는 다른 범죄와는 달리 보험범죄에 대한 죄의식이 높지 않다. 즉, 범죄행위에 대한 유혹에서 통제력이 그만큼 상실된다고 볼 수 있다. 보험금 사취행위는 결국 선의의 다른 보험가입자의 피해를 초래하지만, 간접적인 피해이므로 행위자와 피해자가 느끼는 피해의식이 심각하지 않기 때문이다. 그보다 행위자는 보험회사를 대상으로 이미 납입한 보험료를 좀 더 되돌려 받는다고 생각한다. 보장성 보험의 소멸성 보험료에 대한 일종의 보상심리가 내재되어 있기도 하다.[38)]

따라서, 이러한 동기에서 사회 일반인 누구나 보험범죄의 유혹에 빠질 수 있는 소위 연성보험범죄는 건당 피해 규모는 작지만, 건수가 많아 보험범죄의 대부분을 차지하고 적발은 어려우면서 보험회사의 손실은 과다하게 야기될 수 있으며 보험사도 이를 방치하는 경향이 있다. 여기에는 보험범죄에 대한 사회의 관용적 태도도 그 한 요인이 될 수 있다.

38) 조해균 · 양왕승, “범 국가적 차원의 보험사기 대처방안에 관한 연구”, 「보험개발연구」 제12권 제2호, 보험개발원, 2001: 170면.

◉ 보험상식 코너 : 재미있는 보험이야기[39)]

다수의 사람이 재화를 모아 사고에 공통으로 대처한다는 콘셉트의 경제활동은 고대 시대부터 있었으며 그러한 행위는 원시적인 보험의 일종이라고 할 수 있다. 기원전 2000년경에도 함무라비 법전에 해상무역에 종사하는 상인들이 사고 발생 시 채무의 일부 혹은 전부를 면제받는다는 조항이 있었을 정도로 보험은 경제행위와 동시에 발전해 왔다.

최초의 근대적 의미의 보험은 흔히 해상보험이라고 부르는 선박의 사고에 관한 보험이었는데 12세기 제노바 등지의 상인들이 시작했다고 알려져 있다. 과거 유럽의 상선 상인들은 한 번의 원정(유럽－인도, 유럽－아프리카)을 통해 천문학적인 이득을 거둘 수 있었다. 그러나 당대의 제한적인 조선술과 항해술 때문에 항상 상선이 침몰하거나 실종되는 위험을 감수해야 했다. 때문에 하이 리스크 하이 리턴인 대양 무역업의 특징을 조금이나마 미드 리스크 미드 리턴으로 바꾸기 위한 고안에서 시작된 것이 바로 보험이다. 상선단의 주인은 고액의 보험료를 납입하지만, 원정이 성공하면 보험료를 상회하는 막대한 무역 이윤을 취할 수 있으며, 만일 풍랑으로 상선단이 전몰하더라도 보험금을 받음으로써 이러한 불측의 손해를 어느 정도 상쇄할 수 있기 때문이다. 이런 상선단들이 납입하는 보험료는 그 규모가 막대하기 때문에, 보험사들은 이 자금을 바탕으로 이득을 추구할 수 있었다. 이후 런던 대화재를 기점으로 화재에 관한 보험이 생기기 시작했다. 우리가 알고 있는 '××화재' 나 '○○해상' 이니 하는 이름들은 이러한 뿌리를 갖고 있는 것이다. 이러한 보험사들의 명칭은 영어로 '××× Marine & Fire insurance company'라고 한다. 근대 이전까지는 보험의 대상은 재산, 즉 물건에 한하였고 우리가 흔히 알고 있는 사람의 생명이나 질병, 상해(재해)에 관한 보험이 생긴 것은 독일의 철혈재상이라 불리는 비스마르크가 1883년부터 최초로 도입하기 시작한 것으로 비교적 최근의 일이다.

---

39) 나무위키/보험/2.역사에서 발췌, https://namu.wiki/w/%EB%B3%B4%ED%97%98 (2023.8.10. 검색).

제2장

보험범죄 및 대응실태

I 보험범죄의 실태

우리나라 보험범죄는 1997년 외환위기 이후 생계형 보험범죄가 급격히 증가하면서 사회문제로 부각되었다. 특히 보험사기에 대한 범죄의식이 부족한 경향이 만연해 있다. 최근 취업난이 심화되면서 실직, 임금삭감 등으로 생활이 어려워지자 고의사고를 발생시키거나 허위·과장사고로 가장하는 생계형 보험범죄가 증가하고 있다. 생계형 범죄로 시작한 보험범죄는 비교적 낮은 보험료에 비해 사고발생 시 고액의 보험금이 지급되는 구조로 인해 사행적 요소를 내포하고 있다. 이로 인해 보험료와 실제 지급되는 보험금 간의 균형이 무너지면서 도박적 성격이 강화되고 있다.

현재, 수사기관은 살인, 강도, 폭력, 마약 등 사회적 비난이 강한 범죄에 수사력을 집중하다 보니 보험사기에 적극 대응하지 못하고 있는 실정이다. 설령 보험사기가 적발되더라도 비교적 가벼운 처벌이 이루어지고 있어 어려운 경제구조와 수사기관의 현실적 대응이 맞물리며, 장래의 불안함을 극복하기 위해 만들어진 보험이 오히려 사기범죄의 온상이 되고 있다.

보험은 크게 1) 생명보험, 2) 상해·질병보험, 3) 화재보험, 4) 해상보험으로 분류해 볼 수 있다. 특히 생명·상해·질병 보험 부분에서는 허위 부당청구로 수령하는 보험금과 비의료인이 운영하는 소위 '사무장병원'에서 집단적으로 수령하는 보험금이 문제된다.

금융감독원 보험사기대응단에서 파악한 통계자료를 보면 2023년 기준 우리나라 보험사기 적발액은 약 1조 1,164억 원으로 매년 증가추세에 있다. 세계 주요 국가들의 보험사기도 심각한 상황이다. 유럽보험협회에 따르면 2017년 유럽에서 보험청구금액 중 보험사기로 적발된 액수가 약 25억 유로(약 3.2조 원)였고, 적발되지 않는 사기청구까지 모두 합하면 약 130억 유로(약 16.6조 원)의 사기 청구가 있는 것으로 추정하였다. 영국은 손해보험 사기청구로 15억 유로(약 1.9조 원)가 적발되었고, 적발되지 않은 사기청구 금액은 약 22.75억 유로(약 2.9조 원)로 추정되었으며, 독일보험협회GDV는 보험사기가 독일 전체 보험금 지출의 10%를 차지하는 것으로 추정하고 있다.[40] 미국의 경우 2017년 기준 보험사기 피해금액은 약 800억 달러(약 88.9조 원)

에 달하고 있으며 이는 전체 지급된 보험금의 약 10%에 달한다. 일본도 2016년 조사에서 부정청구로 인한 피해금액이 약 490억 엔(약 5,000억 원)에 달한다.[41]

지금부터 금융감독원 보험사기대응단에서 파악한 2023년 보험사기 관련 통계자료를 통하여 보험범죄의 실태와 국내외 대응 현황을 살펴본다.

1. 보험사기 적발금액과 적발인원

2023년 보험사기 적발금액은 1조 1,164억 원으로, 전년(1조 818억 원)보다 346억 원 증가(3.2%↑)했고, 적발인원은 109,522명으로 전년(102,679명)보다 6,843명 증가(6.7%↑)했다.[42] 해마다 보험사기의 적발금액이 증가하고 있고 이러한 보험사기에 가담하고 실행하여 적발되는 인원도 증가 추세에 있다. 이에 대해 금융감독원은 조직화된 고액의 보험사기에 대한 조사역량을 집중한 것으로 분석하고 있다.

---

40) 보험유럽정보(Insurance Europe), “Insurance fraud: not a victimless crime”, 「보험유럽(insuranceeurope.eu)」, 2019. 11: 6-8면.

41) 이병훈·강동범, “보험사기 방지 대응체계의 개선방안에 관한 연구”, (사)한국법정책학회, 「법과 정책연구」, 제22집 제1호, 2022: 231면.

42) 금융감독원 보도자료, 2024. 3. 6.(금) “2023년 보험사기 적발현황 및 향후계획”.

〈그림 2-1〉 보험사기 적발금액 및 인원[43)]

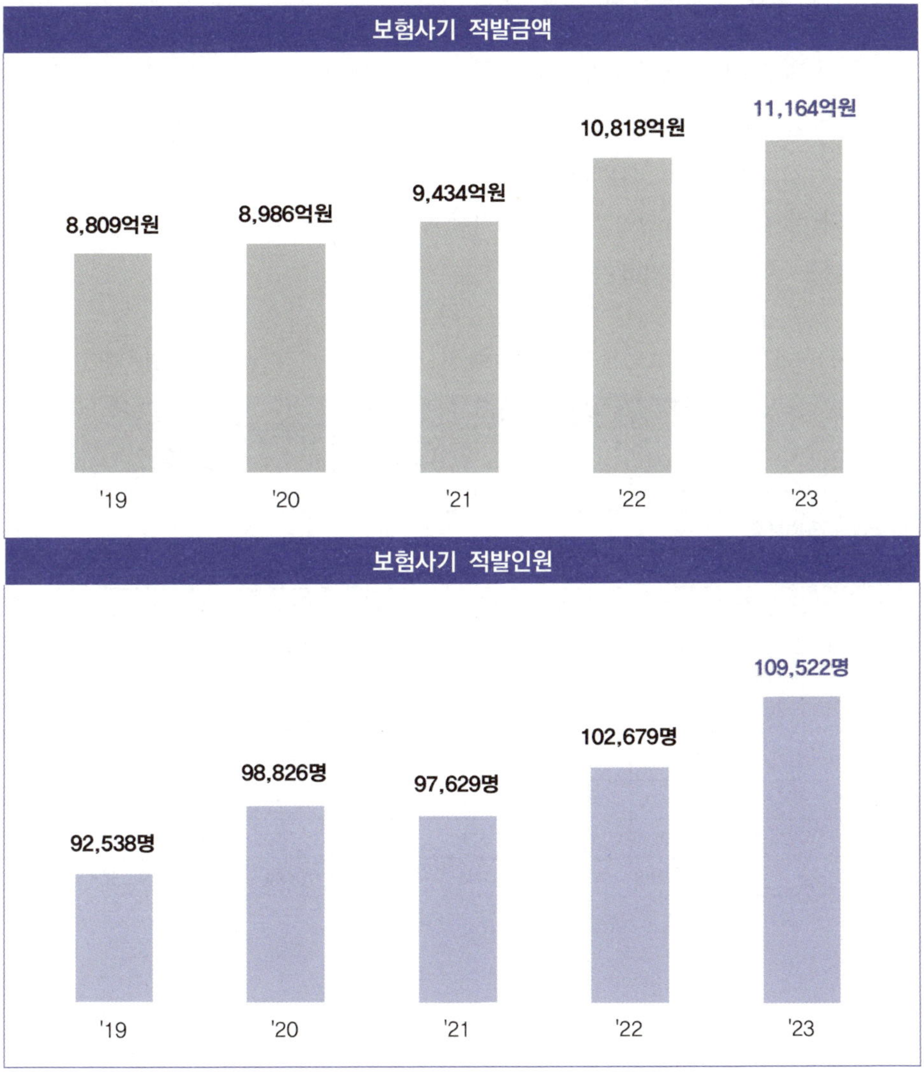

43) 금융감독원, 앞의 자료.

(1) 보험종목별 보험사기 적발금액

다음 <표 2-1> 보험종목별 보험사기 적발금액에서 보듯이, 2023년도 전체 보험사기 적발금액 약 1조 1,164억 원 중 손해보험이 약 1조 725억 원으로 대부분(96.1%)을 차지하고 생명보험은 3.9%를 차지하고 있다. 손해보험 중 자동차보험(49.1%)과 장기보험(43.4%)이 다수를 차지하고 있으며, 해마다 보험사기로 인한 전체 적발금액은 증가하고 있다.

〈표 2-1〉 보험종목별 보험사기 적발금액[44] (단위: 백만 원, %)

구 분		2021년		2022년		2023년		증감	
		금액	구성비	금액	구성비	금액	구성비	금액	비율
생 명 보 험		55,455	5.9	58,101	5.4	43,829	3.9	△14,272	△24.6
	교육보험	-	-	1	0.0001	-	-	△1	△100
	연금보험	132	0.01	70	0.01	17	0.002	△53	△75.7
	보장성보험	55,323	5.9	58,031	5.4	43,812	3.9	△14,219	△24.5
손 해 보 험		887,945	94.1	1,023,740	94.6	1,072,575	96.1	48,835	4.8
	자동차	419,885	44.5	470,487	43.5	547,608	49.1	77,121	16.4
	장기	431,924	45.8	517,854	47.9	484,038	43.4	△33,816	△6.5
	화재	1,792	0.2	3,254	0.3	9,164	0.8	5,910	181.6
	해상	418	0.04	619	0.1	45	0.004	△574	△92.7
	기타(특종)	33,927	3.6	31,526	2.9	31,720	2.8	194	0.6
전체		943,400	100	1,081,841	100	1,116,404	100	34,563	3.2

44) 금융감독원, 앞의 자료.

(2) 보험종목별 보험사기 적발인원

다음 <표 2-2> 보험종목별 보험사기 적발인원에 나타났듯이 2023년에 109,522명이 보험사기로 적발되었고 이는 전년 대비 6.7% 증가한 인원이다. 전체 적발인원 중 94.5%가 손해보험 사기이며, 손해보험 중 자동차보험(65,329명)이 59.7%, 장기보험(36,416명)이 33.2%로 대부분을 차지했다.

〈표 2-2〉 보험종목별 보험사기 적발인원[45]

(단위: 명, %)

구 분		2021년		2022년		2023년		증감	
		인원	구성비	인원	구성비	인원	구성비	인원	비율
생명보험		7,812	8.0	6,301	6.1	6,072	5.5	△229	△3.6
	교육보험	-	-	1	0.001	-	-	△1	△100.0
	연금보험	5	0.01	8	0.01	6	0.01	△2	△25.0
	보장성보험	7,807	8.0	6,292	6.1	6,066	5.5	△226	△3.6
손해보험		89,817	92.0	96,378	93.9	103,450	94.5	7,072	7.3
	자동차	58,367	59.8	56,746	55.3	65,329	59.7	8,583	15.1
	장기	30,046	30.8	38,033	37.0	36,416	33.2	△1,617	△4.3
	화재	41	0.04	38	0.04	87	0.1	49	128.9
	해상	6	0.01	1	0.001	4	0.01	3	300.0
	기타(특종)	1,357	1.4	1,560	1.5	1,614	1.5	54	3.5
전체		97,629	100	102,679	100	109,522	100	6,843	6.7

45) 금융감독원, 앞의 자료.

(3) 보험사기 유형별 적발금액

다음 <표 2-3> 보험사기 유형별 적발금액에서 보험사기 유형을 사고내용조작, 고의사고, 허위사고 등 크게 세 가지로 분류한다. 2023년도 보험사기 적발금액 총 1조 1,164억여 원 중 사고내용조작이 59.3%(6,616억 원)으로 가장 많고, 이어서 허위사고 19%(2,124억 원), 고의사고 14.3%(1,600억 원) 순으로 많았다.

〈표 2-3〉 보험사기 유형별 적발금액46)

(단위: 억 원, %)

구 분	2021년		2022년		2023년		증감	
	금액	구성비	금액	구성비	금액	구성비	금액	비율
사고내용조작	5,713	60.6	6,681	61.8	6,616	59.3	△65	△1.0
자동차사고 운전자, 피해물, 사고일자 조작 및 과장	1,556	16.5	1,560	14.4	1,961	17.6	401	25.7
진단서 위변조 및 입원수술비 과다청구	1,835	19.5	2,468	22.8	2,031	18.2	△437	△17.7
고지의무 위반	1,043	11.1	1,063	9.8	1,005	9.0	△58	△5.5
음주, 무면허 운전	1,064	11.3	1,377	12.7	1,435	12.9	58	4.2
병원의 치료비 과장청구	129	1.3	77	0.7	71	0.6	△6	△7.8
정비공장의 수리비 과장청구	85	0.9	136	1.3	113	1.0	△23	△16.9
고의사고	1,576	16.7	1,553	14.4	1,600	14.3	47	3.0
자살, 자해	870	9.2	915	8.5	731	6.5	△184	△20.1
고의충돌	610	6.5	534	4.9	739	6.6	205	38.4
자기재산손괴, 방화	42	0.4	58	0.5	84	0.8	26	44.8
살인, 상해	52	0.6	45	0.4	45	0.4	-	-
보유불명사고	2	0.02	1	0.01	1	0.01	-	-
허위사고	1,412	15.0	1,914	17.7	2,124	19.0	210	11.0
일반상해의 자동차 사고 위장 등	486	5.2	749	6.9	774	6.9	25	3.3
질병의 상해사고 위장 등	881	9.3	1,122	10.4	1,290	11.5	168	15.0
허위 수술	22	0.2	18	0.2	23	0.2	5	27.8
허위 차량도난	13	0.2	17	0.2	18	0.2	1	5.9
허위 사망, 실종	10	0.1	8	0.1	19	0.2	11	137.5
기타	734	7.7	670.1	6.2	824	7.4	154	23.0
전체	9,434	100	10,818	100	11,164	100	346	3.2

46) 금융감독원, 앞의 자료.

(4) 보험사기 유형별 적발인원

다음 <표 2−4> 보험사기 유형별 적발인원 통계에서 보듯이 2023년 적발인원 전체 109,522명 중 사고내용조작이 71,582명(65.4%)으로 가장 많았고, 이어서 허위사고가 18,469명(16.9%), 고의사고가 11,540명(10.5%)이었다.

〈표 2−4〉 보험사기 유형별 적발인원[47]　　　　(단위: 명, %)

구 분	2021년		2022년		2023년		증감	
	인원	구성비	인원	구성비	인원	구성비	인원	비율
사고내용조작	65,150	66.7	69,786	68.0	71,582	65.4	1,796	2.6
자동차사고 운전자, 피해물, 사고일자 조작 및 과장	19,737	20.2	19,405	18.9	23,414	21.4	4,009	20.7
진단서 위변조 및 입원수술비 과다청구	12,598	12.9	17,316	16.9	13,992	12.8	△3,324	△19.2
고지의무 위반	15,236	15.6	15,104	14.7	15,420	14.1	316	2.1
음주, 무면허 운전	13,675	14.0	16,186	15.8	16,460	15.0	274	1.7
병원의 치료비 과장청구	1,858	1.9	1,029	1.0	940	0.9	△89	△8.6
정비공장의 수리비 과장청구	2,046	2.1	746	0.7	1,356	1.2	610	81.8
고의 사고	12,103	12.4	9,967	9.7	11,540	10.5	1,573	15.8
자살, 자해	1,052	1.1	1,233	1.2	1,121	1.0	△112	△9.1
고의충돌	10,637	10.9	8,426	8.2	9,924	9.1	1,498	17.8
자기재산손괴, 방화	284	0.3	229	0.2	196	0.2	△33	△14.4
살인, 상해	97	0.1	52	0.1	263	0.2	211	405.8
보유불명사고	33	0.03	27	0.03	36	0.03	9	33.3
허위사고	15,854	16.2	18,581	18.1	18,469	16.9	△112	△0.6
일반상해의 자동차 사고 위장 등	7,222	7.4	8,024	7.8	8,316	7.6	292	3.6
질병의 상해사고 위장 등	8,018	8.2	10,197	9.9	9,579	8.8	△618	△6.1
허위 수술	518	0.5	304	0.3	533	0.5	229	75.3
허위 차량도난	81	0.1	47	0.05	24	0.02	△23	△48.9
허위 사망, 실종	15	0.02	9	0.01	17	0.01	8	88.9
기타	4,522	4.7	4,345	4.2	7,931	7.2	3,586	82.5
전체	97,629	100	102,679	100	109,522	100	6,843	6.7

47) 금융감독원, 앞의 자료.

(5) 직업별 보험사기 적발현황

다음 <표 2-5> 직업별 보험사기 적발현황 자료에 나타났듯이 보험사기 적발인원은 직업별로 다양하다. 2023년 적발인원 전체 109,522명 중 회사원이 23,280명(21.3%)으로 가장 많았고, 무직 · 일용직이 14,426명(13.2%), 전업주부가 10,181명(9.3%)으로 뒤를 이었다.

〈표 2-5〉 직업별 보험사기 적발현황[48] (단위: 명, %)

구분	2021년		2022년		2023년		증감	
	인원	구성비	인원	구성비	인원	구성비	인원	비율
회사원(보험외)	18,718	19.2	19,623	19.1	23,280	21.3	3,657	18.6
회사원(보험업)	146	0.1	165	0.2	176	0.1	11	6.7
무직 · 일용직 (전업주부 제외)	12,293	12.6	11,409	11.1	14,426	13.2	3,017	26.4
전업주부	10,885	11.1	10,903	10.6	10,181	9.3	△722	△6.6
기타일반자영업	2,813	2.9	2,649	2.6	2,681	2.4	32	1.2
학생	4,035	4.1	5,081	4.9	5,473	5.0	392	7.7
판매직 종사자	1,424	1.5	2,085	2.0	1,759	1.6	△326	△15.6
운수업 종사자(차량)	3,854	3.9	4,711	4.6	4,146	3.8	△565	△12.0
운수업 종사자(차량외)	648	0.7	376	0.4	321	0.3	△55	△14.6
기타서비스직종사자	3,405	3.5	4,439	4.3	3,592	3.2	△847	△19.1
요식업 종사자	1,558	1.6	1,562	1.5	1,414	1.3	△148	△9.5
병원 종사자	1,457	1.5	1,673	1.6	1,169	1.0	△504	△30.1
공장(제조업)	2,201	2.3	2,668	2.6	2,247	2.1	△421	△15.8
모집종사자(보험업)	1,178	1.2	1,598	1.6	1,782	1.6	184	11.5
모집종사자(보험외)	407	0.4	610	0.6	627	0.6	17	2.8
건설/창고업종사자	1,499	1.5	1,758	1.7	1,410	1.3	△348	△19.8
정비업소 종사자	1,699	1.7	1,157	1.1	1,500	1.4	343	29.6
교육관련종사자	1,216	1.2	1,241	1.2	1,425	1.3	184	14.8
공무원(교사제외)	495	0.5	623	0.6	644	0.6	21	3.4
군인	234	0.2	242	0.2	253	0.2	11	4.5
유흥업소종사자	67	0.1	110	0.1	70	0.1	△40	△36.4
운동선수	36	0.04	60	0.06	60	0.1	-	-
기타	27,361	28.0	27,936	27.2	30,886	28.2	2,950	10.6
전체	97,629	100	102,679	100	109,522	100	6,843	6.7

48) 금융감독원, 앞의 자료.

2. 최근 보험사기의 주요 특징

(1) 사기유형별 특징

보험사기 유형별 특징으로, 사고내용조작 유형이 59.3%(6,616억 원)를 차지하고, 허위사고 19%(2,124억 원), 고의사고 14.3%(1,600억 원) 순으로 나타났다. 그리고 사고내용조작 유형 중 진단서 위변조 및 입원수술비 과다청구가 2,031억 원(18.2%), 자동차사고 조작 및 과장이 1,961억 원(17.6%)으로 큰 비중을 차치했다. 특히 자동차사고 조작 및 과장은 전년 대비 25.7%p가 증가했다.

〈그림 2-2〉 사기 유형별 보험사기 적발 현황(%)[49]

(2) 연령별 특징

보험사기범 중 50대의 적발 비중이 가장 높으며(22.8%, 25,016명), 적발인원을 기준으로 50대(22.8%), 60대 이상(22.6%), 40대(20.1%), 30대(18.3%), 20대(14.9%), 10대 이하(1.3%) 순으로 많다. 전년 대비 2023년 연령대별 증가율상, 30대와 40대 증가율이 평균 증가율을 상회하였다.

49) 금융감독원, 앞의 자료.

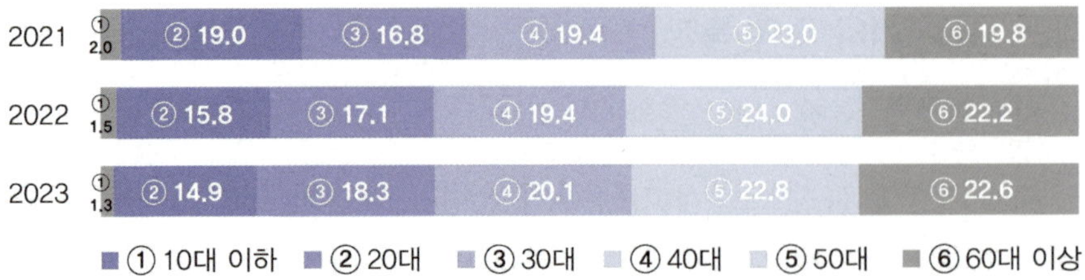

〈그림 2-3〉 연령별 보험사기 적발 현황(%)[50]

특이할 점은 20대는 자동차 관련 사기(고의충돌 31.0%, 음주·무면허운전 14.5%)가 많은 반면, 60대 이상은 병원 관련 사기(허위입원 등 18.8%)가 빈번했다.

〈그림 2-4〉 연령별 · 유형별 보험사기 적발 현황(%)[51]

(3) 보험종목별 특징

2023년 전체 보험사기 적발액 1조 1,164억원 중 자동차보험(49.1%, 5,476억원) 및 장기보험(43.4%, 4,840억원)이 대부분이며, 그 외 보장성보험(3.9%), 일반보험(3.7%) 순이다. 보험종목별 증가율상, 자동차보험은 운전자·피해물 등 조작(+401억원), 고

50) 금융감독원, 앞의 자료.

51) 금융감독원, 위의 자료.

의충돌(+205억원) 증가 등으로 전년 대비 증가한 반면, 장기보험은 허위 입원·수술·진단 감소 등으로 전년 대비 감소하였다.

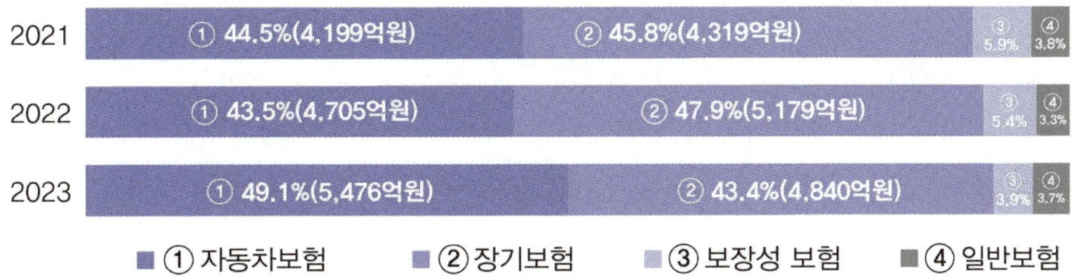

〈그림 2-5〉 보험종목별 보험사기 적발 현황(%)[52]

(4) 직업별 특징

보험사기 적발자의 직업은 회사원(19.1%), 무직·일용직(11.1%), 전업주부(10.6%), 학생(4.9%) 순이며, 보험설계사, 의료인, 자동차정비업자 등 관련 전문종사자의 비중은 4.3%(4,428명) 수준이다.

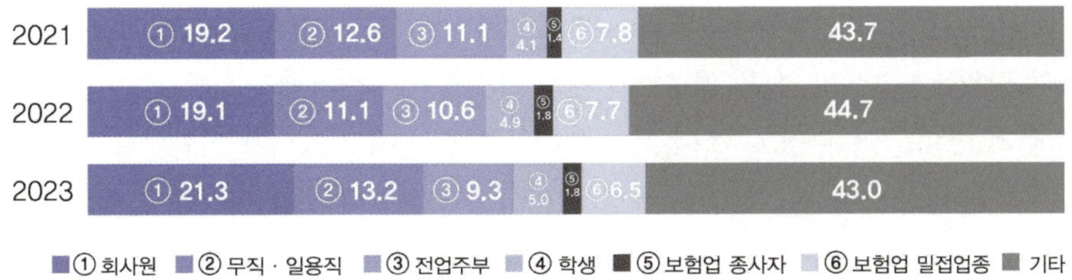

〈그림 2-6〉 직업별 보험사기 적발 현황(%)[53]

52) 금융감독원, 앞의 자료.
53) 금융감독원, 위의 자료.

3. 보험사기의 증가원인

우리나라의 보험범죄는 매년 지속적으로 증가하고 있는 추세이다. 최근에는 보험회사의 손해율 관리차원에서 보험범죄 예방의 중요성이 부각되고 있으며, 고가의 슈퍼카를 이용한 보험범죄 사례가 언론에 자주 보도되면서 그 심각성이 크게 대두되고 있다. 그렇다면, 우리나라의 보험범죄는 왜 계속해서 증가하고 있는지, 발생하는 원인은 무엇인지 국내 보험산업의 특성을 고려하여 살펴보면 다음과 같다.

(1) 보험사기에 대한 죄의식의 결여

우리나라 일부 국민들은 보험회사를 속이는 행위에 대해 죄의식을 갖지 않는 경향이 있다. 보험사기가 조세 기피현상과 유사하게 '용인될 수 있는 행위'로 인식되는 경우도 있어, 보험범죄 처벌의 필요성과 피해의 심각성에 대한 인식이 상당히 부족한 실정이다. 또한, 이러한 불법적인 보험금 편취행위를 자신들이 오랜 기간 납부한 보험료를 만회하는 수단으로 합리화하는 경향도 보험사기 범죄를 부추기는 요인으로 작용한다.[54]

우리나라의 보험범죄는 열악한 노동환경, 상대적 박탈감, 고용 불안 등으로 인한 건전한 노동정신의 약화와 물질만능주의가 결합한 결과라 할 수 있다. 구조적 보험사기의 발단이 되었던 탄광지역의 집단적 역선택의 문제[55]를 살펴보면, 가진 자의 부와 권위에 대한 정당성을 인정하지 않는 상대적인 피해의식과 소외감이 사회 저변에 깔려 있음을 알 수 있다. 더욱이 금융위기 이후 생활고가 더욱 심화되고 빈부격차가 커지면서 보험금 편취행위에 대한 죄의식 부족현상이 점차 확산되고 있다. 그뿐만 아니라 실직, 임금 삭감 등으로 인해 생활이 어려워지면서 고의사고를 발생시키거나 허위사고를 가장하는 등의 생계형 보험범죄도 늘어나고 있는 추세이다.

(2) 보험의 투기적 특성

보험은 위험집단을 기반으로 다수의 경제주체가 결합하여 각자가 일정한 보험료

---

54) 보험연수원, 「보험조사론 I (이론)(개정판)」, 2017: 38면.

55) 탄광지역 주민들은 보험사보다 자신의 건강상태와 작업환경을 더 잘 알고 있어 이를 감추고 가입하면 고위험군은 증가하고 저위험군은 감소하게 된다.

를 출연하여 위험에 대비하는 경제제도로 경제적·사회적으로 중요한 기능을 수행한다. 그러나 보험은 우연한 사고를 전제로 하는 사행성을 띠고 있어, 동서고금을 통해 보험범죄가 끊이지 않고 있다. 보험사기를 저지르는 주요 이유는 경제적 이익 추구이다. 보험사기는 살인 등 강력범죄와 달리 복수나 증오, 치정 등에 의해 발생하는 것이 아니라, 대다수가 경제적 어려움을 극복하거나 보험면책 사유를 회피하려는 목적, 또는 유흥비 마련을 위한 쉬운 돈벌이 수단으로 저질러진다.

보험은 비교적 낮은 보험료에 비해 사고발생 시 고액의 보험금이 지급되는 구조로 인해 사행적 요소를 갖고 있기 때문에 보험료와 실제 지급되는 보험금 간의 균형이 무너지면 도박적 특성이 강화될 수 있다. 보장금액이 커질수록 보험의 사행성과 투기적 요소가 더욱 커지기 때문에 '보험을 통해 쉽게 돈을 벌 수 있다'는 생각을 하게 되는 사람들이 증가하고, 결국 보험범죄의 유혹에 빠질 가능성이 높아진다.

(3) 타 범죄에 비해 미약한 처벌

보험범죄는 비교적 적은 비용으로 막대한 이득을 취할 수 있는 고수익·저위험 행위로 인식되고 있다. 이는 다른 범죄에 비해 상대적으로 안전하고, 성공 가능성이 높다고 여겨지며, 설령 적발되더라도 가벼운 처벌을 받는 경우가 많기 때문이다. 또한 공권력 집행의 우선순위에서도 수사기관은 살인, 강도, 폭력, 마약 등 사회적 비난이 강한 범죄에 대하여 우선적으로 대응하고 있어 보험사기 범죄에 대한 인력 및 재정지원이 충분히 이루어지지 못하고 있는 실정이다.

2020년 1월 윤두현 국회의원이 금융감독원과 법원행정처로부터 제출받은 자료에 따르면 2019년 보험사기로 적발된 인원이 9만 2000여 명에 달하지만 정작 처벌은 1%에도 못 미치는 것으로 나타났다. 그나마도 처벌의 약 76%가 벌금형이나 집행유예 등 가벼운 처벌에 집중된 것으로 조사됐다. 2019년 보험사기방지 특별법 위반으로 처벌받은 인원은 780명으로, 전체 적발인원의 0.84%에 불과했다. 세부적인 처벌 수위를 살펴봐도 징역형은 187명에 불과했으며 벌금형 295명, 집행유예(재산형 포함) 294명, 선고유예 4명 등으로 집계됐다. 4명 중 3명이 가벼운 처벌에 그친 것이다.[56)]

---

56) 헤럴드경제, "'보험사기' 9만건 9천억 원…처벌은 1% 환수는 17% 불과", 2020. 10. 22.

1. 외국의 보험범죄 대응기구

(1) 영국

영국 형사사법제도의 중추는 전통적으로 경찰과 법원으로, 법집행은 자치의 전통에 따라 원칙적으로 잉글랜드, 웨일스, 북아일랜드, 스코틀랜드 등 지역의 자치경찰이 거의 독립적으로 수행하고, 국가적 · 전국적인 치안수요는 독립적인 광역 법집행기구(UK-wide agencies)를 두어 지역 중심의 법집행을 보완한다. 영국에서는 범죄가 발생했을 경우 수사절차는 경찰에 의해 주도되며 증거의 수집, 범죄 용의자에 대한 정지 및 수색, 체포, 구금 등 일련의 범죄 수사절차는 경찰에 의해 이루어진다. 수사가 종결된 이후에는 그 사안의 경중에 따라서 경찰에서 기소, 기소유예, 무혐의 처리, 또는 벌금 처분을 내리며 사건을 국립기소청(Crown Prosecution Service, CPS)으로 송치한다.[57]

보험사기 수사는 런던시티경찰(The City of London Police, COLP)을 중심으로 경찰, 국가범죄수사국(National Crime Agency, NCA), 중대사기범죄수사청(Serious Fraud Office, SFO), 국가사기대응정보국(National Fraud Intelligence Bureau, NFIB) 등 국가기관과 금융영업행위감독청(Financial Conduct Authority, FCA), 보험사기방지국(Insurance Fraud Bureau, IFB), 영국보험자협회(Association of British Insurer, ABI), 보험사 등 민간기구가 협업한다. 국립기소청CPS은 경찰이 기소를 결정한 사건에 대하여 증거와 공공의 이익을 기준으로 경찰의 의견대로 기소 또는 보석police bail, 구속으로 증거조사 후 기소 여부를 결정하고 공소를 제기한다. 경미사건 등 대부분의 사건은 주로 치안법원(Magistrate Court)에서, 중한 범죄는 형사법원(Crown Court)에서 관할한다.[58]

영국은 사기처벌법(Fraud Act 2006) 또는 보험법에 보험사기행위를 별도로 정의하거나 처벌하는 규정이 없으므로 일반사기죄를 적용한다. 사기처벌법은 잉글랜드, 웨일스, 북아일랜드에 적용되는 법률로, 사기죄의 유형을 허위진술에 의한 사기, 정보의

57) 치안정책연구소, 『비교수사절차론』, 범신사, 2018: 13면.

58) 나성수, 『보험사기 대응정책』, 유원북스, 2024: 178-179면 참조.

미공개에 의한 사기, 직위남용에 의한 사기로 구분하며, 보험사기는 대체로 허위진술에 의한 사기의 범주에 포함되어 10년 이하의 징역 또는 벌금으로 처벌한다. 양형위원회(Independent Sentencing Council)의 가이드라인은 보험사기로 신체적인 해를 초래하거나 피해액을 고려하여 가중처벌을 권고한다. 범죄수익환수법(Proceeds of Crime Act 2002)은 범죄자의 재산사용 금지, 범죄수익의 몰수, 자산회수기관(Assets Recovery Agency)의 설립 등 범죄로 인한 수익의 몰수를 규정하고, 이후 범죄재정법 「Criminal Finances Act 2017」은 자금세탁, 세금포탈, 부패, 테러자금 등으로 몰수대상을 확대하였다.

1) 보험사기 대응기구

정부기관은 런던시티경찰청의 보험사기특별수사부IFED, 중대사기범죄수사청SFO, 국가범죄수사국NCA 등이 있다.[59)]

① 정부기관

㉮ 런던시티경찰청의 보험사기특별수사부(IFED)

런던시티경찰청(City of London Police, COLP)[60)]은 금융중심가인 런던시티(City of London, square mile)를 관할하는 경찰로서 영국(잉글랜드와 웨일스 지역)의 금융범죄, 사기범죄, 화이트칼라 범죄에 대한 중추적인 수사기관이며, 국가사기대응정보국(National Fraud Intelligence Bureau, NFIB)[61)], 사기 및 사이버범죄신고센터(Action Fraud), 보험사기특별수사부(Insurance Fraud Enforcement Department, IFED)를 운용한다. 보험사기특별수사부IFED는 보험사기전담수사관(detective, police unit), 금융전문가, 보험업계파견자로 구성된 보험범죄에 대한 전담수사부서로, 영국보험자협회ABI와 로이드협회Lloyds[62)]가 예산을 지원하여 런던시티경찰청COLP의 경제범죄전담부(Economic Crime Directorate) 산하에 설치하였다.

---

59) 이하 나성수, 앞의 책, 180-182면.

60) 런던경찰(Metropolitan Police Service, MET)은 런던시티 지역을 제외한 대런던(Great London)의 32개구(borough)를 관할하고, 본부를 Scotland Yard라고 한다.

61) 경제범죄에 대한 정보수집, 분석, 평가기관으로 해당 정보는 Action Fraud, 보험업계, 은행, 공공기관 등을 통하여 수집한다.

62) 런던 로이즈는 영국의 로이즈 법(Lloyd's Act)에 따라 규정된 영국의 특수법인이자 보험사들이 자율적으로 모여 만든 보험 거래소이다.

보험사기특별수사부IFED는 전략위원회(Strategic Board)와 관리위원회(Management Board)를 두고 런던시티경찰청COLP이 독립적으로 운영하는 부서로 영국보험자협회ABI의 회원사, 로이드협회Lloyds, 보험사기방지국(Insurance Fraud Bureau, IFB) 등의 보험업계와 사기 및 사이버범죄신고센터(Action Fraud), 국가사기대응정보국NFIB, 지역경찰 등 정부기구와 협업하여 주로 조직범죄 및 전문직(의사, 변호사)과 관련된 보험사기 등 사회에 영향이 큰 사건을 수사한다.

㉯ 중대사기범죄수사청(Serious Fraud Office, SFO)

형사사법법(Criminal Justice Act 1987)에 따라 법무부(Attorney General's Office) 내에 중대사기범죄수사청(Serious Fraud Office, SFO)을 설립하여 잉글랜드, 웨일스, 북아일랜드 지역(스코틀랜드 제외)의 사기, 뇌물수수, 부패, 중한 경제범죄에 대해 수사 및 기소를 담당한다. 정보분석팀(Intelligence Unit)이 범죄정보를 분석·평가하여, 수사관과 법률가가 공동으로 내사와 수사를 진행하고, 해당 범죄의 특수성을 고려하여, 예외적으로 동일 기관에서 기소업무도 수행한다. 국가범죄수사국NCA, 런던시티경찰청IFED, 경찰UK police, 금융영업행위감독청FCA 등과 협업한다.

㉰ 국가범죄수사국(NCA)의 국가경제범죄센터(NECC)

국가범죄수사국(National Crime Agency, NCA)[63]은 중범죄 및 조직범죄에 대응하는 중추 법집행기관이다. 국가범죄수사국NCA 내의 국가경제범죄센터(National Economic Crime Centre, NECC)는 국가 차원의 경제범죄에 대하여 효율적인 대응을 위하여 법집행기관, 법무부, 정부부처, 규제기관, 민간기관 등의 역량을 통합한 기구로, 필요에 따라 법무부의 중대사기범죄수사청(Serious Fraud Office, SFO)에 수사를 의뢰한다.

② 민간기구

보험사기에 대응하는 민간기구로는 금융영업행위감독청(Financial Conduct Authority, FCA), 영국보험자협회(Association of British Insurers, ABI), 보험사기방지국(Insurance Fraud Bureau, IFB), 보험사기자등록시스템(Insurance Fraud Register, IFR), 보험사기정보허브(Insurance Fraud Intelligence Hub, IFi Hub), 자동차보험관리국MIB 등의 지원기구가 있다.[64]

---

63) 2014년, 내무부(Home Office)의 사기범죄의 총괄기구인 NFA(National Fraud Authority)를 폐쇄하여, 전략 및 분석기능은 NCA로, 신고기능은 런던시티경찰청(COLP)의 Action Fraud로 이관하였다.

㉮ 금융영업행위감독청(Financial Conduct Authority, FCA)[65]

금융영업행위감독청FCA은 금융에 대한 규칙제정 등 전반적인 전략 수립 및 제반 업무를 담당하는 독립적인 민간기구이다. 보험사기를 줄여 소비자를 보호하는 것도 금융영업행위감독청FCA의 목적에 해당하나, 금융영업행위감독청FCA의 법집행기구(Enforcement Division)는 주로 개인이나 회사의 의심거래, 규제위반 등에 중점을 두고 조사한다. 보험사기와 관련된 금융영업행위감독청FCA의 역할은 보험사기를 유발하는 보험시장의 문제점 파악이나, 보험회사의 예방·관리·통제시스템 점검, 보험사기로 인한 손실예방을 위한 정책의 수립 등이다. 보험회사의 재무건전성 악화 우려 시 건전성 감독(Prudential Regulation Authority의 검사)의 가능성은 있으나, 보험사기를 직접 조사하지는 않으며, 경찰 등 법집행기관과 협력하는 것이 보통이다.

㉯ 영국보험자협회(Association of British Insurers, ABI)

영국보험자협회ABI[66]는 영국의 대표적인 보험자협회로 정부기관과 협력, 입법 및 재정지원, 수사지원 등 보험사기 대응에 중추 역할을 한다. 보험회사를 직접 규제하거나 분쟁을 조정하는 기능은 없으나, 재정건전성감독청(Prudential Regulation Authority, PRA)과 금융영업행위감독청FCA에 대한 업무를 지원하고[67], 보험사기방지국IFB, 보험사기특별수사부IFED, 보험사기자등록시스템(Insurance Fraud Register, IFR), 내면허 온라인 서비스MyLicence[68] 등에 재정을 지원한다.

---

64) 이하 나성수, 앞의 책, 182-188면.

65) 영국금융감독청(FSA)에서 금융영업행위 감독청(FCA)과 건전성 감독청(PRA)으로 분리하였다(2013년 4월).

66) 약 300개의 회원사(영국보험자의 약 90% 가입)의 분담금으로 운영한다.

67) ABI 내에 건전성 감독팀(prudential regulation team)과 금융영업 규제팀(conduct regulation team)을 운영한다.

68) MyLicence는 영국에서 자동차 보험을 신청할 때 도움을 주는 온라인 서비스. 이 서비스는 MIB Hub(Motor Insurers' Bureau Hub)을 통해 DVLA(운전자 및 차량면허관리국, Driver and Vehicle Licensing Agency)의 운전 기록을 실시간으로 제공하여 보험사들이 보다 정확하고 공정한 보험 가격을 제공할 수 있도록 돕는다. MyLicence를 사용하면 보험사가 가입자의 운전기록을 쉽게 확인할 수 있어 보험 신청절차가 더 간편해 지고, 사기를 방지하는 데에도 기여한다. https://www.mib.org.uk/managing-insurance-data/mib-hub/mylicence/?form=MG0AV3 (2025.1.6.검색).

㉰ 보험사기방지국(Insurance Fraud Bureau, IFB)

보험사기방지국IFB은 2006년에 영국보험자협회ABI가 설립하고 예산을 지원하는 민간의 비영리 조사조직으로 보험업계의 보험사기 적발과 예방의 중추기관이다. 보험업계의 정보 및 데이터 수집의 허브hub로 관련 데이터를 분석하여 법집행기관에 제공하고, 보험사기자등록시스템(Insurance Fraud Register, IFR)과 보험사기신고센터(Fraud Cheatline)를 운영한다.

보험사기자등록시스템(Insurance Fraud Register, IFR)은 영국보험자협회ABI가 주도하여 설립하고, 보험사기방지국IFB가 관리하는 보험사기 행위자와 관련된 자료를 등록한 데이터베이스이다. 보험계약자, 제3자, 공급자, 전문종사자 등이 보험가입 · 갱신 · 보험금의 신청과 관련된 보험사기로 적발된 경우, 보험사를 통하여 기준에 따라 수집한 정보를 보험사기자등록시스템IFR에 등록하여 보관 · 관리한다. 보험상품의 가입, 계약의 인수underwriting 및 보험금 지급청구claim의 평가와 결정, 갱신, 보험금청구 시 보험사기의 탐지 및 조사, 수사지원에 활용한다. 영국보험자협회ABI의 회원사 외에도 로이드Lloyds 등 비회원사의 이용이 증가하는 추세로, 영국보험사기방지TF(Insurance Fraud Taskforce, IFTF, 2015)[69]는 보험사 등의 보험사기자등록시스템IFR의 적극적인 활용을 권고하였다.

아울러 보험사기방지국IFB에서는 보험사기에 대한 정보를 상시 · 실시간으로 분석 · 감시하고, 관련 정보나 데이터를 통합 · 제공하는 공유플랫폼인 보험사기정보허브(Insurance Fraud Intelligence Hub, IFi Hub)를 운영하고 있다.[70] 신종 보험사기에 대한 예방과 조사능력을 강화하기 위하여 2019년도부터 보험사기자등록시스템IFR의 데이터를 보험사기정보허브(IFi Hub)를 통하여 제공하고 있다.

㉱ 자동차보험관리국(Motor Insurers' Bureau, MIB)

운전자 및 차량면허관리국(Driver and Vehicle Licensing Agency, DVLA)[71]과 협력하여 무보

---

69) https://www.gov.uk/government/publications/insurance-fraud-taskforce-interim-report?form=MG0AV3 (2025.2.5.검색).

70) 2019년도부터 SAS technology사가 개발 · 운영 중인 통합 플랫폼이다.

71) 운전자 및 차량면허관리국(Driver and Vehicle Licensing Agency)은 면허발급, 자동차 관련 세금, 교통법규 위반시 범칙금 징수 등의 업무를 수행하고 경찰, MIB와 데이터를 공유하여 무보험 차량을 적발한다.

험 차량의 단속, 무보험 및 뺑소니 차량에 의한 피해지원, 보험 관련자료 관리 등 보험산업의 지원과 보험사기의 예방을 위하여 설립된 비영리 법인이다. 자동차보험 데이터베이스(Motor Insurance Database, MID), 내보험 온라인서비스MyLicence를 운영하고, 회원사를 대신하여 자회사를 통하여 보험금지급심사 데이터베이스(Claim and Underwriting Exchange, CUE)와 전손·도난차량 등록데이터(Motor Insurers' Anti-Fraud and Theft Register, MIAFTR)를 관리한다.72)

자동차보험 데이터베이스MID는 영국 내 모든 자동차보험의 가입상태를 집적한 것으로, 운전자 및 차량면허관리국DVLA이 무보험 차량의 적발 또는 뺑소니, 무보험차량으로 교통사고를 당한 경우에 사실조사와 보상 시에도 활용한다. 개인도 교통사고 시 자동차보험 데이터베이스MID를 통하여 본인 또는 상대 차량의 보험 가입상태, 보험사 등을 확인할 수 있다.

내보험 온라인서비스MyLicence는 보험사가 온라인서비스on line service를 통하여 운전자 및 차량면허관리국DVLA이 보유한 운전자의 면허번호 및 상태, 교통법규 위반사항 등 운전이력을 확인할 수 있으므로, 보험사와 중개업자가 견적단계 또는 보험갱신 시 사기예방에 유용하다.

보험금지급심사 데이터베이스(Claim and Underwriting Exchange, CUE)는 보험사·협회ABI가 공동으로 구축한 보험 데이터베이스DB로, 보험사에서 보고한 자동차 사고, 침입 및 절도(도난), 신체상해, 여행자보험, 산재보험 등에 대하여 보험금의 실제 지급 여부와 상관없이 청구이력을 관리하는 데이터베이스DB이다. 처음에는 보험사간에 보험금의 청구와 관련된 정보의 교환을 목적으로 설립되었으나, 현재는 보험가입(견적) 및 갱신 시 보험료의 산정, 보험금지급, 사기성청구의 적발에 활용하고, 보험사·중개인intermediary에게도 관련 정보를 제공한다.

2015년 민사절차법(Civil Procedure Rules)은 교통사고로 인하여 보험금청구 시에 청구인측claimant solicitor의 신체상해personal injury에 대한 사전조회를 의무화하여, 청구인측 변호인claimant solicitor은 자동차보험 데이터베이스CUE를 통하여 개인 상해(Personal Injury, PI)와 관련된 보험청구 및 인수정보(CUE PI Data)를 확인하여야 한다. 자동차보험자 사

---

72) IDSL(Insurance Database Services Limited)에서 운영하던 것을 2016년부터 MIB 자회사인 MIB Management Service Limited에 이관, 관리한다.

기 및 도난방지 등록데이터(Motor Insurers' Anti-Fraud and Theft Register, MIAFTR)는 전손total loss 또는 상각처리되거나 도난차량에 대한 세부정보를 집적한 데이터베이스DB로 차량등록번호, 차대번호, 차량소유자 성명·주소 등의 정보를 보험회사, 경찰에 제공하여 해당 차량이 보험사기에 이용되는 것을 방지한다.

㉮ 보험사기대책위원회(General Insurance Fraud Committee, GIFC)

보험사기대책위원회GIFC는 보험사로 구성된 단체로 보험사 간 정보공유 및 협업의 촉진, 보험사기방지 전략의 향상, 조사기법과 모범사례의 공유, 보험사가 조사지원 플랫폼의 출시 독려, 보험사기특별수사부IFED 등 수사기관에 대한 정책지원의 역할을 한다.

㉯ 사기자문패널(Fraud Advisory Panel, FAP)

사기자문패널FAP은 사기피해에 관한 관심제고 및 대응강화를 목적으로 1998년에 영국 공인회계사협회(Institute of Chartered Accountants in England and Wales, IACEW)에 의하여 설립되었다. 법조, 회계전문가, 업계, 금융, 정부기관, 법집행기관, 규제담당자, 학계를 주요 회원으로 금융사기 등 경제범죄의 예방, 탐지, 자문, 입법지원과 제도개선, 교육·홍보, 연구활동을 한다.

2) 탐정(민간조사제도)

영국은 유럽에서 자치경찰제도가 가장 먼저 도입된 국가로서 구성원의 자위방범自衛防犯 사상이 뿌리깊게 정립되어 있으며 국가경찰력의 한계를 보조하는 민간경비제도가 매우 발전되어 왔다. 초기에는 탐정(Private Investigator, PI)업을 규율하기 위한 법적 근거가 없었으므로 경비업을 비롯하여 탐정업을 제한 없이 할 수 있었다. 이에 따라 영국에서는 경찰 등 수사기관에서 수사업무 경력이 있는 자가 주로 조사업무를 수행하였으며, 반면 경력을 보유하지 않는 자는 관련 교육기관에서 교육을 이수하고 국가직업인증(National Vocational Qualification, NVQ)을 취득하여 조사업무를 별다른 제한 없이 할 수 있었다. 하지만 경비업을 비롯한 탐정업에 대한 법적 규율의 공백으로 범죄경력을 가진 자 또는 교육과 훈련을 이수하지 아니한 자 등과 같은 업무의 배제를 요하는 결격사유자의 관련 산업에의 진입을 적절히 통제하지 못하는 문제점이 제기되었고, 이들이 제공하는 경비업무 및 조사업무의 질이 갈수록 부정적인 결과를 초래하게 되었다.[73]

이에 대한 대책으로 2001년 경비업을 비롯해 탐정업 전반을 규율하기 위한 목적으로 「민간경비산업법」(Private Security Industry Act 2001, PAIA)이 제정되었고, 현재 탐정업은 경비업과 함께 동법에서 규율되고 있다. 이것은 경비업을 주업으로 하는 다양한 개인과 회사들이 공공과 관련된 범죄행위를 일으키는 것을 규제하기 위한 것이 주요 배경이다. 이 법은 단계적으로 시행되도록 되어 있으며, 탐정 관련 규정은 2006년 1월부터 시행되도록 되어 있었다. 이후 영국(England and Wales)의 민간경비산업을 규제하기 위해 독립적인 관리·감독기관인 보안산업위원회(The Security Industry Authority, SIA)가 설립되었으며, 이 위원회는 내무성과의 긴밀한 업무관련성을 유지하면서 면허발급 업무와 아울러 경비업 전반에 대한 관리·감독업무를 수행하고 있다. 이외에도 보안산업위원회는 그 목적달성을 위한 역할 수행 시 법령 및 본 법령의 부속법의 개정을 국무장관에게 제안할 수 있으며 경비업서비스 및 경비활동을 포함하는 다른 서비스에 관계된 조사에 착수하거나 혹은 재정 및 기타 수단의 준비나 보조를 지시할 수 있다.

영국의 탐정업도 다른 산업과 마찬가지로 업종의 전문화와 분업화가 이루어지고 있는데, 영국에서 탐정의 능력을 갖춘 사람들이 선택할 수 있는 또 다른 직업은 소위 상업정보회사(Commercial Intelligence Agency, CIA)에서 일을 하는 것이다. 상업정보회사들은 기본적으로는 탐정과 비슷한 일을 하지만 국내 및 해외도피범이나 도피자산 추적, 비즈니스 정보수집, 잠입근무 등의 경제 관련 업무를 전문적으로 처리하고 있다.

① 탐정의 업무범위

영국에서 탐정은 “개인이 특정 개인 및 특정 개인의 활동 및 소재파악에 대한 정보를 획득할 목적으로 감시, 질문, 또는 조사에 관련된 업무를 하는 사람”으로 정의하고 있다. 또한 2001년 「민간경비산업법」PAIA에서는 탐정의 업무내용을 특정 개인 및 특정 활동, 특정 개인의 소재파악, 멸실되거나 훼손된 재산과 관련된 상황파악에 관한 정보를 얻기 위한 감시, 질문, 또는 조사업무(부칙 제2조)로 한정하고 있다. 따라서 미국의 탐정에 비해 상대적으로 업무범위와 영역을 좁게 설정하고 있다. 그러나 실제적으로 영국에서 탐정이 행하는 업무는 미국의 경우와 유사하다고 볼 수 있다.[74]

---

73) 강동욱·윤현종, 『탐정학개론』, 박영사, 2021: 41-42면.

74) 강동욱·윤현종, 앞의 책, 43면.

주요업무로 ㉮ 영국의 민간조사 회사들은 국내외 도피 사범의 추적, 도피자산의 추적, 비즈니스 정보수집, 잠입근무 등의 경제 관련 업무를 전문적으로 수행한다. ㉯ 영국의 「민간경비산업법」(The Private Security Industry Act 2001)에 규정된 민간조사원의 업무내용[75]은 특정인의 활동이나 소재에 대한 정보수집, 멸실재산이나 피해상황 조사, 교통사고 등 보험사기를 방지하기 위한 조사, 기업합병이나 인수 관련 기업의 신용조사나 직원고용 시의 배경조사 등이다. ㉰ 변호사가 의뢰하는 업무는 주로 변호사가 담당하는 민사·형사재판의 변호자료가 되는 증거나 정보수집을 하는 일과 피고(인)를 변호할 수 있는 증인 및 목격자를 찾아내거나 피고인에게 법률문서를 전달하는 것 등이다. ㉱ 그 밖에 개인 고객들의 의뢰업무는 매우 다양한데 유산상속을 위한 유족·친족의 탐색이나 도망간 사람의 수색, 친부모를 찾거나 배우자의 부정사실 등의 조사업무가 주로 많다.[76] 즉 영국의 민간조사원의 영업활동은 소환장 송달업무, 보험사고조사, 교통사고조사, 결혼관련 조사, 범죄조사, 사기조사, 재산추적 등의 업무로 구분되며 민간조사 탐정협회윤리규정은 다음 <표 2-6>과 같다.

〈표 2-6〉 영국탐정협회(Association of British Investigators, ABI)의 윤리 및 전문성 표준규정(Code of Ethics and Professional Standards)[77]

1	책임성	모든 회원은 자신이 행한 행동이나 누락에 대해 개인적으로 책임을 지며, 조사를 돕기 위해 고용된 직원이나 다른 사람들도 마찬가지이다.
2	정직과 청렴	모든 회원은 정직과 청렴성으로 행동하여 말과 행동이 일관되게 이루어지도록 해야 하며, 서면으로 약속한 사항을 이행해야 한다.

75) 1. 특정인물의 활동이나 소재에 대한 정보 수집
2. 멸실된 재산 상황 또는 그로 인한 피해 등에 대한 정보를 얻기 위해 감시, 조회 또는 조사
3. 민간조사서비스를 받는 주고객은 개인도 있지만 주로 보험회사나 금융기관의 고용 변호사(Solicitor)들이다. 보험회사가 고객일 경우에는 교통사고조사, 산재조사 등을 하면서 보험금의 부정취득에 관한 조사를 하거나 그 증거를 수집하는 등 주로 보험사기를 방지하기 위한 조사가 많다.
4. 기업 상대의 업무로는 합병이나 인수 등의 제휴예정 기업들의 신용조사나 직원고용 시의 배경조사를 주로 한다.

76) 송병호·박상진, 『탐정학개론』, NO1210, 2009: 55-56면.

77) https://www.theabi.org.uk/files/policies-and-guidance/code-of-ethics-and-professional-standards.pdf?form=MG0AV3 (2025.1.15 검색).

3	신중함과 철저함	모든 회원은 고객의 자격을 확인하여 조사를 요청할 합법적이고 윤리적인 이유가 있는지 확인하고, 고객의 기대에 부응할 적절한 역량과 자원을 유지해야 한다.
4	법 준수와 부당행위 대응	모든 회원은 법을 준수하고, 자신이 알거나 알만한 불법적이거나 협회정책에 반하는 행위를 하지 않아야 하고, 부당한 행위에 대응하고, 적절할 때 조치를 취하고 공식적으로 보고해야 한다.
5	개방성과 투명성	모든 회원은 고객 및 고객과의 모든 거래에서 명확하고 개방적이며 투명하게 행동해야 한다.
6	평등, 다양성, 존중 및 포용	모든 회원은 자제력과 관용을 가지고 행동하며, 모든 상호작용에서 모든 사람을 존중하고 예의 바르게 대해야 한다.
7	전문성	모든 회원은 전문적으로 행동하고, 고객이나 협회의 신용을 손상시키는 행동을 해서는 안된다.
8	이해충돌 회피	회원이 관여하는 어떤 문제에 대해 개인적인 이해관계나 충돌이 있을 경우, 그 이해관계가 고객이나 이해 관계자들의 이익과 충돌할 때는 그 이해관계를 공개해야 한다.
9	기밀 유지	모든 회원은 업무 중에 맡겨진 정보를 존중하며, 의도된 목적을 위해서만 접근하거나 공개해야 하며, 프라이버시 법을 준수한다.
10	모범적인 행동	모든 회원은 모범이 되어야 하며, 공정하고, 편견 없이, 일관성 있게 행동해야 한다.

② 탐정의 자격

영국은 애초 경비업을 비롯한 탐정업을 자유업의 형태, 즉 면허 또는 자격의 유무와 관계없이 자유롭게 수행할 수 있도록 허용하는 소극적인 태도를 유지하여 왔다. 2001년에 제정된 「민간경비산업법」에서도 탐정자격에 관한 규정은 두지 않고 있다. 따라서 영국에서 탐정업은 전직 경찰 및 군인 출신들이 대다수를 차지하고 있다. 다만, 이러한 경력을 보유하지 아니하는 자가 탐정업을 하고자 하는 경우에는 일반적으로 수사 등의 전문기법을 교육하는 민간교육기관에서 일정기간 교육을 이수하여야만 국가직업인증(National Vocational Qualification, NVQ)을 취득할 수 있도록 하고 있었다.

하지만 영국에서도 2005년부터 탐정자격제도 도입에 대한 논의가 시작되었으며, 2006년부터는 국가직업인증 Level3(복잡하고 다양한 범위의 일을 수행할 수 있으며, 타인을 지도할 수 있는 능력) 이상을 취득하여야만 탐정업무를 수행할 수 있도록 자격요건을 강화하였다. 또한 그 수준을 높이기 위하여 제도적으로 면허의 유효기간을 3년마다 갱신하도록 하였다. 2006년 법 시행 이후에는 무면허 탐정에게 조사의뢰를 하는 자체도 위법으로 간주하며, 면허를 취득한 탐정들의 리스트를 공개하고 있다.

한편, 2008년 5월 내무부 경비업팀은 '탐정과 재판 전 조사원에 대한 민간경비업법 이행을 위한 규제'를 발표하여 자격검정을 통한 자격증제도를 시행할 것을 경비업협회에 제안하였다. 이후 경비업협회는 탐정과 재판 전 조사원 자격증을 각각 별도로 발급하기 시작하였다. 이후 영국은 2014년부터 탐정면허제(공인탐정제)를 도입하고 보안산업위원회, 경비업협회 등 관련 기관 및 단체, 업계의 의견을 수렴하면서 제도의 완성도를 높여가고 있다.

(2) 미국

미국은 연방성립 과정의 특성상, 주로 州정부가 전반적인 법 집행에 대한 주도권을 가지고 있다.[78] 각 州의 보험사기와 관련된 입법과 제도는 州에 따라 다르나, 보험사기의 조사 및 적발에 보험회사의 역할과 비중이 높은 편으로, 대부분의 州에서는 보험업계의 입장이 어느 정도 반영된 모델법을 근간으로 보험사기를 일반 사기와 구분된 특정범죄로 규정한다.[79] 州보험감독기관은 보험사기방지국(State Insurance Fraud Bureau, IFB)을 두어,[80] 州의 보험사기 대응업무를 총괄하고, 민간 보험사의 보험사기특별조사팀(Special Investigations Unit, SIU) 설치, 데이터관리기관의 설립 및 공유의 확대, 적발기법의 고도화, 면책조항 및 내부자 고발제도의 도입, 배상명령제도의 인정, 포상금의 지급 등 보험사기의 대응에 다양한 제도와 수단을 활용한다. 미국은 개인정보보호와 관련된 연방차원의 일반적인 법규가 없고, 공공부문의 프라이버시 보호법(The Privacy Act of 1974), 민간부문의 온라인 아동프라이버시보호법(The Children's Online Privacy Protection Act), 건강보험의 이전과 책임에 관한 법(Health Insurance Portability and Accountability Act, HIPAA),[81] 전자통신 부문의 프라이버시 보호법(The Electronic Communica-

78) 이하 나성수, 앞의 책, 136-158면 참조.

79) 주로 보험감독자연합(National Association of Insurance Commissioners, NAIC) 또는 보험입법자연합(National Council of Insurance Legislators, NCOIL)의 모델법을 참고하여 각 州의 특성을 반영하여 제정하였다.

80) 보험사기방지국(IFB)은 州에 따라 Department of Insurance Fraud Unit, Insurance Fraud Investigation Division, Insurance Division's Fraud Bureau, Fraud Prevention Division 등 다양한 명칭으로 운영된다.

tion Privacy Act) 등 개별 영역별 또는 특정 산업별로 규제한다. 일반에게 공개된 공공기록, 법원기록, 정부보유정보, 지원데이터베이스DB의 활용과 검색, 감시·미행, 면접·탐문 등 다양한 수단과 특화된 기술을 이용하여 수집한 정보를 가공하고 상품화하여 판매하는 업체가 활성화되어, 보험사기방지시스템(Fraud Detection System, FDS)의 구축과 운용, 보험사기의 조사에 보험사의 특별조사팀SIU 및 탐정(Private Investigator, PI)을 활용할 수 있는 여건이 비교적 양호하다.

한편, 보험사의 자금funding을 법집행 기관에 지원하여 관련 수사를 진행함으로써 공정성에 대한 의문과 보험사가 광범위한 면책조항을 이용하여 상대방을 압박하기 위해 조사와 수사의뢰를 남용하는 문제가 제기되었다. 보험사의 성과지향적 문화로 주로 성과가 쉽게 나타날 수 있는 사회초년생 등 사회적 약자를 대상으로 조사가 집중된다는 비판과 데이터의 부실한 관리로 보험사기 조사에 부정확한 데이터를 사용하여 억울한 피해자가 발생하는 사례도 지적되었다. 보험감독청은 소관부서를 두고 보험사의 보험사기 방지활동에 대한 정기보고, 보험사에 대한 평가프로그램의 구축, 보험사특별조사팀SIU의 보험감독청에 대한 보고의무 등의 법제화와 보험사에 대한 지도·감독을 강화하여 부작용의 방지를 위하여 노력하고 있다.

1) 보험사기 대응기구

① 州정부의 대응체계

㉮ 州보험사기방지법(Insurance Fraud Prevention Act, IFPA)

대부분의 州는 보험사기방지법(Insurance Fraud Prevention Act, IFPA)에 보험사기를 일반사기와 구별하여 특정범죄로 규정하고, 보험사기의 정의, 적용 대상, 처벌을 형법에 규정한다. 유일하게 보험사기를 별도의 특정범죄로 규정하지 않는 오레곤州도 일반사기로 처벌하므로, 모든 州에서 보험사기를 처벌한다고 볼 수 있다. 대부분 州의 보험사기방지법IFPA은 보험사의 보험사기 방지활동 및 방지조직SIU의 설치,[82] 방지

81) 민감한 환자의 건강정보가 환자의 동의 없이 공개되지 않도록 건강정보의 사용 및 공개방법 등을 규정한 연방법으로, 병원 등 의료관련 단체, 의료보험회사, 변호사·회계사 사무실, 건강관리정보시스템의 구축회사 등이 적용대상이다.

82) 22개 州와 D.C.(District of Columbia, 워싱턴 D.C.)에서 보험사기 방지계획의 수립 및 SIU 설치·운영을 의무화하였다.

계획의 연례보고, 보험사기 의심 건에 대한 감독기관에 신고의무,[83] 법집행기관의 요구 시 혐의자에 대한 정보제공의 의무 등을 규정한다. 일부 州는 보험사기의 주체로 보험소비자, 대리인agent, 손해사정사의 불법행위와 보험자가 합법적인 청구를 고의로 거절하는 경우를 사기의 범주로 포함한다.[84]

〈표 2-7〉 각 州 보험사기방지법의 주요내용[85]

내용	개요
보험사기 정의	고의로 보험가입신청서, 보험금청구서를 허위 신고하여 당연히 내야 할 보험료를 사취하거나 부당하게 보험금을 받은 등의 행위[86]
형사처벌	경죄(Misdemeanor, MISD)와 중죄(Felony)로 처벌하고, 가중처벌을 규정
통보의무	보험회사, 보험대리점, 브로커 등 감독기관에 통보의무를 부과
면책규정	보험감독 기관에 보고, 타 보험사와 정보교환 등에 대하여 악의가 없는 한 명예훼손, 민사책임 등으로부터의 면책을 명문화
경고의무	보험금청구서 등에 보험사기방지 문구의 삽입을 의무화[87]
IFB의 설치	州정부에 보험사기의 체포, 수사를 수행하는 보험사기방지국을 설치
보험사기 방지계획	보험사기의 억제 및 조사를 위한 방지계획의 수립, 활동결과에 대한 보험감독기관에 제출의무를 부과
SIU 설치 의무화	보험사기 조사, 인수심사(Underwriting), 청구(Claim) 부서를 포함하여 보험사기방지 활동을 총괄 · 관리하는 SIU의 설치
현장확인 의무	차량 도난을 가장한 보험사기의 방지를 위해 사진 제출 등 피보험자동차의 현존상태에 대한 확인을 규정

83) 44개 州에서 보험범죄 인지 시 감독기관에 보고를 의무화하였다.

84) 뉴햄프셔 보험감독청은 사기를 "… or when an insurer knowingly denies someone's legitimate claim(보험자가 고의로 합법적인 청구를 거절한 때)"로 규정하여, 보험자를 사기의 주체로 명시하고 있다.

85) 각 주의 보험사기방지국(IFB), 보험사기방지연맹(CAIF), 전국보험범죄방지국(NICB) 등의 홈페이지를 참고하여 정리한 내용이다.

86) 보험금청구 사기(claim fraud) 외에도 보험료를 적게 부담하기 위한 가입신청 사기(application fraud)를 보험사기의 범주에 포함한다.

87) 보험사기 행위의 처벌 등 경고문구(public fraud warnings)를 클레임(claim)의 청구양식에 인쇄한다.

㉯ 보험사기 조사 및 수사

대부분의 州(42개 州와 D.C.)는 보험감독기관에 州보험사기방지국(Insurance Fraud Bureau, IFB)을 두고, 일부 州는 보험사기방지국IFB의 수사관에게 사법경찰권을 부여한다. 일반적으로 州보험사기방지국IFB은 거의 모든 종류의 보험사기를 조사하나, 일부 州는 조사대상을 건강보험(Health Insurance) 또는 근로자연금보험(Worker's Compensation) 등 특정 종목으로 제한한다. 미국의 일반적인 수사의 주재자 및 주체는 경찰이, 공소의 제기 및 유지는 검찰이 담당하는 상호협력관계로, 보험사기의 수사는 州보험감독기관IFB, 경찰, 州법무부(State Attorney General), 지역검찰(County District Attorney's Office)[88] 등의 법집행기관과 보험사의 특별조사팀SIU, 전국보험범죄방지국(National Insurance Crime Bureau, NICB), 보험사기방지연맹(Coalition Against Insurance Fraud, CAIF) 등의 민간기구가 협업한다.[89] 보험감독청, 보험관련 단체, 보험사는 보험사기의 상담 및 신고센터를 운영하고, 대부분의 州(43개주와 D.C.)는 보험자 또는 보험업관련 종사자가 보험사기 의심건을 발견하는 경우에 감독기관에 보고의무를 규정하여 조사와 수사를 지원한다.

㉰ 면책조항(Immunity Statutes)

1990년대, 미국 보험업계는 총지급 보험금의 약 10%를 보험사기로 인한 피해 금액으로 추정하면서, 보험사기에 대한 신고 활성화와 신고자, 보험업자, 조사기관, 법집행기관 간 원활한 정보교류를 위해 악의가 없는 한 명예훼손, 프라이버시privacy의 침해와 민사배상책임에 대한 면책immunity statutes을 법제화하였다. 대부분의 州는 누구나(일부 보험관련 종사자에게는 신고의무 부과) 보험사기를 신고할 수 있도록 규정하면서, 면책을 법집행기관, 州보험사기방지국IFB 등에 신고하는 경우에 한하여 인정하거나 일부 州는 보험감독자연합회(National Association of Insurance Commissioners, NAIC) 또는 보험사기방지연맹CAIF에 신고할 때도 면책을 인정한다.

캘리포니아州는 보험사업자, 보험사업자의 피고용인, 보험대리인agent이 보험사기와 관련된 정보를 보험감독청(California Department of Insurance, CDI)의 사기조사부서fraud

---

88) 각 카운티county의 선출직 정부기관으로 검사(assistant district attorney) 또는 수사관을 고용하여 형사법 위반 사항을 관할한다. 직접 수사를 하는 경우도 있으나 보통은 경찰이 수사하면 기소여부를 결정한다.

89) 보험사기를 신고하면, 州법(public disclosure law)에 따라 신고자의 동의를 전제로 보험감독자연합(NAIC), 법집행기관 등에 관련 정보를 제공한다.

division를 포함한 법집행기관에 신고 시 면책한다. 텍사스Texas州는 보험감독청장과 소속직원의 업무상 행위에 대한 면책과 보험사기를 행하려 하거나 행한 자와 관련된 정보를 보험감독청, 법집행기관, 보험감독자연합회NAIC, 연방수사기관에 제공한 자에 대한 면책, 수사 및 수사와 관련된 보고서의 배포에 대한 면책, 보험감독청 등의 연례 정기보고서의 활용시 면책 등 면책의 대상과 범위를 구체적으로 규정한다. 와이오밍Wyoming州, 미시시피Mississippi州 등은 방화arson에 대하여만, 로드아일랜드Rhode Island州는 방화와 자동차 보험사기에 대해서 면책을 인정한다.

㉣ 내부고발제도(Whistle Blower)

캘리포니아California州와 일리노이Illinois州의 보험사기청구방지법(Insurance Claims Fraud Prevention Act)은 민영보험사를 대상으로 한 보험사기에 대하여 내부고발whistle blower 또는 내부고발자가 직접 소송을 제기할 수 있도록 허용하고, 보상금과 소송비용으로 회복금액의 30∼50%를 지급한다. 이는 연방이 운영하는 공영보험medicare, medicaid[90)] 에 대한 사기방지와 피해금의 회수를 위하여 연방법인 허위청구금지법(The Civil False Claims Act)에 내부고발을 허용하고, 보험사기 신고 시에 환수금액의 15∼30%의 인센티브를 지급하여 성과[91)]를 내자, 해당 州에서 연방제도를 도입한 것이다.

캘리포니아州 보험사기방지법CIFPA은 개인이나 회사가 보험사기를 저지른 합리적인 의심이 있는 경우, 내부고발자가 개인 및 회사를 상대로 소송을 제기할 수 있으므로, 내부고발자는 공영보험medicare, medicaid을 관리하는 관계기관 또는 州보험감독기관IFB에 신고하거나, 피고(사기범)를 대상으로 직접 소송제기도 가능하다. 내부고발자가 신고 또는 소송을 제기하여 정부기관의 개입 없이 개인이 관련 절차를 진행하는 경우와 보험감독청(California Department of Insurance, CDI) 또는 지방검사DA가 사건을 인수intervene하여 조사하는 경우를 구분하여 포상금을 차등하여 지급한다. 지방검사DA 또는 보험감독청장이 개입하여 조사 시에 내부고발자가 협력하면 환수금액의 30∼40%를, 감독기관이 개입하지 않아 개인이 소송을 제기하여 승소하면 환수금액의

---

90) medicare는 노년층을, medicaid는 저소득층을 대상으로 한 공공보험이다.

91) 허위청구방지법(The Civil False Claims Act)을 위반한 환수실적은, 2017년 21억불 → 2018년 23억불 → 2019년 26억불로 매년 증가하였다. 2019년 환수금액 중 내부고발자에 의한 환수는 19.09억불, Non-whistle Blower에 의한 환수는 6.95억불로, 포상금(legal award)으로 2.44억불을 지급하였다(U.S. Justice Department 통계).

40～50%를 지급한다.

② 연방정부의 방지체계

연방법은 보험사기에 대하여 명확한 규정은 없으나, 연방법인 폭력범죄의 통제 및 집행법(The Violent Crime Control and Law Enforcement Act, 1994)의 일부로, 연방보험사기방지법(Federal Insurance Fraud Prevention Law)을 제정하였다.[92] 동법은 州간 보험업 종사자의 보험사기행위와 보험사 직원, 대리인agent의 횡령행위 또는 州간 상거래에 영향을 미치는 보험사기행위를 연방범죄로 규정하고, 보험회사 등에 의한 사기적 행위도 보험사기의 범주에 포함하여 표현하고 있다. 공영보험의 성격인 노인 의료보장, 빈곤층 의료보장, 건강보험 등에 대한 보험사기는 주로 연방법 위반에 해당한다.

의사의 불법처방, 사망, 살인 등과 관련된 보험사기행위는 州법과 연방법 위반에도 해당한다. 우편이나 전자우편email을 보험사기의 수단으로 이용하면 해당 州의 보험사기와 연방법상 메일mail을 이용한 사기행위에도 해당된다.[93] 연방수사국FBI은 연방 및 민간보험 프로그램에 대한 의료사기를 조사하는 주요 기관으로, 보험사기로 연방법을 위반하거나 여러 주에 걸친 州간 보험사기는 州보험감독청, 州법집행기관, 보험회사 등과 연방수사국(Federal Bureau of Investigation, FBI)이 협업하여 수사하고, 연방법무부(U.S. Department of Justice)의 연방검사가 기소를 담당한다. 보통 연방에서 기소하면 州에서는 기소하지 않는다는 명문규정을 두어 이중처벌 문제를 해결한다.

③ 보험사기 조사 및 지원기구

㉮ 州보험사기방지국(Insurance Fraud Bureau, IFB)

州보험사기방지국IFB은 42개 州와 워싱턴D.C.에서 州보험법에 따라 설치된 州의 중추적인 법집행기관으로 보험사기에 대한 신고접수, 조사와 처벌, 교육·홍보, 보험사의 관리 및 평가 등 광범위한 업무를 수행한다. 州에 따라 조직의 명칭, 운영주체, 인적 구성 및 규모[94], 운영예산은 차이가 있으나, 대부분의 州는 조사부서 및 소속 수사관detective, sworn peace officer을 두고 경찰·검찰, 연방수사국FBI, 보험사 등과 공조

---

92) USC Title 18 Chapter 47 Section 1033, 1034.

93) 메일mail을 이용한 사기(federal mail fraud) 또는 전기통신을 이용한 사기(federal wire fraud)는 연방법을 적용하여 처벌할 수 있다.

94) 주로 조사원investigator, 변호사lawyer, 분석원analyst, 행정직administrative 등으로 구성된다.

하면서 조사와 수사, 법집행기관을 지원한다. 州에 따라서 보험회사의 보험사기 방지계획과 예방 노력을 평가·관리하는 전담부서를 두고 있다.[95] 州보험사기방지국IFB 운영은 주에 따라 차이가 있다.

캘리포니아州는 보험감독청(California Department of Insurance, CDI)의 법집행국(Enforcement Branch)에 사기조사과(Fraud Division)와 보험조사과(Investigation Division)를 두고 경제범죄, 보험사기와 관련된 수사, 규제위반행위의 조사 등의 자체적인 법집행 활동과 경찰, 지방검사(District Attorney, DA) 등의 법집행기관을 지원한다. 사기조사과(Fraud Division)의 수사관detective은 사법경찰관으로서, 자동차보험사기automobile fraud 등 4개 분야[96]의 보험사기, 지하경제사범, 제약 및 재해와 관련된 사기의 조사, 영장의 청구 및 집행, 체포, 법정증언, 컴퓨터 포렌식forensic의 활동을 하고, 보험조사과(Investigation Division)는 보험회사, 중개인, 손해사정사의 보험금횡령, 사기판매, 무인가판매 등 주로 보험업 종사자의 법규정 위반을 조사한다.

뉴욕州 금융영업행위감독청(Department of Financial Services)의 보험사기방지국(The Insurance Division/Insurance Frauds Bureau)은 보험사기의 탐지, 수사, 예방 등의 업무를 수행한다. 보험사기방지국의 수사관investigator은 직능별로 특화된 경찰관unit으로, 무기소지 및 체포 권한이 있고 보험업계, 법집행 기관과 협력하면서 조사 및 수사를 진행한다. 보험법에 따라 3,000명 이상의 개인보험가입자나 단체보험증권을 발행한 보험회사, 60,000명 이상의 등록자가 있는 건강유지기구는 보험사기방지계획을 제출하고 승인을 받아야 한다. 보험사기방지국IFB은 보험사가 제출한 보험사기방지계획fraud prevention plans을 점검·승인하고, 매년 연례보고서에 보험사기 관련 통계를 발표한다. 보험총괄부서(Insurance Division)의 보험감독관(Insurance Examiner)은 보험회사의 법규준수 및 불법행위를 감독한다.

매사추세츠州 보험사기방지국IFB은 1990년 州법에 따라 설립되고 보험업계의 재

---

95) 캘리포니아州는 SIU 준법감시프로그램(Compliance Review Program)에 따라 사기대응부서(Fraud Division)의 준법감시실(SIU Compliance Office)에서 매년 보험사가 제출한 SIU 연례보고서(annual report)를 평가한다.

96) 자동차보험사기(automobile insurance fraud), 근로자연금보험사기(worker's compensation fraud), 손해 및 상해·생명보험 사기(property, life and casualty fraud), 장애 및 건강보험 사기(disability and healthcare fraud).

정지원funding으로 운영되는 준정부기관의 성격으로 보험사기 수사·예방·분석·지원부서를 두고, 지역의 보험사기방지프로그램(Community based Insurance Fraud Initiative, CIFI)에 참여한다. 모든 종류의 보험사기에 대한 수사가 가능하나 자동차·근로자 연금보험협회에서 재정지원을 받으므로, 주로 관련분야의 수사에 집중한다. 보험회사의 특별조사팀SIU, 지역·주·연방의 법집행기관과 협조하면서 조사 후, 사건의 유형이나 복잡도, 관할을 고려하여 지역검사실DA, 州법무부(Attorney General's Office), 연방검사실(United States Attorney's Office)에 수사를 의뢰한다.[97]

뉴저지州는 검찰청 보험사기검사실(Office of the Insurance Fraud Prosecutor, OIFP)의 의료사기대응팀(Medical Fraud Control Unit, MFCU)에서 보험범죄 수사를 총괄하고, 보험사기 사례 발표 및 방지캠페인, 제보자 포상,[98] 연례보고서annual report를 발간한다. 州보험사기방지국IFB의 운영예산은 州에 따라 일반회계로 편성, 보험사로부터 갹출funding, 보험계약당 일정금액을 부과, 보험사기범 또는 보험사의 과징금으로 충당하는 등 다양하다.

㉯ 전국보험범죄방지국(National Insurance Crime Bureau, NICB)

전국보험범죄방지국NICB은 1992년 차량도난조사 및 데이터관리기구(National Automotive Theft Bureau, NATB)와 보험범죄예방기구(Insurance Crime Prevention Institute, ICPI)를 합병한 기구로, 손해보험사, 자동차렌트·경매회사를 주축으로 구성된 민간의 비영리 지원조직이다. 자동차와 관련된 범죄정보의 수집, 데이터의 분석 및 조사, 신고센터의 운영, 법집행기관에 대한 공조·지원,[99] 보험사 및 법집행기관의 교육,[100] 입법지원 등의 활동을 한다. 조직적·상습적 보험사기가 의심되는 경우에는 회원사에 경보 발령, 관련 정보를 제공하여 보험사특별조사팀SIU의 조사를 지원하고, 차량식별번호제공서비스VIN check를 통하여 전국보험범죄방지국NICB가 보유한 도난차, 사고차

---

97) 2018년, 매사추세츠州 보험사기방지국(IFB)은 지방검사실(DA)에 256건, 연방검사실(United States Attorney's Office)에 4건, 州법무부(Attorney General's Office)에 16건의 보험사기를 보고하였다(2018년, Massachusetts IFB 연례보고서).

98) 포상금 신청은 정보를 제공한 날부터 30일 이내에 신청하고, 최초 신고에 한해 보험범죄로 확정되는 경우 지급한다.

99) The NICB Investigative Assistance(IA)는 법집행기관에게 자동차와 관련된 자료를 제공하는 정보센터의 역할을 한다.

100) 보험범죄교육아카데미(National Insurance Crime Training Academy, NICTA).

(전손차) 정보를 법집행기관, 보험사, 일반인에게도 제공한다.[101)]

㉰ 보험사기방지연맹(Coalition Against Insurance Fraud, CAIF)

보험사기방지연맹CAIF은 보험사기에 공동대응하기 위하여 소비자기구, 정부기구, 보험자단체 등 관련기관이 연합하여 1993년에 설립한 비영리 민간조직으로 보험사기의 처벌강화를 위한 입법지원, 교육·홍보, 수사지원 등의 활동을 한다.

㉱ 보험감독자연합회(National Association of Insurance Commissioners, NAIC)

보험감독자연합회NAIC는 미국 51개 州의 보험감독청장Commissioners의 모임으로 소비자 보호, 보험사의 건전성 유지 등과 관련된 감독정보의 공유, 지침제공 등의 역할을 한다. 보험사기방지모델법(Insurance Fraud Prevention Model Act)과 모델규정model regulation, 보험사기방지지침guideline, 자동차보험사기방지지침(Automobile Insurance Fraud Guideline)을 제정하였다. 미국 20개 州는 보험감독자연합회NAIC의 보험사기방지모델규정(Antifraud Plan Guideline, Model Regulation)을 채택하여, 보험회사의 보험사기 방지계획의 작성과 제출을 의무화하였고,[102)] 州보험감독청은 방지계획의 적정 여부를 점검한다. 그 밖에도 보험사기데이터베이스DB 및 정보의 이용, 보험소비자, 보험관련 종사자가 사기의심 행위를 발견하는 경우 보험감독청 및 관련 기관에 보고하는 수단, 양식, 권고사항 등 사기 의심 건에 대한 州보험감독기관IFB에 보고가이드라인을 제시한다.

〈NAIC의 보험사기방지 가이드라인〉

- 보험감독자연합회의 보험사기방지 가이드라인에 의한 보험사기 방지계획에는 아래와 같은 내용을 포함한다(Section 4).

① 보험회사 또는 SIU는 보험종목별 특성을 고려하여 작성

② SIU의 내부 또는 외부조직 여부, 조직도

③ 보험사기 관련 대국민 홍보 등 관련된 사항

101) 2005년, 허리케인 카트리나 후, 침수차량의 식별번호(Vehicle Identification Number, VIN)와 보트 선체의 식별번호(CHIN)를 관리·제공한다.

102) 보험사의 보험사기방지계획은 인가 후 90일 이내, 매 5년마다 수정 후 30일 이내에 감독 당국에 제출을 규정한다(Section 3, 8).

④ SIU가 외부기관인 경우, SIU와 보험회사 간 계약에 따라 보험회사의 정책과 절차를 준수한다는 내용
⑤ 보험회사의 보험사기 방지정책 및 인지절차(detection procedures), 의심스러운 보험금 청구 및 보험계약의 인수시 내부 보고와 관련된 사항, SIU의 보험사기조사 프로그램
⑥ 감독당국에 대한 보험사기 보고절차 및 보험사기 방지교육에 관한 사항
⑦ 보험회사 내부직원에 의한 보험사기 인지와 방지관련 사항
⑧ 18USC 1033 & 1034 및 감독당국의 규정 준수관련 사항(Section 5, 6)
⑨ 보험사기 방지계획의 비밀준수 관련 사항(Section 7)

㉮ 보험서비스사무소(Insurance Services Offices, ISO)

보험서비스사무소ISO는 손해보험사의 보험료 산출, 리스크risk 평가와 관련된 서비스 제공, 보험사기의 예방 및 조사지원을 위하여 보험금청구조회claim search와 자동차재산손실 언더라이팅시스템 A-PLUS(Automobile-Property Loss Underwriting System)[103] 데이터베이스DB를 운영한다. 보험서비스사무소ISO의 보험금청구조회claim search는 화재보험, 노동재해보험, 자동차보험, 의료보험 등이 포함된 보험업계의 보험금청구 내역을 통합한 종합적 데이터베이스로, 회원보험사로부터 수집한 데이터를 수집·가공하여, 회원사(보험회사, 재보험사, 보험중개인 등), 법집행기관, 감독기관에 제공한다. 보험금청구조사서비스claims inquiry service는 보험회사가 보험금의 지급청구를 받아 보험서비스사무소ISO에 통보하면, 보험서비스사무소ISO가 보험회사의 데이터를 통합하여 피보험자, 운전자, 보험금청구자, 담당 변호사, 의료제공자 등에 대하여 연계성을 분석하고 부정청구가 의심되면, 사기의심자를 보험사의 특별조사팀SIU에 통보하여 조사한다.

㉯ 특별조사팀(SIU) 협회(International Association of SIU, IASIU)

특별조사팀SIU 협회IASIU는 1980년대 급증하는 보험사기에 공동대응하기 위하여 보험회사의 특별조사팀(Special Investigation Unit, SIU)을 중심으로 설립된 비영리민간단체로 보험업 관련 종사자와 조사원에 대한 교육·훈련, 최신 정보의 제공, 자격시험의

103) A-PLUS(Automobile-Property Loss Underwriting System)는 개인 및 기업 물건의 인수 시 참고할 수 있는 재물, 배상보험금 등에 대한 청구데이터를 관리한다.

관리,[104] 입법지원 등의 역할을 한다. 이사회board of directors와 분과위원회committee, 지역지부를 운영하고, 운영재원은 연회비, 자격증의 발급 및 관리, 각종 세미나 참가비로 충당한다.

④ 보험사의 특별조사팀(Special Investigation Unit, SIU)

1980년대 후반, 급증하는 보험사기에 대응하기 위하여 보험회사는 보험사기의 예방, 교육, 조사, 수사의뢰 등 보험사기 방지대책을 총괄하고 관리하는 전문조직으로 특별조사팀SIU을 설립하였다. 대부분의 州는 보험법 또는 감독규정으로 보험회사의 특별조사팀SIU 설치를 의무화하고, 감독기관에 보험사기 방지대책의 정기보고 및 평가, 보험사기 의심 건에 대한 보고(통지)의무를 규정한다. 특별조사팀SIU 설치를 의무화하지 않는 州에서도, 감독규정에 보험사기의 의심 또는 발견 시에 감독기관에 대한 보고의무를 규정하는 사례가 있다. 특별조사팀SIU은 전직 법집행기관, 변호사, 회계사 등 다양한 출신으로 구성되어, 독립조직과 예산으로 보험회사의 내부 또는 외부에 위탁하는 형식으로 운영한다. 특별조사팀SIU은 보험회사에 소속된 직원으로 업무의 성격상 소비자 보호와 상충되는 면이 있으므로, 보험감독청은 지도·감독을 강화하여 보완한다. 특별조사팀SIU은 보험사에서 보험사기와 관련된 업무를 총괄한다. 보험사기 인지 또는 의심 시에 분석 및 조사, 증거를 수집하여 보험사 내부에서 보험금의 지급·부不지급 결정 또는 보험계약의 해지에 활용하고, 조사결과에 따라 보험감독기관州 IFB, 전국보험범죄방지국NICB 등에 보고하고[105] 필요시 법집행기관(경찰, DA)에 수사를 의뢰한다. 보험사 내부의 보험계약 인수 및 보험금청구claim 담당부서가 보험사기를 인지하는 경우에 특별조사팀SIU 부서에 통보 또는 보험감독청에 보고하는 절차에 대한 관리와 교육·연수를 총괄하고, 州보험감독기관에 특별조사팀SIU 적정운영의 소명 등 평가관련 업무를 수행한다. 설치 및 운영은 州에 따라 차이가 있다.

캘리포니아州는 보험법(California Insurance Code)과 감독규정(California Code of Regulations)

---

104) 보험사기조사원(Certified Insurance Fraud Investigator, CIFI), 보험사기분석사(Certified Insurance Fraud Analyst, CIFA), 보험사기상담사(Certified Insurance Fraud Representative, CIFR)의 자격시험을 주관하고 관리한다.

105) 예컨대, 아이오와Iowa州는 보험사기가 의심되는 클레임을 접수하는 경우에는 60일 이내에 보험감독기관에 신고를 규정한다.

에 보험사 특별조사팀SIU의 설치와 운영을 법제화하였다. 회사 내in-house 또는 외주 out-side SIU운영을 허용하고, 보험사기의 발견 시 보험감독청(California Department of Insurance, CDI) 또는 지방검사DA에게 보고의무[106]를 규정한다. 보험감독청CDI은 법령과 규정 서식에 따라 매년 보험사업자가 제출한 특별조사팀SIU 운영연례보고서를 보험감독청CDI의 사기조사과(Fraud Division)의 특별조사팀SIU 준법감시실(Compliance Office)에서 특별조사팀SIU 준법감시평가프로그램(Compliance Review Program)에 따라 평가하고, 특별조사팀SIU(위탁업체 포함)의 법령준수 여부를 검사한다.

〈캘리포니아州 SIU 감독규정(Regulations, 2005)[107]의 주요내용〉

- (설치 및 운영) 보험사업자는 보험사기방지법(IFPA)과 SIU 감독규정(Regulations)에 따라 SIU를 설치 · 운영
- (구성) 보험계약, 클레임claim의 수, 사기의 위험요소를 고려하여 적정 인원을 확보하고, SIU의 선발 시에는 지식 · 경험 · 능력 · 보험관련법의 이해 등을 반영
- (자료제공) 감독기관, 정부기관(authorized governmental agency)의 요구자료는 적시에, 최대 30일 이내에 제공
- (탐지 및 통보) SIU는 신고절차(process)를 유지하여 회사 업무관련자가 보험사기 탐지 시 SIU에 보고하고, SIU는 보험사기가 의심되거나 합리적인 의심이 있는 경우에 州보험감독청의 보험사기 대응부서(fraud division) 또는 필요시에 지방검사(DA)에게 보고
- (조사절차) 보험사기 의심자에 대한 서면조사 절차 확립
- (방지교육) 보험사는 최신 교육프로그램을 확보하여 전문기술 및 능력향상을 위한 교육을 실시하고, 신규채용자, 내부 관련부서, SIU 등에 대한 교육기록을 유지하여 감독 당국의 요구 시에 교육내용을 제출
- (SIU연례보고서의 제출) 감독당국의 통지일부터 90일 내에 제출
- (검사) 보험감독청장(Commissioner)은 보험사의 SIU 운영사항과 관련 규정의 준수 여부를 검사하고, 청문과 처벌을 관장

106) 캘리포니아州의 지방검사(DA)에 대한 보고의무는 근로자연금보험(worker's compensation)과 관련된 보험사기에 한한다.

107) Subchapter 9 Insurance fraud/Article 2. SIU감독규정(Regulations)의 내용.

뉴욕州 보험법은 보험사에 대하여 특별조사팀SIU의 설치를 포함한 보험사기 방지계획을 매년 보험감독기관(Department of Financial Services, DFS)에 제출할 것을 규정[108]하고, 보험사기방지국IFB은 보험사의 계획을 승인한다. 보험사기 방지계획에는 인수심사underwriting 및 보험금청구claim 담당부서와 구분하여 독립부서로 특별조사팀SIU의 설치,[109] 예산의 독립편성, 조사관·인수심사·클레임부서claim staff에 대한 교육, 보험사기의 조사 및 분석기법 향상을 위한 매뉴얼의 마련 등의 내용을 포함한다.

플로리다州 법(Florida's Statute)은 수입보험료의 규모에 따라, 수입보험료 1,000만 불 이상의 회사는 회사내in-house 또는 외주contracted로 특별조사팀SIU을 설치하고, 1,000만 불 미만 회사는 실현가능한 보험사기 방지계획의 제출을 규정한다. 보험사업자, 대리인agent, 관련 피고용자 등은 보험사기를 범하였거나 범하려는 의심이 있는 경우 보험당국에 신고와, 보험사기 인지 시에 보험사기 방지부서(Division of Investigative and Forensic Services, DIFS)에 보고의무, 보고요구사항, 규정 미준수에 대한 처벌 등을 규정한다(Florida's Statute 626.9891(1)~(6)).

보험사기방지연맹CAIF은 특별조사팀SIU의 설치 의무화 이후, 특별조사팀SIU의 운용실태를 파악하기 위하여 보험회사의 특별조사팀SIU 평가시스템의 존부, 평가항목 및 요소의 적정성 등을 조사하였다.[110] 대부분 보험사는 특별조사팀SIU에 대한 자체평가 프로그램을 운용하고 평가결과를 관리목적으로 활용하고 있었으나, 일부 회사는 자체평가 프로그램이 없거나, 보험감독기관에 보고용으로만 소극적으로 운용한 사례도 있었다. 대부분 회사는 특별조사팀SIU 부서에 의한 자체평가를 실시(일부는 타부서를 참여시켜 평가)하고, 평가주기는 1년, 반기, 분기로 회사별로 다양하다. 평가결과, 보험사 상호 간에 업무 관련성이 밀접하므로, 보험사 공통으로 적용할 수 있는 표준화된 평가항목, 평가시스템의 개발과 감사부서 등 독립기관 또는 타부서의 참여를 확대하여 평가의 객관성과 신뢰성 향상이 필요하다는 점이 지적되었다. 성과평가와 관련된 방지금액의 산출기준과 과정은 회사마다 상이하나, 대부분의 보험사는 클레임claim 제기 시에 청구된 금액에서 지급보류된reserved 금액을 주요 평가지표로

---

108) NY Insurance Law and Regulation 95/ Section 409.

109) 뉴욕주 보험법은 SIU의 외주 설치를 허용하나, 이때에도 보험사기 방지계획의 최종 책임자는 보험사업자이다.

110) SIU 평가에 관한 연구(CAIF TFT 주관으로 52개 보험사를 대상으로 설문조사, 2003).

사용한다. 일반적으로 계량화가 곤란하여 성과측정이 어려운 비탐지non-detection건, 예방 및 억제deterrence, 교육 · 홍보 · 훈련 등의 분야는 처음부터 평가대상에서 제외되는 경향이 있으므로, 이를 반영할 수 있는 지표개발을 권고하였다.

2) 탐정(민간조사제도)

미국은 전 세계에서 민간조사제도, 즉 탐정(Private Investigator) 제도가 가장 발달되어 있고 거의 모든 사건에 민간조사원이 관여할 정도로 가장 광범위하게 활동하고 있는 나라이다.[111] 미국은 현재 전 세계의 민간조사 시장을 주도하고 있다고 해도 과언이 아니다. 이렇게 발달할 수 있었던 것은 미국의 건국 당시 국민의 생활에 국가가 지나친 간섭을 하지 않는다는 원칙과 자신의 신체와 재산은 스스로 보호하고 지킨다는 자구사상과 자치제가 강하게 발달했기 때문이라고 볼 수 있다. 미국의 정치와 법제도뿐만 아니라 민간조사제도 역시 이러한 사상을 기반으로 발전되어 왔다. 미국은 하나의 단일 정부가 아닌 50개의 주 정부와 수천 개의 카운티 정부, 수만 개의 시 정부가 동등한 횡적 관계를 유지하고 있는 연합정부체제이다. 각 정부마다 자체 법률시스템과 제도를 두고 있으나 연방, 주, 카운티, 시 정부가 권한과 업무를 각각 분리, 충돌 없이 조화를 이루고 있다. 민간조사법도 역시 지방정부마다 다른 제도와 관계법을 갖고 있어 한마디로 정의할 수 없으나 근본적으로는 거의 차이가 없다.[112]

① 탐정의 업무범위

미국의 탐정은 일반적으로 공인탐정과 일반탐정으로 이원화되어 운영되고 있으며, 공인탐정의 경우에는 수사 또는 조사 관련의 경력을 필수적으로 요구하고 있다. 공인탐정이 면허국에서 실시하는 면허시험에 합격하여 업무를 수행할 수 있는 자격을 부여받는 것과는 달리 일반탐정은 탐정회사에 소속되어 회사가 지시하는 직무에만 종사할 수 있도록 하고 있다.

미국에서 탐정은 자유업이지만, 탐정도 공공의 복지에 봉사하고, 이에 적합하여야 한다는 최소한의 공적 의무가 주어져 있다. 따라서 탐정이 할 수 있는 업무범위를 명문의 규정으로 정해 놓고 있는데, 펜실베니아Pennsylvania, 뉴저지New Jersey, 캘리포

---

111) 강영숙, 『탐정학개론』, 진영사, 2009: 39면.

112) 이영래, "선진외국 민간조사제도의 시사점: 국내 도입 및 선진국 운용사례를 중심으로", 「한국치안행정논집」, 2008: 5(2), 25-44면, 30면.

니아California, 플로리다Florida 州를 비롯한 대부분의 州에서 유사하다.[113] 공통업무를 요약하면 다음과 같다.

㉮ 연방정부나 주정부 등 지방에 대해 행해지거나 행해지려 한 범죄 또는 불법행위에 대한 조사, ㉯ 개인 또는 단체의 신원·습벽·행위·사업·직업·활동·동향·거래·명성·성격에 관한 사항 조사, ㉰ 증인 또는 개인 신용에 대한 조사, ㉱ 행방불명자·소유자 불명의 재산이나 그로 인한 국고귀속 재산의 소유자·부동산 상속자의 소재 파악, ㉲ 분실 또는 도난당한 재산의 위치파악 또는 회복하기 위한 조사, ㉳ 개인 또는 재물에 대한 화재·중상모략·손실·사고·피해나 부상의 원인과 책임에 대한 조사, ㉴ 법원·경찰 또는 조사위원회를 위해 사용되는 증거의 확보 등에 대한 업무를 처리하고 있으며 이외에도 민간조사 분야는 다양하지만, 주로 민·형사사건과 관련된 증거보강을 위하여 활용되고 있다.[114]

② 탐정의 자격

미국의 일부 주에서는 탐정업을 면허제가 아니라 자유업 형태로 할 수 있도록 하거나 간소한 절차를 거쳐 시업자등록 후 탐정업을 할 수 있도록 최소한의 요건만을 정하고 있는 경우가 많다. 그러나 대부분의 주에서는 면허시험에 합격하고, 면허국에서 발급하는 탐정면허를 보유하고 업무를 수행할 수 있도록 정하고 있다. 특히, 공인탐정의 경우에는 주마다 상이하지만 탐정사무소를 통해 3년(6,000시간) 이상 탐정업무를 수행한 경력을 가지고 있거나, 경찰 등 수사기관에서 3년 이상의 수사업무 경력을 가진 자에 한해 면허시험에 응시할 수 있도록 자격사항을 엄격하게 설정하고 있다.[115]

미국에서 탐정회사의 정식명칭은 'Private Detective Agency'이며, 단어 그대로 일반인이 고용할 수 있는 사설 조사기관이다. 미국은 각 주 정부마다 약간의 차이는 있으나 회사에 탐정면허를 부여하는 것이 아니고 회사의 운영자에게 면허를 부여한다. 따라서 탐정회사는 영업허가만 가질 뿐 활동을 하는 모든 탐정들은 탐정자격을 보유하여야 하며, 면허가 있는 공인탐정에게 소속된 조사원도 주 당국에 등록하여야

113) 강동욱·윤현종, 앞의 책, 38면.
114) 송병호·박상진, 앞의 책, 48-52면.
115) 이하 강동욱·윤현종, 앞의 책, 40-41면.

한다. 예를 들면, 개인회사의 경우 소유주가, 파트너십의 경우에는 파트너 모두가, 법인일 경우에는 회사의 운영권을 가진 사장·부사장 등 임원 중 최소 1명이 공인탐정 면허를 보유하고 있어야 한다. 면허가 없는 사람은 회사의 운영에 참여만 할 뿐 탐정행위는 할 수 없다. 이때 공인탐정이 되려면 일정기간 수사나 조사관련 계통의 경력을 쌓은 후 전문면허국이 실시하는 면허시험에 합격하여야 하며, 영업을 하기 위해서는 주 정부가 요구하는 일정액의 책임보험에 가입하여야 한다.

한편, 일반탐정은 면허를 가진 공인탐정회사에 속해 회사의 지시에 의해서만 일을 할 수 있으며, 단독으로 일을 하거나 계약 혹은 상담을 할 수 없다. 일반탐정의 자격은 면허(License)라고 하지 않으며 취업을 할 수 있는 취업허가증(Employee Registration Card, Investigator Permit)의 형태로 부여된다. 일리노이州의 경우에는 전문면허국에서 허가를 받은 교육기관인 탐정학교에서 일정기간(보통 2주~3월) 교육을 마친 후 시험과 신원조회를 거쳐 취업허가증을 받게 된다. 이외에 워싱턴의 경우처럼 공인탐정과 일반탐정의 구분 없이 공인탐정 면허시험에 합격하여야만 탐정업무를 할 수 있는 곳이 있고, 신원조회만을 거쳐 면허국에 등록하고 교육은 회사에서 책임지도록 하는 州도 있다. 미국에서 탐정이 되기 위한 최소한의 공통요건을 정리하면 다음과 같다.

① 미국시민이어야 한다. 다만, 이러한 요건이 없는 州에서는 외국인도 자격을 취득할 수 있다.
② 대부분의 州에서는 전과가 없을 것을 요구하고 있다.
③ 좋은 품성을 갖고 있어야 한다.
④ 나이 제한은 대부분 까다롭지 않지만 제한을 두고 있는 곳도 있다.
⑤ 탐정자격을 획득하기 위해서는 시험 및 연수과정을 거쳐야 하는 곳이 상당수 있다.
⑥ 대부분의 州에서 탐정과 관련된 경력을 요구하고 있다.
⑦ 관련 법규나 규제가 州 차원에서 전혀 없는 곳도 있으며, 카운티county나 시city 단위의 지방자치단체별로 규제를 하고 있는 경우가 많다.

이외에 면허시험에 응시하기 위한 요건으로서 일부 州에서는 음주운전을 중범죄로 판단하여 응시자격을 부여하지 않고 있으며, 수사기관 등에서 불명예 퇴직을 하거나 징계받은 전력이 있는 자에 대하여 시험응시에 일정한 제한을 두는 州도 있다.

하지만 미국의 경우 탐정의 자격요건으로서 탐정업무를 수행한 경력 또는 경찰 등의 수사기관에서 일정기간의 수사업무 경력을 보유할 것을 요구하므로 유사직무 경력을 보유하지 아니하는 일반인이 공인탐정 면허를 취득하여 독립적인 조사업무를 수행한다는 것은 현실적으로 어렵게 되어 있다.

(3) 일본

1) 보험사기 대응기구

일본은 2000년 7월 기존의 금융감독청과 대장성 금융기획국을 통합하여 새로이 통합 금융감독기구로 금융청을 설립하였다. 금융청의 설립으로 대장성은 재무성으로 명칭을 변경하고 재정부분만을 담당하게 되었으며, 금융부분은 금융청이 총괄하게 되었다. 통합된 금융청의 업무를 살펴보면, 금융관련 법규와 제도의 기획 · 입안, 금융기관에 대한 검사 및 감독, 예금자 · 보험계약자 · 유가증권투자자 보호와 유가증권의 원활한 유통 등 금융안전의 도모, 증권거래 등 감시위원회를 통한 증권거래 등의 공정성을 확보하기 위한 검사 · 조사 및 증권거래 관련 범죄조사 등이 있다. 그리고 금융기관의 파산처리 및 금융위기관리 관련업무, 예금 보험기구 감독 등의 업무는 재무성과 금융청이 공동으로 담당하고 있다.

또한, 일본은 보험범죄를 전문적으로 조사하거나 수사업무를 전담하는 별도의 정부조직은 없으며, 보험업계가 자율적으로 방지기구를 조직하여 보험범죄를 방지하는 활동을 하고 있다. 그 예로 손해보험협회의 방범대책협의회를 들 수 있다. 방범대책협의회는 손해보험회사 간, 보험회사와 경찰서 간 정보교환 및 보험범죄 협의사건에 대한 수사협조 등을 통해 수사기관과의 공조체제를 유지하고 보험사기에 적극 대처하고 있으며, 보험금 부정청구 및 보험폭력을 배제하는 것을 그 설립목적으로 하고 있다. 그 외에도 경찰청에서는 보험범죄를 검거하고 유사한 범죄를 예방하는 방안으로 1980년 이후 생명보험협회, 손해보험협회 및 전국공제협동조합연합회와 연락회의를 수시로 개최하여 방지대책을 추진하고 있다. 그러던 중 보험금을 노린 살인이나 고의 · 위장사고를 가장한 입원급부금 사취 등 생명보험범죄가 증가하자 이를 우려한 경찰청이 보험범죄방지대책을 협의하기 위하여 생명보험협회에 제의하여 생명보험경찰연락협의회를 설치하였다. 생명보험경찰연락협의회는 생명보험범죄방지대책의 협의, 허용범위의 정보제공 및 생명보험범죄의 공동조사 등을 그 주요 업무로 하고 있다.

일본에서는 보험범죄를 사전에 예방하기 위한 보험회사 상호 간의 정보교환은 한동안 이루어지지 않았다. 그것은 개별 보험회사가 고객의 정보와 고액계약의 정보노출을 원하지 않았기 때문이다. 따라서, 생명보험과 손해보험에 통합된 데이터베이스 시스템은 없었으며 생명보험분야에서 계약내용등록제도를 시행하고 있었다. 그러던 중 1970년대에 보험금 사취를 위한 자해사건이 빈발하자 생명보험협회는 1980년부터 정보교환제도를 도입하였고, 1983년에 정보교환제도가 개인의 사생활을 침해할 수 있음이 지적되자 이를 계약내용등록제도로 변경·시행하고 있다. 이에 따르면, 보험회사는 보험계약자에게 등록제도의 목적, 정보에 대한 비밀유지, 계약사정 시 참고자료로 활용되는 등의 사정을 알리고 보험계약 시 계약내용 등록에 대한 사전동의를 받도록 하였다.

2) 탐정(민간조사제도)

일본에서는 우리나라보다 먼저 명치유신明治維新 이후에 근대화가 시행되기 시작했으며, 시장경제 도입에 따라 자연적으로 흥신소라는 이름으로 타인의 뒷조사나 채권회수 등의 비합법적인 일을 하는 형태의 업종이 사회 내에서 발생한 것으로 추측된다. 일본 최초의 흥신소는 1892년에 발족한 '상업흥신소'이다. 상업흥신소는 일본은행 오오사카 지점장을 지낸 外山脩造(とやま しゅうぞう)가 관서지역 30여 개의 은행과 협력하여 설립하였다. 따라서, 1960년대에 본격적으로 시장경제가 도입된 우리나라에서 일본의 흥신업을 도입하게 된 것으로 보인다. 또한, 일본사회에서는 1960년대까지 심각한 사회문제 중의 하나가 부락민의 차별문제였는데 결혼하려는 상대방이나 기업의 신입사원이 부락민 출신인지를 알아내기 위해 신원조사를 주로 흥신소나 사립탐정들에게 시켰기 때문에 이와 관련된 조례가 1985년에 제정되었다. 법률이 아닌 조례의 형태이기 때문에 벌칙도 무겁지 않으며 탐정업은 신고만으로 개업할 수 있도록 되어 있었다. 1954년에 발족한 탐정경비사 양성소에서 탐정양성 교육과정을 이수한 자에게 '탐정학사'라는 민간자격이 부여되었고,[116] 최근에는 탐정이

116) 강영숙, 앞의 책, 176면.

나 흥신소라는 명칭보다는 탐정조사업이나 조사업이라는 명칭을 사용하는 추세이다. 일본에서 그동안 탐정은 나름대로 사회 내에서 긍정적으로 작용하면서 업계의 자율적인 정화 등의 노력으로 탐정활동에 대한 국가의 관여를 확대할 필요성이 적었다고 할 수 있다.

그러나 최근 경제불황으로 인하여 평범한 직장을 다니는 사람이나 직업을 구하지 못한 많은 사람이 탐정업에 뛰어들어 탐정업의 영업경쟁이 치열해지고 서비스의 만족도 떨어져 매년 2백 5십만 명 정도의 탐정활동 수요자 중 제대로 해결책을 얻은 경우는 3분의 1 정도에 불과한 형편이라고 한다. 일본은 탐정업에 대한 법적 규제가 없었기 때문에 업체 자체의 자정 노력에도 탐정업자의 서비스에 대한 진정·불만이 해마다 늘어나고 있다. 2004년 한 해 동안 '국민생활센터'(우리나라의 소비자신고센터와 유사)에 접수된 탐정업 관련 피해 현황은 1,400여 건으로 부당요금 요구 또는 요금을 지급하였으나 각종 핑계를 대며 조사에 착수하지 않는 등 이른바 계약위반 문제가 주된 피해를 이루고 있으며, 이 외에 공갈, 도청, 주거침입 등 형법 위반 범죄로 총 9명이 검거되었다고 한다. 대부분의 탐정 또는 흥신소 업은 주업보다는 부업으로 개업하는 경우가 많고 수시로 폐업 등을 하기 때문에 실태조사는 더욱 힘든 형편이며 대체로 전화번호부나 명함 형태로 업체의 수를 추측하고 있는 실정이다. 이러한 업종의 난립으로 인해 탐정 등이 취급하는 일부 업무에 대해서는 관할 경찰청에 보고하는 등의 제재를 하거나 탐정업에 대한 국가규제의 시행을 심각하게 고려하게 되었다. 탐정업 관련 소비자 상담건수를 보면, 2000년에는 844건에서 2005년에는 1,663건으로 2배 가까이 증가하였다. 고충상담 내용을 살펴보면, 요금 문제는 2002년에 16건에서 2005년에는 36건으로 2배 이상으로 증가하였으며, 협박·공갈은 2002년에 2건에서 2005년 9건으로 4배 이상 증가하였다. 2016년 4월 1일부터 2017년 3월 31일 사이에는 탐정업 관련 소비자 상담건수가 7,246건이 접수되어 전년도보다 4,000건 가량이 증가되었다. 이는 2011년도에 비해서는 4배 가량이 증가한 것이다.[117)]

탐정업계의 무질서가 심해지자 탐정업계 스스로의 자정운동과 탐정업계를 일체화하려는 움직임이 활발해지면서 당시 업계 4개의 단체가 종합된 것이 모태가 되어 1988년 정부의 인가를 받은 '일본조사업협회'가 설립되었다. '일본조사업협회'는 경

117) 一般社團法人 全日本總合調査業協會(https://www.japan-sia.jp).

찰청을 주무관청으로 하는 일본 탐정업계 유일의 전국 조직으로 공인된 공인법인으로서 그 하부조직으로 23곳의 지역협회가 정비되어 있으며, 600여 개의 탐정업체(탐정사무소, 조사회사, 흥신소)가 가입되어 있다.[118] 2022년 10월 1일 기준 하부조직으로 31개 지부가 정비되어 있다.[119]

〈표 2-8〉 일본조사업협회의 목적과 사업내용

명칭	사단법인 일본조사업협회
설립년도	1954년 9월 5일
설립목적	이 법인은 조사업무의 적정한 운영을 확보하여 조사업의 건전한 발전을 도모함으로써 국민의 권리 및 자유의 보호와 그 밖에 공공의 안전과 질서의 유지에 기여함을 목적으로 한다.
주요 사업 내용 (정관 내용)	(1) 업계 건전화를 위한 교양 · 기술 향상에 관한 계발 및 교육 연수 사업 (2) 소비자보호에 관한 연수 · 홍보 등의 사업 (3) 업계 건전화에 관한 조사연구 사업 (4) 소비자보호에 관한 활동 사업 (5) 소비자보호에 관한 상담지원 사업 (6) 조사업에 관한 물품의 제작 및 반포 (7) 회원의 윤리규범 유지 및 복지를 도모하기 위한 사업 (8) 기타 이 법인의 목적을 달성하기 위해 필요한 사업

*자료: https://nittyokyo.or.jp/ (2023.11.7.검색).

아울러 탐정업에 대한 국가차원의 규제 및 관리 등의 미비로 인해 그 폐해와 부작용이 점점 심각해 지면서 탐정업 규제를 위한 입법화가 오랫동안 추진되었고, 마침내 2006년 6월 8일 「탐정업의 업무적정화에 관한 법률(探偵業の業務の適正化に関する法律)」(법률 제60호, 이하 일본 탐정업법)이 제정되었다. 이에 따라 탐정업의 소관 행정청인 공안위원회가 탐정업을 위한 신고서 접수, 탐정업자에 대한 자료제출요구, 지시 등과 같은 탐정업의 규율을 위한 관리 · 감독업무를 관할하게 됨으로써 음성적 · 불법적으로 행해지던 흥신소 등의 조사활동을 규제할 수 있는 법적 장치가 마련되었다. 이처럼 일본 탐정업법의 제정은 실제 탐정업의 양성과 발전을 위한 것이 아니

118) 송병호 · 박상진, 앞의 책, 65면.

119) 一般社團法人 日本調査業協會(https://nittyokyo.or.jp).

라 민간영역에서 음성적·불법적으로 행해지는 조사행위를 규제하기 위한 목적이었으며, 당시 「개인정보의 보호에 관한 법률(個人情報の保護に関する法律)」 등 개인의 정보보호 강화를 위한 입법이 이루어지면서 탐정업에 대한 규제의 필요성이 요청되었던 것도 탐정업법 제정에 영향을 미쳤다.[120] 일본 경찰청 자료에 따르면 2023년 12월 31일 기준으로 전국적 탐정업 등록건수는 개인이 5,113건 그리고 법인이 1,914건으로 총 6,970건이다.[121]

① **탐정의 업무범위**

일본 탐정업법에 따르면 탐정업무란 타인의 의뢰를 받아서 특정인의 소재 또는 행동에 대한 정보로 당해 의뢰에 관련된 것을 수집하는 것을 목적으로 하여 면접에 의한 탐문, 미행, 잠복 기타 이들에 유사한 방법에 의해 현장 실지조사를 하고, 그 조사결과를 당해 의뢰자에게 보고하는 것을 말한다(제2조 제1항). 따라서 탐정업은 탐정업무를 행하는 영업을 말한다. 다만, 오로지 방송기관, 신문사, 통신사 기타 다른 보도기관(보도를 업으로 하는 개인 포함)의 의뢰를 받아 그 보도에 이용하기 위한 목적으로 행하는 것은 제외된다(제2조 제2항). 따라서 일본에서 탐정업무는 매우 다양하며, 사회적 발전과 더불어 보험탐정, 법률탐정, 경제탐정, 부동산탐정, 기업탐정, 의료탐정, 경비탐정 등의 전문분야로 세분화되어 있다. 하지만 일본에서 탐정업무는 주로 개인적 소행조사, 불륜조사 등의 행동조사와 기업들로부터의 조사의뢰가 대부분이며, 개인 및 소규모 회사와 대규모 회사에 따라 다소 차이가 있다. 즉, 대규모 탐정회사들은 신용, 채무·채권관계, 재판증거조사, 신원확인 등의 일을 주로 한다. 반면, 영세한 소규모 사무실을 운영하는 탐정들은 배우자의 부정, 자녀감시, 미아찾기, 행방불명자찾기 등의 일을 주로 한다.

② **탐정의 자격**

일본에서는 종래 탐정업에 대한 규제가 없어 자유업으로 인정되어 일반 서비스처럼 영업을 시작할 수 있었고, 개업에 따른 신고나 가맹의무가 없었다. 이 때문에 탐

---

120) 이하 강동욱·윤현종, 앞의 책, 45-47면 참조.

121) https://www.npa.go.jp/publications/statistics/safetylife/R5tanteigyougaikyou.pdf (2025.1.21. 검색).

정업체의 난립으로 사회적 혼란이 일어나자, 2006년 6월 8일 탐정업법을 제정하여 신고제로 전환하여 탐정을 하려고 하는 자가 내각부령을 정하는 것에 의해 영업소마다 당해 영업소의 소재지를 관할하는 도도부현(都道府県) 공안위원회에 소정의 사항을 기재한 신청서와 첨부서류를 제출하여 할 수 있도록 하고 있다. 신청서에는 상호, 명칭 또는 성명 및 주소, 영업소의 명칭 및 소재지와 당해 영업소가 주된 영업소인 경우에는 그 뜻, 이외에 당해 영업소에 있어서 광고 또는 선전을 하는 경우에 사용하는 명칭이 있는 때에는 당해 명칭, 법인에 있어서는 그 임원의 성명 및 주소 등을 기재하여야 한다(제4조 제1항). 한편 탐정의 자격요건은 허가제가 아니라 법률에 근거한 결격사유(제3조)에 해당하지 않는 이상 누구라도 탐정업을 할 수 있도록 하는 신고제를 채택하고 있다. 탐정업법상 규정된 탐정의 결격사유는 다음과 같다.[122]

다음 ①~⑦까지의 어느 하나에 해당하는 사람은, 탐정업을 영위해서는 안 된다.

① 파산절차 개시 결정을 받고 복권되지 않은 자
② 금고 이상의 형에 처해지거나 탐정업법의 규정을 위반하여 벌금의 형에 처해져 그 집행을 종료하거나 집행을 받지 못한 날부터 기산하여 5년을 경과하지 아니한 자
③ 최근 5년간 영업정지명령·영업폐지명령을 위반한 자
④ 폭력단원 또는 폭력단원이 아니게 된 날로부터 5년을 경과하지 않는 자
⑤ 심신의 장애에 의해 탐정업무를 적정하게 실시할 수 없는 사람으로서 내각부령으로 정하는 자
⑥ 영업에 관하여 성년자와 동일한 능력을 갖지 않는 미성년자로 그 법정 대리인이 상기 ①~⑤ 또는 하기 ⑦ 중 어느 하나에 해당하는 자
⑦ 법인에서 그 임원 중 상기 ①~⑤까지의 어느 하나에 해당하는 자가 있는 경우

(4) 프랑스

프랑스는 1975년도에 보험사기로 인한 화재보험의 손해율이 악화되자 보험자들은 화재보험금 지급청구와 관련한 질의서를 통해 보험사기를 방지하려는 노력을 기울이기 시작했다. 프랑스는 보험사기행위에 대해 보험사기죄를 별도로 규정하지 않

122) https://www.npa.go.jp/bureau/safetylife/tanteigyou/index.html (2025.1.21.검색).

고 있으며 형법 제313－1조(사기죄)에 근거하여 처벌하고 있다. 사기죄를 범한 자에게는 5년의 징역 또는 375,000유로의 벌금을 부과한다. 프랑스의 경우 생명보험 및 손해보험에서 발생하는 보험사기 건수는 꾸준히 증가추세를 보이고 있는 데 반해서 화재보험과 자동차보험은 보험사기 방지기구의 활동으로 그 비율이 감소하고 있는 것으로 나타나고 있다.123)

보험범죄에 대한 방지기구로는 보험사기에 대한 엄중대처 인식의 확산으로 1984년도에 「보험사기대책정보교환위원회」가 발족하였고, 1986년도에 「보험사기대책정보교환그룹」으로 발전했으며 같은 해에 화재보험사기대책 연합회 내에 「보험사기방지과」가 설립되었다. 이를 기반으로 하여 1989년 1월에 「보험사기방지기구」(The Agency for the Fight against Insurance Fraud(Agence de lutte contre la fraude à l'assurance: 이하 ALFA))가 창설되었다.

「보험사기방지기구」ALFA는 보험사기 방지 및 예방을 위한 비영리단체로서 보험사기에 관한 모든 정보의 수집, 집적, 가공, 전달 및 적절한 법적 수단의 활용, 경찰 및 정부관계자의 긴밀한 협조 등을 통하여 1998년도에는 약 34,000건의 사건을 해결하는 등 효율적인 성과를 보이고 있다. 또한, 보험사기방지기구에서는 보험사기방지 전담요원들이 각종 보험사기 관련 자료들을 상호교환할 수 있는 정보교환센터를 운영하고 있으며, 매년 각 보험종목에 대해 실제사례를 토대로 수집된 정보를 기초로 보험사기의 주요 원인, 유형, 발생장소 및 조건별로 파일을 운영하여 보험사기에 대한 새로운 지표와 양질의 위험선택 토대를 마련하는데 큰 기여를 하고 있다.124)

「보험사기방지기구」ALFA는 2021년 현재까지 320개 이상의 회원이 있으며 "Direction", "Operations", "Skills Development" 등 3개의 조직 구성체계를 중심으로 운영 중이다. Direction 조직은 협회의 조직화, 가이드라인 및 의사결정 준비, 직원 관리, 커뮤니케이션, 프랑스 당국과 ALFA를 대표하여 협회의 활동참여 및 파트너십 업무를 시행한다. Operations 조직은 ALFA가 개발한 별도의 도구를 사용한 자료 검출 및 분류, 관련 활동 보고업무를 시행하고 있으며, Skills Development 조직은

123) 박장남, "보험범죄의 실태와 대책에 관한 연구", 「박사학위논문」, 조선대학교 대학원, 2006: 78면.

124) 박영수, 앞의 논문, 66면.

ALFA가 제공하는 교육에 관한 전략 제안 및 실시, 보험사기인식모듈 설계업무를 시행한다. 대부분의 청구자료와 관련하여 인공지능AI 기반 보험사기탐지 자동화솔루션을 활용하여 청구자료를 분석하고 이에 대한 정보를 제공하고 있다.[125)]

보험자와 보험계약자를 사기로부터 보호하기 위한 보험사기방지기구ALFA의 활동으로는 유럽보험위원회(Committee Europe Assurances, CEA)를 중심으로 유럽기관과의 업무협력관계를 유지하고 있으며, 캐나다의 보험범죄방지기구와 미국의 전미보험범죄국 등과도 수시로 정보교환을 하고 있다. 보험사기방지기구는 사기방지정책을 연구하고 예방책을 강구하며, 경찰 등의 사법기관과 함께 자료를 공유하고 이에 대한 결과를 산출하는 등 공유체계를 구축하고 있다.

보험사기방지기구ALFA는 퇴직 경찰관 등을 고용해 각종 보험사기 조사활동과 정부당국과의 연계활동, 보험사들간의 정보교환 등 활동을 한다. 보험사로부터 보험범죄에 대한 조사요청이 있을 경우 직접조사를 한 뒤 법원 제출용 보고서를 작성하고 이를 보험사로 회신하는 절차를 통해 보험사기를 적발해 내고 있으며 실제로 지난 1991년부터 2000년까지 1조에 가까운 보험사기를 적발했다.[126)]

(5) 중국

중국 경제의 거듭된 성장과 경제력의 증강增强과 함께 경제활동은 더욱 활발해지고 금융업에 더욱 의존하게 되면서, 금융분야의 범죄사건 및 사건 관련 금액은 점차 증가 추세를 보이고 있다.[127)] 이러한 금융사기 사건 중에 특히 보험범죄는 새로운 형태의 금융상품이 출시됨에 따라 수법이 다양화되고 진화하고 있다. 최근 몇 년이래, 은행과 보험회사 등 금융기관은 끊임없이 새로운 형태의 금융상품을 쏟아 내었고 이러한 금융상품에 대한 새로운 범죄수단도 더불어 상승추세를 보이고 있다.

보험사기 활동에 대하여 중국의 1979년 형법전에는 이를 구체적인 범죄로 규정하

125) 차현숙 · 이동현, 「입원적정성 심사 효율화 방안 연구 용역」(G000DU4-2022-152), 건강보험심사평가원, 2002; 57-58면.

126) 보험매일, "영국 등 유럽선진국, 보험사기에 강력 대처", 2002. 5. 14, http://www.fins.co.kr/news/articleView.html?idxno=691.

127) 최인섭 · 이천현 · 오경식 · 안경옥 · 이경렬, 「한국의 금융범죄의 실태와 사회적 대응 방안」, 한국형사정책연구원, 2002: 35면.

지 않았다. 사법기관은 보험사기행위에 대하여 사기죄로 양형을 하였다. 전국인민대표대회 상무위원회가 1995년 6월 30일 반포한 「보험법」 제131조에 특정 보험사기범죄 활동에 대하여 형사책임을 추궁한다고 규정하였다. 전국인민대표대회 상무위원회가 같은 날 반포·시행한 「금융질서파괴범죄 처벌에 관한 규정」에서 보험사기죄를 명확히 규정하였다. 이로써 중국은 1997년 형법전 개정 이전에는 보험사기죄의 처벌에 대하여 주로 단행 형법의 입법형식을 취하고 있음을 알 수 있다.

중국은 1997년 형법전 개정 시 「금융질서파괴범죄 처벌에 관한 규정」을 흡수하여 보험사기죄의 관련 규정에 관하여 「형법전」 각칙 제3장 제5절에 금융사기죄 중 보험사기죄를 규정하였다. 이처럼, 중국의 현행 형법의 보험사기죄 입법은 보통 형법전 전문 법률조문에서 규정한 모델을 취하고 있다. 이러한 모델은 형사법에서 보험사기죄의 독립성을 강조하고 그 특정된 위해의 특징을 충분히 제시하고 있어 본 범죄에 대한 처벌과 예방강화에 유리한 편이다.

〈표 2-9〉 중국 보험회사 연도별 개수 (단위: 개)

구분		2016	2017	2018	2019	2020
외자보험회사	생명보험회사	27	27	27	28	28
	손해보험회사	22	22	22	22	22
중자보험회사	생명보험회사	46	53	59	58	63
	손해보험회사	58	63	66	66	66
합계		153	165	174	174	179

*자료: 中国保险行业协会, 信息披露, 保险公司年度信息披露

2. 한국의 보험범죄 대응기구

(1) 보험사기의 방지체계

우리나라의 보험사기 수사 등 방지절차는 경찰을 중심으로 금융감독원, 보험회사, 보험협회, 건강보험심사평가원, 검찰 등 여러 공사기관과 보험업계에서 관여하고 있다.

1) 금융감독원

금융감독원은 보험사의 보험사기 인지 보고 및 보험사기 신고센터를 통한 일반 국민의 제보, 자체 입수한 보험사기 혐의정보를 조사·분석하고 혐의점이 포착된 사건은 경찰 등 수사기관에 수사 의뢰하고 있다. 그리고 금융소비자보호처 산하에 보험사기대응단을 설치하여 보험범죄에 대응하고 있다. 그리고 보험사기대응단 내에는 조사기획팀, 보험조사팀, 특별조사팀 등이 편성되어 있다.

2) 보험회사

보험회사는 보험계약의 당사자로서 보험계약이나 보험금 지급단계에서 나타난 보험사기 혐의에 대한 조사 등을 실시하며, 보험사기 혐의점을 발견한 경우 수사기관 또는 금융감독원에 수사(조사) 의뢰하게 된다. 그리고 각 보험회사는 보험사기를 전담하는 보험사기특별조사팀(Special Investigation Unit, SIU)을 운영한다.

3) 경찰과 검찰

경찰은 자체적으로 포착하거나 금융감독원·보험사 등으로부터 제공받은 보험사기 혐의점에 대해 수사하고 검찰에 송치한다. 그리고 검찰은 보험사기 관련 범죄에 대한 기소, 법원에 대한 사기죄의 적용청구 등 보험사기범죄에 대한 공소의 제기와 유지업무를 수행한다.

4) 건강보험심사평가원

건강보험심사평가원은 의료기관이 청구한 진료비를 심사하고 진료가 적정하게 이루어졌는지를 평가하는 기관이다. 즉. 건강보험심사평가원에서는 요양급여 범위를 설정하고 해당 요양급여비용에 대한 심사와 의료의 질 평가를 진행한다. 기타 업무로 보건의료자원관리, 의약품관리, 진료비 확인제도, 비급여 정보관리, 응급의료비용 미수급 대지급제도, 국제협력, 빅데이터 등의 업무 등을 관장하고 있다. 요양급여비용의 심사업무는 요양기관이 청구한 진료비용이 법령 등에서 정한 기준에 맞는지 공정하고 객관적으로 심사하고 과다·과소 진료와 불필요한 자원이용 등 부당 비용 지출을 방지하여 결국, 국민이 낸 보험료가 제대로 쓰이는지 관리하는 데 목적이 있다.

건강보험심사평가원은 2013년 7월 25일 금융감독원과 양해각서MOU를 체결하고 보험사기를 유발하는 의료기관의 불법행위에 대해 합동대응체계를 구축하고 있으며, 요양급여비용 심사를 위하여 현지조사의 진행, 보건복지부장관의 행정조사, 의료의 질 평가업무를 수행한다. 그리고 건강보험심사평가원에서는 동일 장소에 잦은 개설자 변경이나 비의료인의 의료행위 관여 또는 환자유인에 대한 민원 제기기관과 개설의사 변경에도 불구하고 직원(사무장)이 계속 근무하는 기관을 중점으로 적발하고 있다.

5) 국민건강보험공단

국민건강보험공단은 건강보험가입자에게 의료서비스를 제공한 의료기관에 대하여 요양급여비용을 지급하며, 2013년 7월 25일 금융감독원과 양해각서MOU를 체결하고 보험사기를 유발하는 의료기관의 불법행위에 대해 합동대응체계를 구축한다.

한편 건강보험제도는 헌법 제34조, 36조와 사회보장기본법 제3조 및 국민건강보험법 등을 근거로 국민의 질병·부상에 대한 예방·진단·치료·재활과 출산·사망 및 건강증진에 대하여 보험급여를 시행하여 국민보건 향상과 사회보장 증진에 이바지하기 위한 목적을 지니고 운영하고 있는데, 건강보험제도 의료보험방식(National Health Insurance, NHI)과 국가보건서비스방식(National Health Service, NHS) 두 가지 운영방식 중, 한국은 독일, 프랑스, 일본과 같은 의료보험 방식으로 건강보험제도가 운영되고 있다. 의료보험방식의 기본이념은 의료비에 대한 국민의 1차적 자기책임하에 보험료를 지출하여 재원을 조달하고 부족한 재원은 국고에서 일부 지원하는 방식이다. 진료보수는 행위별수가제와 총액계약제 등을 혼용한다.[128)]

6) 국토교통부

국토교통부는 의료기관에 대한 교통사고 입원환자 명단 및 부재不在 여부 확인, 외출·외박 허락 및 허위 기록관리 등의 점검을 위한 법적 근거인 「자동차손해배상보장법」 등에 대한 주무부처(교통사고 부재환자 점검은 각 지방자치단체에서 실시)이다.

7) 일반 국민

일반 국민도 당연히 제보와 조사협조 등을 통해 보험사기 방지체계에 일조할 수

---

128) 전남경찰청 전남보험범죄연구원, 「보험범죄 대응전략과 성과」, 2018, 151면.

있다. 즉 일상생활에서 보험사기 발생사실을 알게 된 경우 이를 금융감독원 또는 수사기관에 제보할 수 있다. 보험사기로 제보된 내용이 확인되면 생명·손해보험협회 또는 보험회사의 포상금 지급기준에 따라 최대 20억 원까지 포상금을 지급한다.

(2) 경찰청

1) 보험범죄 수사

경찰에서는 보험범죄를 경제사범으로 분류하고 경찰청 국가수사본부 수사국 경제범죄수사과에서 총괄하고 있으며, 각 시도경찰청 내 수사과에 금융범죄수사대 또는 반부패·경제범죄수사대와 일선 경찰서의 수사과 내 지능범죄수사팀이 맡고 있다. 조직폭력과 관련된 보험범죄, 교통사고를 위장한 보험범죄, 방화·도난차량 등과 관련된 보험범죄는 경찰청 국가수사본부 형사국 내 강력범죄수사계, 폭력범죄수사계, 교통수사계에서 관장하고, 각 시도경찰청에서는 강력범죄수사대와 금융범죄수사대, 일선 경찰서에서는 강력범죄수사팀, 지능범죄수사팀, 교통범죄수사팀 등에서 수사하고 있다. 구체적으로 살펴보면 경찰에서는 국민생활침해사범에 대해 해마다 시기별로 적절한 주제를 선정하여 집중적인 기획수사를 실시함으로써 건전한 경제생활과 쾌적한 사회환경을 조성하기 위하여 노력하고 있다.

2) 보험범죄 수사교육

보험범죄 수사교육은 경찰청 산하 교육기관인 경찰수사연수원(전국 수사경찰관의 교육을 담당)과 생명보험협회와 손해보험협회에서 주관하는 보험범죄 아카데미가 운영되고 있다.

경찰수사연수원에서는 보험범죄의 심각성을 깊이 인식하고 일선 수사경찰관의 보험범죄 수사기법 향상을 위해 보험범죄수사과정을 개설하여 운영하고 있다. 교육기관에서 이루어지는 보험범죄 관련 강의는 교육생들에게 보험범죄의 심각성과 수사의 중요성에 관한 인식을 높이고 수사기법 공유로 수사의욕을 고취시키는데 어느 정도 기여를 한 것으로 평가된다.

생명보험협회와 손해보험협회에서는 2001년부터 보험범죄를 조절하기 위해 금융감독원, 경찰청 후원으로 '보험범죄아카데미'를 개설하고, 보험사와 경찰청의 보험범죄 조사요원에게 보험범죄 관련지식에 대한 지속적인 연수를 실시하고 있다.[129)]

보험범죄아카데미는 다양한 보험범죄의 유형에 맞게 전문화된 교과과정 운영으로 보험범죄의 연구 및 조사기법의 공유라는 교육목적을 상당한 정도로 달성하고 있다는 반응을 얻고 있다. 특히 2004년부터 현재까지 시행하고 있는 경찰수사관과 보험업계 조사관의 합동교육은 상호 정보교류와 인적네트워크 구축효과를 가져옴으로써 보험범죄 조사현장에서 매우 긍정적인 효과가 있는 것으로 평가된다. 보험범죄아카데미 교육을 수료한 경찰수사관들이 대형 보험범죄를 적발하는 경우도 많다.

(3) 보험업계

보험협회는 금융위원회, 금융감독원, 경찰청 등 유관기관 등과 협력하며 보험범죄 방지를 위한 여러 가지 방안을 강구하고 있다.

첫째, 생명보험협회 및 손해보험협회는 2023년 6월 사망 담보 등 고액 보험금을 노린 보험범죄 방지를 위해 보험회사의 재정심사를 강화하는 '중복·과다보험방지 인수심사 가이드라인'을 마련하였다. 가이드라인에서는 생명보험 및 장기보험과 관련하여 고위험 청약 건에 대해 특별인수심사를 도입하여 재정심사를 강화하도록 하였으며, 해외여행자보험에 대해서는 계약정보를 신용정보원에 집적하도록 하였다.

〈표 2-10〉 중복·과다보험 방지 인수심사 가이드라인 주요 내용

• (특별인수심사 도입) 고위험* 청약건에 대해 사망담보 가입금액과 잔여기대소득 · 실제소득 비교를 통한 재정심사 강화 * ① 보험계약자와 피보험자 상이 ② 사망보장 타사 합산 30억 & 4건 이상 가입(피보험자 기준)건 등 • (재정상황 조회) 개인 동의하에 CB · 신용정보원의 전산조회를 통해 신용불량 등 재정상태 현황을 인수심사시 활용 • (여행자보험 정보 신규집중) 해외 여행자보험을 이용한 사망사건 등의 보험범죄 예방을 위해 여행자보험 계약정보를 신용정보원에 집적

둘째, '보험사기 자체징계설계사 정보공유시스템(e-clean 보험서비스)'을 개발하여 보험사기 행위로 업무정지 3개월 이상 보험사 내부 자체징계를 받은 보험설계사의

129) 손해보험협회 보도자료, 2001.9.28.(금) "보험범죄 적발 전문조사요원 양성 위한 「보험범죄아카데미」 개설" 참조.

이력을 보험협회에 집적하고, 보험회사 및 보험대리점이 보험사기에 연루된 보험설계사 인지 여부를 조회토록 하여 보험설계사 위촉을 제한하는 등 보험사기 유발 보험설계사의 시장 퇴출을 통한 보험 모집질서 건전화를 도모하고 있다.

셋째, 보험범죄 근절을 위한 유형별 조사·수사기법 공유를 통한 수사 전문화를 도모하고 정보교류를 통한 민·관 공조체제 강화하기 위해 매년 수사(지능·경제) 및 형사·과학수사·해경 수사관 대상 '보험범죄방지아카데미'를 개최하고 있으며, 이를 통해 브로커연루 보험사기, 안과, 치과, 허위·과다입원 등 다양한 보험사기조사 및 수사사례 등을 공유하고 보험사기 단속 및 제도개선 사항 등을 공유하고 있다.

1) 손해보험협회(손해보험범죄방지대책위원회)

손해보험협회에서는 1995년 1월부터 운영해온 '자동차보험 도덕적 위험방지대책위원회'를 확대 개편하여 2000년 7월부터 새로이 '손해보험범죄방지대책위원회'라는 기구를 운영하고 있다. 이 기구는 손해보험 보험금 지급과 관련된 보험범죄에 대하여 능동적이고 체계적인 방지대책을 수립함으로써 다수의 보험계약자를 보호하고 손해보험회사의 공신력을 제고하기 위하여 설치되었다. 손해보험범죄방지대책위원회는 비상설기구이며, 손해보험협회 보험범죄 담당임원 및 회원회사의 보험범죄 담당 임원으로 구성되어 있다.

주요기능으로 보험금 지급과 관련한 보험범죄 방지대책 수립 및 추진에 관한 사항, 보험금 지급과 관련한 보험범죄 위험요소의 파악 및 분석에 관한 사항, 신고 및 인지된 보험범죄 의심자에 대한 조사 및 수사 의뢰에 관한 사항, 금융감독원 및 사법기관에서 의뢰한 보험범죄자 조사처리에 관한 사항, 보험범죄예방 대외홍보 및 보험범죄 방지를 위한 조사·연구에 관한 사항 등을 담당하고 있다. 또한, 회원회사에 관련 자료나 담당직원의 업무지원을 요청할 수도 있고 원활한 업무수행을 위해 손해보험기획조사지원반, 지방협의체 등 하부조직을 두고 있다.[130)]

2) 생명보험협회(생명보험범죄방지위원회 등)

생명보험협회는 2000년 1월에 설치한 비상설기구인 '생명보험범죄방지대책협의회'를 2015년 7월에 '생명보험범죄방지위원회'로 명칭을 변경하는 등 3차례에 걸쳐

---

130) 손해보험협회, 2025년 내부자료 참조.

관련 규정을 재정비하였다. 이 위원회는 생명보험 보험금지급과 관련한 도덕적 위험 요소의 파악 및 이에 대한 방지대책을 추진함으로써 선의의 계약자를 보호하고 생명보험회사의 공신력을 제고하기 위해 만들어진 비상설기구로서 생명보험협회 및 동 협회의 비상임이사가 소속한 회원사의 보험사고조사 담당 임원을 중심으로 구성되어 있다. 그 기능으로는 보험범죄의 예방과 근절을 위한 공동대책의 수립 및 추진에 관한 사항, 금융감독원 보험범죄 공동조사 지원 및 공동조사기금 설치운영에 관한 사항, 보험범죄신고 포상금제도의 운영에 관한 사항, 보험범죄예방을 위한 대외 홍보에 관한 사항 등을 규정하고 있다. 아울러 생명보험협회는 보험사기방지를 위하여 지속적으로 다양한 활동을 전개하고 있다.[131]

첫째, 생명보험협회는 2007년 7월 '보험계약정보관리시스템(Korea Life Insurance Check System, KLICS)'을 구축하여 각 생명보험사의 모든 계약정보를 집중시켜 보존하고 이 자료를 통해 보험심사 및 보험사기조사에 적극 활용했었으나, 신용정보의 이용 및 보호에 관한 법률 개정에 따라 2016년도에 한국신용정보원으로 모든 보험계약정보를 이관하고 현재는 동 기관을 통해 전 보험사의 보험계약 체결 및 보험금 지급정보, 고액보험 중복가입에 관한 사항 등을 조회하여 각 사별 내부 보험사기방지시스템과 함께 보험사기 의심자에 대한 조사에 적극 활용하고 있다.

둘째, 변사사건 발생시 경찰이 변사자의 보험가입 내용을 신속히 확인할 수 있도록 생명보험협회와 경찰청 간 협의를 통해 2017년 1월부터 '변사자보험가입조회 시스템'을 구축하여 운영 중에 있다.

〈표 2-11〉 변사자 보험가입조회 시스템 개요

전국 경찰서	⇔	KICS	⇔	보험협회	⇔	전 생명보험사
기초자료 송신		정보 송수신		보험가입사항 송수신		보험계약내역 송신

*KICS : Korea Information System of Criminal Justice Services (형사사법정보시스템)

131) 생명보험협회, 2023년 내부자료 참조.

이러한 변사자보험가입조회시스템을 통해 변사사건 발생 시 보험금을 노린 살인 여부 확인을 위해 전국 경찰서에 보험계약 정보(보험회사, 상품명, 계약일자, 월보험료, 사망보험금(일반/대중교통/교통재해/일반재해), 소득보장급부 가입금액, 보험수익자와의 관계)를 제공하고 있고, 변사사건에 대한 신속한 초동대처를 통해 보험금을 노린 강력 보험범죄 여부를 사전에 파악하여 보험범죄 적발에 기여하고 있다.

〈표 2-12〉 연도별 변사자 보험가입시스템 조회 현황

연도	2017년	2018년	2019년	2020년	2021년	2022년	2023년 (8월말)
건수	13,786	23,275	28,192	32,918	25,695	29,725	24,954

셋째, 2023년에 수사의뢰서(진정·고소·고발) 양식을 표준화하고 수사의뢰 시 보험업계가 준수해야 할 사항 등을 반영한 '보험사기수사의뢰매뉴얼'(주요내용; 보험사기 개요, 수사의뢰서 작성방법 및 양식, 조사업무 FLOW, 보험사기 주요 판례 등)을 마련, 보험업계에 배포하여 수사의뢰서(진정·고소·고발)의 내용 질적 향상을 통해 수사기관의 수사 및 적발 활성화를 도모하고 있다.

3) 특별조사팀(Special Investigation Unit, SIU)

보험범죄특별조사팀은 삼성화재에서 1996년 6월 보험기획팀 소속 6명의 인원으로 구성한 조사지원팀을 설치한 것이 최초라고 할 수 있으며, 그 후 1997년에 현대해상, 1998년에 동부화재가 이러한 조직을 만들어 운영하였다. 이와 같은 SIU의 설치를 시작하여 2000년에는 손해보험회사만 27명, 2002년에는 생명보험사 중 삼성생명을 시작으로 2004년 7월에는 손해보험사의 경우 11개사가 119명의 인원으로, 생명보험사의 경우 6개사 26명의 인원으로 보험사기조사팀을 운영하게 되었다. 국내 보험사 SIU의 경우에는 조사 및 직원교육 이외에도 조직폭력배 등 제3자나 이해집단의 위협 및 협박에 대처하는 업무가 있기는 하지만 사기방지를 위한 다양한 업무를 효율적으로 수행하기에는 아직 그 인력이 부족한 수준이다.

한편, 현재 보험업계의 보험사기 담당조직은 크게 손해보험업계와 생명보험업계로 나눠 살펴볼 수 있다. 먼저 손해보험업계의 보험범죄 담당조직은 1990년대 후반

부터 설치되기 시작했고, 현재 상당수 손해보험회사가 독립적인 보험사기 담당조직을 구축하고 있다. 손해보험협회는 보험사기와 관련하여 업계와 체계적인 공조를 유도하고 수사기관과 협조를 강화하기 위해 2000년 3월 보험업무부에 보험범죄대책팀을 신설하였고, 현재는 2006년에 설치된 공익사업부의 보험범죄조사팀(2022년 보험사기조사부)에서 보험사기 조사업무를 전담하고 있다. 손해보험회사는 삼성화재(1996년), 현대해상(1997년), 동부화재(1998년) 등이 1990년대 후반부터 보험사기 담당조직을 설치하여 운영하기 시작했으며 현재 다수의 보험사가 보험사기 담당조직을 운영하고 있다.

생명보험업계는 손해보험업계와는 달리 보험사기 담당조직이 2002년부터 설치되기 시작하였으며 최근 보험사기 담당조직이 강화되고 있다. 생명보험협회는 2002년 업계의 보험사기 조사업무 지원을 담당하기 위해 보험리스크 관리실 내에 보험사기방지팀을 신설하였고, 2023년 현재 보험심사부 내에 보험사기예방팀으로 개편하였다. 생명보험회사는 2002년 삼성생명이 SIU를 설치한 이후 대한생명(2003년), 교보생명(2004년) 등이 보험사기 담당조직을 설치하였다. 2004년 이후 생명보험회사에서 보험사기 담당직원을 보험금심사 부서에 본격적으로 배치하기 시작했으며 삼성생명과 교보생명은 각각 2005년과 2006년에 보험사기 담당조직을 독립부서로 승격시키기에 이른다. 2022년도 보험협회 내부자료에 따르면 손해보험사가 17개 사, 생명보험사가 22개 사 등 39개 보험회사에서 보험사기에 대응하기 위해 SIU 등 약 600여 명의 담당인력을 자체적으로 운영하고 있는 것으로 나타났다.

Ⅲ 보험범죄 대응상의 문제점

1. 법 · 제도적 미비

우리나라의 보험범죄 처벌은 「보험사기방지 특별법」이 제정(2016년)되기 전까지는 기본적으로 형법에 따라 처벌되어 왔다. 형법 제347조(사기)에 10년 이하의 징역 또는 2천만 원 이하의 벌금이라는 법정형이 규정되어 있고, 또 미수범 처벌(임의적 감경, 형법 제352조), 상습범 처벌(단순사기죄 법정형의 2분의 1까지 가중, 형법 제351조)과 10년 이하의 자격정지를 병과(형법 제353조)할 수 있다. 그리고 보험범죄가 단순 사기행위 외에 별도의 법익을 침해한 경우 해당 상황에 따라 경합범으로 처벌할 수 있다. 그뿐만 아니라 특정경제범죄 가중처벌 등에 관한 법률은 보험사기로 인하여 얻은 이득액이 일정액(5억 원) 이상인 경우에는 가중처벌토록 하고 있다. 하지만 보험사기범에 대한 선고형을 보면 실형률이 34.3%, 집행유예율이 65.7%,실형 기간도 징역 1년인 경우가 24.7%로 가장 많고, 징역 1년 이하의 실형을 받은 경우도 전체 실형의 63.9%이며, 징역 1년 6월 이하의 실형 선고율은 84%로 나타나는 등 보험범죄가 살인이나 방화 같은 중범죄를 수반하지 않는 한 채 2년이 못 되는 가벼운 형이 선고되는 추세인 것으로 나타나고 있다.[132)]

그러다가 2016년에 보험사기방지 특별법이 제정된 바, 동법에서는 "보험사기행위란 보험사고의 발생, 원인 또는 내용에 관하여 보험자를 기망하여 보험금을 청구하는 행위"라고 규정하고(동법 제2조), 보험사기행위로 보험금을 취득하거나 제3자에게 보험금을 취득하게 한 자는 10년 이하의 징역 또는 5천만원 이하의 벌금에 처하고(제8조), 일정액(5억 원) 이상일 경우 가중처벌 하도록 규정했다(동법 제11조). 하지만 2016년에 보험사기방지 특별법이 제정된 이후에도 보험사기에 대한 처벌이 미흡하여 처벌 강화의 주장이 많다. 2022년 6월 14일 보험협회가 주최한 '보험사기 근절을 위한 보험사기방지 특별법 개정방향 토론회'에서 황현아 보험연구원 연구위원은 "보

---

132) 이병희 · 이희성 · 박형민, 「보험범죄의 형사판례 분석」, 대한손해보험협회 · 한국형사정책연구원, 2002: 64-70면.

험사기는 대부분 벌금형이고, 징역형이 선고되더라도 3년 미만인 경우가 대부분"이라면 "특히 보험업, 의료기관, 정비업 종사자의 경우 보험사기 가담을 유도하는 측면이 있어 강화된 처벌이 필요하다"고 주장했다.[133] 이동엽 금융위원회 보험과장은 "각 기관들에 보험사기 자료를 요청할 경우 관련 근거법이 없어 조사에 제약이 있다. 꼭 개정이 이뤄졌으면 한다"며 "아울러 정부합동대책반 구성 관련 경찰청 전담조직으로 운영, 상시 형태를 띄는 것이 낫다고 본다"고 말했다.[134]

보험사기방지 특별법 위반죄(이하 '보험사기죄')에 대한 검찰의 처분 결과에 의하면, 2022년 수치상으로도 여전히 구약식과 기소유예 처분의 비중이 높다고 볼 수 있다.[135] 대검찰청이 2023년 12월 발간한 「2023 범죄분석」에서는 2022년 범죄자 처분결과 통계[136]를 제공하고 있는데, 이에 따라 보험사기죄에 대한 처분결과를 보면 2022년에도 기소되는 경우 중 구약식의 비중과 및 불기소되는 경우 중 기소유예의 비중이 높은 모습을 보이고 있다. 2022년에 7,385명이 보험사기죄로 검찰처분을 받았는데, 이 중 2,845명이 기소되었고 이 중 구약식으로 처리된 경우가 1,616명이며 (기소된 경우의 56.8%), 불기소된 사람은 1,460명이고 이 중 1,268명(불기소된 경우의 86.8%)이 기소유예 처분을 받았다. 일반사기죄는 기소된 경우 중 구약식의 비중이 30.9%, 불기소된 경우 중 기소유예의 비중이 61.8%였다.

133) 전상현, "이대론 안된다… 보험사기 연간 1조", 뉴데일리경제, https://biz.newdaily.co.kr/site/data/html/2022/06/14/2022061400060.html.

134) 뉴데일리경제, 위의 보도.

135) 백영화, "최근 보험사기 적발 및 처벌 현황", KIRI 보험법 리뷰 보험법 동향, 2024.4.15; 20-22면. https://www.kiri.or.kr/report/downloadFile.do?docId=506689&form=MG0AV3 (2025.2.7.검색).

136) 자연인인 피의자에 대한 검찰의 종국 처분 결과임.

〈표 2-13〉 최근 3년간 보험사기죄 및 사기죄 범죄자 처분 결과 (단위: 명, %)

연도	구분	계	기소			불기소					기타[3]
			소계	구공판	구약식 (비중)[1]	소계	기소유예 (비중)[2]	혐의 없음	죄가 안됨	공소권 없음	
2020	사기	329,329	82,771	53,741	29,030 (35.1)	115,119	13,595 (11.8)	95,110	26	6,388	131,439
	보험사기	11,780	4,548	1,908	2,640 (58.0)	5,232	2,741 (52.4)	2,427	1	63	2,000
2021	사기	204,929	53,369	37,376	15,993 (30.0)	11,696	6,131 (52.4)	4,752	-	813	139,864
	보험사기	10,975	3,555	1,721	1,834 (51.6)	2,337	2,020 (86.4)	302	-	15	5,083
2022	사기	197,378	57,305	39,625	17,680 (30.9)	9,410	5,811 (61.8)	3,020	1	578	130,663
	보험사기	7,385	2,845	1,229	1,616 (56.8)	1,460	1,268 (86.8)	184	-	8	3,080

*주: 1) 기소된 경우 중 구약식의 비중임
2) 불기소된 경우 중 기소유예의 비중임
3) 소년보호송치, 가정보호송치, 기소중지, 참고인중지, 보완수사요구, 공소보류 등이 해당하며 2021 수치에는 사법경찰관의 결정(사법경찰의 불송치, 수사중지) 항목이 포함됨
*자료: 대검찰청, 범죄분석 통계를 토대로 정리함

보험사기죄에 대한 제1심 형사법원의 선고결과에 의하면, 2022년 수치상으로도 여전히 일반사기죄와 비교하여 보았을 때 벌금형의 비중이 높고 징역형 실형의 비중이 낮았다. 법원행정처에서 2023년 9월 발간한 「2023 사법연감」에서는 2022년 법원의 선고결과 통계를 제공하고 있는데, 2022년에 제1심 형사재판에서 처리된 결과[137] 중 벌금형 및 벌금형의 집행유예가 선고된 비중을 보면, 일반사기죄가 7.5%, 보험사기죄는 39.6%였다. 또한 2022년에 일반사기죄에서는 유기징역의 실형이 선고되는 비중이 60.8%, 보험사기죄의 경우 22.5%였다.

137) 형사공판사건 죄명별 재판 인원수표 통계에 의함.

〈표 2-14〉 최근 3년간 보험사기죄 및 사기죄 선고 결과(제1심) (단위: 명, %)

연도	구분	계	자유형		재산형 (비중)	재산형 집행유예 (비중)	무죄 (비중)	기타[1)]
			유기징역 (비중)	집행유예 (비중)				
2020	사기	44,056	25,732 (58.4)	9,732 (22.1)	4,222 (9.6)	121 (0.3)	1,127 (2.6)	3,122
	보험 사기	1,310	310 (23.7)	393 (30.0)	459 (35)	18 (1.4)	42 (3.2)	88
2021	사기	44,949	26,656 (59.3)	10,395 (23.1)	3,789 (8.4)	125 (0.3)	1,309 (2.9)	2,675
	보험 사기	2,011	406 (20.2)	542 (27.0)	880 (43.8)	10 (0.5)	61 (3.0)	112
2022	사기	41,733	25,393 (60.8)	9,405 (22.5)	3,040 (7.3)	89 (0.2)	1,305 (3.1)	2,501
	보험 사기	2,017	453 (22.5)	602 (29.8)	784 (38.9)	14 (0.7)	59 (2.9)	105

*주: 1) 선고유예, 형의 면제, 면소, 공소기각, 소년부송치, 가정보호사건송치, 무기징역, 사형 등이 포함됨
*자료: 법원행정처, 사법연감 통계를 토대로 정리함

또한, 특정경제범죄 가중처벌 등에 관한 법률에 의하여 가중처벌을 하고자 하여도 가중처벌의 최저 기준이 되는 범행의 이득액이 5억 원으로 지나치게 높게 책정되어 있고 실제 피고인별 이득액이 5억 원을 넘는 경우가 거의 없어서 동 법률의 가중처벌의 위하력은 사실상 유명무실한 상황이다.[138)] 또 최근 전문적인 보험사기 조직에 의하여 그 피해가 계속해서 확산되고 있지만 이에 상응한 가중처벌이 이루어지지 않고 있고 단순 가담자보다 주모자의 경우 더 많은 범죄이득을 보고 있음에도 양자가 동일하게 처벌되는 문제가 발생하고 있다. 따라서, 보험범죄자들이 범행 후 다시 보험범죄에 나서는 경우가 많으며, 초범의 경우에도 보험범죄의 유혹에 쉽게 빠지게 된다. 또한, 보험회사의 영업정책상 조용하게 처리되기를 바라는 일부 보험사의 풍토도 문제점으로 지적되고 있다.

그리고 보험회사 내의 보험사기조사팀SIU의 조사활동에는 법적 근거와 한계가 존재한다. 보험회사 내의 보험사기조사팀SIU이 하는 조사활동은, 적법한 방법을 준수하며 일반 개인도 수행할 수 있는 행위에 한정된다. 보험범죄조사는 보험범죄와 관

138) 이병희 외, 앞의 책, 52-53면.

련된 사실, 즉 보험사고의 경위나 보험금 지급과정 등을 업무관계자가 자유롭게 조사할 수 있는 활동이다. 따라서 이러한 조사활동은 보험사 관계자(예: 협회, 보험회사, 손해사정사)가 고용 또는 계약관계에 따라 기본적인 의무를 수행하는 과정에서 이루어지며, 공식적인 수사의 범주에는 포함되지 않으므로 법적으로 허용된 범위 내에서만 진행될 수 있다.

결국 현행 법규상 보험사의 보험범죄 조사활동 등에 대한 명확한 근거규정이 없기 때문에 조사담당자의 원활한 업무에 많은 장애가 있는 것이 현실이다. 즉, 보험사의 조사는 수사권이 있는 상태의 조사가 아니므로 많은 어려움에 봉착하게 된다. 우선 보험 약관상 가입자의 고지의무와 관련하여 의료기관 등에 대한 회사의 조사에 계약자·피보험자 또는 수익자는 동의해야 한다고 규정되어 있다.[139] 하지만 실질적으로 보험금 수익자의 입장에서는 보험가입을 범죄의 목적으로 하였다면 적극적으로 협조하지 않을 것이기 때문에 강제수사권이 없는 보험회사에서 어느 정도 진실을 밝힐 수 있을지 문제가 된다. 따라서, 조사는 협조가 제대로 이루어지지 않는 상황에서 대부분 탐문에 의하거나 친분을 이용해 관련 자료를 열람하는 방법으로 이루어지는 경우가 많아 한계가 있다.

2. 전문성의 결여

(1) 수사전문가의 부족

첫째, 보험범죄 수사전문가의 부족이다. 손해보험협회와 생명보험협회가 주축이 되어 '보험범죄방지센터'가 구성되어 보험범죄아카데미에서 2001년 10월 8일 제1기 60명을 배출하기 시작하여 매년 80명~150명 정도의 경찰 담당형사의 교육을 하고 있으나 인원이 현저히 부족한 상태이다.

한편, 보험범죄에 대한 경찰의 전문수사인력 역시 현재의 보험범죄 현황에 비추어봤을 때 현저히 부족한 상태이다. 보험범죄를 취급하는 수사관은 보험업에 관한

139) 상법 제651조는 '보험계약 당시 보험계약자 또는 피보험자가 고의 또는 중대한 과실로 인하여 중요한 사항을 고지하지 아니하거나 부실의 고지를 한 때에는 보험사는 그 사실을 안 날로부터 1월 내에, 계약을 체결한 날로부터 3년 내에 한하여 계약을 해지할 수 있다'고 규정하고 있다.

상당한 전문지식을 갖춰야 하고 혐의 입증을 위해 장기간 수사를 실시할 수 있는 근무여건이 조성되어야 한다. 현재 전국 경찰서에 보험범죄전담수사관이 1명씩 지정되어 있으나, 전담업무가 아닌 겸무에 불과해 집중적이고 전문적인 수사가 이루어지지 못하고 있다. 보험범죄에 대한 수사는 개별 수사담당자 차원에서 진행되며, 보험범죄 사건이 발생할 때마다 수사담당자는 처음부터 수사를 시작해야 한다. 보험범죄 관련 자료도 축적되어 있지 않고 각각 따로 관리되기 때문에, 사건이 발생하면 보험범죄가 무엇인지부터 파악해야 하는 비효율적인 대응체계를 벗어나지 못하고 있다.140)

(2) 교육과정의 미흡

둘째, 보험범죄수사 교과과정의 미흡이다. 경찰청은 우수 수사요원 확보를 위해 2005년부터 전문수사관 인증제도를 시행하였으나 보험범죄 관련 분야는 운영하지 않다가, 다행히도 2019년부터 보험수사와 교통기능에 각각 보험사기분야 전문수사관 제도를 신설하였다.141) 교육과정상 경찰수사연수원, 경찰인재개발원, 시도경찰청 산하 수사직무학교 등에서의 보험범죄수사 강의는 현직 수사관들에게 보험범죄수사의 중요성을 느끼게 하는데 일조를 하고 있으나 실무수사상의 전문성을 향상시키는 데에는 한계가 있다. 미국이나 영국에서는 보험범죄전담 수사부서가 존재하여 보험회사의 조사요원들에 대한 교육까지 주도하고 있다. 우리나라는 매년 증가하는 보험범죄에 효과적으로 대응하고자 2022년 경찰수사연수원에 최초로 '보험범죄연구센터'를 만들었고 '보험범죄수사 교육과정'을 개설하여 보험범죄 담당 수사경찰을 대상으로 전문교육을 실시하기 시작했다.

(3) 보험범죄 전담수사부서의 미설치

셋째, 기획수사의 한계 및 보험범죄 전담수사부서의 미설치이다. 대부분의 보험범죄 단속과 관련하여 지금까지는 경찰 등 수사기관의 기획수사가 큰 역할을 해왔다.

---

140) 김상균, 앞의 책, 2008: 60면.

141) 경찰청, 보도자료, 2018. 5. 24. "경찰수사 전문성 향상을 위한 전문수사관 확충 및 전문수사팀 운영" 참조.

그러나 보험범죄에 대한 기획수사는 전국 경찰에 의한 실시보다는 특정 부서에 한정하여 실시되는 것이 대부분이고 이마저도 6개월 내지 1년 미만의 단기조사인 경우가 많다. 따라서, 금융감독원이나 생명·손해보험 업계에서 기획조사한 자료를 바탕으로 단기간 수사가 가능한 사건에 수사가 집중되는 경향이 높고, 수사기관의 독자적인 첩보수집에 의한 수사는 사실상 미약한 실정이다. 기획수사 기간이 종료한 경우에는 다른 분야의 기획수사에 집중하여야 하므로 대체로 장기간의 수사가 필요한 범죄조직에 의한 보험사기, 피해가공의 생명보험사기 등은 사실상 수사가 제대로 이루어지지 못하는 경우가 많다. 보험범죄에 대한 수사는 보험업계의 이익을 위한 것이기 때문에 1차적으로 보험업계에서 대처해야 한다는 의식이 수사기관에 많이 상존하고 있고, 경찰 내에 보험범죄 전담수사 부서가 없다. 기획수사의 부정기적인 운영도 문제지만, 연중 기획수사를 실시하는 때에도 그 기간 중 다른 기획수사와 병행하기 때문에 보험범죄 수사에 집중하지 못하여 수사의 지속성과 전문성을 높일 수 없는 문제점을 가지고 있다.[142] 또한 보험범죄 수사상 동기부여가 부족하다고 할 수 있다. 살인·강도 등 중요범죄 및 조직폭력, 마약 등이 최근의 역점 수사분야로서, 이러한 분야에서의 실적 우수자에 대한 특진 기회는 많은 반면 보험범죄에 대해서는 전담수사 부서도 없는 상황에서 보험범죄 수사의 유공자 특진은 매우 적은 것이 현실이다. 이와 같은 문제점을 해소하기 위해서는 SIU에 대한 교육의 강화와 수사기관에 보험범죄수사 전담부서의 설치 등이 필요하다. 실제로 보험범죄 수사교육이 보험범죄 조사 시 도움이 된다고 대부분이 응답하고 있는 상황에서 SIU의 형식적이고 단기적인 교육보다는 체계적이고 중·장기적인 전략으로 관련 기관과의 협조를 통해 보다 실질적인 교육이 이루어져야 할 것이다.

한편, 보험회사에서 수사기관에 수사를 의뢰를 할 경우 수사담당자의 잦은 교체로 인하여 전문성이 떨어진다고 응답한 SIU가 무려 95% 정도에 달했으며, 수사를 회피한다는 응답도 역시 약 83%에 달했다. 이는 경찰의 잦은 인사이동과 같은 보직변경으로 인하여 업무의 전문성이 떨어지기 때문으로 여겨진다.[143]

---

142) 김상균, 『최신범죄학원론』, 양서원, 2004: 56-57면

143) 윤명성, "보험범죄의 실태분석 및 대응방안에 관한 연구", 「박사학위논문」, 동국대학교 대학원, 2012: 138-139면.

3. 보험범죄의 심각성에 대한 인식 결여

수사기관이 보험사기 수사를 꺼리는 첫 번째 이유는 보험사기가 살인, 강도, 조직폭력 및 마약사범 등의 중범죄에 비해 수사업무 성과평가나 포상 등에서 후 순위로 밀리기 때문이라고 할 수 있다. 두 번째 이유는 수사기관 내에 보험범죄에 관한 전문지식을 가진 인력이 부족하여 수사자료를 보험회사에 의존해야 하는 한계가 있기 때문이다. 또한, 보험사기 수사가 사회악을 척결하는 것이 아니라 보험회사의 이익을 위하는 것이라는 인식이 있는 것도 또 다른 이유이다.

보험관련 사건은 사전에 조직적으로 치밀하게 이루어지므로 수사착수 단계에서부터 검거하기까지 장기간의 시간이 소요되고, 증거자료를 사전에 은익, 인멸시키고 있어 증거확보에 상당히 어려움이 따르고 있다. 어느 정도 확보한 증거를 가지고 피의자를 조사해도 피의자들이 완강히 부인하는 경우가 많아 수사에 어려움이 많은 상황이다. 수사실무상 보험범죄 사건은 철저한 사건기록 검토와 수사관의 끈기 있는 수사의지에 따라 해결 여부가 좌우된다. 그러나 수많은 범죄사건을 처리해야 하는 상황에서, 수사관들이 보험범죄를 다른 범죄보다 덜 중요하다고 여기며 보험범죄 수사에 전력을 다하기 어려운 점이 문제이다.

우리나라에서 보험사기는 극심한 빈부격차로 인한 상대적인 박탈감, 열악한 노동환경과 해고 불안, 건전한 노동정신의 실종과 소비풍조 위주의 황금만능주의 만연 등이 복합적으로 작용한 결과라고 할 수 있다. 예를 들어, 건강위험과 사고발생 확률이 높은 탄광지역 주민들은 자신의 건강상태나 작업환경에 대한 정보를 보험회사보다 더 잘 알고 있기 때문에 이를 숨기고 보험에 가입하면, 고위험군의 가입률이 높아지고 저위험군의 가입률이 낮아지는 현상이 발생한다. 이렇게 탄광지역 주민들의 집단 역선택의 문제는 구조적 보험사기로 이어진다. 가진 자의 부와 권위에 대한 정당성을 인정하지 않는 상대적 피해의식과 소외감이 사회 저변에 깔려 있는 가운데, 생활고 심화와 빈부격차 확대로 인해 보험사기를 범죄로 간주하지 않는 죄의식의 결여가 확산하고 있다.[144] 보험사기는 보험가입자뿐만 아니라 병원종사자, 차량 정비업자, 보험사고처리 브로커 등에 의해 자행되고 있는데, 보험사기로 적발된 일

144) 김성태, "보험사기에 대한 법적 제도적 대응방안", 생명보험협회 세미나, 2001.3.15, 7면.

부 병원이 보험사기범들과 짜고 허위진단서 발급, 허위진료, 과잉진료 등을 마구잡이로 하면서 '보험금은 임자 없는 돈, 먼저 본 사람이 임자'이라는 자기방어적 사고로 보험사기를 양산하는 결과를 초래하고 있다.

4. 보험사 특별조사팀SIU의 근무환경 열악

직장 내 근무환경은 업무능력에 직결되므로 SIU의 근무환경 역시 매우 중요하다. 하지만 SIU 종사자들은 현재 재직 중인 회사의 근무환경을 대체로 낮게 평가하고 있어, 이에 대한 개선이 시급한 것으로 보인다.

앞서 언급하였듯이 필자가 SIU 근무환경의 문제점을 보다 정확하고 현실적으로 파악하기 위해 258명의 SIU를 대상으로 현장 조사를 실시한 결과 약 78%가 업무과다를 느끼고 있으며, 약 63%가 업무로 인한 과도한 책임감을 느끼는 것으로 나타났다. 임금수준 만족도 측면에서는 약 60%가 업무량과 비교할 때 임금에 대해 불만족하는 것으로 조사되었다. 또한 SIU 종사자들은 업무실적으로 인한 신분보장 불안에 대한 심리적 압박감이 존재하며, 신분보장 불안으로 인한 심리적 압박을 받는 SIU와 그렇지 않은 SIU가 거의 비슷한 수준을 보였다. 또한 SIU의 약 78%가 SIU의 인력부족으로 인한 고충을 느끼고 있는 것으로 나타났다. SIU 부서 내의 승진 기회가 실적에 따라 균등하게 주어진다고 느끼는 응답자는 약 58%였다. 반면, SIU의 승진의 기회가 타부서보다 공정하지 않다고 응답한 비율은 약 59%로 나타났다. SIU부서의 인센티브 제도에 대해서는 약 66%가 만족하지 않는 것으로 조사되었으며, 타부서와 비교한 복리후생 만족도는 '매우 그렇다' 9.3%, '그런 편이다' 40.3%, '그렇지 않은 편이다' 29.5%, '전혀 그렇지 않다' 20.9%로 만족과 불만족이 거의 비슷한 수준을 보였다.[145)]

5. 관련기관 상호협조체제 미흡

앞서 언급하였듯이 보험범죄의 피해는 한 개인에 국한되지 않으며 보험회사뿐만

145) 윤명성, 앞의 논문, 141-142면.

아니라 주요 고객인 국민에게도 영향을 미치는 매우 중요한 범죄 중 하나이다. 그러나 보험범죄는 암수범죄가 많아 관련기관 상호협조가 이루어지지 않으면 수사 방향 설정뿐만 아니라 수사의 진행 자체도 어려워진다. 현장실태 조사결과 전체 발생한 보험범죄 중 적발될 확률이 10%대에 머물고 있다고 응답한 사람이 50%에 이르고 있어 보험범죄의 특성상 적발하기가 어렵다는 것을 여실히 보여주고 있다.[146] 이러한 점을 감안할 때 관련 기관과의 협력을 통한 공동조사는 매우 강력한 시너지synergy 효과를 가져올 수 있다. 이러한 점 때문에 수사기관의 입장에서는 보험업 현장에서 보험범죄 문제들을 직접 취급하고 있는 보험감독기관, 보험협회 등 관련 기관과의 교류가 절실하다. 전담수사 부서가 없는 상황에서 반드시 필요한 공조체제인 것이다. 그러나 현재 우리나라의 수사기관과 보험 관련기관 간의 공식적 협조체제는 갖추어져 있지 않고 필요에 의해 비공식적·임시적 회합에 그치고 있다. 그것도 보험협회의 요청에 의하여 이루어지는 경우가 더 많은 것으로 나타나고 있다. 반면에, 일본 경찰청이 전국적으로 생명보험업계 및 손해보험업계와 긴밀한 상설협의체를 구성하여 교류하고 있는 것은 우리에게 시사하는 바가 크다.

이와 같은 상설협의체가 구성되지 않으면 조직적으로 이루어지는 보험범죄가 반복적으로 발생할 수 있다. 조직적인 보험범죄가 아니라 하더라도 한 사람이 과도하게 많은 보험에 가입하면 고의적 보험사고를 일으킬 우려가 있고, 이에 대해서는 정보공유를 통하여 사전대처가 가능하다. 특히 최근 보험범죄는 지능화·조직화되는 경향이 있으며, 같은 조직이 여러 건의 보험범죄를 저지르는 사례가 증가하고 있어 범죄예방과 적발 및 방지를 위한 정보공유의 필요성이 점점 커지고 있다. 이에 대해 손해보험협와 생명보험협회는 기존에 구축된 고액계약 및 사고보험금 지급조회시스템을 개선하여 보험범죄 유의자 온라인 조회시스템을 구축하고 있다. 이 시스템은 정보유출에 따르는 민원발생 가능성을 축소하고 또한 정보의 효율성 및 활용성을 높이는 데 중점을 두고 있다.

보험범죄가 조직화되면서 반복적으로 이루어지기 때문에 프로파일링profiling 기법을 통해 관련 정보를 분류하고 정보를 공유하는 것은 범죄의 적발에도 도움이 될 뿐 아니라 문제되는 보험의 가입을 사전에 차단함으로써 범죄예방의 효과도 거둘

---

146) 윤명성, 앞의 논문, 142면.

수 있을 것이다. 그러나 이러한 정보공유는 아직까지 우리나라의 보험업계 및 기관 간에 원활한 협조체계가 형성되지 않은 것으로 보인다. 각각의 기관은 상호 간의 이해관계에 따라 상대기관에 정보를 제공하는 것을 꺼리고 있다. 또한, 이러한 인식 이면에는 아직은 체계적으로 정보가 축적되지 않고 있는 상황과도 맞물려 있다고 볼 수 있다. 수사기관에서도 역시 보험업 현장에서 보험범죄 문제들을 직접 취급하고 있는 금융감독원, 생명·손해보험협회 등 관련 기관과의 적극적인 교류가 필요하다.

한편, 일본은 경찰청과 생명·손해보험업계와 전국적으로 긴밀한 상설협의체를 구성하여 교류하고 있는 것으로 볼 때 우리나라도 금융감독원, 각 보험사와 수사기관 간에 긴밀한 협조체제 구축이 긴요하다고 할 수 있다.

◉ 보험상식 코너 : 보험사기 제보 및 포상금지급 현황

적극적인 제보가 보험사기 적발로 이어집니다![147]

– 2023년 보험사기 제보 건수 4,414건, 포상금 지급액 19.5억원 –

< 주요 내용 >

- 2023년 중 금감원 및 보험회사 『보험사기 신고센터』를 통해 접수된 제보는 총 4,414건이며, 이 중 3,462건(78.4%)이 보험사기 적발에 기여
- ○ 또한, 보험사기 적발에 기여한 제보에 대한 포상금은 총 19.5억 원으로 특별신고기간 운영(특별포상금 지급) 영향 등으로 전년 대비 30.1% 증가
- ○ 조직적 · 지능적으로 은밀하게 행해지는 보험사기 적발을 위해서는 증거자료 확보 등이 매우 중요

⇨ 보험사기 혐의 병원 및 브로커에 대한 특별신고기간을 4월 말까지 운영 중이므로 보험사기 의심사례를 알게 된 경우 적극적인 제보 당부

1. 보험사기 신고센터 제보 및 포상금 지급 현황

가. (제보건수, 총 4,414건) 금감원을 통해 접수된 제보는 총 303건으로 전년 대비 증가(64건, 26.8%↑)하였으나,

○ 보험회사를 통해 접수된 제보는 전년 대비 감소(△462건, 10.3%↓)

○ 이는 보험사기 제보의 대부분을 차지하는 음주 · 무면허 운전 제보(2,773건)가 전년 대비(3,310건) 감소(△537건, 16.2%↓)한데 기인

나. (포상금, 총 19.5억 원) 보험사기 적발에 기여한 제보에 지급한 포상금은 특별포상금 등으로 전년 대비 증가(4.5억 원, 30.1%↑)

○ 특별신고기간 중('22.4월~12월) 백내장, 하이푸, 도수치료, 미용성형과 관련하여 접수된 제보에 대해 특별포상금 지급

○ 다만, 보험사기 제보가 감소하여 포상 건수(3,462건)는 전년 대비(3,922건) 다소 감소(△460건, △11.7%)

---

147) 금융감독원, 보도자료, 2024. 4. 18. "적극적인 제보가 보험사기 적발로 이어집니다!"

〈포상 금액(억원)〉

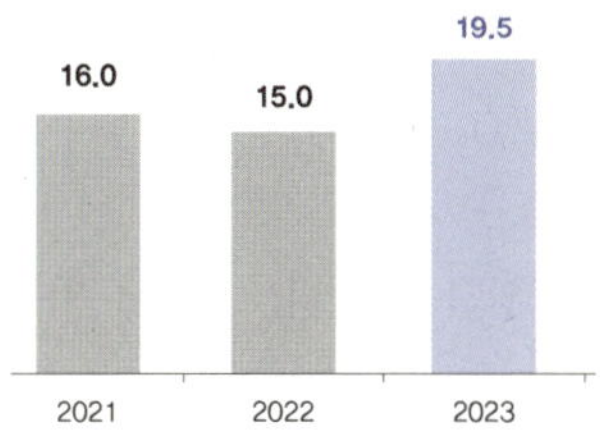

〈제보 건수(건)〉

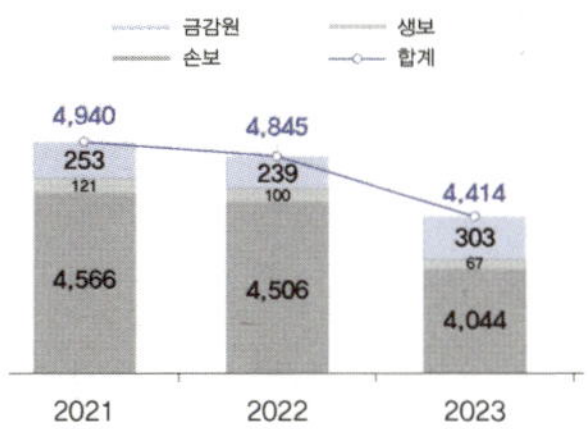

〈포상 건수(건)〉

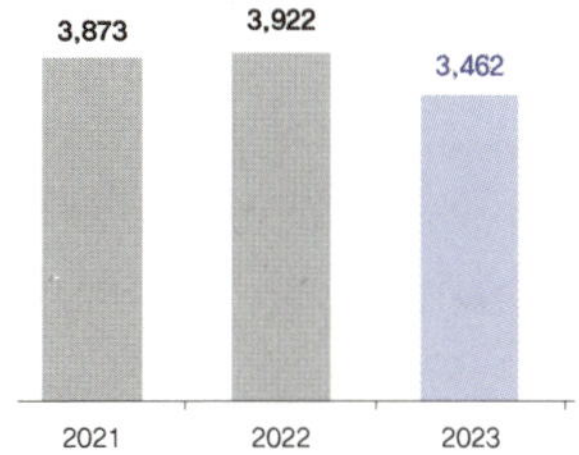

다. (사기유형별) 포상금이 지급된 유형은 주로 음주·무면허 운전(52.7%), 진단서 위·변조 및 입원수술비 과다청구(25.7%) 등으로 사고 내용을 조작(89.3%)한 것이 대부분이고 또한, 특별신고기간 운영으로 진단서 위·변조 및 입원수술비 과다청구 유형이 전년 대비 증가(4.9억원, 25.0%p↑)

〈주요 유형별 신고포상금 지급 현황〉

(단위 : 건, 백만원, %)

구 분	2021년			2022년(A)			2023년(B)			증 감 (B-A)	
	건수	포상금	비중	건수	포상금	비중	건수	포상금	비중	건수	포상금
사고 내용 조작	3,651	1,391	86.7	3,683	1,357	90.7	3,189	1,738	89.3	△494	381
음주, 무면허 운전	2,993	1,023	63.8	3,093	1,115	74.5	2,666	1,026	52.7	△427	△89
진단서 위·변조 및 입원수술비 과다청구	16	82	5.1	10	10	0.7	34	500	25.7	24	490
고의 사고	29	25	1.5	35	30	2.0	39	66	3.4	4	36
허위 사고	145	76	4.7	117	69	4.6	145	83	4.3	28	14
기 타	48	113	7.1	87	39	2.6	89	58	3.0	2	19
전 체	3,873	1,605	100	3,922	1,496	100	3,462	1,945	100	△460	449

2. 2023년 주요 보험사기 신고포상금 지급 사례

가. 백내장 관련 허위 입원 건

- 제보자들(2명)은 A병원이 브로커를 통해 환자를 소개받고,
- 소개받은 환자들이 입원 요건이 충족되지 않았음에도 입원 환자로 가장하는 방법으로 보험금을 편취한 사실을 제보

➡ 제보자들은 생·손보협회로부터 2.3억 원을 포상금으로 수령

나. 도수치료 관련 허위 입원 건 ※ 특별포상금

○ 제보자는 B의원의 실제 입원환자가 허위 입원환자의 명의로 도수치료 등을 받고,

○ 허위 입원환자는 병원에서 허위의 서류를 발급받아 보험금을 청구하는 방법으로 편취한 사실을 제보

➡ 제보자는 생·손보협회 등으로부터 특별포상금 5천만 원을 수령하고, 제보 사건이 검찰에 송치됨에 따라 일반포상금 8천 5백만 원을 추가 수령

다. 미용시술 관련 허위 청구 건 ※ 특별포상금

○ 제보자는 D의원의 무좀(진균증 등) 환자들이 실제로는 피부미용 시술을 받았으며,

○ 실손처리가 가능한 레이저 무좀 치료(비급여 대상)를 받은 사실 및 레이저 치료 장비 보유사실이 없는데도, 의사가 허위로 발급한 진료비 영수증을 이용하여 보험금을 청구하는 방법으로 편취한 사실을 제보

➡ 제보자는 생·손보협회 등으로부터 특별포상금 5천만 원을 수령하고, 제보 사건이 검찰에 송치됨에 따라 일반포상금 6백만 원을 추가 수령

제3장

보험범죄 조사기법과 한계

I 개관

보험사기 사건이 실제로 형사처벌되려면 수사기관의 수사를 거쳐 검사의 공소제기와 판사의 유죄판결이 필요하다. 수사기관에서 보험회사 등을 거치지 않고 보험사기 사건을 직접 인지하는 경우도 있지만, 대개의 경우 보험회사의 수사의뢰를 통해 수사기관에 사건이 접수되어 개시된다.

본 장에서는 보험범죄의 조사와 관련하여, 보험회사와 수사기관으로 나누어 그 조사기법과 절차 등을 살펴보기로 한다.

II 보험사의 보험범죄 조사

1. 보험범죄 조사의 법적근거

(1) 보험사기방지 특별법

「보험사기방지 특별법」[148]에서는 보험회사의 보험사기 조사와 관련하여 보험회사의 보험사기행위 보고 및 조치의무, 보험사고 조사시 유의사항에 관해 아래와 같이 규정하고 있다.

1) 보험사기행위 보고와 조치의무

보험회사는 보험계약의 보험계약자, 피보험자, 보험금을 취득할 자, 그 밖에 보험계약 또는 보험금 지급에 관하여 이해관계가 있는 자의 행위가 보험사기행위로 의심할 만한 합당한 근거가 있는 경우에는 금융위원회에 보고할 수 있다(제4조). 또한 금융위원회, 금융감독원, 보험회사는 보험계약자 등의 행위가 보험사기행위로 의심할 만한 합당한 근거가 있는 경우에는 관할 수사기관에 고발 또는 수사의뢰하거나

148) [시행 2024. 8. 14.] [법률 제20303호], 2024. 2. 13., 일부개정]

그 밖에 필요한 조치를 취하여야 한다(제6조).

2) 보험사고 조사시 유의사항

보험회사는 보험사고 조사과정에서 보험계약자 등의 개인정보를 침해하지 아니하도록 노력하여야 한다(제5조 제1항). 나아가 보험회사는 대통령령으로 정하는 사유 없이 보험사고 조사를 이유로 보험금의 지급을 지체 또는 거절하거나 삭감하여 지급하여서는 아니 된다(제5조 제2항).

(2) 보험업법

보험업법에서는 보험계약자 등의 보험사기 금지의무를 규정하고 있으며, 이와 관련 금융위원회 등의 보험사기범죄 조사에 대한 근거규정을 두고 있다.

1) 사기금지의무

보험계약자, 피보험자, 보험금을 취득할 자, 그 밖에 보험계약에 관하여 이해관계가 있는 자는 보험사기행위를 하여서는 아니 된다(제102조의2).

2) 금융위원회의 보험사기 조사권한

보험사기의 경우에 금융위원회는 보험회사, 보험계약자, 피보험자, 보험금을 취득할 자, 그 밖에 보험계약에 관하여 이해관계가 있는 자에 대한 조사를 할 수 있다(제162조 제1항). 또한 위와 같은 조사를 위하여 필요하다고 인정되는 경우에는 관계자에게 조사사항에 대한 사실과 상황에 대한 진술서의 제출, 조사에 필요한 장부, 서류, 그 밖의 물건의 제출을 요구할 수 있으며, 관계자가 이에 따른 조사를 방해하거나 제출하는 자료를 거짓으로 작성하거나 그 제출을 게을리한 경우에는 관계자에 대한 문책 등을 요구할 수 있다(제2항).

3) 보험회사 등에 대한 위탁규정

한편 위탁규정을 두고 있는데, 금융위원회는 이 법에 따른 업무의 일부를 보험협회의 장, 보험요율 산출기관의 장 또는 제178조에 따른 보험 관계 단체의 장, 자격검정 등을 목적으로 설립된 기관에 위탁할 수 있다(제194조 제4항).

(3) 보험사기 조사업무 모범규준

생명·손해보험협회에서는 '보험사기 조사업무 모범규준'을 제정하여 운용 중에 있다. 아직 금융감독원에 의한 법제화에 이르지 못하여 강제력이나 법적 구속력은 없어서, 자율규제 형태로 운영되고 있다.[149] 그 주요내용은 보험사의 보험사기 조사업무의 객관성과 투명성을 높이는 것은 물론 조사로 인한 보험금지급 지연이 되는 문제를 방지하기 위한 것이다.[150] 이에 따라 모범규준에는 보험사기조사 전담조직 설치 및 업무, 보험사기 신고센터 설치 및 운영, 내부통제 조사단계별 준수사항, 소비자보호 등의 내용이 포함되는데, 조사단계별 준수사항을 소개하면 아래와 같다.

1) 조사의 기본인식

조사원은 보험사기 조사업무를 수행함에 있어 관련 법령을 준수하고, 보험사기지표 및 관련정보 등을 종합분석하여 필요한 범위 내에서 보험사기 조사업무를 수행하여야 하며, 다른 목적을 위하여 조사권을 남용해서는 안 된다(제15조).

2) 조사회피

조사원은 자기와 직접적인 이해관계가 있거나 피조사자와 인척관계에 있어 조사에 공정성을 잃을 염려가 있다고 인정되는 경우에는 상급자의 승인을 얻어 그 조사를 회피하여야 한다(제19조).

3) 조사결과 및 처리

조사원은 보험사기 조사를 종료한 때에는 그 내용을 기록하여 내부보고를 거친 후 관리하여야 한다. 그리고 보험회사는 조사결과, 보험계약자 등의 행위가 보험사기행위 또는 보험사기행위 알선·권유행위 등으로 의심할 만한 합당한 근거가 있는 경우에는 관할 수사기관에 고발 또는 수사의뢰하거나 그 밖에 필요한 조치를 취하여야 한다(제21조). 또한 보험회사는 수사기관에 고발 또는 수사의뢰한 경우에는 관련 자료를 수사기관에 송부하는 등 수사과정에 적극 협력하여야 한다(제22조).

---

149) 정두영, "'보험사기 조사업무 모범규준' 법제화 움직임 걱정", 보험신보, 2022. 3. 14, http://www.insweek.co.kr/56259.

150) 정두영, 위의 보도.

4) 사후관리

보험회사는 보험사기로 인해 부당하게 지급된 보험금 등을 환수할 수 있도록 최선을 다하여야 하며, 보험업종사자, 보험계약자 등이 보험사기에 연루되어 신용정보법에 따른 금융질서 문란행위자에 해당하는 경우에는 관련 법률이 정한 바에 따라 관련자의 정보를 한국신용정보원에 등록할 수 있다(제25조).

5) 기타

보험회사는 정당한 사용없이 보험사기 조사를 이유로 보험금의 지급을 지체 또는 거절하거나 삭감하여서는 안 되며, 부당하게 보험금 지급을 지체하거나 감액할 목적으로 소를 제기하거나 조정을 신청하여서는 안 된다(제30조).

2. 보험범죄 조사절차

(1) 보험범죄의 신고와 포상금제도

금융감독원이나 보험회사에서는 보험사기 신고 활성화를 위해 아래와 같이 간편한 신고전화번호를 도입하고 포상금제도를 운용하고 있다.

〈표 3-1〉 보험사기 신고방법

보험사기 신고방법
○ **금융감독원** (유선 상담 · 신고) ☎1332 - 4번(금융범죄) - 4번(보험사기) (인터넷 접수) 금융감독원 홈페이지(www.fss.or.kr) 상단 『민원 · 신고』 → 『불법금융신고센터-보험사기신고』 (우편 접수, 방문) 서울시 영등포구 여의대로 38 금융감독원 보험사기대응단
○ **보험회사** (각 보험회사) 홈페이지 내 『보험사기 신고센터』 운영 (인터넷 접수) 금감원 보험사기방지센터(http://insucop.fss.or.kr) 접속 → 보험사기신고 → '보험회사 보험사기신고센터'

(2) 단계별 보험사기 조사

보험사기조사는 일반적으로 제보 및 보상업무 과정에서 보험사기 범죄를 인지한 후 사건의 진행여부가 결정되면 혐의자의 과거 사고경력을 조회하고 사고관련 자료를 수집함으로써 진행된다.[151] 자료수집 이후에는 보험사기범죄 인지내용을 바탕으로 혐의사실을 입증하기 위한 자료분석을 실시하며, 분석을 통하여 사고유형, 특징 등 혐의사실이 확인되면 사고일시, 혐의자, 혐의내용, 수법에 대한 특징, 편취보험금 등 보험범죄관련 증거가 6하원칙에 의하여 명확히 소명되도록 범죄일람표를 작성한다.[152] 이를 단계별로 설명하면 아래와 같다.

1) 보험사기의 인지

보험사기는 주로 ① 보험회사의 보상과정 중 인지되거나, ② 일반시민이나 사기범죄 가담자에 의한 제보, ③ 수사기관에서 보험사기 관련 요청사항 중의 인지, ④ 관련기관 제보 건, ⑤ 보험사기인지시스템 등을 통한 기획조사 등에서 인지된다.

2) 기초사실 조회

보험사기 혐의 확인을 위해 기초사실을 조회하는데, 대체로 혐의자의 과거 사고경력, 관련 보험계약사항, 피해의 내용과 정도, 병원진료내용, 사건관계자 인적사항과 관계를 조회한다.[153]

3) 자료취합

기초조사결과 혐의점이 구체적으로 파악된 점에 대하여 자료취합을 진행하는데, 보통 사고초기부터 보상까지 진행한 보험사에 자료요청을 하여야 한다.

4) 자료분석

자료취합 이후에는 혐의분석에 들어가게 되는데, 국내 보험회사에서는 주로 자동위험징후, 예측모형, 데이터 시각화, 이상감지 등의 기술을 보험사기 방지·적발에 사

151) 보험연수원, 「보험조사론Ⅱ(실무)(개정판)」, 2022.3.: 8면.
152) 보험연수원, 위의 책, 8면.
153) 보험연수원, 위의 책, 9면.

용 중이며, 회사 내 보험금청구 및 계약정보와 한국신용정보원 정보를 활용한다.[154)]

① 한국신용정보원 등에 의한 정보공유

아울러 회사에 따라서 데이터를 분석하여 보험사기방지 업무를 돕는 시스템(보험사기 방지시스템)을 회사 자체적으로 구축·운영하기도 하고, 보험사기 방지시스템 전문회사가 구축한 시스템을 회사내부에서 운영하기도 한다. 보험사기 적발에서 정보의 공유와 분석이 매우 중요한데, 우리나라에서 보험사기 관련 데이터를 집적하는 대표적인 기관은 한국신용정보원과 금융감독원이 있다. 동일한 보험사기자는 여러 보험회사를 상대로 유사한 사기를 저지르는 경우가 많으므로, 한 보험회사의 데이터만을 분석할 경우 적발이 불가능하더라도, 여러 보험회사의 데이터를 분석할 경우 동일한 수법, 동일한 사기자의 사기패턴을 발견해 낼 수 있다.[155)]

② 보험사기인지시스템

금융감독원 보험사기대응단은 보험사기인지시스템(Insurance Fraud Analysis System, IFAS)을 운영 중에 있다. 보험사기인지시스템IFAS이란 보험계약 및 보험사고정보 등 데이터베이스DB를 관리·분석함으로써 보험사기 혐의자를 자동추출해 낼 수 있는 정보처리시스템으로 금융감독원이 2004년 1월부터 개발하여 운영 중에 있다. 그 주요기능은 보험사기지표(Fraud Indicator, FI)를 혐의 주체별로 점수화하여 특정 보험사기 혐의자를 선정해 내는 혐의자 선정기능, 혐의자 간의 연관성과 보험사기 혐의정도를 점수로 보여주는 연계분석 기능, 혐의점수·사고내역·보험계약 등에 대한 보고서 조회 및 작성기능, 보험사기가 의심되는 사고내용을 다각도로 분석할 수 있는 통계분석 기능으로 구성되어 있다.

---

154) 변혜원·손지영, "데이터 분석을 이용한 보험사기 방지", 「kiri 리포트」, 2020. 11. 23. 1면.
155) 변혜원·손지영, 위의 글, 5면.

보험사기인지시스템(IFAS)[156]

금융감독원 보험사기대응단은 2016년 5월 IFAS 내에 공모형 보험사기 혐의조직을 추출하여 조사할 수 있는 관계형분석(SNA) 기법을 도입하여 운영 중이다. SNA(Social Network Analysis)란 보험금 지급 데이터에서 운전자 등 자동차 사고의 관련자 간에 관계패턴을 분석하여 공모형 보험사기에 해당하는 혐의조직을 도출하는 것을 말한다.

금융감독원은 빅데이터 분석을 통한 혐의조직 파악이 가능해 짐에 따라 SNA 분석모델을 활용하여 공모형 자동차 보험사기에 대한 첫 기획조사를 실시한 결과, 2012년 1월부터 2017년 3월 중 지인과 공모하여 가해자와 피해자 간 역할을 분담한 후 고의사고 등을 유발하고 합의금 등을 편취한 22개 보험사기 혐의조직(혐의자 100명, 편취보험금 14억 원)을 적발하였다.

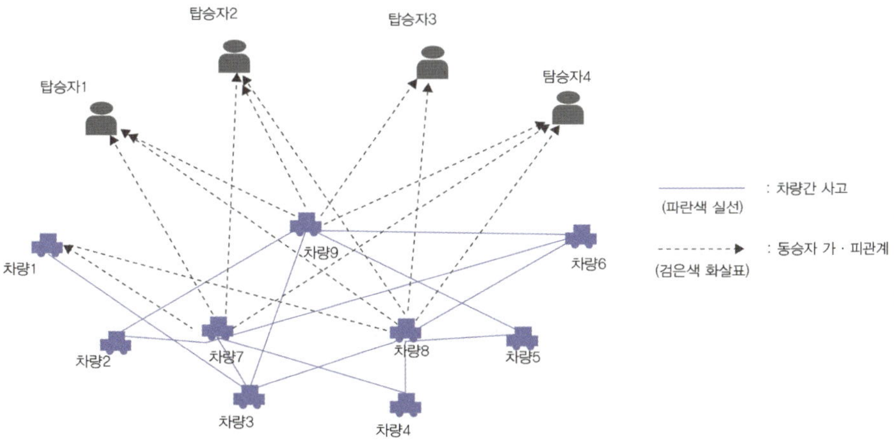

〈SNA기법으로 추출된 혐의조직(연계도) 예시〉

156) 금융감독원, 보도자료, 2018. 2. 1. "관계형 분석(SNA) 기법으로 조직형 자동차 보험사기 혐의자 대거 적발".

5) 범죄일람표 작성 및 수사기관 자료제출

자료분석을 통해 구체적으로 파악된 건에 대하여 혐의자 인적사항, 사고내용, 건별 지급내역 등을 정리하여 범죄일람표를 작성한다.[157] 이를 토대로 수사기관에 수사의뢰의 방법을 통해 혐의자료를 제출한다. 이상과 같이 보험사의 보험범죄 조사는 보험사에서 '보험사기의 인지 – 기초사실 조회 – 자료취합 – 자료분석 – 범죄일람표작성 및 수사기관 자료제출' 등의 과정으로 진행되는데 이러한 조사의 절차를 정리해 보면 다음 <표 3–2>와 같다.

〈표 3–2〉 보험사의 보험범죄 조사절차

보험사기의 인지	• 보험회사의 보상과정 중 • 일반시민이나 사기범죄 가담자에 의한 **제보** • 수사기관에서 보험사기 관련 요청사항 중 • 관련기관 제보 • 보험사기인지시스템 등을 통한 **기획조사**
기초사실 조회	• 혐의자의 과거 **사고경력**, 관련 보험계약 사항 • 피해의 내용과 정도, 병원진료 내용 • 사건관계자 인적사항과 관계
자료 취합	• 기초조사 결과 구체적으로 파악된 혐의점 대상 • 사고 초기부터 보상까지 진행한 보험회사에 자료 요청
자료 분석	• 국내보험사에서 자동위험징후, 예측모형, 데이터 시각화, 이상감지 등의 기술을 보험사기 방지 · 적발에 사용 중 • 회사내 보험금청구 및 계약정보와 **한국신용정보원**의 정보 활용
범죄일람표 작성 및 수사기관 자료제출	• 자료분석을 통해 구체적으로 파악된 건에 대하여 혐의자 인적사항, 사고내용, 건별 지급내용 등을 정리하여 범죄일람표 작성 • 이를 토대로 수사기관에 **수사의뢰**의 방법을 통해 혐의자료 제출

157) 보험연수원, 앞의 책, 10면.

Ⅲ 수사기관의 수사절차

1. 수사의 의의

수사라 함은 범죄혐의가 있다고 사료되는 경우에 공소제기 여부를 결정하거나 공소를 제기하고 이를 유지하기 위한 준비를 말한다. 특히 범죄사실의 조사, 범인의 발견·확보 및 증거의 발견·수집·보전을 위한 일련의 과정을 수사절차라 한다. 반면 수사는 수사기관의 활동이라는 점에서 사인에 의한 범인의 발견·확보 및 증거의 발견·수집·보전 활동이나 행정기관에 의한 조사활동과 구별된다. 가령, 사인에 의한 현행범체포, 피의자 등이 행하는 각종 증거수집 활동, 행정처분을 하기 위한 행정기관의 준비행위로서 각종 법령위반사실을 조사하는 것은 수사가 아니다.

(1) 수사절차의 성격

수사는 형벌법규의 구체적 실현을 목적으로 하는 형사소송절차의 일부를 이루고 있으나 원칙적으로 공소제기 전 수사기관의 활동으로 합목적성의 요소가 강하고 소송절차는 아니다. 수사는 범죄에 의하여 침해된 공공의 질서를 조속히 회복하기 위하여 범죄의 진상발견을 당면목표로 하고 있기 때문에 신속하고 능률적으로 행하여져야 할 뿐만 아니라 범인·피해자 등의 명예를 보호하고 증거인멸을 예방하기 위하여 비밀스럽게 행하여져야 한다(수사밀행의 원칙). 따라서 수사는 수사기관이 재량을 가지고 법에 명문으로 금지되어 있지 아니한 이상 모든 방법을 이용하여 할 수 있다(형사소송법 제199조).

수사절차에서는 소송절차와 달리 당사자라는 관념이 없어 피의자는 피고인과는 달리 검사와 대등한 당사자가 아니라 조사의 객체에 불과하다. 그러나 수사는 공소의 제기·수행을 준비하기 위하여 행하는 절차로서 형사소송의 전 단계를 이루고 있으므로 적법절차의 원칙을 벗어날 수 없고, 피의자는 향후 형사소송절차에서 당사자의 지위를 부여받는 잠재적 당사자이므로 수사절차에서도 이 점을 유의하여야 한다.

형사소송법도 수사기관이 수사를 함에 있어 비밀을 엄수하고 피의자 또는 다른 사람의 인권을 존중하여야 한다는 등 준수사항을 규정(제198조)함과 아울러 피의자에게도 당사자에 준하는 방어적 지위를 인정하여 진술거부권(제244조의3 제2항) 등 여러 권리를 부여하고 있다.

(2) 개정 형사소송법상 수사절차 개요

종래에는 검찰만이 독자적인 수사권을 가지고, 검사와 사법경찰관은 상하 지휘복종관계에 있었으나, 최근 경찰에게 1차적 수사종결권 부여를 골자로 하는 역사적인 개정 형사소송법이 2021년 1월 1일부터 시행됨에 따라 수사실무에서는 큰 변화가 일어났다. 즉 개정법은 범죄혐의가 없는 사건에 대해서는 검찰에 송치하지 않을 수 있는 불송치결정권과, 이를 통제하기 위한 검사의 보완수사요구, 재수사요청 등의 권한을 규정하게 된 것이다. 아울러 전통적인 경찰과 검찰의 수직적인 수사지휘관계를 청산하고 수평·협력적 관계임을 명시하고 있다.

1) 제도상의 변화

먼저 종래 검찰과 경찰의 관계는 수사지휘 규정에 의한 명령과 복종의 수직적 관계였으나, 개정 형사소송법에 따라 검찰의 수사지휘가 폐지되고 다음 그림과 같이 경찰과 검찰이 상호 대등한 협력관계로 변경되었다.

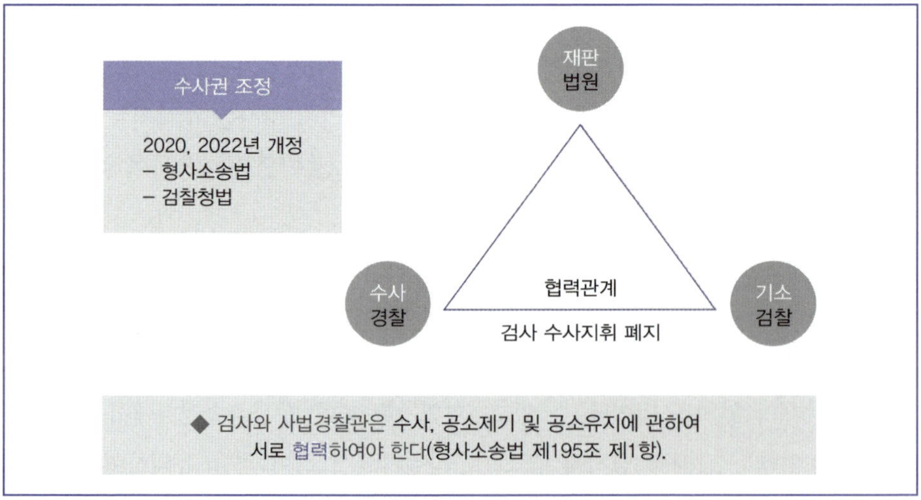

〈그림 3–1〉 경찰과 검찰의 관계

종래 경찰은 수사를 개시·진행할 수는 있었으나 모든 수사에 관하여 검사의 지휘를 받게 되어 검사에 종속되어 있었다. 개정법은 검사의 수사지휘를 폐지하고, 경찰을 본래적 수사주체로 인정하였다. 그동안 경찰은 사건을 수사한 후 혐의 유무와 관계없이 모든 사건을 의견과 함께 검찰에 송치하였으며, 검사는 독자적인 판단에 따라 종결하거나, 기소하는 등 종국적으로 사건을 처리하였다. 하지만 개정법에서는 경찰은 수사결과 범죄혐의를 인정한 경우에는 검찰에 송치하고, 검사는 이에 대해 보완수사요구를 할 수 있다(형사소송법 제197조의2). 혐의가 인정되지 않는 사건에 대하여 경찰은 불송치결정을 하고 검사는 90일간 기록 검토를 통해 재수사요청을 할 수 있고(형사소송법 제245조의8), 고소인의 경우 이의신청을 하면 검찰에 송치하는 구조로 변경되었다(형사소송법 제245조의7).

아울러 2022년 검찰청법 개정으로 검사는 검찰청법상 규정된 범죄에 한해 수사할 수 있도록 검찰의 직접 수사 범위를 제한했다.[158] 즉 검사가 수사를 개시할 수 있는 범죄는 부패범죄, 경제범죄 등 대통령령으로 정하는 중요 범죄, 경찰공무원 및 고위공직자범죄수사처 소속 공무원이 범한 범죄, 그리고 이와 직접 관련성이 있는 범죄에 한하도록 개정되었다.

---

158) 검사가 수사를 개시할 수 있는 범죄의 범위는 다음 각 목과 같다(검찰청법 제4조①항1호).
가. 부패범죄, 경제범죄 등 대통령령으로 정하는 중요 범죄
나. 경찰공무원 및 고위공직자범죄수사처 소속 공무원이 범한 범죄
다. 가목·나목의 범죄 및 사법경찰관이 송치한 범죄와 관련하여 인지한 각 해당 범죄와 직접 관련성이 있는 범죄

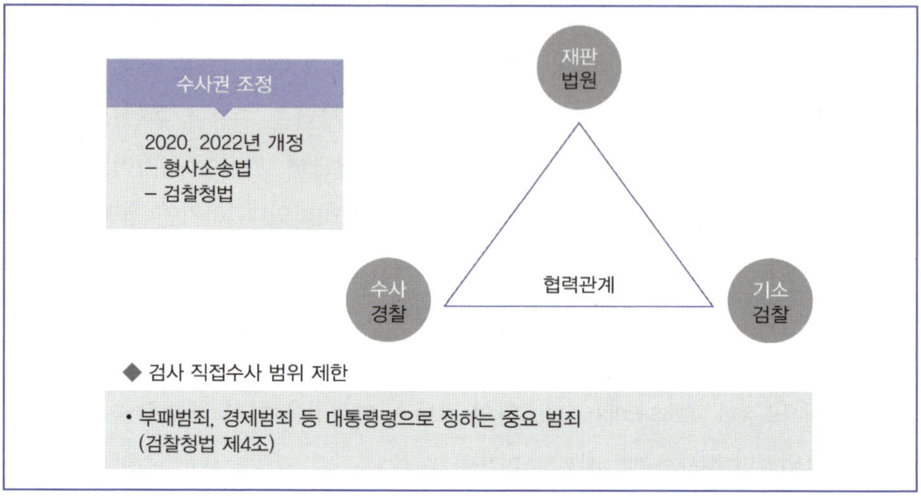

〈그림 3-2〉 검사의 직접수사 범위 제한

〈표 3-3〉 수사권 조정 전후 비교

조정 전	구분	조정 후
• 수사지휘 규정에 의한 명령과 복종의 수직적 관계	**경 · 검 관계**	• 수사지휘 폐지 및 경 · 검 협력 규정에 의한 상호 대등 · 협력 관계
• 경찰은 수사를 개시 · 진행할 수 있으나 모든 수사에 관하여 검사의 지휘를 받게 되어 검사에 종속	**경찰 수사**	• 검사의 수사지휘를 폐지하고, 경찰을 본래적 수사주체로 인정
• 사건 수사 후 혐의유무 불문 모든 사건을 경찰의 의견을 달아 검찰에 송치 • 검사 1인의 독자적 판단에 따라 종결, 기소 등 종국적 사건처리	**수사 종결**	• 경찰은 혐의가 인정되지 않는 사건에 대하여 1차적 종결, 검사는 90일간 기록 검토를 통해 2차적 점검 ※ 경찰 종결시 ① 사건기록 등을 검사에 송부, 검사는 재수사요청 · 시정조치요구 · 징계요구 가능 ② 고소인 등 이의신청 가능, 신청시 검찰 송치
• 검사의 의도, 지식, 경험에 의존한 지시 · 명령 등 주관적 통제	**수사 통제**	• 법률에 의해 구체적 · 개별적으로 규정된 보완수사요구권 등 10여 개 통제장치 도입
• 무분별한 피의사실 언론 공개 • 피의자 조사시 인권보호에 미흡	**수사 인권**	• 사건공개 금지원칙 및 공보준칙 마련 • 변호인조력 보장 · 심야조사 등 제한
• 수사국 산하 외 기타 수사부서 산재	**운영 기반**	• 국가수사본부 체제 도입으로 수사경찰 조직 개편

2) 조직상의 변화

경찰청 소속으로 국가수사본부를 신설하여 그 장을 치안정감으로 보하고, 필요시 외부 임용이 가능하며, 2년 단임으로 임기 종료시 당연퇴직하도록 하였다. 국가수사본부장의 임무는 「형사소송법」에 따른 수사(국가경찰·자치경찰)에 한해 시도경찰청장·경찰서장 및 수사부서 소속 공무원을 지휘·감독하는 업무이다. 이에 따라 경찰청장은 수사에 관한 사무의 경우에는 개별사건에 대해 구체적으로 지휘·감독할 수 없도록 규정하고 있다.

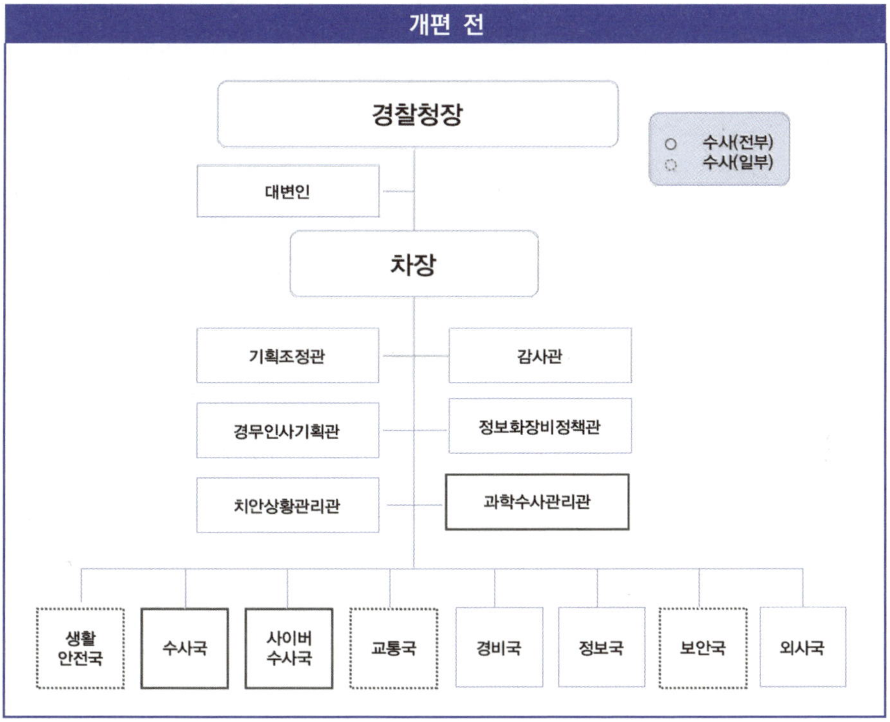

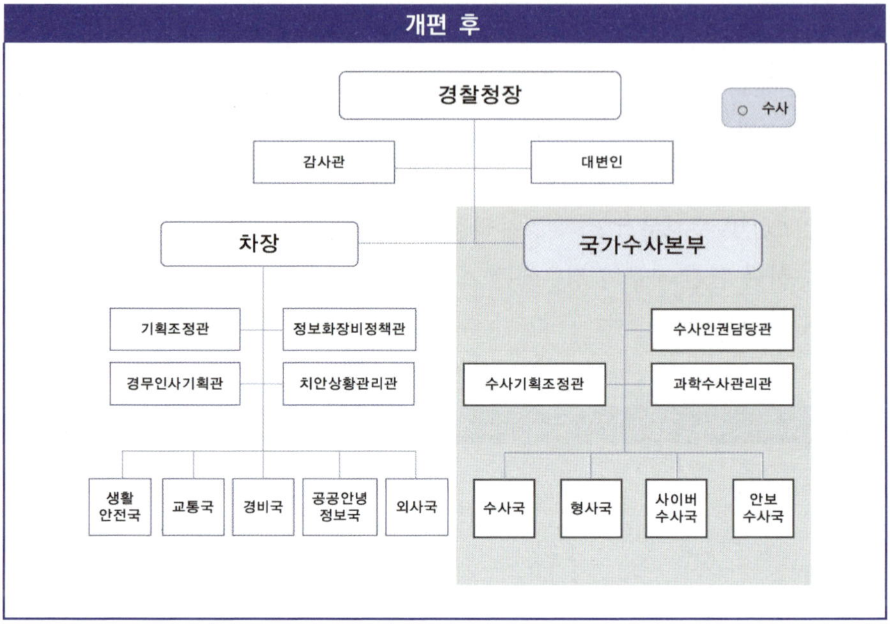

〈그림 3-3〉 수사권 조정 전후 조직 비교

2. 수사의 조건

수사는 일반적으로 범죄혐의의 발견에서 시작하여 공소제기 또는 불기소처분 등의 수사종결처분에 의하여 종료한다. 이와 같은 일련의 과정을 수사절차로 파악할 때 수사절차의 개시와 그 진행, 유지에 필요한 조건을 수사조건이라고 한다. 여기에는 통상 범죄의 혐의, 수사의 필요성과 상당성이 있다.

(1) 범죄의 혐의

수사는 수사기관이「범죄의 혐의있다고 사료하는 때」(형사소송법 제196조, 제197조)에 개시할 수 있다. 따라서 범죄의 혐의가 없는 것이 명백한 사건에 대해서는 수사가 허용되지 않는다. 수사개시를 위한 범죄혐의는 수사기관의 주관적 혐의를 의미하며 아직 객관적 혐의로 발전함을 요하지 않는다. 그러나 수사기관의 주관적 혐의는 수사기관의 자의적 혐의를 허용하는 것이 아니다. 범죄의 혐의유무를 수사기관이 주관적으로 판단한다고 하더라도 주위의 사정을 합리적으로 고려하여 그 유무를 판단하여야 할 것이고 어느 정도 구체적인 사실에 근거를 두어야 할 것이다.

(2) 수사의 필요성

수사기관은 수사에 관하여 그 목적을 달성하기 위하여 필요한 조사를 할 수 있다(형사소송법 제199조 제1항 본문). 이때 「필요한 조사」란 수사의 목적을 달성함에 필요한 경우로 한정되는 조사를 의미한다. 형사소송법은 특히 피의자신문을 위한 출석요구(제200조 제1항)와 참고인 진술을 듣기 위한 출석요구(제221조)의 경우에 수사의 필요성을 명문으로 재확인하고 있다. 한편 수사기관이 아무리 수사의 필요성을 인정한다고 하더라도 강제처분은 형사소송법 기타 다른 법률에 특별한 규정이 없으면 하지 못한다(형사소송법 제199조 제1항 단서, 통신비밀보호법 제3조 제1항 등). 수사기관은 수사의 필요성을 합리적으로 판단하여야 한다. 이때 합리성의 판단은 합리적인 평균인을 기준으로 하여야 할 것이다.

(3) 수사의 상당성

수사기관은 수사의 목적을 달성하기 위하여 강제처분을 제외하고 원칙적으로 수사상 필요한 한도 내에서 어떠한 형태의 조사활동도 행할 수 있지만 그 수사활동은 상당하다고 인정되는 방법으로 하여야 한다.

수사기관이 함정수사의 방법으로 수사를 행하는 것은 수사의 상당성을 결여하는 것이 아닌가 하는 문제가 생긴다. 함정수사란 수사기관이 특정인에게 범죄를 교사하거나 범죄를 범할 기회를 제공한 후 범죄의 실행을 기다렸다가 동인을 검거하는 수사방법이다. 함정수사는 이미 범죄의사를 가지고 있는 사람에 대하여 범죄를 범할 기회를 부여하는 「기회제공형의 함정수사」와 전혀 범죄의사가 없는 사람에게 새로운 범죄의사를 유발하는 「범의유발형 함정수사」로 나누어 볼 수 있다. 이 가운데 기회제공형의 함정수사는 수사의 상당성을 충족하여 적법하다는 점에 별다른 이론이 없다. 판례도 「소위 함정수사라 함은 본래 범의를 가지지 아니한 자에 대하여 수사기관이 사술이나 계략 등을 써서 범죄를 유발하게 하여 범죄인을 검거하는 수사방법을 말하는 것이므로 범의를 가진 자에 대하여 범행의 기회를 주거나 범행을 용이하게 한 것에 불과한 경우에는 함정수사라고 말할 수 없다.」고 하여 이를 인정하고 있다. 보험사기와 관련하여 아직 판결상 함정수사가 문제된 사안은 찾아볼 수 없으나, 보험사기수사가 활성화된다면 함정수사 논란 역시 다른 범죄와 마찬가지로 얼마든지 논란이 생길 수 있음은 물론이다.

3. 입건 전 조사(내사)

내사란 보도 · 풍설 · 진정 · 탄원 · 투서 · 익명의 신고 등을 통하여 범죄혐의가 있을 수 있는 정보를 입수한 수사기관이 범죄혐의 유무를 확인하기 위하여 입건 전의 단계에서 수행하는 조사활동을 말한다. 보험사기 수사 역시, 주로 보험사 SIU(보험사기 특별조사팀)에 의해 수사관에게 전달되는 첩보로부터 입건 전 조사단계(내사)를 거쳐 수사가 시작된다.

경찰청은 최근 '내사'라는 용어가 경찰이 '외부통제 없이 은밀하게 조사한다.'라는 오해와 불신을 초래하여 온 점을 고려하여 '입건 전 조사'로 변경 · 통일하고 수사절차에 준하는 수준으로 보고 · 지휘 · 사건관리 · 통지 등을 강화하였다.[159)]

입건 전 조사 단계에서 통상적으로 아래와 같은 조사활동을 할 수 있다. 이와 관련 입건 전 조사단계일 뿐 아직 입건 전이어서 피의자 신분이 아니라고 하더라도 피의자와 피내사자는 형사소송법상 지위의 차이가 실질적으로 없다고 보고 진술거부권, 변호인선임권, 변호인접견교통권을 보장하여야 한다는 것이 일반적인 견해이며, 대법원 판례도 임의동행된 피내사자에 대하여도 변호인접견교통권을 인정하여야 하는 것으로 보고 있다.[160)] 이와 같이 보험범죄 사건에 대한 조사는 최초 입건 전 조사로부터 다음 표와 같은 단계로 조사 대상자의 신분이 바뀌며 진행된다.

---

159) 경찰청, 보도자료, 2021. 8. 31. "'내사' 명칭을 '입건 전 조사'로 변경, '경찰 내사 처리규칙' 전면 개정".

160) 대법원 1996. 6. 3. 선고 96모18호 판결.

〈표 3-4〉 보험범죄조사 진행단계

입건 전 조사	피혐의자	수사 전 단계	경찰
입건	피의자	수사의 개시	경찰
검찰송치	피의자	수사의 결과	경찰
공소제기	피고인	재판에 회부	검찰

(1) 주변조사

인터넷을 통한 자료검색, 연감, 인명사전, 신문·잡지 검색 등 공개된 출판물을 통하여 피내사자와 입건 전 조사사실에 관한 주변조사를 할 수 있다.

(2) 사실조회

내사도 수사절차의 단계 중 하나이므로 피내사자나 내사사실과 관련된 사실관계 자료를 관계기관에 조회하게 되는데 대개의 경우 내사기밀의 유지를 위하여 해당기관에 출장확인을 하는 경우가 많지만 문서나 유선 조회도 가능하다(형사소송법 제199조 제2항). 이때 내사가 시작된 사실을 내사대상이 알 경우에 증거인멸 등의 우려가 있기 때문에 최대한 내사착수 사실을 은밀히 하는 것이 중요하다.

(3) 관련 참고인 조사와 감정

피내사자 본인이 아닌 참고인에 대하여는 임의수사의 방법으로 진술을 청취할 수가 있고 마약범죄·식품·의약 관련범죄의 경우에는 사전에 전문기관의 감정을 거칠 수 있다.

(4) 입건 전 조사 대상자 조사

입건 전 조사 대상자에 대한 조사도 가능하다. 피내사자(피혐의자) 조사 없이도 주변조사, 사실조회, 관련 참고인 조사, 감정 등을 통하여 범죄혐의가 인정되면 범죄인지보고를 하고 입건하여 피의자로서 소환조사가 가능하지만, 다른 자료에 의하여 범죄혐의를 인정하기 어려운 경우에는 피내사자(피혐의자)를 직접 조사하게 된다. 다만, 아래와 같은 경우 「검사와 사법경찰관의 상호협력과 일반적 수사준칙에 관한 규정」에 의거 입건으로 간주된다. 실무상 추궁하는 것이 아닌 단순한 사실확인에 그치고 종결하는 경우에는 별도로 입건하지 않고 입건 전 조사종결하고 있다.

입건 전 조사단계에서 수사개시로 보는 경우

검사와 사법경찰관의 상호협력과 일반적 수사준칙에 관한 규정
제16조(수사의 개시) ① 검사 또는 사법경찰관이 다음 각 호의 어느 하나에 해당하는 행위에 착수한 때에는 수사를 개시한 것으로 본다. 이 경우 검사 또는 사법경찰관은 해당 사건을 즉시 입건해야 한다.

1. 피혐의자의 수사기관 출석조사
2. 피의자신문조서의 작성
3. 긴급체포
4. 체포 · 구속영장의 청구 또는 신청
5. 사람의 신체, 주거, 관리하는 건조물, 자동차, 선박, 항공기 또는 점유하는 방실에 대한 압수 · 수색 또는 검증영장(부검을 위한 검증영장은 제외한다)의 청구 또는 신청

(5) 강제수사

대체로 피내사자(피혐의자)를 형사입건도 하지 않고 단지 그 혐의 유무를 확인하는 단계에서 피내사자(피혐의자)에 대한 체포 · 구속 등 대인적 강제처분을 한다는 것은 적절하지 않다. 다만, '범죄의 인지'는 형식적인 범죄인지서 작성과 관계없이 실질적으로 이해하여야 하므로 실무상 피내사자에 대하여 체포영장이나 구속영장을 발부받은 후에 형사입건 절차를 밟는 경우도 있다.

반면 압수, 수색, 검증과 같은 대물적 강제처분은 내사단계에서도 실무상 허용되는 것으로 이해된다. 그러나 이러한 대물적 강제처분은 국민의 법적 안정성에 중대한 침해가 될 수 있으므로 당연히 형사소송법이나 통신비밀보호법 등에 따른 법관의 영장 또는 허가서를 필요로 한다. 예금계좌추적을 위한 금융거래내용에 대한 정보 또는 자료제공요구도 법관의 영장을 필요로 한다.

이와 같이 경찰에서 입건 전 조사를 한 결과 그 내용에 따라 입건, 또는 불입건 등 결정을 하는데 그 처리절차를 정리하면 다음 표와 같다(경찰수사규칙 제19조).

〈표 3-5〉 입건 전 조사한 사건의 처리

입건	범죄의 혐의가 있어 수사를 개시하는 경우
불입건	조사착수 후 6개월내 수사로 未전환시(연장가능)
입건전조사 종결	혐의 없음, 죄가 안됨 또는 공소권 없음
입건전조사 중지	피혐의자 또는 참고인 등의 소재불명으로 입건 전 조사를 계속할 수 없는 경우
이송	관할이 없거나 범죄특성 및 병합처리 등을 고려 다른 경찰관서 또는 기관에서 조사필요 시
공람 후 종결	진정 · 탄원 · 투서 등 서면접수된 신고가 같은 내용(3회 이상), 무기명(가명) 접수, 단순풍문, 인식공격적 내용, 완결된 사건 또는 재판불복 내용, 민사 · 행정소송에 관한 사항인 경우

4. 범죄인지 및 수사의 개시

수사기관이 사건을 최초로 수리하여 수사를 개시함을 입건이라 하며, 수사기관이 범죄의 혐의를 두고 수사를 개시하는 원인을 '수사의 단서'라 한다. 수사의 단서에는 현행범인체포, 고소와 고발, 출판물의 기사, 풍설, 타사건 수사 중 다른 범죄 발견, 변사자의 검시, 진정, 자수, 익명의 신고 등이 있다.

입건 이후에는 혐의자가 피의자로 된다. 특히 범죄첩보를 입수한 사법경찰관은 내사단계를 거쳐 직접 범죄를 인지하고 수사를 개시하게 되는데 실무상 이를 인지사건수사라고 부른다. 첩보사건으로 시작하는 보험범죄 역시 범죄인지를 거쳐 수사를 개시하게 된다. 구체적인 수사과정에서는 많은 경험이 필요하고 이른바 조사역량이 필요하다. 이를 위한 조사기법은 목차를 달리하여 살펴보기로 한다.

이상과 같이 보험사에서 조사한 보험범죄 혐의 사건을 범죄일람표와 증거자료 등과 함께 수사기관에 수사의뢰를 하면, 이후 형사소송절차에 따라 수사, 기소, 재판의 과정을 거쳐 처벌이 되는데 이와 같은 일련의 조사흐름을 정리해 보면 다음 표와 같다.

〈표 3-6〉 보험범죄 조사의 흐름

보험계약자	보험사고 신고 및 보험금 지급 청구
	↓
보험사	보험범죄 혐의자 자체 조사 및 수사의뢰 (SIU)
	↓
경찰	보험범죄 인지, 보험사나 관계기관으로부터 자료 받아 수사진행 및 검찰 송치
	↓
검찰	보험범죄 관련 공소의 제기 · 유지
	↓
법원	보험범죄 피고인에 대한 판결

5. 보험범죄 수사의 특수문제 – 건강보험심사평가원의 입원적정성 심사회시 문제

(1) 의의와 문제점

보험사기에서 많은 유형을 차지하고 있는 허위 내지 과장입원 유형의 경우, 그 유·무죄 판단에 있어 입원의 적정성 여부에 대한 입증이 중요하다. 이와 관련 보험사기방지 특별법 제7조에서는 건강보험심사평가원(약칭: 심평원)에 입원의 적정성 심사를 의뢰할 수 있으며, 이 경우 건강보험심사평가원은 그 결과를 수사기관에 통보하도록 하는 법률적 근거까지 마련하였다.[161] 건강보험심사평가원의 입원적정성 심사절차는 다음 표와 같다.

---

161) 제7조(수사기관의 입원적정성 심사의뢰 등) ① 수사기관은 보험사기행위 수사를 위하여 보험계약자 등의 입원이 적정한 것인지 여부(이하 "입원적정성"이라 한다)에 대한 심사가 필요하다고 판단되는 경우 「국민건강보험법」 제62조에 따른 건강보험심사평가원(이하 "건강보험심사평가원"이라 한다)에 그 심사를 의뢰할 수 있다. ② 건강보험심사평가원은 제1항에 따른 의뢰를 받은 경우 보험계약자 등의 입원적정성을 심사하여 그 결과를 수사기관에 통보하여야 한다.

〈표 3-7〉 입원적정성 심사절차

수사기관 심사의뢰	수사기관에서 보험사기 의혹이 있는 환자의 입원적정성을 판단하기 위해 심평원에 심사의뢰서, 수사관련 서류, 환자의 입원기록 등을 제출
심평원 심사	의뢰된 자료를 바탕으로 입원 적정성 심사 수행
심평원 심사회시	회시결과서, 심사의견서, 심사근거서 등 첨부
심평원 심사결과	✓ 입원이 적정한 경우 ✓ 입원이 부적정한 경우 ✓ 판단이 어려운 경우

여기서 건강보험심사평가원의 입원의 적정성 심사의뢰 결과회시서는 건강보험심사평가원 소속 심사위원들이 입원기간에 대한 의견을 제시하고 간호사가 이를 서면으로 작성한 것을 말한다. 많은 수의 유죄판결은 이 건강보험심사평가원의 회시결과를 토대로 이뤄지며, 경찰 수사실무에서도 보험사기 사건의 대부분은 건강보험심사평가원에 심사를 의뢰하는 형편이다. 그러나 실제로는 1년이 넘어도 회시가 오지 않는 경우가 상당수를 차지하여 보험사기 수사의 실패를 초래하는 원인이기도 하다. 그러나 다음에서 살펴보는 바와 같이 법원은 위 건강보험심사평가원의 회시결과에 대해 반드시 구속되는 것은 아니며, 따라서 반드시 건강보험심사평가원의 회시결과에만 의존하여 보험사기사건 조사를 진행하지 않아도 된다는 사실을 유념할 필요가 있다.

(2) 건강보험심사평가원 회시서의 증거능력

피고인에 대한 경찰의 수사 중 건강보험심사평가원에 입원의 적정성 여부 및 적정 입원일수 심사를 의뢰한 수사상의 요청에 따라 특별히 작성된 건강보험심사평가원의 입원의 적정성 검토 회신에 대해 대법원은 형사소송법 제315조 제3호[162]에

162) 형사소송법 제315조(당연히 증거능력이 있는 서류) 다음에 게기한 서류는 증거로 할 수 있다. <개정 2007. 5. 17.>
1. 가족관계기록사항에 관한 증명서, 공정증서등본 기타 공무원 또는 외국공무원의 직무상 증명할 수 있는 사항에 관하여 작성한 문서
2. 상업장부, 항해일지 기타 업무상 필요로 작성한 통상문서
3. 기타 특히 신용할 만한 정황에 의하여 작성된 문서

따른 증거능력을 부정하고 있다. 즉 문서의 형식을 보더라도 작성자가 누구인지는 물론이고 공문서인지조차 확인할 수 없어서 문서에 기재된 정보의 정확성이 담보되지 아니할 뿐 아니라, 입원의 적정성 또는 적정 입원일수는 작성자의 주관적 판단이 개입되는 문제이므로 피고인에게 반대신문 기회를 부여할 필요가 있다고 할 것인 만큼, 위 문서는 형사소송법 제315조 제3호에 따라 증거능력을 인정할 수는 없다는 것이다.[163)]

결과적으로 건강보험심사평가원의 회시서는 일반적인 전문증거에 불과하므로, 피고인이 증거동의를 하지 않을 경우 작성자가 법정에 출석하는 수밖에 없다. 이와 관련 최근에는 입원의 적정성 심사는 공공심사위원회 심의위원들이 결정하며, 건강보험심사평가원 내부 심사위원과 직원이 직접 증인으로 출석해 관련 내용을 증언하는 방법으로 이를 대신하고 있다.[164)]

(3) 건강보험심사평가원 회시서의 증명력

1) 건강보험심사평가원 회시서의 문제점

아울러 실제 사건에서 증거능력이 인정되더라도 그 증명력은 개별사건에 따라 제한적으로 보고 있다. 환자를 직접 진찰하지 않는 점, 환자의 상태에 대한 진료기록의 기재가 불충분하거나, 일부가 누락되는 경우도 많다는 점에서 건강보험심사평가원의 회시결과에 높은 증명력을 인정하기 어려운 경우도 많기 때문이다.[165)] 관련된 하급심 판결을 소개한다.

① 피고인의 의료기록 일부가 누락되었을 가능성도 있다는 점을 근거로, 서울중앙지방법원 2014. 12. 16. 선고 2012고단3378 판결은 건강보험심사평가원의 검토의견에서는 제출된 자료를 검토한 결과 진료기록부상 환자의 증상이나 의학적 소견에 대한 기재가 충분치 않고 방사선검사 등의 결과가 확인되지 않은 경우가 있으며 의사의 경과기록지, 간호기록지, 투약기록지, 물리치료기록지 등의 진료기록이 대체로 미비하고, 수진자에

---

163) 대법원 2015. 7. 16. 선고 2015도2625 전원합의체 판결.

164) 문성호, “심평원, 입원적정성 심사 놓고 때 아닌 ‘증인’ 출석 고심”, Medical Times, 2018.11.13, https://www.medicaltimes.com/Main/News/NewsView.html?ID=1122415

165) 대구지방법원 2016. 4. 29. 선고 2015노1259 판결.

대한 입원기간의 적정성 여부는 경찰서에서 제출한 자료만을 근거로 판단한 것이므로 요양기관이 진료사유서 등 자료를 추가로 제출하거나, 수진자 조회 또는 면담이 이루어지는 경우에는 입원일수에 대한 판단이 달라질 수 있다고 기재되어 있다는 등의 이유로 그 신빙성을 부정하였다.

② 또 광주지방법원 2017. 9. 7. 선고 2016고단5735 판결에서 건강보험심사평가원이 작성한 피고인에 대한 입원진료 적정성 여부에 대한 심의회신은, 피고인이 적정 입원일수를 초과하여 장기간 입원치료를 받았다는 것이다. 그러나 심의과정에서 피고인의 참여기회나 담당 의사의 확인절차 없이 수사기관이 제출한 진료기록을 토대로 당해 질병의 통상적인 입원일수에 관한 의견을 개진한 것으로 보이는 점, 같은 병명이라도 증상의 경중, 환자의 개별적 특성 등에 따라 입원일수에 많은 차이가 발생할 수 있는 점, 아래에서 보듯 피고인을 직접 진료한 의사들이 건강보험심사평가원이 지적한 입원기간 초과의 당위성을 뒷받침하는 구체적 소견을 밝힌 점, 심사기관의 지위 및 심사기준의 한계, 요양급여와 사보험 특약의 본질적 차이 간과, 건강보험심사평가원의 회신서 자체에도 수사기관이 제출한 자료를 기초로 판단한 것이고 다른 입증자료가 있는 경우에는 판단이 달라질 수 있다고 명시하고 있는 점 등을 감안하면, 건강보험심사평가원의 회신결과만으로 적정 입원일수 초과입원에 관하여 피고인에게 편취의 범의가 있었다고 곧바로 단정하기는 어렵다(더구나 별지 범죄일람표 기재 각 입원 중 건강보험심사평가원이 회신한 적정 입원기간과 실제 입원기간이 큰 차이를 보이지 않는 경우는 더욱 그러하다).

③ 건강보험심사평가원의 의견은 진료기록에 대한 검토를 기초로 이루어진 것으로서, 실제 환자의 증상을 관찰하고 입원의 적정 여부를 판단한 것은 아니고, 그 내용도 진료기록에 나타난 피고인의 병증과 진료내역 등에 비추어 적정한 입원기간에 대한 의견을 제시하고 있을 뿐, 구체적으로 피고인에 대한 입원결정을 한 의사가 잘못한 부분이 적시되어 있지도 아니하다. 따라서 필요입원기간에 대한 평가가 담당 의사와 건강보험심사평가원 사이에 다르다는 사정만으로, 당연히 담당 의사의 판단이 일반적인 의학적 지식을 벗어난 것으로 단정할 수 없다. 아울러 위 건강보험심사평가원의 의견은 각 과목의 자문의사에 의한 것이라고는 하나, 그 의견의 형성과정에서 한 명이 단독으로 이러한 의견을 낸 것인지 또는 여러 명의 의사가 협의체를 구성하여 이러한 의견을 낸 것인지, 위와 같은 의견을 낸 의사가 누구이고 그의 경력은 어떠한지 등이 전혀 밝혀져 있지 아니하다. 그리고 건강보험심사평가원은 국민건강보험법에 따라 설립된 공법인으로서 그 관장 업무 중 요양급여비용의 심사와 요양급여의 적정성 평가가 포함되기는 하나, 이는 어디까지나 국민건강보험이라는 공적인 재원의 효율적이고 적정한 운용을 위하여 요양급여에 관한 사항을 심사

하기 위한 기관이지, 의사의 의료행위 적정성 일반을 심사하기 위한 공적 기관으로 볼 수는 없고, 국민건강보험에 의한 요양급여의 적정성과 해당 의료행위의 의학적인 적정성이 반드시 동일한 기준에 따라 판단되어야 하는 것도 아니다. 설령 2016. 3. 29. 보험사기방지 특별법이 제정되어 위 건강보험심사평가원이 보험사기에 관하여 입원의 적정성 등에 대한 의견을 제시하는 법적 근거가 마련되었다 하더라도, 그 의견은 위 건강보험심사평가원 또는 심사에 관여한 의사의 의견으로 보아야 하지, 이 사건에서 문제된 의사의 입·퇴원 결정의 적정 여부를 판단하기 위한 절대적인 기준이 된다거나 또는 이러한 의견이 법원을 구속한다고 볼 수도 없다.[166)]

④ 건강보험심사평가원의 입원진료의 적정성 여부 등 회신에 의하여, 입원치료가 아닌 통원치료를 받았어도 치료의 목적이 달성되었을 것이라 하더라도, 피고인이 받은 치료의 실질이 통원치료에 해당한다거나 피고인이 의사로 하여금 입원치료의 필요성이 있다고 오판하도록 하였다는 점을 인정하기는 부족하다.[167)]

㉮ 이 사건에서 피고인이 공소사실 기재와 같은 보험계약을 체결하고, 별지 기재 일시, 기간 동안 병원에 입원한 다음 이를 기초로 보험회사에 보험금 지급청구를 하여 보험금을 수령한 사실, 건강보험심사평가원은 피고인에 대한 의무기록 등을 검토한 결과 피고인의 전체 입원일수 중 일부에 대하여 입원이 불필요하다는 소견을 밝힌 사실 등은 인정된다.

㉯ 먼저 이 사건에서 피고인이 입원 관련 결정을 할 의사들과 보험금을 수령하기 위하여 허위입원을 한다는 점에 관하여 공모하였다거나 또는 의사들이 그러한 사정을 알면서도 이를 묵인하였다고 볼 만한 증거는 없다.

㉰ 다음으로 이 법원에 제출된 제반 증거들을 앞서 본 법리에 비추어 알 수 있는 다음과 같은 사정 등을 종합하면, ㉮항에서 인정한 사정만으로 피고인에 대한 의사의 입원결정이 정당한 진료행위의 영역을 벗어나는 것으로 형식적이거나 잘못된 판단이라고 단정하기 어렵고 달리 이를 인정할 증거도 없다.

166) 창원지방법원 2018. 2. 13. 선고 2015고단3525, 2017초기101 판결.

167) 광주지방법원 2018. 2. 22. 2016노190, 2017초기1254, 대법원 2018. 5. 15. 2018도4672 판결.

또 이 사건 공소사실은 피고인의 입원이 건강보험심사평가원의 입원진료 적정성 여부 심의의뢰에 대한 회신에 기초하여, 피고인의 입원 중에서 위 건강보험심사평가원이 적정한 입원이라는 의견을 제시한 입원을 제외하고 입원기간이 과도하여 적정하지 아니하다고 본 입원에 대하여 보험회사로부터 보험금을 수령한 것이 사기죄에 해당한다는 취지로 기소된 것으로 보인다.

건강보험심사평가원의 입원진료 적정성에 대한 의견을 분석하면 다음과 같다.

순번	명 목	
1	총입원횟수/입원일수	64회/1201일
2	적정입원횟수/입원일수	19회/176일
3	입원기간이 과다하다고 회신된 입원횟수/총입원일수	35회/840일
4	판단불가횟수/입원일수	10회/185일
5	순번 3의 입원기간 중 적정입원일수	371일
6	비적정입원기간 중 적정입원일수 비율	44.1%
7	전체입원기간 중 판단불가를 제외한 적정입원일수 비율	53.8%

즉 판단불가 부분을 제외한 전체 입원기간 중 53.8%에 해당하는 기간이 적정하다는 취지이다. 앞서 분석한 바와 같이 건강보험심사평가원의 의견을 기초로 하더라도, 피고인에 대한 공소사실을 구성하는 입원기간 전반에 걸쳐서 적정한 입원기간이 분포하고 있고, 위 건강보험심사평가원이 적정하지 아니하다고 본 입원기간에 대하여도, 입원결정 자체는 적정하다고 보고 있으므로, 이 사건 공소사실에 포함된 입원기간에 대하여 피고인은 그 입원 시점 무렵 범죄일람표 중 진단명에 해당하는 병증을 가지고 있었고, 그 병증의 치료를 위한 적정 입원기간이 며칠인지는 별론으로 하더라도 입원 자체의 필요성도 인정된다고 보아야 한다.

또 다음으로 적정한 입원기간의 장단에 관하여 피고인에 대한 입원결정을 한 의사의 판단과 건강보험심사평가원의 의견이 차이가 나는 경우, 그 차이를 들어 피고인에 대한 입원결정이 형식적이거나 잘못된 것에 불과하다고 볼 수 있는지가 문제되나, 앞서 본 법리를 이 사건에서 제출된 증거들에 비추어 알 수 있는 다음과 같은 사정을 종합하면, 그러한 사정만으로 피고인에 대한 입원결정이 형식적이거나 잘못된 것으로서, 이에 터잡은 피고인의 보험금 수령이 사기죄에 해당한다고 볼 수 없다.

㉠ 먼저 위 건강보험심사평가원의 의견은 진료기록에 대한 검토를 기초로 이루어

진 것으로서, 실제 환자의 증상을 관찰하고 입원의 적정 여부를 판단한 것은 아니고, 그 내용도 진료기록에 나타난 피고인의 병증과 진료내역 등에 비추어 적정한 입원기간에 대한 의견을 제시하고 있을 뿐, 구체적으로 피고인에 대한 입원결정을 한 의사가 잘못한 부분이 적시되어 있지도 아니하다. 따라서 필요 입원기간에 대한 평가가 담당 의사와 건강보험심사평가원 사이에 다르다는 사정만으로, 당연히 담당 의사의 판단이 일반적인 의학적 지식을 벗어난 것으로 단정할 수 없다. ㉡ 이와 같이 실제 피고인에 대한 진료를 담당한 의사와 위 평가원의 적정 입원기간에 대한 의견이 상이한데, 피고인에 대한 입원결정을 한 의사를 상대로 한 조사가 이루어지지 아니하여 위 의사들이 입원치료가 반드시 필요하지 않았다고 볼 여지가 있는 상황에서도 입원치료를 하도록 한 이유가 무엇인지, 당시 피고인에게 추가적인 관찰과 관리가 필요하다고 볼 만한 다른 사정이 있었는지 등을 확인할 수 있는 증거가 없는 상황에서, 일부 의사들이 병원의 수익증대를 위하여 불필요한 입원을 남발할 우려가 있고, 과거 그러한 사례가 있었다는 사정만으로 필요한 입원기간에 대하여 위 건강보험심사평가원의 의견과 상이한 의사의 입원결정이 형식적이거나 잘못된 것이라고 단정할 수도 없다.

㉣ 비록 피고인 명의의 신용카드가 피고인의 입원기간 중 병원 밖에서 일부 사용된 것으로 보이긴 하나, 피고인은 피고인의 남편과 딸이 신용카드를 사용한 것이라는 취지로 변소하고 있고, 위 변소내용이 거짓이라고 단정할 만한 별다른 자료도 없는 바, 신용카드의 사용내역만으로 피고인이 그 사용내역에 해당하는 기간 병원에 입원하지 않았다고 단정하기도 어렵다.[168]

2) 법관의 자유심증주의

한편 법원은 기본적으로 의료감정결과의 판단과 그 채택 여부는 법관의 자유심증에 따른다[169]고 보며, 법원은 감정결과를 전문적으로 비판할 능력을 가지고 있지 못하는 경우에는 그 결과가 사실상 존중되어 소송의 승패가 결정되는 수가 많게 되

---

168) 창원지방법원 2018. 7. 18. 선고 2018노503 판결.

169) 형사소송법 제308조(자유심증주의) 증거의 증명력은 법관의 자유판단에 의한다.

는 수가 있으나 그렇다고 하여 감정의견은 법원이 가지고 있지 못한 경험칙 등을 보태준다는 이유로 항상 따라야 하는 것도 아니라고 보고 있다.[170] 그러므로 법원은 기본적으로 건강보험심사평가원뿐만 아니라 다른 의료기관의 감정결과들을 스스로의 규범적 기준에 의하여 비교하여 취사선택하고 있다.

① 비교형량

가령 창원지방법원 2018. 6. 21. 선고 2018노580 판결에서 재판부는 건강보험심사평가원은 수술 및 입원의 필요성에 관하여 국민건강보험 급여지급이 적정한지를 기준으로 비교적 획일적인 평가를 한 것으로 보이고, 이러한 기준이 개별적인 입원의 필요성을 판단할 때 그대로 적용된다고 보기는 어려운 점, 대한의사협회는 '진료기록과 단순 방사선 사진의 수술일자 전, 후의 변화를 비교해 보면, 변형 정도에 맞게 적절한 수술이 시행한 것으로 판단된다. 입원기간은 환자의 회복 정도에 따라 달라질 수 있으므로 입원기간이 부적절하다고 판단할 근거가 없다.'라는 의견을 제시한 점(공판기록 1029쪽), 의사 F는 2011. 7. 13. 피고인에 대하여 5족부 종양절제술을 시행하였는데, 염증 때문에 2011. 7. 6. 수술과 시간을 두고 수술을 시행하였다고 진술하고 있는 점(증거기록 345쪽, 공판기록 1641쪽) 등을 고려하면 건강보험심사평가원의 위 의견을 그대로 받아들이기 어렵다고 판시하고 있다.

② 건강보험심사평가원이 아닌 곳의 의료자문을 근거로 유죄판결

같은 이유로, 건강보험심사평가원의 입원의 적정성 회시서가 아니더라도 합리적인 의료자문이 가능하다면 얼마든지 유죄판결도 가능하다. 아래 판결은 대구지방법원 2021. 3. 10. 선고 2020노4095, 2021초기202 판결(항소기각)이다.

수사기관은 피고인에 대한 진료기록부 등을 압수하여 의료분석기관에 분석 및 의료자문을 요청하였다(증거기록 제1권 제399면). 의료분석기관은 내과전문의 BD와 정형외과 전문의 BE에게 피고인에 대한 입원기간의 적정성 여부에 관한 의료자문을 의뢰하였고, 이들은 실제 입원일수 1,102일 중 불과 17일을 제외하고는 입원의 필요성이 없었다는 자문을 하였다(증거기록 제1권 제400면 내지 제534면). BD는 당심에서 증인으로 출석하여 '진료기록이나 의무기록지 등을 토대로 판단했을 때, 실제로 이 정도의 치료라면 입원치료가

---

170) 창원지방법원 2022. 9. 29. 2021노1785 판결.

아니라 통원으로도 충분히 가능했을 것이라고 판단을 하였다'는 취지로 증언하였고, BE은 당심에서 증인으로 출석하여 '진료기록과 의무기록지를 토대로 판단했을 때, 피고인의 경우 급성으로 입원을 해서 치료를 해야만 하는 문제를 발견하지 못하였다'는 취지로 증언하였다. 피고인의 변호인은 위 의료자문기관이 보험사가 주로 의료자문을 맡기는 곳이라는 사정을 들어 그 결과를 신뢰할 수 없다고 주장한다. 그러나 위 의료분석기관은 증인들에게 자문 횟수당 자문료를 지급하였고, 자문결과에 따라 자문료를 인하하거나 인상하지는 않았던 점 및 위 증인들의 법정진술 등을 종합하면, 보험사로부터 자문료를 수령하였다는 사정만으로는 의료전문가인 증인들의 자문결과를 신뢰할 수 없다고 볼 수 없다.

③ 감정결과 없이 법원이 독자적으로 유죄판결한 사례

심지어 의정부지방법원 2018. 2. 8. 선고 2016고단6 판결에서는, 의료감정기관들이 법원의 감정요청을 실질적으로 거부한 점을 들며, 감정결과 없이 독자적으로 유죄판결한 바 있다.

또한, 건강보험심사평가원, 한국의료분쟁조정중재원을 비롯하여 의정부성모병원, 대한의사협회 등의 기관을 통해 피고인이 반복적으로 장기 입원을 한 것이 타당한지를 객관적으로 감정받고자 하였으나 위 기관들 모두 갖가지 이유를 대며 법원의 감정요청을 실질적으로 거부하여, 피고인의 질환이 실제 입원이 필요한 것인지, 필요하다면 적정한 입원일수가 얼마인지 등에 관한 객관적인 기준도 없이 피고인이 허위로 입원치료를 받았다고 단정하기 어려운 것도 사실이다. 위와 같은 사정에도 불구하고 이 사건의 경우 앞서 본 증거들에 의하여 인정되는 아래 사정들을 종합하여 보면, 공소사실을 넉넉히 인정할 수 있다.

㉮ 피고인이 입원의 병명으로 주장하는 사유들, 무릎관절증, 경추의 염좌긴장상, 뇌혈관질환 등이 한 번에 수십 일씩(많게는 63일) 입원을 해야만 하는 질병이라고 보이지 않는다.

㉯ 피고인은 E정형외과(K한의원), L병원, M정형외과, N병원, ○병원 등 몇 개의 병원을 돌아가면서 병명을 바꾸어가면서 입원과 퇴원을 반복하였다. 심지어 입원하던 병원을 퇴원한 다음 날 다른 병원에 다시 입원하기도 하였다. 실제 질환을 앓고 있고 입원이 꼭 필요한 질병이었다면 자신을 계속하여 치료해오던 의사에게 꾸준히 치료를 받는 것이 경험칙에 부합해 보임에도 병원을 바꿔가면서 더욱이 시일이 지나 전에 입원했던 병원에 다시 입원하는 식으로 입원과 퇴원을 반복하였다.

㉰ 피고인은 위 병원들의 의사들이 의학적 판단에 따라 입원하였고, 위 병원들에서 보험사기 범행이 이루어졌다는 수사자료도 제출되지 않은 상황에서 위 병원 의사들의 지시

에 따라 입원을 하였으므로 편취 범의가 없다고 주장하나, 피고인이 입원사유로 주장한 병명들은 피고인의 진술을 토대로 1차적 진단이 내려지는 것으로 보이고, 위 병원 의사들 역시 보험금을 통해 고액의 입원치료비를 비교적 쉽게 받을 수 있는 상황에서 피고인의 진술대로 진단하고 입원을 시킬 유인이 충분해 보이므로 피고인과 위 병원 의사들의 협력 또는 의사들의 방조를 통해 이 사건 범행이 이루어졌다고 보인다.

㉱ 4년간 30회가 넘게, 매회 수십일, 많게는 63일을 입원할 정도로 실제 질환을 앓았다면 대학병원이나 상급대형병원에서 정밀의료기계와 체계적인 의료진에 의해 좀 더 정확한 진단을 받고 치료를 받는 것이 경험칙에 부합함에도 피고인은 단 한 번도 대학병원이나 대형병원에서 진단이나 치료를 받아본 적도 없다. 위 병원 의사 중 어느 누구도 피고인에게 대학병원이나 상급병원으로 가서 진단, 치료를 받아볼 것을 권유한 의사도 없어 보인다.

㉲ 피고인은 입원하였다는 기간 중에 무단으로 외출, 외박하는 등 해당 병원에 있지 않거나 입원만을 고집하며 병원에서 권유하는 치료나 진료를 거부한 적도 있다(수사기록 428, 429, 454쪽 등).

(4) 결어

보험사기 사건에서는 피의자신문 과정에서도 그 분석결과에 기초한 신문이 이루어지고 있는 등 수사단계에서부터 입원의 적정성 여부에 대한 진료기록 분석이 필수적이다. 입원의 적정성과 관련한 분석은 수사기관이 피의자가 입원한 병원의 진료기록을 압수한 다음 이를 분석기관에 의뢰하는 방식으로 이루어지는데, 수사를 제대로 진행하기 위해서는 건강보험심사평가원의 회시를 마냥 기다리기보다 다른 경로를 찾을 필요가 있다. 인터넷 검색을 하면 '○○○메디컬', '○○의료분석원' 등의 민간업체를 쉽게 찾을 수 있고, 경찰수사에 협조적인 인근 대형병원의 개별 의사를 소개받거나, 보험협회 등에서 자문의료진을 추천받아 이를 적극적으로 활용하는 것도 대안이 될 수 있다.

다만, 편취의 고의가 인정되는 보험사기와 단순한 과잉진료는 구별되어야 하며, 수사기관으로서는 유죄입증도 중요하지만 건강보험심사평가원뿐만 아니라 누구에게 의뢰하더라도 실체적 진실을 추구한다는 자세로 합리적인 근거를 토대로 정확한 분석결과를 얻어내기 위해 노력하고 이를 바탕으로 오히려 법원을 설득하기 위한 진지한 태도가 필요하다. 입원의 적정성 분석결과에서 과다입원으로 판명되었더라도, 그 정도가 지나치지 않은 경우에는 얼마든지 최선의 치료를 위해 과잉진료가 이뤄질 수 있고,[171] 보험사기의 의도가 아니더라도 보험에 가입된 경우 경제적 부담을 덜기 위해 통원치료보다는 입원치료를 선택하는 경향이 있는 점 등을 감안해야 하기 때문에 연성보험범죄의 접근은 신중할 필요가 있는 것이다. 이와 관련 아래 수원지방법원 안산지원 2020. 7. 16. 선고 2017고단1307, 2017초기658 판결도 사설 의료자문컨설팅 회사를 통한 수사관행에 대해 설시하며 증명력을 낮게 보고 있음을 음미할 필요가 있다.

피고인에 대한 의무기록 분석은, 수사가 시작되고 수사기관에서 컨설팅 회사에 자문을 의뢰하면 회사는 수사기관에 들어가 압수 등을 통해 확보한 자료를 보기 쉽도록 요약한 후 수사기관이 다시 자문까지 필요하다고 요청하면 회사가 의학교수 등을 초빙하여 위 요약기록을 토대로 자문을 의뢰하고 그에 따라 획득한 자문내용을 다시 붙여 최종적인 분석내용을 수사기관에 제출한 것임을 알 수 있다.

한편 위 분석내용에 의하면 피고인의 경우 대부분 통원치료로 충분하거나 입원이 필요하더라도 실제 입원일수 보다 극히 적은 일수로도 충분하다는 자문의의 의견이 기재되어 있다. 그러나 자문의의 자문내용은 의사 중 한 명의 의견일 뿐이고 오로지 그것만으로 확정적인 사실인정이 되는 것은 아니다. 더욱이 아래에서 다시 보는 바와 같이 그에 관한 다른 의사들 특히 직접 피고인을 진료한 의사들 및 L단체와 M단체에 대한 이 법원의 감정촉탁결과 등을 종합해 볼 때 피고인에 대한 치료 및 입원 등이 적정하였다는 다른 의사들의 견해에 비해 검찰이 증거로 삼고 있는 피고인 관련 의무기록 분석내용의 자문의 의견이 유독 명백히 더 우월하여 이를 채택하여야 한다고 보기는 어렵다. 그렇다면 이 부분 검찰 제출의 증거만으로 이 사건 공소사실이 명확히 증명된다고 보기에는 마찬가지로 부족하다.

생각건대 건강보험심사평가원의 회시를 포함하여 다양하고 구체적인 의료자문 경로를 탐색하되 구체적이고 합리적인 의료자문결과를 얻기 위해서는, 편취 범의의 인정 여부에 대해 냉철하게 분석함으로써 대상자에 대한 억울한 처벌로 이어지지 않도록 유념하여야 할 것이다.

---

171) 석승훈, “의사가 진료수준을 정할 때 건강보험에서의 도덕적 해이에 대한 이론적 고찰”, 「보험학회집」 제86집, 2010: 17면 참조.

Ⅳ 대상별 조사기법

1. 개관

수사에 임하는 자는 실질적 진실발견을 위하여 적극적인 자세를 견지하되 항시 적법절차를 준수하여야 한다. 나아가 수사는 그 성질상 개인의 인권을 침해할 염려가 있으므로 비밀을 엄수하고 피의자와 다른 사람의 인권을 존중하여야 하며(형사소송법 제198조) 관계자의 명예를 훼손하지 않도록 유의하여야 한다.

(1) 임의수사와 강제수사

수사는 강제력 행사 여부에 따라 강제수사와 임의수사로 나누어진다. 임의수사란 강제적인 수단에 의하지 않고, 상대방의 동의나 승낙, 협력을 얻어서 행하는 수사를 말하고, 강제수사는 상대방의 의사와 관계없이 강제적으로 실시하는 수사를 말한다. 임의수사가 원칙이며, 강제수사는 법률에 특별규정이 있는 경우에 한하여 예외적으로 할 수 있을 뿐이다.[172)]

임의수사는 그 수단·방법에 특별한 제한은 없고 수사기관의 판단과 재량에 맡겨져 있다. 따라서 형사소송법 등에 규정된 임의수사 방법은 유형을 예시한 것에 불과하다. 그리고 상대방의 동의·승낙을 전제로 하거나 성질상 어느 누구의 동의·승낙 없이도 할 수 있는 것이면 어떠한 방법에 의해서도 수사할 수 있으나, 비례의 원칙에 반해서는 안 되며, 필요한 최소한도에 그쳐야 한다. 여기서는 임의수사로서 피의자 내지 참고인에 대한 조사기법에 대하여 알아본다.

(2) 조사 시 일반적 유의사항

범죄를 조사하는 경우에는 피의자의 명예감정을 해치거나 수사와 관계없는 사생

---

172) 형사소송법 제199조(수사와 필요한 조사)
① 수사에 관하여는 그 목적을 달성하기 위하여 필요한 조사를 할 수 있다. 다만, 강제처분은 이 법률에 특별한 규정이 있는 경우에 한하며, 필요한 최소한도의 범위 안에서만 하여야 한다.

활, 가정문제에 대한 추궁은 가급적 피하고, 반말이나 폭언 등 모욕을 주는 언행은 삼가야 한다. 그리고 피의자에게는 자백이나 유죄의 증거만을 구한다는 인상을 보이지 말고 진실을 밝힌다는 자세로 임한다. 일응 진범처럼 보이더라도 실은 무혐의인 경우도 있으므로 예단과 선입견을 피하고 모든 가능성을 고려해야 한다. 그뿐만 아니라 피의자에게 법률상으로나 사실상으로 실현할 수 없는 약속이나 불필요한 약속을 해서는 안 된다. 이는 조사자의 품위에 관한 문제일 뿐만 아니라 경우에 따라서는 기망에 의하여 자백하게 되었다는 주장이 제기될 원인을 주기 때문이다.

조사 중에 다른 사건관계인이 있을 때에는 사실을 시인하고 싶어도 이를 기피하는 경우가 많으므로 가급적 분리하여 조사한다. 다만, 대질의 필요성이 있거나 특별히 조사에 참여시킴으로써 효과를 얻는 경우로 판단될 경우에는 동석하게 하여야 한다. 특히, 피의자를 신문할 때에는 피의자의 자해 또는 반항에 대비하여 책상 위에 송곳, 칼 등 위험한 물건을 치워야 한다.

2. 참고인 조사

수사기관은 필요한 경우에는 피의자 아닌 자의 출석을 요구하여 진술을 들을 수 있다(제221조). 피의자 아닌 제3자를 참고인이라고 하고 고소인 · 고발인 · 목격자 · 참고 될 자료를 가지고 있는 자 · 통역인 · 번역인 등도 참고인에 해당된다. 이때 참고인들의 사건 관련 또는 사건에 증거가 되는 중요사실 등에 관한 진술을 기재한 조서를 참고인 진술조서라 한다.

(1) 정의감에 호소한다

수사기관이나 법원에의 출석이 귀찮거나, 피의자 · 가해자 모두와 절친하여 어느 일방에의 불리한 증언을 꺼리거나, 남의 송사에 관여하였다가 봉변만 당하지 않을까 하는 심정에서 수사에 비협조적인 경우가 있는데, 이때에는 피의자의 반사회성을 부각시켜 수사에 협력하는 것이 사회구성원의 의무임을 강조하는 등 정의감에 호소하는 것이 좋다.

(2) 보복피해 우려에 대하여 안심할 수 있도록 한다

수사에 협력할 의향은 있으나 보복이 두려워 진술을 주저하는 경우에는 보수를 받기로 하였다든가 개인적인 감정 등이 없는 한 범인 또는 그 일당으로부터 사후보복이란 있을 수 없다는 점을 강조한다. 필요하다면 보호책임을 지겠다는 뜻을 밝힌다. 그리고 비밀은 철저히 보장된다고 설득하고 수사기관에서 진술하지 않더라도 나중에 법원에서 소환장이 나오면 결국 법정에 서서 공개적으로 증언할 수밖에 없으니 그럴 바에는 미리 협조하는 것이 좋다고 설득한다.

(3) 참고인의 권익을 존중하여야 한다

참고인은 수사기관으로부터 범죄의 혐의를 받고 있는 자가 아니라 어디까지나 범죄수사에 관하여 자신이 경험한 사실을 진술하여 주는 수사의 협조자이므로 설득력을 발휘하여 진술을 받아내고 신문할 때 불쾌감을 주거나 그의 명예를 훼손하는 언동을 해서는 안 된다. 다만 사건과 관련하여 조사할 참고인을 선정할 때 당해 사건의 당사자나 직접 목격자가 아닌 자를 조사한다면 사건의 실체파악에 도움이 안 될 뿐만 아니라 오히려 수사기밀만 누설시키는 결과가 될 경우가 있으므로 참고인 조사 전에 사건과의 관련성을 충분히 파악하여 조사함으로써 수사보안에 유의한다.

(4) 경험사실과 추측진술 및 전문사실을 엄격히 구분한다

참고인들 가운데는 종종 자신이 직접 경험한 사실과 추측한 사실, 그리고 전해 들은 사실傳聞事實을 혼동하여 마치 자기가 경험한 것처럼 진술하는 사람도 있으므로 이를 명확히 확인하여 증거로서의 가치를 갖도록 조사를 철저히 해야 한다.

(5) 진술의 정확성을 확인한다

중요한 참고인의 진술은 그 정확성과 진실성을 반드시 확인해야 한다. 어떤 경우에는 자기 자신의 범행은폐를 위하여 타인의 참고인으로 등장할 수 있고, 주요 참고인의 진술에 모순이 있어 다른 합리적인 증거까지도 배척되게 하는 경우가 있기 때문에 진술의 모순점이 발견되면 반드시 명확히 규명해야 한다.

(6) 공정한 수사자세를 유지한다

참고인은 이해관계가 상반되는 사건에 있어서는 결정적인 역할을 하므로, 진술과 증거자료의 제출과정에서 쌍방에게 균등한 기회를 부여해야 한다. 특히, 참고인의 진술이 편향되지 않도록 수사기관은 중립적인 태도를 유지해야 하며, 참고인이 심리적 압박 없이 자유롭게 진술할 수 있도록 한다.

3. 피의자 조사

피의자신문이란 수사기관에서 피의자를 신문하여 피의자로부터 진술을 듣는 것을 말하고, 피의자에 대한 신문사항을 기재한 서류를 피의자신문조서라 한다. 피의자는 범죄실행 여부뿐만 아니라 만약 범행을 하였다면 그 경위에 관하여 누구보다도 잘 알고 있다. 그러므로 수사기관이 범죄의 혐의를 받고 있는 피의자의 진술을 통하여 직접 증거를 수집하는 절차일 뿐만 아니라, 피의자가 자기에게 유리한 사실을 주장할 수 있는 기회를 제공하는 의미도 가진다. 검사 또는 사법경찰관은 수사에 필요한 때에는 피의자의 출석을 요구하여 진술을 들을 수 있다(형사소송법 제200조).

보험범죄조사와 관련하여 보험사기특별조사팀SIU이 제출한 증거자료, 중요 참고인의 진술, 금융거래내역의 확보와 분석, 현장 압수수색을 통해 증거자료를 모두 확보하였다면 피의자 조사를 진행한다. 보험사기 사건에서 피의자에 대한 조사도 일반사건의 피의자 조사와 크게 다르지 않다, 다만 보험사기의 경우 의사나 의료인의 조사에 대비하여 기본적인 의학용어 정도는 숙지하는 것이 유리하다. 수사기관이 피의자를 신문하기 전에 미리 신문사항을 준비하는 것이 필요한데, 신문사항 체크리스트는 다음 표와 같다.

〈표 3-8〉 피의자 신문사항 체크리스트[173)]

신문사항		세부사항 (예시)
구성요건 해당성	주체	신분, 지위, 범행주도성
	객체	범행대상 (사람인 경우 관계)
	행위의 방법	일시, 장소, 범행수법 부작위범
	고의 · 과실 여부	이유, 범행동기, 미필적 고의 여부
	특수한 주관적 요소	목적, 불법영득의사
위법성 조각사유		정당방위, 긴급피난, 정당행위
책임 조각사유		미성년자, 심신상실, 법률의 착오
정상관계		주거, 경력, 가족관계, 전과관계

(1) 일반적인 피의자 조사기법

피의자신문을 진행할 때에는 기본적으로 진실을 추구한다는 태도를 보여야 한다. 자백이나 유죄증거를 얻는 데 급급한 인상을 주어선 안 된다. 진실을 추구하기 위하여 직무를 수행하고 있다고 보이는 편이 훨씬 신문을 용이하게 풀어나갈 수 있기 때문이다. 따라서 선입견을 가진 신문 등은 피한다.

신문의 실마리를 잘 잡아 풀어나가야 하며, 피의자가 수사관을 대할 때는 극도로 위축되어 있거나 자기방어를 위하여 본능적으로 거짓말을 하거나 사실을 부인하는 경향이 있다. 일반적으로 일단 부인한 피의자는 사실에 대하여 이를 번복하고 시인하려 들지 않으므로 가급적 첫 대면에서 사실의 시인을 받도록 하는 것이 무엇보다 중요하다. 그러므로 이에 대한 사전준비가 충분하여야 한다. 신문에 들어가기 전에 피의자와 인간적인 면에서 대화해 본다거나 일기, 뉴스거리, 경기 동향, 기타 시중의 화젯거리 등에 대하여 이야기를 나누면서 점차 사건내용으로 접근하는 등 어떻게 접근해 갈 것인지를 사전에 계획하는 것이 중요하다. 일반적인 피의자 조사기법에서 질문유형과 질문순서는 다음 표와 같다.

173) 경찰청, 「피의자신문조서 작성기법」, 2016: 45면.

〈표 3-9〉 질문유형과 질문순서[174)]

유 형	정의 및 예시
개방형 질문 (Open-ended Question)	"~에 대하여 말해보세요", "~을 설명해보세요"와 같은 형태의 질문이다.
구체적 질문 (Specific Question)	육하원칙(5W1H)에 의한 질문으로, 피면담자가 언급한 정보를 확장하거나 명확히 하는데 사용된다.
폐쇄형 질문 (Closed Question)	피면담자로 하여금 고정된 선택지 중 하나를 고르도록 하는 질문으로, 개방형·구체적 질문으로 더 이상 얻을 것이 없을 때 사용된다.
기타 질문	유도질문, 복합질문, 반복질문 등이 있는데 기본적으로 이러한 질문들은 권장되지 않는다.

(2) 피의자 성격별 조사기법

타인에게 위해를 가한 범인은 다른 유형보다 자기의 범죄에 대하여 후회, 정신적 고뇌, 양심의 가책을 느끼는 정도가 비교적 크다. 그러므로 이 경우 그의 범행과 현재의 고민에 대하여 동정하는 태도를 보이는 소위 동정적 접근법 사용이 적절하다. 반면 이욕利慾범죄의 범인에 대하여는 피의자의 감정보다는 상식과 논리적인 사고방식에 의한 신문방법 즉, 사실분석적 접근법이 보다 효과적이다. 또한 피의자의 성격유형에 따라 신문방법을 달리할 필요가 있다.

1) 고압적 피의자의 경우

허장성세하고 고압적이거나 이유만을 늘어놓은 피의자에 대하여는 그의 언사에 말려들어 절대로 감정적으로 격해져서는 안 된다. 침착하면서도 가볍게 들어 넘긴다는 자세로 임하되 내용은 기억해 두어야 하고, 이유만을 늘어놓게 될 때는 거기에 치중하여 이론쟁의를 하지 말고, 사소한 잘못도 시비를 가려 즉석에서 시정토록 함으로써 태도를 바로 잡아주어야 한다.

174) 경찰청, 앞의 책, 39면.

2) 성격이 여린 피의자의 경우

성질이 부드럽고 음성이 낮으며 감정이 여린 피의자에 대하여는 상대방의 입장을 이해하고, 그가 하는 말을 잘 들어주고 사건 외의 화젯거리로 친근한 분위기를 조성한다. 신문 중 급소를 찌를 때는 정신적 타격이 클 것이므로 완곡하게 표현하되 진술하고자 하는 것을 상세히 들어주어야 한다.

3) 성격이 강한 피의자의 경우

반면, 성격이 강한 자에 대하여는 성의를 다하여 친절히 대하면 의외로 진실을 자진 진술하거나 의협심, 용맹심, 정의감 등을 앞세워 필요 이상의 대답을 하는 때도 있으므로 사소한 일이라도 상대방이 감격하도록 배려를 할 필요가 있다.

(3) 피의자의 태도에 따른 조사기법

1) 피의자가 허위답변을 준비하는 경우

피의자가 사전에 치밀하게 허위답변을 할 준비를 하였다면 바로 신문하지 아니한다. 오히려 학력, 경력, 취미, 평소의 업무내용 등 사건과 직접 관계가 없는 사항으로부터 사건과 관련이 있는 사항이 이르기까지 많은 사항에 대하여 종횡으로 질문한다. 이를 통해 허위답변을 위하여 준비해온 태도를 산만하게 하여야 한다. 산발적인 질문을 행하는 가운데 '甲을 아는가' 하는 질문 대신에 甲을 알고 있는 것을 전제로 '언제부터 甲을 아는가' 하는 유도신문을 하는 것도 고려할 수 있다.

2) 피의자가 부인하는 경우

우선 피의자의 태도나 이미 수집된 증거에 비추어 피의자 진술의 진실성 여부를 대략 간파할 필요가 있다. 피의자의 진술이 허위임이 틀림없는 경우라도 부인한 사실 자체를 우선 비난할 것이 아니라, 반박자료를 수집할 수 있는지를 검토한다. 반박자료가 수집되면 피의자에게 다시 추궁한다. 자백을 받기 위해서 뿐만 아니라 다시 무슨 변명을 하는가를 확인키 위해서도 필요하다. 부인하는 피의자에 대한 신문은 '부인 → 반박자료수집 → 모순노출의 과정'을 통하여 진행한다. 부인한 피의자가 자백하는 경우 부인한 사유와 자백의 동기, 심경의 변화, 진술의 진실성 확인 등 상세한 사항을 조서상에 나타내 주어야 한다.

3) 피의자가 자백하는 경우

피의자가 범행을 자백하였다고 그대로 믿고 방심한 채로 수사를 종결하여서는 안된다. 자백의 동기와 세부적인 자백사실을 면밀히 검토하고, 그와 관련 객관적 증거를 확보함으로써 추후 번복할 수 없도록 해야 한다. 또한 자백이 외압이나 심리적 압박 없이 자발적으로 이루진 것인지 검토하고 진술의 일관성과 구체성을 확인하는 과정도 필요하다.

(4) 신문 중 증거제시 및 추궁기법

신문 중 증거의 제시는 원칙적으로 범행일체를 자백하고 그에 대한 진술이 확인되었을 때 제시하는 것이 좋다. 부인할 때는 원칙적으로 증거를 제시하지 않으며 어느 정도 부인하는 진술을 계속하도록 방치한다. 만일 부인하는 즉시 증거를 제시하면 다른 부인이나 변명의 이유만을 연구하게 되기 때문이다. 증거를 제시함에는 확신을 가지는 증거를 제시하여 재차 변명을 못하게 하는 방법도 있고, 불확실한 증거, 대수롭지 않은 것을 제시하여 마음의 동요를 살펴보는 방법도 있다.

제시하기 전 피의자에게 증거의 형태나 특징을 말하게 하여 사실대로 진술하고 있는가를 떠볼 필요가 있다. 다만, 제시하는 증거는 피의자의 손이나 반대 당사자, 참고인 등의 손에 닿지 않도록 해야 한다. 파손, 은익, 지문관계, 위조, 변조 등의 분쟁을 일으킬 수 있고, 증거로써 사용하지 못할 수도 있기 때문이다.

(5) 범인임이 거의 확실하다고 생각되는 경우의 신문기법

영미권에서는 리드테크닉(Reid Technique)이라는 일컬어지는 신문방식이 있다.[175] 다만 주의할 점은, 이 신문기법은 진범임이 거의 분명한 경우에 사용되어야 하며, 그렇지 않은 경우 허위자백을 할 가능성도 있으니 반드시 유념하여야 한다.

---

175) 리드테크닉(Reid Technique)은 1947년 미국에서 John. E. Reid에 의해 연구되어 전세계 수사실무자들에게 교육되고 활발하게 사용되고 있는 수사기법이다. 이러한 리드 신문기법은 ① 사실분석(Factual Analysis), ② 피의자조사(Interview), ③ 피의자신문(Interrogation)의 3단계로 나뉘며, 인터뷰에서는 용의자의 태도나 행동을 관찰하고, 신문에서는 용의자에게 증거나 증언을 거론하면서 자백을 유도한다. 장준희, “미국의 리드 조사신문기법 연구”, 「검찰」 통권 제118호, 2007: 56-82면 참조.

1) 먼저 수사자료가 명백한 데 대한 확신 있는 태도를 보인다

확신 있는 태도란 결코 위협하는 태도를 말하는 것이 아니고, 피의자로 하여금 수사관이 자신을 가지고 있으며, 진실을 말하지 않으려고 버티어도 무익한 일이라고 느끼도록 하는 태도를 말한다. 피의자에게는 범죄의 확신에 대한 신념을 보여주는 자세를 흩뜨린다든지, 범행 추궁의 적극성을 결여한 태도나 수사에 대한 권태감을 느끼는 것 같은 태도를 보여서는 안 된다. 어떠한 경우에도 피의자를 심리적으로 장악하여 신문의 주도권을 잃지 않도록 주의한다.

2) 피의자의 혐의를 밝힐 수 있는 상황증거의 일부를 지적한다

신문을 함에 있어 피신문자를 용의자로 지목하여 조사하게 된데 있어서는 상당한 이유가 있는 것이며, 덮어놓고 용의자로 지목하여 주먹구구식으로 신문하는 것은 아니라는 사실을 충분히 납득시키기 위하여 무엇인가 한두 가지 사실만이라도 구체적으로 피의자에게 알려줄 필요가 있다. 다만 그 힌트를 주는 데는 그 시기와 방법이 있다. 힌트를 주는 시기는 수사관은 아무것도 모를 것이라고 피의자가 오신하고 부인만을 계속할 때이다. 부인하던 피의자가 자백의 눈치를 보이며 머뭇거리고 있을 때와 오래된 일로 기억이 잘 나지 않아 무한히 생각하고 있을 때이다. 결국, 진술내용에 모순이 많을 때 기회를 보아서 약간 눈치만 보여주어 피의자의 심적 동요를 유도한다. 힌트를 주는 방법은 구체적으로 말하지 말고 약간 비칠 정도의 표현이 좋고, 직접적인 포인트를 주지 말고 간접적으로 시사하는 편이 좋다. 범행일시 등은 확실하게 말하지 말고 약간의 윤곽만을 말하고, 압수흉기 등을 제시하여 '이것으로 했지'하는 식의 사건의 핵심에 영향을 주는 힌트는 피하는 것이 좋다.

3) 피의자에게 동정을 표시한다

수사관은 피의자에게 누구나 그와 같은 상황이나 환경에 처하였다면 역시 마찬가지였을 것이라는 점을 말하여, 피의자로 하여금 구원과 위안을 느끼도록 해야 한다. 때로는 어깨나 등을 두들겨 주거나, 음료수를 주는 등 동정을 나타내는 듯한 제스처를 쓰며 이해하는 태도를 보여야 한다. 피의자가 이러한 심리상태에 있을 때 동정적인 수사관으로부터 계속해서 진실한 진술을 요구당하면 그처럼 걱정하였던 범죄발각 후의 일이 대수롭지 않다고 생각하게 된다. 다만, 자백을 유도하기 위하여 사건을

경하게 만들어 준다거나 묵인하여 주겠다는 등의 약속을 하지 않도록 주의한다.

4) 피의자의 죄책감을 완화한다

피의자에게 범행을 자인시키는 과정에서 실제의 범행동기나 이유보다는 덜 악질적이고, 도덕적 비난이 적은 동기나 이유를 제시하도록 유도하여 체면을 세울 기회를 제공한다. 공범자 또는 기타 어느 정도 도덕적 책임을 지게 하여도 될 듯한 제3자를 비난함으로써 피의자의 자책감을 약화시켜 자신의 죄를 숨기고자 하는 본능을 이기게 할 수 있다. 그에 더하여 고소인 또는 피해자가 사실을 과장하고 있을 가능성을 강조하여야 한다. 피해자 또는 목격자 등으로부터 고소 또는 고발이 제기된 사건 대부분에서는 고소 또는 고발이 이루어진 이상 무엇인가 근거가 있다고 할 수 있으나, 피의자가 사실 전체를 부인하는 경우에는 그 사실이 과장되어 있을 가능성이 통상 있다는 것, 그리고 실제로 과장이 있었더라도 먼저 피의자 자신의 입에서 문제의 사건에 대한 전말을 들어보지 않으면 그것이 사실인지 아닌지를 알 수 없다는 것 등을 강조해야 한다. 이에 대하여 피의자가 거짓이 절반쯤 가미된 자인을 한다면 사실의 일부를 시인하였으므로 계속적인 저항은 매우 어렵게 된다. 이와 같은 신문 방법은 혐의가 명백한 피의자로부터 자백의 실마리를 얻는 데 도움이 될 뿐만 아니라 혐의가 희박한 피의자로부터 혐의가 없음을 명백히 밝히는 데도 효과가 있다.

5) 피의자의 자존심에 호소한다

사람은 타인으로부터 인정을 받거나 찬사를 받으면 즐겁게 생각하는 것이 본능이므로, 성장과정상 별다른 인정이나 칭찬을 받지 못하였던 피의자를 칭찬함으로써 수사관과 피의자 사이에 유대관계가 생길 수도 있다. 반면에 사실대로 말하지 않는 남자답지 못하다든가, 다른 공범자들이 무서워서 그렇다든가 하는 질문 등으로 체면을 훼손함으로써 효과를 보는 수도 있다. 그러나 피의자를 생각하여 주는 심정으로 대하여 주는 것이 이상적이다.

피의자가 진실을 말할까 말까 하며 망설이는 단계에 이르렀다고 판단되면 범행의 관련 사실이나 범행이유를 질문함으로써 자백의 실마리를 얻을 수가 있다. 어떠한 잘못이라도 이를 자인함에 있어서는 그 이유를 설명할 기회가 부여됨으로써 훨씬 용이하게 되기 때문이다. 특히 이러한 질문을 심리적으로 적당한 시간을 가려서 한다면 느닷없이 범행 전체의 자인을 구하는 질문이나 권고보다도 어떤 면에서는 훨씬 효과적이다.

(6) 범죄혐의가 불확실한 피의자에 대한 신문기법

피의자가 범죄혐의가 있는지가 불확실한 경우에는, 피의자가 자기의 혐의 또는 무혐의에 대하여 명시적 또는 묵시적 진술을 할 때까지 그에 대한 직접적인 언급이나 시사를 피하면서 질문을 던져, 그 대답 중에 암시적 말이나 모순을 발견하여 이미 알고 있는 사실이나 상황에 비추어 진술의 진위를 검토하는 방법이 가장 무난하다. 아래의 신문요령은 신문자가 그러한 기회를 가지는 데 도움이 되는 몇 가지 요령이다.

1) 신문받는 이유를 알고 있는지를 물어본다

만일, 피의자가 신문을 받을 때까지 신문의 목적을 알고 있지 못하면 수사관은 피의자에게 '왜 여기까지 오게 되었는지 알고 있는가'를 물어보면 좋다. 피의자에게 죄가 있으면 이와 같은 질문에 의하여 금방 약화되어서 수동적인 처지에 서게 된다. 전후 상황에 비추어 피의자가 신문의 목적을 당연히 알고 있어야 할 것인데도 모른다는 대답이 나오면 그것만으로도 중요한 의미를 가지며, 나중에 증거가 나타날 때 모른다고 하였던 대답은 곧 반박의 대상이 될 수가 있기 때문이다. 피의자로 하여금 사건, 피해자, 의심스러운 인물에 대하여 알고 있는 대로 모두 말하게 하여야 한다. 신문의 첫 단계에서 사건이나 피해자, 의심스러운 인물, 기타 피의자가 알고 있으리라고 생각되는 점에 대하여 두서너 가지 일반적인 질문을 해봄으로써 피의자 자신의 입에서 유죄를 시사하는 듯한 말이나 어떤 방향으로 질문을 진행하면 좋겠다는 결정적인 단서가 되는 말을 들을 수가 있다. 특히, '누가 범인이라고 생각하는가'라는 질문은 상호 간 잘 알고 있는 몇 사람 가운데서 한 사람이 범인이라고 생각될 때에 특히 효과적이다. 이때는 조사의 중점을 노출하지 않도록 유의한다.

2) 피의자가 거짓말을 하는지 시험해 본다

수사관이 수사에 의하여 알고 있는 사실을 그대로 피의자에게 알려서 설명을 구하는 것보다는 먼저 피의자에게 그 사실에 관한 질문을 하여 그에 대하여 거짓말을 하는지를 시험하는 편이 효과적이다(이 기법은 피의자에게 거짓말을 할 기회를 주어보고 거짓말을 하는지 어떤지를 시험하여 보는 것임). 왜냐하면, 피의자가 거짓말을 한 사실을 증거에 의하여 반박한다면 자백을 피하기가 곤란하게 될 것이기 때문이다. 일부분일지라도 피해변상의 용의가 있는가를 물어보는 것도 좋다.

3) 피의자에게 불리한 가공적인 증거를 언급하여 시험해 본다

범인은 자기범행의 흔적을 인멸하는 일에 관심을 갖고, 수사기관에 의하여 자기에게 불리한 증거가 발견될까 걱정한다. 이러한 심리를 이용하여 피의자에게 불리한 가공의 증거를 제시한 후 어떠한 대답이나 반응을 보이는가에 따라 피의자에게 죄가 있는지 없는지 판정할 수 있는 자료를 얻을 수가 있다. 사건 이후의 행동이나 알리바이를 가공으로 제시하여 확인해 보는 방법도 있다.

(7) 피의자 신분에 따른 신문기법

1) 전과자

범죄경력이 있는 피의자는 죄를 모면하거나 범의를 경하게 하려는 이유 때문에 허위진술을 하거나 부인하는 것이 보통이다. 특히 여죄추궁을 당하지 않으려는 수단으로 성명, 등록기준지, 주소 등의 인적사항은 물론 가공의 지명을 진술하거나 형제, 우인, 지인, 다른 범행으로 알게 된 사람들의 이름이나 행동으로 둔갑하여 범죄행위를 은폐하려는 경향이 강하다. 전과자 신문 시 가정형편, 재산정도 등을 면밀히 파악하여 부모, 처자, 가족 등의 문제로 피의자의 심정을 자극해 본다거나, 인정에 메말라 있는 경우가 많으므로 사소한 인정이라도 베풀어 준다. 설득만으로는 시인하지 아니하는 경우 다소의 증거로써 급소를 찌르거나, 많은 참고인을 동원하여 완벽한 입증을 받아 둔다거나, 여죄가 반드시 있을 것으로 보고 범죄수법 기타 수사자료를 철저히 검토해 보는 것이 중요하다. 그러나 섣불리 자신없는 질문을 함으로써 도리어 역효과를 내게 한다거나, 고압적인 태도를 보여 반항심을 불러일으키게 한다거나, 입을 아예 다물어 버리게 되는 일에 없도록 유의한다. 대개 덤벼들거나 풀이 죽어있는 등 태도를 예측할 수 없는 경우가 많으므로 항상 냉정하고 침착하게 신문해야 한다.

2) 초범자

초범자들은 대개 후회와 장래에 대한 불안 등으로 극도로 긴장하고 있으므로 신문 시에도 유의한다. 함부로 큰 소리로 추궁하거나 너무 이론적으로 추궁하지 않도록 해야 한다. 가급적 상대방의 심중을 어루만져 주면서 부드럽게 대하여, 겁을 먹거나 공포심으로 인하여 애매한 대답을 하거나 부인하는 일이 없도록 불안이나 오해를 풀어주는 방식으로 신문한다. 인간적으로 대해 줘서 반성할 수 있는 기회를 주며, 다시 한번 이런 일이 있으면 더욱 범죄의 수령에 빠져들고 누적되면 많은 형을 받게 된다는 등의 조언을 하여 뉘우치게 하고, 앞날에 희망을 품도록 해야 한다. 인간적으로 대해 신뢰감을 갖도록 하여 수용 중인 전과자 등으로부터 나쁘게 감화되지 않도록 주의를 촉구하는 등 진심으로 초범에서 그치도록 유도하여 신문의 목적도 달성하고 재범도 방지할 수 있게 수사관으로서의 역량을 다하여야 한다.

3) 소년범(미성년자)

먼저 소년의 연령을 명확히 파악하고, 가급적 알아듣기 쉽게 설명하고, 은어 · 비어 · 약어 · 외래어 등은 사용하지 않는다. 신문은 비공개로 행하며, 애정을 표시하고 선도적인 입장에서 조사과정 중 수시로 위로하거나 나무라며 자기 잘못을 깊이 뉘우치도록 한다. 보호자나 교사 등이 참여를 원하는 때에는 이들을 참여시키는 것도 좋으나, 거짓 진술로서 비호감 염려도 있으므로 유의한다. 전과가 있는 소년은 동정이나 호기심을 사기 위하여 허위제보를 하는 수도 있음에 유의한다. 소년에 대한 신문은 명확한 질문과 쉽고 자세한 대답으로써 조서의 임의성과 신빙성을 제고하고, 유도나 암시에 걸릴 질문방법은 사용하지 않는 것이 좋다.

4) 여성

여성을 신문할 때에는 다른 여성을 참여시키되 단독으로 수사할 때는 출입문을 개방해 둔다. 고압적인 조사방식보다는 온정적인 태도로 조용히 신문하는 방식을 취해야 한다. 신문 중 사생활, 사회적인 비밀보호를 요하는 사항, 피의자의 약점 등 가급적 말하려 하지 않는 것은 필요 이상으로 질문하지 말아야 한다.

특히 가정과 자녀가 있는 유부녀는 필요한 경우 특정범위 내에서 비밀을 지켜줄 것을 약속해 주는 것도 효과적이다. 특히 악질자, 전과자 등은 수사관을 유혹할 수도 있고, 어린아이를 동행하여 동정을 사려 하거나, 핑계를 내세우거나, 눈물 등으로 호소하여 신문이나 처벌을 모면하고자 하는 수가 있으므로 사전에 성격, 가정형편 등을 철저히 조사하고 그러한 수법에 넘어가는 일이 없도록 주의한다.

5) 공범자

공범자를 신문할 때는 범정이 가벼운 자, 심리적으로 취약한 자, 말이 많은 자, 감정이 격한 자를 먼저 조사하는 것이 효과적이다. 공범자 간에는 철저히 분리하고, 신문 중에도 접촉을 엄격히 금지한다. 공범자 간 진술이 서로 다를 경우, 어느 특정 진술을 신뢰하기보다 모순과 불합리한 점을 추궁해야 하며, 증거없이 주장하는 사실에 대해서는 신중을 기해야 한다. 특히, 수사관은 대개 자기가 먼저 조사한 범인의 말이 진실일 것으로 생각하는 경우가 많으므로 이를 유의해야 한다. 공범자의 진술이 서로 다를 경우, 피의자들을 대질시킬 필요가 있다. 이때에는 대질사안에 대한 최소한의 신문을 실시하여 공범자의 진술의도를 파악하고, 증거 인멸시도를 차단하여야 한다. 공범자 간에는 소송관계, 이해관계, 평소의 약점 등으로 인해 세력관계가 형성될 수 있다. 따라서 대질신문 시 상호 손짓, 발짓, 눈짓 등의 신호를 주고받거나 수사관이 부재 중일 때 잠시 공모하여 수사관의 판단을 그르치게 할 위험이 크므로 특히 유의해야 한다. 공범들의 신병을 확보한 후 분리·대질 조사하고 유치장에 구금할 경우, 사전에 공범관계임을 유치장에 통지하여 분리수감해야 한다.

조서의 작성요령

① 조서내용 파악의 용이성과 진술의 임의성을 확보하기 위하여 질문은 간단히, 답변은 길고 상세히 작성한다.
② 표준어로 표기하되 특정한 분야, 중요하다고 생각되거나 꼭 필요한 표현 등은 피의자의 표현 그대로 기재하는 것이 좋다.
③ 진술 그대로 기재하고 작성자의 주관 및 추측을 표현해서는 안 된다.
④ 복잡한 사항은 항목을 나누어 기재한다.
질문과 답변을 물 흐르듯이 몇 개로 나누어 전개하든가 아니면 피의자의 진술내용을 1,2,3 … 등으로 항목을 구분하여 기재한다.
⑤ 자백의 경우 자백에 이른 이유와 심경을 명백히 하여야 한다.
⑥ 진술내용이 모순되지 않도록 문장표현에 주의하여야 한다.
⑦ 진술내용은 피의자에게 유리하거나 불리한 것을 가리지 말고 그대로 기재하여 자연성, 진실성을 제고시키도록 노력하여야 한다.

⑧ 피의자의 행위가 범죄구성요건에 어떻게 반영되는가를 연구하여야 한다.
⑨ 조서는 순서있게 문맥이 통하도록 기재하되 피의자가 아니면 말할 수 없는 사실을 상세하게 기재하여야 한다.
⑩ 구체적으로 표현하고 추상적 표현을 자의로 사용해서는 안 되며 추리적 언사와 사실적 진술을 구별하여 표기하고, 피조사자 자신의 독특한 어투(사투리, 비속어, 은어)는 그대로 표기한다.

4. 대물적 강제수사

강제수사에는 대인적 강제수사로서 체포와 구속제도, 대물적 강제수사로서 압수·수색·검증이 있다. 여기서 압수란 타인이 점유하는 물건을 강제로 빼앗아 보관하는 것을 말한다. 그리고 수색은 압수할 물건 또는 체포할 사람을 찾기 위해 장소나 사람의 몸을 강제로 뒤지는 것을 말하며, 검증은 시각, 청각 등 오관의 작용에 의하여 물건, 인체 등을 실험, 관찰하여 인식하는 것을 말한다.

강제수사를 함에는 헌법상 법관이 발부한 영장을 필요로 한다.[176] 다만 영장없이 압수·수색할 수 있는 경우로서 체포현장에서의 압수·수색·검증, 범죄현장에서의 압수·수색·검증, 임의제출 등이 있을 뿐이다.[177]

176) 형사소송법 제215조(압수, 수색, 검증) ① 검사는 범죄수사에 필요한 때에는 피의자가 죄를 범하였다고 의심할 만한 정황이 있고 해당 사건과 관계가 있다고 인정할 수 있는 것에 한정하여 지방법원판사에게 청구하여 발부받은 영장에 의하여 압수, 수색 또는 검증을 할 수 있다.
② 사법경찰관이 범죄수사에 필요한 때에는 피의자가 죄를 범하였다고 의심할 만한 정황이 있고 해당 사건과 관계가 있다고 인정할 수 있는 것에 한정하여 검사에게 신청하여 검사의 청구로 지방법원판사가 발부한 영장에 의하여 압수, 수색 또는 검증을 할 수 있다.

177) 형사소송법 제216조(영장에 의하지 아니한 강제처분) ① 검사 또는 사법경찰관은 제200조의2·제200조의3·제201조 또는 제212조의 규정에 의하여 피의자를 체포 또는 구속하는 경우에 필요한 때에는 영장없이 다음 처분을 할 수 있다.
1. 타인의 주거나 타인이 간수하는 가옥, 건조물, 항공기, 선차 내에서의 피의자 수색. 다만, 제200조의2 또는 제201조에 따라 피의자를 체포 또는 구속하는 경우의 피의자 수색은 미리 수색영장을 발부받기 어려운 긴급한 사정이 있는 때에 한정한다.
2. 체포현장에서의 압수, 수색, 검증
② 전항 제2호의 규정은 검사 또는 사법경찰관이 피고인에 대한 구속영장의 집행의 경우에 준용한다.
③ 범행 중 또는 범행직후의 범죄 장소에서 긴급을 요하여 법원판사의 영장을 받을 수 없는 때에는 영장없이 압수, 수색 또는 검증을 할 수 있다. 이 경우에는 사후에 지체없이 영장을 받아야 한다.

보험사기 수사에서 금융거래정보 수사를 통한 자금추적 수사가 중요하다. 일반적으로 현장 압수수색을 나가기 전에 금융계좌내역을 확보하여 먼저 자금흐름을 파악한다. 불법사무장병원에 대한 수사의 경우 병원개설자금 및 운영자금의 흐름 등을 파악하고 의사에 대한 월급지급 여부 등 병원운영수익금의 최종 보관자가 누군지를 확인하는 것이 핵심적인 수사사항이기 때문이다. 또한 일반적인 보험사기 사건에 있어서는 현장 압수수색이 매우 중요하다. 이를 통해 병원의 각종 진료기록부를 확보할 수 있다.

5. 대인적 강제수사

(1) 피의자 신병확보 기법

1) 피의자 신병확보의 중요성

수사에 있어 피의자의 신병을 확보하는 일은 수사성패의 관건이다. 피의자는 수사기관의 출석요구에 임의출석하는 경우도 있지만 이에 응하지 아니하고 범행 후 잠적하여 도피하는 경우가 많다. 그러므로 피의자의 소재를 파악하여 검거하는 일이 수사에 있어서 중요하다.

2) 피의자 소재파악

인적사항은 형사소송법 제199조에 의거 공무소 또는 공사단체에 조회를 통하여 파악할 수 있다. 조회를 통하여 파악한 단서 가운데 여권 발급사실, 각종 할인포인트와 같이 혜택을 주는 정보 또는 신용카드 결제계좌, 아파트관리비, 케이블TV 계약·요금납부, 휴대전화 요금납부 등 사회생활에 필수불가결한 비용지급 등을 입체적으로 살펴보는 것이 효과적이다. 그리고 도주하는 피의자의 소재파악을 위해서는 확보한 여러 가지 정보를 입체적이고 현실성 있게 분석해야 한다. 피의자의 심리상태는 피의자의 개인성향, 사회적 지위, 죄의 경중, 공범유무와 전과유무 등에 따라 천차만별이나 일반적으로 범행 직후에는 노출될 것을 극도로 우려하여 일체 움직임 없는 잠행단계에 있는 경우가 많다.

잠행 후에는 시간이 지남에 따라 신중하게 조금씩 활동을 시작하는데 주로 증거인며, 공범과의 접촉 또는 도피자금을 구하거나 가족과의 접촉을 시도한다. 제한된 활동을 하면서 특히 수사기관의 동태를 파악하고, 이에 대응하는 활동반경을 차츰 넓혀 나간다. 타인명의 휴대전화와 신용카드 심지어는 위조한 신분증 등을 토대로 활동범위를 점차 넓히고 대담하게 활동하면서, 경우에 따라서는 도피생활에 어려움을 느껴서 자수도 타진한다. 따라서 수사관은 이러한 피의자의 심리상태를 잘 파악하여 적절한 대응을 하여야 한다.

3) 현장 검거기법

검거현장에서 순순히 응하는 피의자가 있는 반면에 필사적으로 저항하는 피의자도 있는 등 피의자의 성향·전과여부, 범죄의 경중, 검거현장의 특성에 따라서 차이가 난다. 통상 검거과정에서의 수사관과 피의자의 심리상태는 서로 변화한다. 즉 소재파악과 검거현장에서는 수사관은 '꼭 잡고야 말겠다'는 강한 집념과 열정으로 심리상태가 강한 상태인 반면에, 피의자는 한순간도 경계를 늦추지 못하고 발을 뻗고 눕지 못하는 좌불안석의 심리이다. 검거현장에서는 피의자는 자신이 설정한 장소에 조심스럽게 숨어 있는 반면에, 수사관은 낯선 장소에 임하여 피의자를 검거해야 하는 부담감으로 오히려 긴장하게 된다. 수사경험이 적은 수사관일수록 긴장 정도가 강하여 검거과정에서 과도한 행동으로 실패의 단서를 제공할 수 있다. 따라서 수사관의 입장에서는 피의자와 함께 있는 동반자 관리, 탈출로 차단, 흉기억제 등 여러 사항을 고려하여야 한다. 피의자를 검거한 이후에는 피의자는 허탈함과 극도의 불안감 등으로 심리상태가 저하되고, 수사관은 목적달성의 안도와 자신감을 갖게 되는데 수사관이 피의자를 검거한 후에는 가급적 피의자를 자극하는 언사나 모욕감을 주는 일은 삼가야 한다. 피의자에 대한 지나친 모욕감과 공포감을 조성하게 되면 도주·자해를 시도할 우려가 있기 때문이다. 수사관은 피의자를 심리적으로는 안심시키면서도 완벽하게 제압하여 증거인멸, 도주 및 자해시도를 사전에 예방해야 한다.

(2) 피의자 신병관리 기법

어렵게 검거한 피의자에 대한 신병관리 소홀로 인하여 피의자가 도주하거나 자해에 이르게 방치하여 수사진행을 어렵게 할 뿐만 아니라 수사를 그르치게 하는 일이 발생할 수 있으며, 검거된 공범 간의 의사소통이 이루어져 서로 진술을 조작하는 바람에 수사가 벽에 부딪히는 경우도 있다. 반면에 신병관리 과정에서 피의자를 완벽하게 제압하면서도 인간적이고 따뜻하게 대하여 피의자가 마음의 벽을 허물고 범행 일체를 자백하여 수사의 활로를 찾는 사례도 있어 신병관리는 수사의 성패를 좌우하는 중요한 업무라 할 수 있다.

신병관리 담당직원은 복장과 용모를 단정히 하고 피의자의 동태에서 눈을 떼지 않으면서도 피의자에게 최소한의 예의를 갖추고 온화하게 대하여 안심을 시키면서 제압하는 자세를 유지해야 한다. 가급적 피의자의 잘못을 꾸짖거나 향후 중형이 선고될 거라는 암시나 개인적인 약점을 자극하는 일은 없도록 해야 한다.

(3) 적법절차 준수

피의자의 소재파악이나 검거과정에서의 적법절차 준수는 아무리 강조해도 지나치지 않으며, 수사과정에서 법에 규정된 절차를 준수하지 않아 어렵게 얻은 증거의 증거능력이 인정되지 아니하거나 수사관이 민형사상 책임을 지는 사례가 발생할 수 있다.[178)]

6. 수사의 종결

(1) 불송치 결정권의 도입

종래 경찰은 당해 사건이 범죄혐의가 있는지 여부와 상관없이 모든 사건을 검찰에게 송치할 의무가 있었다. 이른바 전건송치주의다. 따라서 원칙상 형사사건기록은 검찰청 기록보관실에 보관되었다. 그런데 2020년 개정 형사소송법은 제245조의5를 새롭게 규정하였다.

---

178) 형사소송법 제198조(준수사항) ① 피의자에 대한 수사는 불구속 상태에서 함을 원칙으로 한다.
② 검사·사법경찰관리와 그 밖에 직무상 수사에 관계있는 자는 피의자 또는 다른 사람의 인권을 존중하고 수사과정에서 취득한 비밀을 엄수하며 수사에 방해되는 일이 없도록 하여야 한다.
③ 검사·사법경찰관리와 그 밖에 직무상 수사에 관계있는 자는 수사과정에서 수사와 관련하여 작성하거나 취득한 서류 또는 물건에 대한 목록을 빠짐 없이 작성하여야 한다.
④ 수사기관은 수사 중인 사건의 범죄 혐의를 밝히기 위한 목적으로 합리적인 근거 없이 별개의 사건을 부당하게 수사하여서는 아니 되고, 다른 사건의 수사를 통하여 확보된 증거 또는 자료를 내세워 관련 없는 사건에 대한 자백이나 진술을 강요하여서도 아니 된다.

> **형사소송법 제245조의5(사법경찰관의 사건송치 등)** 사법경찰관은 고소 · 고발 사건을 포함하여 범죄를 수사한 때에는 다음 각 호의 구분에 따른다.
> 1. 범죄의 혐의가 있다고 인정되는 경우에는 지체 없이 검사에게 사건을 송치하고, 관계 서류와 증거물을 검사에게 송부하여야 한다.
> 2. 그 밖의 경우에는 그 이유를 명시한 서면과 함께 관계 서류와 증거물을 지체 없이 검사에게 송부하여야 한다. 이 경우 검사는 송부받은 날부터 90일 이내에 사법경찰관에게 반환하여야 한다.

위 제1호에 해당하는 소위 송치사건의 경우에는 사건을 검찰에 송치하여야 하나, 반대로 제2호에 해당하는 소위 불송치사건(송부사건)의 경우에는 기록을 송부하였다가 반환받아 경찰서 기록보관실에 보관하게 된다. 이로써 경찰은 사건을 선별적으로 송치하지 않을 수 있게 된 것이다. 그 의미는 경찰이 검사의 지휘가 없더라도 독자적으로 불송치 결정 등을 할 수 있고 그 이후에도 검사의 새로운 처분을 기다리지 않아도 된다는 것이다. 사건을 송치한다는 의미는, 사건의 관할책임을 이전한다는 의미이기 때문이다. 실제 수사실무에서도 경찰이 불송치결정을 하게 되면 대부분 검사가 재수사요청을 하지 않거나 사건관계인이 이의제기를 하지 않기 때문에, 대체로 경찰의 불송치결정으로 사건은 종결된다. 이로 인해 피의자는 검찰의 처분을 기다리지 않고도 경찰수사 단계에서 혐의 없음이 밝혀졌을 때 신속하게 형사절차에서 해방될 수 있게 되었다.

(2) 고소인의 통제수단 : 이의신청

> **형사소송법 제245조의7(고소인 등의 이의신청)** ① 제245조의6의 통지를 받은 사람(고발인을 제외한다)은 해당 사법경찰관의 소속 관서의 장에게 이의를 신청할 수 있다.
> ② 사법경찰관은 제1항의 신청이 있는 때에는 지체 없이 검사에게 사건을 송치하고 관계 서류와 증거물을 송부하여야 하며, 처리결과와 그 이유를 제1항의 신청인에게 통지하여야 한다.

위와 같은 경찰의 불송치결정권 도입에 따른 권한남용을 통제하기 위하여, 고소인에게 이의신청권을 부여하였다. 즉, 불송치결정의 통지를 받은 고소인은 특별한 요건이 없이도 이의신청을 할 수 있게 되었다. 이의신청을 하면, 담당 수사경찰은 의무적으로 사건을 검사에게 송치하여야 한다. 주의할 점은 2022년 9월 10일 개정 형사소송법 시행으로 고발인의 이의신청권은 제외되었다.

(3) 검사의 통제수단

1) 송치사건에 대한 보완수사요구

형사소송법 제197조의2(보완수사요구) ① 검사는 다음 각 호의 어느 하나에 해당하는 경우에 사법경찰관에게 보완수사를 요구할 수 있다.

1. 송치사건의 공소제기 여부 결정 또는 공소의 유지에 관하여 필요한 경우
2. 사법경찰관이 신청한 영장의 청구 여부 결정에 관하여 필요한 경우

② 사법경찰관은 제1항의 요구가 있는 때에는 정당한 이유가 없는 한 지체 없이 이를 이행하고, 그 결과를 검사에게 통보하여야 한다.

③ 검찰총장 또는 각급 검찰청 검사장은 사법경찰관이 정당한 이유 없이 제1항의 요구에 따르지 아니하는 때에는 권한 있는 사람에게 해당 사법경찰관의 직무배제 또는 징계를 요구할 수 있고, 그 징계 절차는 「공무원 징계령」 또는 「경찰공무원 징계령」에 따른다.

[본조신설 2020. 2. 4.]

개정법은 검찰의 직접수사를 가급적 배제하고 있다. 보완수사요구는 경찰에서 기소의견으로 송치한 사건에 대하여 담당 검사가 공소제기의 여부 내지 영장의 청구여부의 결정에 필요한 증거나 진술을 확보하기 위하여 담당 경찰관에게 필요한 부분을 보완해달라고 요청하는 제도를 말한다. 기존 검사의 수사지휘에 해당하는 부분으로 양 기관의 대등, 협력관계임을 반영하여 보완수사요구라는 용어를 사용한다.

2) 불송치사건에 대한 재수사요청

제245조의8(재수사요청 등) ① 검사는 제245조의5제2호의 경우에 사법경찰관이 사건을 송치하지 아니한 것이 위법 또는 부당한 때에는 그 이유를 문서로 명시하여 사법경찰관에게 재수사를 요청할 수 있다.

② 사법경찰관은 제1항의 요청이 있는 때에는 사건을 재수사하여야 한다.

또한 개정 형사소송법은 혐의가 없다고 판단한 불송치사건의 경우에도, 불송치결정이 위법 또는 부당한 때에는 검사가 담당 경찰관에게 재수사를 요청할 수 있도록 하였고, 요청을 받은 사법경찰관은 당해 사건을 재수사하여야 한다. 최근 대전지법에서 위 조항과 관련하여, '적어도 수사에 관해서는 경찰에 상당한 정도의 재량을 보장해야 하고, 이는 재수사라 하여 달라질 이유가 없다'고 판시한 바 있다. 이와 같은 경찰과 검찰의 수사 종결과정을 정리하면 다음 <그림 3-4>와 같다.

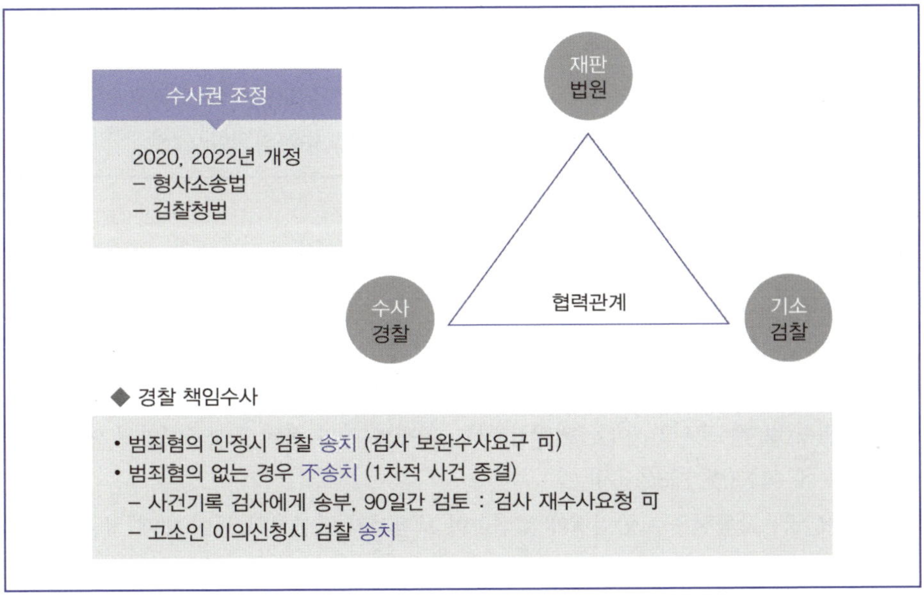

〈그림 3-4〉 수사종결 과정

◉ 보험상식 코너 : 보험사기 알선 · 광고행위 등 처벌규정 신설

「보험사기방지 특별법」 개정(2024년 8월 14일) 이후 자동차 보험사기 알선 · 유인 · 권유 · 광고 집중 모니터링 실시[179)]

< 주요 내용 >

- 금감원과 보험업계는 2024년 초부터 「보험사기방지 특별법」 시행에 대비하여 자동차 보험사기 알선 · 광고 등이 빈번한 인터넷 사이트 · 모바일앱 등을 집중 모니터링, 2024년 8월 14일 법 시행 이후 현재까지 자동차 보험사기 알선행위 등이 의심되는 400여명을 조사하고, 혐의점이 있다고 판단되는 380여명*에 대해 수사의뢰함
  * 자동차 보험사기 광고행위를 통해 고의사고 2건을 야기하고, 4백여만원을 편취한 피의자 3명을 검거하고 검찰에 송치(서울 수서경찰서, 2024.10.30.)
- 향후에도 보험사기 알선 · 유인 · 권유 · 광고에 대한 모니터링을 강화하고 보험사기 알선행위 등이 의심되는 경우에는 신속히 조사하여 수사의뢰할 예정

1. 개요

가. '24.8.14. 개정 보험사기방지 특별법* 시행으로 보험사기 알선·유인·권유·광고행위(이하 '알선행위 등')가 금지되고 처벌도 가능

* 누구든지 보험사기 행위를 알선 · 유인 · 권유 또는 광고하는 행위를 하여서는 아니되며(법 제5조의2), 이를 위반한 자는 10년 이하의 징역 또는 5천만원 이하의 벌금에 처함(법 제8조①항2호)

나. 이에 금융감독원은 보험업계와 협업하여 보험사기 알선행위 등에 대해 집중 모니터링을 실시하고 신속하게 조사를 진행

2. 보험사기 알선행위 등 집중 모니터링

가. (모니터링 체계) 금융감독원과 보험업계*는 '24년초부터 알선행위 등이 빈번하게 발생하는 10여개 인터넷사이트 · 모바일앱 등에 게시된 광고 글 등을 집중 모니터링하고 있으며, 알선행위 등이 의심되는 경우 보험사기 조사를 위해 금융감독원에 신속히 보고할 수 있는 Hot-line을 구축 · 운영 중

179) 금융감독원, 보도자료, 2024.11.26. "24.8.14. 개정 「보험사기방지 특별법」 시행 이후 자동차 보험사기 알선 · 유인 · 권유 · 광고 집중 모니터링 실시"

* 주요 손해보험회사(삼성, 현대, DB, KB, 메리츠 등)는 인터넷 게시글 등을 24시간 모니터링 중

나. (모니터링 결과) 특별법 시행 이후 "공격수 구합니다.", "보험빵 구함" 등 보험사기 광고 글은 현저히 줄어든 것*으로 확인

* 법 시행 이전 월평균 게시되던 수백 건의 광고 글이 법 시행 이후 월평균 10여건 이하로 감소

3. 보험사기 조사 및 수사의뢰

가. (조사개요) 자동차 보험사기 알선행위 등이 의심되는 경우 혐의자들의 신상정보를 신속히 확인하고, 이들의 사고내역을 분석하여 혐의내용을 확정

나. (조사결과) '24.8.14. 법시행 이후 현재까지 금융감독원과 보험업계는 보험사기 알선행위 등으로 400여명을 대상으로 조사를 실시하고(금감원 조사 30여명, 보험업계 조사 370여명), 혐의점이 있다고 판단되는 380여명에 대해 수사의뢰(3명 검찰송치)

※ 자동차 보험사기 광고행위 적발 사례
• A사는 다음 카페에서 고의사고 공모자를 "공격수 구합니다"의 광고글을 게시하여 모집한 혐의자의 신상정보를 파악하여 혐의점 분석후 수서경찰서에 수사의뢰('24.9.5.)
• 수서경찰서는 보험사기 광고행위를 통해 고의사고 2건을 야기하고 4백여만원을 편취한 피의자 3명을 검거하고 검찰에 송치('24.10.30.)

V 보험범죄 조사의 한계

1. 개관

대체로 보험범죄는 보험사의 수사의뢰 등으로 개시되고, 경찰수사를 거쳐 공소제기되거나 불송치결정으로 종결된다. 보험회사의 조사절차와 관련하여 보험사기방지특별법에 일부 규정 외에는 특별한 입법이 없는 상태이다. 반면, 경찰수사는 형사소송법령 기타 수사관계 법령에 의해 강한 규제를 받고 있어 보험범죄 조사에 한계가 있다.

2. 보험사의 보험범죄 조사단계

보험사는 수사기관이 아니므로 보험사의 조사단계에서는 본인의 동의를 받지 않고 강제로 조사를 할 수 없음은 물론이다. 그리고 업무상 보험범죄 조사를 이유로 타인의 사생활, 명예, 의사결정의 자유 기타 법이 보장하는 법익을 함부로 침해할 수 없다. 나아가 임의적인 수단으로 조사를 하는 경우에도 민형사상 책임이 발생하는 경우가 있음에 유의할 필요가 있다.

(1) 보험사기방지 특별법

보험회사는 보험사고 조사과정에서 보험계약자 등의 개인정보를 침해하지 아니하도록 노력하여야 한다. 그리고 보험회사는 대통령령으로 정하는 사유없이 보험사고 조사를 이유로 보험금의 지급을 지체 또는 거절하거나 삭감하여 지급하여서는 아니된다(형법 제5조).

(2) 공개장소에서 사진촬영과 미행의 위법성

사례) 피고 OOO화재해상보험 주식회사를 상대로 제기한 손해배상청구소송에서 원고 1, 2의 후유장해 정도에 대한 증거자료를 수집할 목적으로 원고들 몰래 원고들의 사진을 촬영하여 법원에 제출하였는데, 그 사진의 내용은 원고들이 일상생활에서 장해부위를 사용하는 모습으로서 원고들의 아파트 주차장, 직장의 주차장, 차량수리업소의 마당, 원고 3의 어린이집 주변 도로 등 일반인의 접근이 허용된 공개된 장소에서 촬영한 사건이다.

공개장소에서 사진촬영의 경우, 헌법이 보장하는 초상권과 자기정보통제권이 쟁점이 된다. 즉 사람은 누구나 자신의 얼굴 기타 사회통념상 특정인임을 식별할 수 있는 신체적 특징에 관하여 함부로 촬영 또는 그림묘사되거나 공표되지 아니하며 영리적으로 이용당하지 않을 권리를 가지는데, 이러한 초상권은 우리 헌법 제10조 제1문에 의하여 헌법적으로도 보장되고 있는 권리이다. 또한, 헌법 제10조는 헌법 제17조와 함께 사생활의 비밀과 자유를 보장하는데, 이에 따라 개인은 사생활 활동이 타인으로부터 침해되거나 사생활이 함부로 공개되지 아니할 소극적인 권리는 물론, 오늘날 고도로 정보화된 현대사회에서 자신에 대한 정보를 자율적으로 통제할 수 있는 적극적인 권리도 가진다.180)

그러므로 초상권 및 사생활의 비밀과 자유에 대한 부당한 침해는 불법행위를 구성하는데, 위 침해는 그것이 공개된 장소에서 이루어졌다거나 민사소송의 증거를 수집할 목적으로 이루어졌다는 사유만으로는 정당화되지 아니한다.181)

1) 결론

피고들은 위 사진을 촬영하기 위하여 원고들을 몰래 지켜보거나 미행하고 때에 따라서는 차량으로 뒤따라가 사진을 촬영한 사례이다. 위와 같은 위 피고들의 행위는 특정의 목적을 가지고 의도적·계속적으로 주시하고 미행하면서 사진을 촬영함으로써 원고들에 관한 정보를 임의로 수집한 것이어서, 비록 그것이 공개된 장소에서 민사소송의 증거를 수집할 목적으로 이루어졌다고 하더라도 초상권 및 사생활의 비밀과 자유의 보호영역을 침범한 것으로서 불법행위를 구성한다.

---

180) 대법원 1998. 7. 24. 선고 96다42789 판결 참조.

181) 대법원 2006. 10. 13. 선고 2004다16280 판결 [위자료].

2) 판단기준

피고들에게는 위 침해행위로 인하여 달성하려는 이익, 즉 위 손해배상소송에서 승소함으로써 손해배상책임을 면하여 얻는 재산상 이익, 허위 또는 과장된 청구를 밝혀내어야 할 소송에서의 진실발견이라는 이익, 부당한 손해배상책임을 면함으로써 보험료를 낮출 수 있다는 보험가입자들의 공동이익 등이 있고, 이는 원고들의 초상권 및 사생활의 비밀과 자유와 충돌하는 이익이 된다. 이처럼 초상권이나 사생활의 비밀과 자유를 침해하는 행위를 둘러싸고 서로 다른 두 방향의 이익이 충돌하는 경우에는 구체적 사안에서의 사정을 종합적으로 고려한 이익형량을 통하여 위 침해행위의 최종적인 위법성이 가려진다.

이러한 이익형량과정에서, 첫째 침해행위의 영역에 속하는 고려요소로는 침해행위로 달성하려는 이익(이하 '침해법익'이라 한다)의 내용 및 그 중대성, 침해행위의 필요성과 효과성, 침해행위의 보충성과 긴급성, 침해방법의 상당성 등이 있고, 둘째 피해이익의 영역에 속하는 고려요소로는 피해법익의 내용과 중대성 및 침해행위로 인하여 피해자가 입는 피해의 정도, 피해이익의 보호가치 등이 있다. 그리고 일단 권리의 보호영역을 침범함으로써 불법행위를 구성한다고 평가된 행위가 위법하지 않다는 점은 이를 주장하는 사람이 증명하여야 한다.

이 사건에 관하여 판단하건대, 피고들의 침해법익의 하나인 보험가입자들의 공동이익이나, 소송에서의 진실발견이라는 이익도 구체적인 사실에 관하여서 허위주장을 하지 않는 경우에까지 이러한 이익들이 원고들의 인격적 이익보다 더 우월하다고 단정할 수 없고(양 법익 내용의 비교), 원고들의 피해영역 또한 일반적으로 공개가 허용되는 가장 바깥 테두리의 영역이라고만은 할 수 없는 그 중간의 영역에 속한다고 볼 수 있으며(피해법익의 중대성), 촬영한 사진의 내용 역시 타인에게 굳이 공개하고 싶지 않은 것으로 보이고, 사진촬영과정에서 미행·감시당함으로써 자신들의 일상생활이 타인에게 노출되는 것은 결코 피해 정도가 작다고 할 수 없다(피해 정도). 뿐더러, 위 손해배상소송에서 피고들이 촬영한 위 사진이 법원에 제출된 다음 원고 1에 대하여 실시된 재감정 결과에 의하더라도 기왕증 고려 전의 후유장해는 요추부 24%, 경추부 23%로서 피고들이 잘못 감정되었다고 주장하는 1차 감정 결과와 대체적으로 일치하고 있고, 다만 요추부에 대한 기왕증의 고려 여부 및 장해기간에 다소 차이가 있을 뿐인데, 이러한 차이는 사진촬영으로 밝힐 수 있는 성질의 것이 아니어서 사진촬영을 할 필요성이나 효과성은 인정하기 어렵고, 한편 원고들이 주장하는 장해 정도가 허위라거나 과장이라고 합리적으로 의심할 상당한 이유가 있다고 보기 어려워 피해이익의 보호가치는 인정된다(침해행위의 필요성과 효과성, 피해이익의 보호가치). 더 나아가 소송당사자는 먼저 자신의 법 테두리 안에서 증거를 수집하여야 함은 물론, 이를 넘어서는 증거수집은 법적인 절차에 따라 하여야 하며 스스로 타인의 법 영역을 무단으로 침범하여 증거를 수집하는 것은 허용되지 아니하는바, 감정결과에 불복이 있을 경우 그 감정과정이나 장해 정도의 평가에 의학적, 논리적, 경험칙상 발견되는 객관적인 잘못이나 의문점을 지적하는 등의 방법으로 소송절차 내에서 문제를 해결하지 아니하고 무단히 타인의 법 영역을 침범하는 것은 보충성에 반할 뿐만 아니라, 위 사진촬영에 특별히 긴급한 사정이 있었다고도 보이지 아니하며(침해행위의 보충성, 긴급성), 또한 피고 측에서 8일이라는 상당기간에 걸쳐 미행을 하거나 차량으로 추적을 하여 몰래 숨어서 촬영함으로써 피고들이 원치 않는 사생활의 일면까지 침해함으로써 그 침해방법 역시 합리적이라고도 보이지 아니한다(침해방법의 상당성). 이러한 여러 가지 사정을 종합하여 보면, 피고측이 원고들에 대하여 저지른 침해행위는 위법성이 조각된다고 보이지는 아니한다.

(3) 협박성 조사와 압박

보험범죄 조사와 소송절차 전과정에서 협박 등 사건관계자의 의사결정의 자유를 압박하거나 부당한 위협을 가하는 것은 당연히 금지된다. 특히 소취하를 종용하는 등의 행위는 정당한 재판청구권을 침해할 수 있다. 아래 사례는 합의를 거절하고 손해배상 청구소송을 제기한 교통사고 피해자에게 소송취하를 종용하는 협박성 문자메시지를 보낸 보험사에 대해 피해자가 제기한 위자료청구소송의 내용이다.

> 강원 강릉에 사는 엄씨는 교차로 신호대기 중 뒤따라 오던 승용차가 추돌하는 사고를 당해 허리를 다쳤으나 D사 측이 합의금으로 45만 원을 제시하자 합의를 거절하고 소송을 제기했다. 교통사고를 당해 허리를 다친 엄모(25. 대학생)씨는 28일 "소송을 걸었다는 이유로 협박당해 정신적 피해를 봤다"며 D보험사와 보험사 직원을

상대로 3천만 원의 위자료 청구소송을 서울지법에 냈다. 엄씨는 소장에서 "교통사고를 당한 후 피고 회사에서 제시한 합의금이 터무니없이 적어 정당한 보상을 받기 위해 소송을 걸었는데 보험사 직원 정모 씨가 30여 차례 휴대전화 문자메시지를 보내 '소송을 취하하지 않으면 해를 입히겠다'는 내용의 협박을 했다"고 주장했다. 엄씨는 "정씨는 '소송을 진행할 경우 취업이 힘들 것이다. 당신에게 치명타를 날릴 수 있다' 등 내용이 담긴 문자메시지를 보내 소송을 계속 진행할 경우 유 · 무형의 영향력을 행사해 불이익을 주겠다고 협박한 사건이다.

결론적으로 정신적 피해를 준 것은 물론 정당한 재판청구권을 침해했다는 점이 인정되었다. 서울지법 민사47단독 이승엽 판사는 31일 "보험사가 보험금 지급을 피하기 위해 여러 방법으로 합의를 시도할 수 있지만, 그것도 법의 테두리 안에서만 허용된다"며 "피고 정씨가 협박성 문자메시지를 계속 보내 엄씨가 정신적 고통을 받았음이 명백하므로 정씨와 정씨의 사용자인 D보험사는 정신적 피해에 대한 손해배상책임이 있는 만큼 원고인 엄씨에게 1,000만 원 지급하라"고 판결했다.182)

(4) 개인정보 보호법 위반

개인정보 보호법 제71조 제1호, 제17조 제1항 제1호에 따르면, 개인정보처리자는 법률에 특별한 규정이 있거나 법령상 의무를 준수하기 위하여 불가피한 경우 등이 아닌 경우 정보주체의 동의를 받지 아니하고 개인정보를 제3자에게 제공해서는 안 되며, 이를 어겼을 경우에는 5년 이하의 징역 또는 5천만 원 이하의 벌금형에 해당한다.

보험회사 소속 직원도 개인정보처리자로서 같은 법의 적용대상이 되며, 보험사고 처리 과정에서 알게 된 타인의 개인정보를 동의 없이 다른 사람에게 알려준 경우 처벌대상에 해당된다. 아래 사례는 같은 법 위반으로 30만 원 벌금형에 처한 사례이다.

---

182) 유용하, "車사고 피해자에 협박문자 보험사 직원 위자료 물어야", 매일경제, 2003. 10. 31, https://www.mk.co.kr/news/all/3174144.

피고인은 ㈜B 소속 직원으로서 2021. 12. 하순경 서울 강남구 C에 있는 사무실에서, 2021. 12. 23. 강원도 원주시 무실로 인근에서 발생한 위 보험회사 피보험자인 D와 피해자 E 사이의 교통사고 업무를 처리하면서 알게 된 개인정보인 피해자의 이름과 휴대전화번호를 피해자의 동의 없이 전화로 D에게 알려주었다.

1) 피고인은 당초 피고인이 소속된 보험회사의 피보험자인 D가 가해자이고 피해자가 피해를 입은 교통사고에 대한 보험업무를 목적으로 피해자의 개인정보를 수집하였는데, D가 수사기관에 교통사고에 대한 수사를 요청하는 과정에서 피해자의 개인정보를 제공한 것이 당초 수집목적과 반드시 관련성이 있다고 볼 수 없는 점, 2) D가 위 사고를 보험으로 처리하지 않고 수사기관에 수사를 의뢰할 것이라는 점에 대하여 피해자에게 예측가능성이 있었다고 볼 수 없는 점, 3) D는 피해자와 이해관계를 달리하고, D가 피해자에게 직접 연락함으로써 다른 분쟁이나 범죄가 발생할 수 있어 정보주체인 피해자의 이익을 부당하게 침해할 가능성이 있는 점, 4) D가 수사기관에 교통사고를 접수하면서 반드시 피해자의 개인정보를 알아야하는 것은 아닌 것으로 보이고, 피고인이 경찰관에게 직접 피해자의 개인정보를 제공한 것도 아니며, 그 과정에서 피고인이 안전성 확보에 필요한 조치를 한 것으로도 보이지 않는 점 등을 종합하면, 피고인의 행위는 개인정보 보호법 제17조 제4항의 정보주체의 동의없이 개인정보를 제공할 수 있는 경우에 해당하지 않고, 피고인의 행위가 형법 제20조의 정당행위에 해당하거나 형법 제16조의 책임조각사유에 해당한다고 할 수 없다.[183]

3. 수사기관의 보험범죄 수사단계

보험사의 조사단계와 달리, 수사기관의 수사절차는 형사소송법에 따라 강한 법적 규제를 받게 된다. 즉 일반적인 수사와 마찬가지로 보험범죄 수사에서도 적법절차에 따라야 함은 물론이다. 이와 관련 함정수사와 위법수집증거 배제법칙이 문제된다. 수사는 범죄진상규명을 목표로 하며 혐의가 있는 경우, 검사는 그 절차에서 수집된

183) 서울남부지방법원 2022. 11. 11. 선고 2022고정756 판결.

증거를 공소제기를 통해 법원에 유죄의 증거로 제출한다. 만약 위법한 수사를 통해 수집된 증거임이 밝혀진 경우 이를 유죄인정의 증거로 사용할 수 없는 것이다.

(1) 함정수사

본래 범의를 가지지 아니한 사람에 대하여 수사기관이 사술이나 계략 등을 써서 범의를 유발하게 하여 범죄인을 검거하는 함정수사는 위법하다. 구체적인 사건에 있어서 위법한 함정수사에 해당하는지 여부는, 해당 범죄의 종류와 성질, 유인자의 지위와 역할, 유인의 경위와 방법, 유인에 따른 피유인자의 반응, 피유인자의 처벌 전력 및 유인행위 자체의 위법성 등을 종합하여 판단하여야 한다. 수사기관과 직접 관련이 있는 유인자가 피유인자와의 개인적인 친밀관계를 이용하여 피유인자의 동정심이나 감정에 호소하거나, 금전적·심리적 압박이나 위협 등을 가하거나, 거절하기 힘든 유혹을 하거나, 또는 범행방법을 구체적으로 제시하고 범행에 사용될 금전까지 제공하는 등으로 과도하게 개입함으로써 피유인자로 하여금 범의를 일으키게 하는 것은, 위법한 함정수사에 해당하여 허용되지 않는다. 그렇지만 유인자가 수사기관과 직접적인 관련을 맺지 않은 상태에서 피유인자를 상대로 단순히 수차례 반복적으로 범행을 부탁하였을 뿐, 수사기관이 사술이나 계략 등을 사용하였다고 볼 수 없는 경우에는 설령 그로 인하여 피유인자의 범의가 유발되었다 하더라도 위법한 함정수사에 해당하지 않는다.[184]

아직 보험사기와 관련해서 본격적으로 문제된 판결사례는 없다. 그러나, 수사기관이 보험사기를 적발하기 위해 정상적인 환자인 것처럼 의료기관에 잠입하여 수사하는 등의 방법이 사용되었을 경우 함정수사가 문제될 수 있다.

(2) 위법수집증거 배제법칙

형사소송법 제308조의2는 '위법수집증거의 배제'라는 제목으로 "적법한 절차에 따르지 아니하고 수집한 증거는 증거로 할 수 없다."라고 정하고 있다. 대법원은 위법한 압수·수색을 비롯한 수사과정의 위법행위를 억제하고 재발을 방지함으로써 국민의 기본적 인권보장이라는 헌법이념을 실현하고자 위법수집증거 배제원칙을 명

184) 대법원 2007. 7. 12. 선고 2006도2339 판결 등 참조.

시한 것이라고 선언한 바 있다. 나아가 헌법 제12조는 기본적 인권을 보장하기 위하여 압수·수색에 관한 적법절차와 영장주의 원칙을 선언하고 있고, 형사소송법은 이를 이어받아 실체적 진실규명과 개인의 권리보호이념을 조화롭게 실현할 수 있도록 압수·수색절차에 관한 구체적 기준을 마련하고 있다. 이러한 헌법과 형사소송법의 규범력을 확고하게 유지하고 수사과정의 위법행위를 억제할 필요가 있으므로, 적법한 절차에 따르지 않고 수집한 증거는 물론 이를 기초로 하여 획득한 2차적 증거 또한 기본적 인권보장을 위해 마련된 적법한 절차에 따르지 않고 확보한 것으로서 원칙적으로 유죄인정의 증거로 삼을 수 없다고 보아야 한다.[185)]

1) 개관

대체로 아래와 같은 유형의 경우 위법수집증거로서 증거능력이 문제된다.

① 영장주의에 위반하여 수집된 증거

영장없이 압수, 수색, 검증된 물건, 영장 자체에 하자(압수대상의 미기재 등)가 있는 경우, 영장기재의 압수물에 포함되지 않는 다른 증거물의 압수, 체포현장의 요건을 결한 압수·수색, 소지품검사의 한계를 벗어나 수집한 물건, 도청 및 비밀녹음 등이 이에 해당한다. 그러나 영장의 기재방식 또는 집행방식에 있어서의 단순한 위법은 증거능력에 영향이 없다.

② 적정절차에 위반하여 수집된 증거

야간압수·수색금지규정에 위반한 압수·수색(제125조, 제219조), 당사자의 참여권을 보장하지 않는 검증(제121조, 제145조)과 감정(제176조, 제183조), 의사나 성년의 여자를 참여시키지 않은 여자의 신체검사(제141조 제3항) 등도 증거로 할 수 없다. 나아가 대법원은 증거보전절차(제184조)에서 그 일시와 장소를 피의자 및 변호인에게 미리 통지하지 않았고, 변호인이 이에 대하여 이의신청한 경우에는 증인신문조서의 증거능력이 부정된다고 판시한 바 있다.[186)]

---

185) 대법원 2019. 7. 11. 선고 2018도20504 판결.

186) 대법원 1992. 2. 28. 선고 91도2337 판결.

③ 형사소송법의 효력규정에 위반하여 수집된 증거

증거조사절차가 위법하여 무효인 경우에는 이로 인하여 수집한 증거는 증거능력이 없다. 따라서 거절권을 침해한 압수·수색(제110조~제112조), 선서없는 증인신문(제156조), 감정, 통역, 번역(제170조, 제180조)의 결과는 증거로 할 수 없다.

2) 사진촬영의 경우

사진촬영 위법성의 판단기준은 보험사의 경우와 수사기관의 경우가 다르다. 즉 누구든지 자기의 얼굴이나 모습을 함부로 촬영당하지 않을 자유를 가지나, 이러한 자유도 무제한으로 보장되는 것은 아니다. 국가의 안전보장·질서유지·공공복리를 위하여 필요한 경우에는 그 범위 내에서 상당한 제한이 있을 수 있으며, 수사기관이 범죄를 수사함에 있어 현재 범행이 행하여지고 있거나 행하여진 직후이고, 증거보전의 필요성 및 긴급성이 있으며, 일반적으로 허용되는 상당한 방법으로 촬영한 경우라면 위 촬영이 영장없이 이루어졌다 하여 이를 위법하다고 단정할 수 없다.[187] 최근 창원지방법원 제2형사부 2018.2.1. 2017노2690 판결에서 피고인은 허위로 연기, 대답함으로써 의사를 속여 허위내용의 후유장애진단서 발급을 받아 보험금을 편취하려고 한 혐의로 보험사기미수로 공소제기된 사건에서, 수사기관이 식당에서 정상적으로 업무를 보는 피의자를 사진촬영한 것이 문제되었다. 그러나 '이 부분 동영상 촬영부분은 피고인에 대한 범죄혐의가 포착된 상태에서 사기죄의 증거를 보전하기 위하여 수집되었다고 봄이 상당하고, 사생활침해의 우려가 비교적 덜한 식당에서 일을 하는 해당 피고인의 모습을 촬영한 것으로, 그 촬영방법에도 상당성이 인정되므로 이를 위법하다고 볼 수 없다'고 판시한 바 있다.

4. 최근 동향

(1) 민사상 불법행위책임

위법수집증거에 해당하는지와 별개로, 수사기관의 위법한 행위로 타인에게 손해

---

187) 대법원 2013. 7. 26. 선고 2013도2511 판결.

를 가하였다면 민사상 불법행위 책임을 지는 경우도 있다. 최근에 압수수색현장에 보험사의 SIU가 동행한 사례를 소개한다.

서울 강남에서 이비인후과를 운영하던 피의자 A씨는 환자에게 할인된 금액을 받고 할인되기 전 금액이 적힌 영수증을 발행해 보험사가 과도한 보험금을 지급하도록 한 혐의 등으로 2014년 8월 병원과 자택을 압수수색 당했다.

1) A씨는 법원이 발부한 압수수색영장에 기재된 주소와 다른 곳에 거주하고 있었는데, 경찰관인 B씨는 이 사실을 알고 A씨에게 실거주지 주소를 물으며 실거주지에 대한 압수수색에 협조해달라는 취지로 말했다. 이 과정에서 B씨는 A씨의 동의가 있을 경우에만 실제 거주지에 대한 압수수색이 가능함을 분명히 밝히지는 않은 것으로 조사됐다. A씨는 실거주지에 대한 압수수색에 협조하겠다는 의사를 밝혔고, 실거주지에 있던 배우자에게 전화해 압수수색 진행 예정임을 알려 압수수색이 이뤄졌다.

2) 한편 병원을 압수수색 할 때 보험사 직원 C씨가 동행해 A씨 병원의 직원들에게 진술서를 받아냈는데, 이후 C씨는 병원장, 전국의사총연합, 대한의사협회의 고발로 공무원사칭죄로 벌금 300만 원을 확정받았다. 이후 A씨는 이 사건과 관련해 검찰에서 무혐의 처분을 받자, 경찰관 B씨 등과 고발인이자 고소인인 보험회사는 물론 보험회사 직원 C씨 등을 상대로 변호사 선임비용과 위자료 등을 배상하라며 소송을 냈다.

1) 1심 법원

1심 법원은 압수수색 영장은 집행과정에서 경찰관이 아닌 자의 참여여부에 대해 명시적 규정을 두고 있지 않고, 현실적으로 영장을 제대로 집행하기 위해 전문적 지식을 가진 사람의 도움이 필요한 경우도 있어 경찰관이 아닌 자가 집행단계에 동행했다고 해서 집행이 위법하다고 할 수 없다면서 영장청구에 있어 참여자 기재는 필수적 기재사항이 아니고, 고소인과 다를 바 없는 보험회사 직원의 참여는 부적절하지만, 보조형태를 취했으므로 압수수색 자체가 위법했다고 할 수는 없다고 밝혔다. 이어 A씨가 압수수색 영장 집행 시작 때 영장을 확인했고, 경찰관 B가 영장기재 주소지가 A씨의 실거주지가 아닌 것을 확인해 A씨에게 '다른 곳에 직원들이 가 있는

데, 실거주지로 가서 협조받으라고 하겠다'고 이야기한 후 "A씨가 배우자에게 지금 갈 것이라고 통화한 것 등을 보면 A씨의 실거주지를 알려주고 집행한 것은 A씨의 동의하에 이뤄진 일로 봄이 상당하다"면서 B씨 등의 불법행위를 인정하지 않았다. 또한 보험사 직원인 C씨가 벌금형을 선고 받은 것이 A씨에 대해 불법행위가 된다고 볼 수 없다고 판단해 원고패소 판결을 했다.

2) 대법원

영장에 압수수색 장소로 기재된 A씨의 주민등록상 주소지가 아닌 실제 거주지를 압수수색했고 A씨의 실거주지에 대한 압수수색이 A씨의 자발적인 동의를 거친 적법한 절차에 의한 것인지는 부정적으로 볼 여지가 있지만, "영장에 A씨의 자택에 대한 압수수색을 허용하는 내용이 기재돼 있었음에도 주소가 잘못 기재되었을 뿐인 상황에서 B씨가 형식적으로나마 A씨의 동의를 받고 압수수색을 했다면 B씨가 고의 또는 중과실로 직무상 의무 위반행위를 했거나 이와 상당인과관계가 있는 A씨의 손해가 발생했다고 보기는 어렵다"고 판단했다.[188)]

(2) 입법 개정안

형사소송법상 위법수집증거 배제법칙을 국민건강보험법에 명문화하는 입법이 추진되고 있다. 적법한 절차를 따르지 않은 현지조사나 현지확인으로 수집한 증거에 대한 증거능력을 배제하는 내용이다. 더불어민주당 김민석 의원은 이 같은 내용의 건강보험법 개정안을 23년 1월 12일 대표 발의했다. 보건복지부는 현행 법률에 따라 요양기관에 대해 보험급여에 관한 보고 또는 서류 제출을 명하거나, 소속 공무원이 관계인에게 질문 또는 관계 서류를 검사하게 할 수 있다. 국민건강보험공단 역시 보험급여관리 등을 위해 요양기관에 자료를 제공하도록 요청할 수 있게 돼 있다. 다만, 조사과정에서 인권적 침해와 행정적 부담 등에 대한 문제제기가 그 배경이 되고 있다.

---

188) 최은택, "'절차 안지키고 수집한 현지조사, 증거능력 배제'...입법 추진", 뉴스더보이스헬스케어, 2023.01.13, https://www.newsthevoice.com/news/articleView.html?idxno=30826.

제4장

보험범죄 유형별 조사기법

I 개관

1. 보험사기 유형별 적발현황

금융감독원에서는 보험사기 유형별 적발통계를 매년 발표하는데 2022년도 기준으로 발표한 그 세부내용은 앞에서 제시한 <표 2-3> 보험사기 유형별 적발금액, <표 2-4> 보험사기 유형별 적발인원 통계 등에서 알 수 있다. 위 표에서는 보험사기 유형을 사고내용조작, 고의사고, 허위사고 등 크게 세 가지로 분류한다. 2023년도 보험사기 적발금액 총 1조 1,164억여 원 중 사고내용조작은 59.3%(6,616억 원), 허위사고는 19%(2,124억 원), 고의사고는 14.3%(1,600억 원)를 차지한다. 사고내용조작으로 인한 적발금액은 2020년 5,250억 원, 2021년 5,713억 원, 2022년 6,681억 원으로 증가하였다. 고의사고로 인한 적발금액은 2020년 1,385억 원, 2021년 1,576억 원, 2022년 1,553억 원, 2023년 1,600억 원에 달한다. 허위사고로 인한 적발금액은 2020년 1,543억 원, 2021년 1,412억 원, 2022년 1,914억 원, 2023년 2,124억 원으로 최근에 크게 늘어났다.

〈표 4-1〉 보험사기 유형별 적발금액[189] (단위: 억 원, %)

구 분	2020년		2021년		2021년		2023년		증감	
	금액	구성비	금액	구성비	금액	구성비	금액	구성비	금액	비율
사고내용조작	5,250	58.4	5,713	60.6	6,681	61.8	6,616	59.3	△65	△1.0
고의사고	1,385	15.4	1,576	16.7	1,553	14.4	1,600	14.3	47	3.0
허위사고	1,543	17.2	1,412	15.0	1,914	17.7	2,124	19.0	210	11.0
기 타	808	9.0	734	7.7	670.1	6.2	824	7.4	154	23.0
전 체	8,986	100	9,434	100	10,818	100	11,164	100	346	3.2

여기서는 앞의 금융감독원의 적발통계에서 분류한 방식을 토대로 최근 보험사기 유형별 사례와 조사기법을 살펴본다.

189) 금융감독원, 보도자료, 2024.3.6. "2023년 보험사기 적발현황 및 향후계획", 2022년도 보도자료 참조.

2. 최근 보험범죄의 경향

(1) 흉포화 · 강력화

살인, 방화와 같이 보험금을 노리고 벌이는 강력사건이 증가추세이다. 2020년 살인·상해 등 강력범죄를 통한 보험사기 적발금액은 37억 원, 적발인원은 72명이었다. 2021년 살인·상해 등 강력범죄를 통한 보험사기 적발금액은 52억 원, 적발인원은 97명으로 전년 대비 각각 40.3%, 34.7% 크게 증가했다. 2022년에는 살인·상해 등 강력 보험사기 적발금액은 45억 원, 적발인원은 52명에 달했다. 자기재산손괴와 방화 등 범죄에 가담하여 적발된 인원은 2020년 151명에서 2021년 284명으로 전년 대비 88.1% 대폭 늘었고 2022년에는 229명에 달했다. 다음 기사는 최근 사회적으로 문제되고 있는 이은해의 보험살인사건 재판 관련 보도내용이다.

'계곡 살인' 이은해 무기징역 확정…조현수 징역 30년

사망보험금을 노리고 남편을 살해한 혐의로 기소된 이은해가 21일 무기징역형을 확정받았다. 함께 기소된 이 씨의 내연남 조현수는 징역 30년을 확정받았다.

대법원1부는 이날 살인과 살인미수, 보험사기방지 특별법 위반 미수 등 혐의로 기소된 이 씨의 상고심에서 무기징역을 선고한 원심 판결을 확정했다. 공범 조 씨도 징역 30년을 선고한 원심이 확정됐다. 이 씨와 조 씨는 2019년 6월 경기 가평군 용소계곡에서 수영을 못 하는 피해자 윤모 씨를 물에 빠뜨려 사망하게 한 혐의를 받는다. 이들은 또 2019년 2월 강원 양양군 펜션에서 윤 씨에게 독이 든 복어 정소와 피 등을 섞은 음식을 먹이거나, 같은 해 5월 경기 용인시 소재 한 낚시터에 윤 씨를 물에 빠뜨려 살해하려 한 혐의 등도 받는다.

1심은 이 씨에게 무기징역을, 조 씨에게 징역 30년을 각각 선고했다. 재판부는 이들이 사망보험금 8억 원을 수령할 목적으로 남편인 윤 씨를 계곡물에 뛰어들게 했으며, 제대로 된 구호 조치를 이행하지 않았다고 판단했다. 다만 이른바 '가스라이팅'(심리적 지배)을 통한 직접 살인은 인정되지 않았다. 검찰은 이 씨가 윤 씨를 정신적으로 지배하는 이른바 '가스라이팅' 상태에서 윤 씨를 4m 높이에서 강제로 다이빙하게 해 직접 살인했다고 주장했지만 재판부는 물에 빠진 후 구호 의무를 이행하지 않아 숨지

게 한 간접 살인죄를 인정했다. 재판부는 이들이 윤 씨에게 복어 피를 섞은 음식을 먹이거나 낚시터에서 물에 빠뜨려 살해하려 한 혐의도 모두 유죄로 인정했다.

2심 재판부도 1심과 같은 판결을 내렸다. 재판부는 "검사가 제출한 증거만으로 피해자가 자신의 생명·신체에 위협을 가할 만한 요구에까지 순응해 이를 거부하거나 저항하지 못하는 정도로 심리적 지배 및 통제 상태에 이르렀다고 단정하기는 어렵다"고 판단했다.

한편 이 씨는 윤 씨의 사망보험금을 지급하라는 소송을 냈다가 지난 5일 패소했다. 이 씨는 2019년 6월 윤 씨가 사망하자 같은 해 11월 남편 명의로 가입한 사망보험금 8억 원을 돌려달라는 민사소송을 제기한 바 있다.[190]

(2) 기업화 · 조직화

A브로커 조직(병원 홍보회사)은 2019년 4월 여러 병원과 '홍보광고 대행계약'을 체결했다. 그러나 이는 표면적인 것일 뿐 실제로는 환자들을 병원에 소개한 대신 매출액의 일정비율(30%)을 알선비로 받는 환자알선 계약이었다. A조직 대표는 보험설계사 또는 브로커 관리자들을 통해 '다단계 방식'으로 브로커들을 모집하고 브로커들이 환자를 알선토록 한 후 허위로 보험금을 타내 이익을 나눴다. 사기가 적발되면서 브로커 조직 및 의료인 등 5명과 환자 653명 등 총 658명 적발됐고 사기 규모도 16억원에 이르렀다. 의사와 브로커도 구속됐다.[191]

최근에는 보험사기가 기업화 · 조직화되고 있는데, 2022년 상반기부터 손해보험업계에서 큰 논란이 되었던 백내장 과잉진료 역시 보험설계사와 병원전문가 등을 중심으로 하는 대형 브로커를 낀 보험사기단이 주도하였다. 금융당국에 최근 적발된 백내장 보험사기유형을 보면 브로커조직(병원 홍보회사)은 백내장전문 안과병원과 '홍보광고 대행계약'을 체결하고 환자를 알선한 후 매출액의 일정비율(30%)을 알선비로

190) 김혜린, "'계곡 살인' 이은해 무기징역 확정…조현수 징역 30년", 동아일보, 2023.9.21, https://www.donga.com/news/Society/article/all/20230921/121288313/1

191) 이창환, "[충격의 보험사기⑤] 브로커－병원－환자 합작 '대형 사기' 늘어", 아시아경제, 2022.6.9, https://www.asiae.co.kr/article/2022060909141304245

수령하는 방식이다.[192] 업계에 따르면 2022년 1월부터 3월 11일까지 국내 손해보험사의 백내장수술 지급보험금은 2,689억 원으로 역대 최대 수준이다. 이 중에 일부는 위와 같은 불법방식으로 지급된 돈인 것으로 파악하고 있다.[193]

보험업계 관계자는 "보험사기 시장에서 브로커의 영향력은 갈수록 커지고 있다"며 "예전에는 매출액의 30%가 브로커 알선비였다면 최근에는 50%까지 올라갔다는 이야기도 들린다"고 말했다. 예전에는 브로커 조직이 먼저 병원에 접근해 보험사기를 제안하고 병원이 이를 받아들이는 형태였다면 최근에는 병원이 직접 브로커 조직을 고용하는 경우도 많아졌다. 그만큼 보험 브로커 사기가 광범위하게 퍼져있다는 이야기다.[194]

(3) 20대 보험사기 증가

> 2020년 경기 북부에 거주하던 20대 A씨는 지역 선후배나 인터넷카페를 통해 보험빵을 시도할 사람들을 모집한다. 이들은 차량에 동승한 뒤 차선변경 위반 차량 등을 노려 일부러 교통사고를 냈다. 이후 보험사로부터 합의금을 수령하는 방법으로 약 10억 원의 보험금을 편취했다. 의정부경찰서는 A씨를 비롯한 총책 6명을 포함해 보험사기에 직간접적으로 가담한 총 108명을 검거했다. 보험사기에 가담한 이들은 대부분 10대 후반~20대 초반의 사회 초년생이었다.[195]

최근 수년간 자동차보험사고와 관련하여, 20대의 비중이 크게 늘고 있다. 금융감독원의 2021년 통계에 따르면, 국내에서 적발된 보험사기범 10명 중 2명은 20대였다. 그리고 3년간 20대 보험사기 증가율은 연평균 15.7%에 달한다. 이 가운데, 이른바 '보험빵'이라고 불리는 고의충돌이 큰 문제로 대두되고 있다. 보험빵은 법규위반 차량을 골라 고의로 충돌사고를 내거나, 가·피해자 간 공모하여 고의로 사고를 내

---

192) 이창환, "[충격의 보험사기①] 강력범죄 역대 최대...보험사기 잔혹사", 아시아경제, 2022.4.27, https://www.asiae.co.kr/article/2022042710304106008

193) 이창환, 위의 보도.

194) 이창환, 위의 보도.

195) 이창환, "[충격의 보험사기⑥] '보험빵'에 맛들인 젊은이들…20대에 철창신세", 아시아경제, 2022.6.10, https://cm.asiae.co.kr/ampview.htm?no=2022061008582743848

고 보험금을 편취하는 수법이다. 보험빵은 조직적으로 이뤄진다. 특히 주도자 1, 2명이 수십 명의 가담자를 끌어들여 사기를 벌이는 행태인데, 처음에는 지인들을 포섭하다가 나중에는 인터넷 카페와 유튜브 등 사회관계망서비스SNS 등을 통해 전국으로 확대한다. 보험사기꾼들이 많이 모여 있다는 인터넷 카페에는 "경기 ㄷㅋ(뒷쿵) 공격 구합니다" "충청도 ㄷㅋ 해주실 분" 등과 같은 방식으로 보험사기 참가자를 모집하는 글들이 올라오는데, 보험범죄의 공모자 모집광고인 셈이다.196)

Ⅱ 사고내용 조작

1. 개관

금융감독원이 발표한 앞의 <표 2-3> 보험사기유형별 적발금액 자료에 나타난 바와 같이 사고내용조작으로 적발된 금액은 2020년 5,250억 원, 2021년 5,713억 원, 2022년 6,681억 원으로 매년 증가 추세에 있다. 2022년 사고내용조작의 큰 비중을 차지하는 진단서위변조 및 입원수술비 과다청구 적발금액은 2,468억 원으로 전년 대비 크게 증가(34.5%)했으며, 정비공장의 수리비과장청구 적발금액은 136억 원으로 전년 대비 대폭 증가(60.9%)했다.

사고내용조작에는 ① 자동차사고 운전자, 피해물, 사고일자에 대한 조작 및 과장, ② 진단서 위변조 및 입원수술비 과다청구, ③ 고지의무 위반, ④ 음주·무면허 운전, ⑤ 병원의 치료비 과장청구, ⑥ 정비공장의 수리비 과장청구 등의 유형이 있다. 고지의무위반은 별도 항목에서 살펴본다.

한편 자동차를 이용한 허위·과다사고 유형에는 ① 실제로 차량사고가 발생하지 않았음에도 마치 사고가 발생한 것처럼 보험금을 청구하여 보험금을 편취하는 유형(사고내용 조작), ② 피해차량의 동승자가 아님에도 불구하고 동승자인 것처럼 가장하여 보험금을 청구하는 유형(피해자 끼워 넣기), ③ 실제로 운전하지 않은 사람이

196) 이창환, 앞의 보도.

운전자인 것처럼 가장하여 보험금을 청구하는 유형(운전자 바꿔치기), ④ 실제 사고차량이 아닌 다른 차량을 사고차량인 것처럼 가장하여 보험금을 청구하는 유형(사고차량 바꿔치기) ⑤ 음주·무면허 운전, ⑥ 자동차사고일자가 보험가입 이후인 것처럼 자동차사고일자를 조작하는 유형(사고 후 보험가입), ⑦ 차량도난사고로 허위신고(차량도난)하는 등의 유형으로 분류할 수 있다.[197]

2. 허위사고 신고

(1) 조사사례

1) 유죄사례

① 사례: 1심 - 징역 2년 6월, 2심 - 징역 2년 4월[198]

피고인은 전직 보험설계사로서 애인 및 친동생과 공모하여 고객들의 인적사항을 이용해 사실은 교통사고가 발생한 적이 없음에도 동 인적사항 및 여러 개의 휴대폰 전화번호로 허위신고를 하여 보험금을 편취하였다. 보험설계사 일을 하면서 알게 된 타인의 인적사항을 이용하여 교통사고가 발생한 것처럼 가장한 후 서류를 위조하고 보험회사에 위조서류를 제출하여 보험금을 편취하는 등 계획적이고 적극적인 방법으로 기망하였다.

② 사례: 1심 - 징역 2월[199]

피고인은 전직 보험설계사로서 뇌질환이 없음에도 불구하고 뇌질환이 있는 타인을 이용하여 허위진단서를 발급받은 후 보험금을 편취하였다. 실제로 뇌출혈 기왕력이 있는 사람을 마치 그 보험가입자인 것처럼 꾸며 대신 뇌질환 검사를 받게 한 후 병원으로부터 진단을 받고 이를 근거로 보험금을 편취하였다.

---

197) 보험연수원, 「보험조사론 I (이론)(개정판)」, 2017: 183면.

198) 금융감독원 홈페이지/민원,신고/보험사기신고/보험사기 예방 및 소비자정보/보험사기 형사판례. https://www.fss.or.kr/fss/main/contents.do?menuNo=200536 (2024.1.1.검색).

199) 위의 자료.

③ 사례: 1심 – 1년 6월, 2심 – 1년 6월[200)]

피고인들은 병원장, 외과의사, 원무부장으로서 공모하여 허위의 입원을 하려는 환자 87명이 정상적으로 입원하여 치료를 받은 것처럼 진료기록부 등 의료기록을 허위로 작성하여 건강보험공단으로부터 요양급여를 지급받고, 동 환자들에게 위와 같이 허위로 작성한 의료기록 및 외출·외박 사실을 기재하지 않은 입원확인서를 발급하였다. 편취금액 규모가 매우 큰 점, 동종 범행으로 이미 처벌받은 전력이 있음에도 불구하고 재차 범행을 저지른 점 등을 고려하여 형량을 결정하였다.

④ 사례: 1심 – 아내(징역 3년), 남편(징역 1년), 내연녀(징역 1년, 집행유예 2년)[201)]

아내가 고의로 남편의 내연녀를 화물차로 충격하여 전치 16주 이상의 상해를 입혔으나, 치료비 마련 목적으로 서로 공모하고 단순 교통사고로 가장하였다. 남편은 내연녀가 아내로부터 상해를 입게 되자 마치 아내가 동 화물차를 운전하다가 과실로 내연녀를 다치게 한 것으로 하여 보험금으로 치료비를 마련하자는 제안을 하여 이에 아내와 내연녀가 동의했다.

⑤ 대구지방법원 서부지원 2022. 4. 19. [2021고단2512]

피고인은 B, C과 함께 실제로 교통사고가 발생하지 않았음에도 교통사고가 발생한 것처럼 허위로 보험사에 신고하여 보험금을 편취하기로 공모하였다. 피고인은 2017. 6. 27. 00:30경 대구 서구 비산동 주택가 소방도로에서, 피고인이 (차량번호 1 생략) 오토바이를 운전하고, C이 (차량번호 2 생략) 오토바이를 운전하고 B이 C이 운전하는 오토바이에 탑승한 상태에서 교통사고가 발생하였다는 취지로 피해자 D 주식회사와 피해자 E 주식회사에 보험접수를 하였다. 그러나 사실 신고한 내용과 같은 교통사고가 발생하지 않았다. 피고인은 이와 같이 B, C와 공모하여 위 피해자들을 기망하여 이에 속은 위 피해자들로부터 피고인과 B, C에 대한 치료비 및 합의금 등 명목으로 합계 2,269,480원을 교부받아 편취하였다.

---

200) 금융감독원 홈페이지/민원,신고/보험사기신고/보험사기 예방 및 소비자정보/보험사기 형사판례. https://www.fss.or.kr/fss/main/contents.do?menuNo=200536 (2024.1.1.검색).

201) 위의 자료.

⑥ 전주지방법원 2022. 7. 20. [2021고단2086]

피고인은 보험회사에 허위 교통사고를 접수한 다음 보험금을 수령하여 이를 편취하는 보험사기행위를 하기로 마음먹었다. 이에 피고인은 2020. 3. 4. 22:36경 불상의 장소에서 피해자 주식회사 B에 연락하여 "내가 2020. 3. 4. 21:40경 전주시 완산구 C에 있는 D 부근 도로에서 (차량번호 1 생략) 에쿠스 차량을 운행하던 중 그곳에 주차되어 있던 (차량번호 2 생략) 폭스바겐 차량을 들이받는 사고를 발생시켰다, 당시 위 에쿠스 차량에는 나와 남편 E, 아들 F이 함께 타고 있었고, 위 폭스바겐 차량 차주는 전혀 모르는 사람이다"라는 취지로 허위의 교통사고접수를 하였다. 그러나 사실 피고인은 위 일시 및 장소에서 에쿠스 차량을 운행한 사실 자체가 없었고, 위 폭스바겐 차량 차주는 피고인의 딸인 G였고, 위 폭스바겐 차량은 피고인이 평소 운행하던 차량이었다. 그럼에도 불구하고 피고인은 위와 같이 피해자 주식회사 B의 교통사고 접수 담당자를 기망하여 마치 실제로 위 교통사고가 일어나 피고인, E, F가 각각 상해를 입고, 그 사고로 인해 위 에쿠스 차량 및 위 폭스바겐 차량이 손괴된 것처럼 행세하여, 이에 속은 위 담당자로 하여금 2020. 4. 21.경부터 2021. 4. 16.경까지 H한의원 등에 피고인의 병원치료비 명목으로 합계 1,779,180원을 지급하게 하였다.

2) 무죄사례 : 전주지방법원 2021. 10. 14. 선고 2021노907 판결

원심은 교통사고분석서, EDR분석을 종합하여 볼 때 ① 피고인의 주장과 같이 서행하였다면 사고당시 좌측으로 핸들을 과도하게 조작했을 가능성이 있는 점, ② 피고인의 주장과 같이 서행하였다면 기타 구조물 충돌 없이 추락한 후 최종위치에 도달하기 어려울 것으로 추정되어 사고당시 서행하였다는 피고인 진술에 신빙성이 의심되는 점, ③ 추락할 당시 속도가 8㎞/h 이하라고 볼 수 있으므로 좌측으로 핸들을 과도하게 조향하여 사고를 야기했다고 볼 여지가 있는 점에, ④ 피고인이 이 사건 전후로 여러 차례 교통사고를 입고 보험금을 수령한 이력이 있는 점을 더하여 보면 피고인이 고의로 사고를 야기한 후 보험금을 편취한 것이 아닌가 하는 의심이 들기는 하나, ㉠ 이 사건사고 발생시점은 일출 전이고, 사고지점 도로는 가로등이 없어 자동차 전조등에 의지해서 시야를 밝히고 운행할 수밖에 없었던 점, ㉡ 사고장소인 농로는 급격하게 아래로 꺼지는 지점이어서 경사로의 아래로 내려가기 전에는 경사로의 전체 모습이 시야에 들어오지 않는 점, ㉢ 위 농로는 좌로 굽은 도로

여서 핸들을 좌측으로 조향해야 통과할 수 있는데 경사로를 내려가기 전에는 그 급은 정도를 정확히 알 수 없는 점, ㉣ 피고인이 10㎞/h의 속도로 서행하였다는 교통사고분석서의 전제가 잘못되었을 개연성이 있으며, 그보다 속도가 높거나 사고차량이 도로 좌측에 편향되어 진행되었을 경우 핸들을 더 작게 조작하여도 도로를 이탈할 수 있는 점, ㉤ EDR분석은 충돌속도 8㎞/h 이하이거나 전복이 없을 경우 EDR 기록이 없게 되는 것을 전제로 이 사건사고 당시 차량의 속도가 8㎞/h 이하일 것이라고 하지만 그 이상의 속도에서도 충격 당시 에어백이 터지지 않으면 EDR 기록이 없을 수도 있는 점, ㉥ 피고인이 이 사건차량을 낙찰받아 수리하기 위해 지출한 비용이 이 사건차량의 사고로 인하여 수령한 보험금보다 커 실질적으로 이익이 없어 보이는 점 등에 비추어 보면, 검사가 제출한 증거만으로는 피고인이 보험금을 편취하기 위하여 고의로 사고가 난 것처럼 가장하였다고 단정하기 어렵다는 취지로 무죄를 선고하였는바, 원심의 위와 같은 판단을 기록과 대조하여 면밀히 살펴보면, 원심의 판단은 정당한 것으로 수긍이 되고 거기에 검사의 주장과 같이 사실을 오인하여 판결에 영향을 미친 위법이 있다고 할 수 없다. 따라서 검사의 사실오인 주장은 이유 없다.

(2) 주요 조사사항

1) 운전자 바꿔치기

먼저 피해 운전자에 대하여 자세한 조사가 필요하다. 다음 사고를 처리하는 과정에서 상대방과의 대화내용을 확인하고, 차량운전자 조사 시 사고개요를 구체적으로 확인해야 한다. 나아가 운전자와 탑승자와의 관계를 확인하고, 견인기사, 병원관계자 등을 상대로 운전자 지위 여부를 확인해야 한다. 중요한 점으로 탑승인원 등에 대한 일치 여부를 확인하고, 보험의 특약사항을 확인하며 사고 당시 운전자와의 관계를 확인해야 한다.[202)]

2) 차량 바꿔치기

피해자를 상대로 차종 및 차량색상을 정확히 조사할 필요가 있다. 차량특징에 대한 조사와 목격자, 현장출동인력, 견인기사를 상대로 사고차량을 파악한다. 그리고

---

202) 보험연수원, 「보험조사론Ⅱ(실무)(개정판)」, 2022: 18면 참조.

영업용 내지 회사용 차량의 경우 차량 보유대수 및 동일차량에 대해 조사하고, 차량 운전자의 병원내원 여부 및 진료차트를 확인한다. 또 차량의 손상부위와 상해부위 간 일치 여부까지 조사할 필요가 있다.[203)]

3. 피해과장

실제로 자동차사고가 발생하였으나 경미한 사고임에도 불구하고 악의적으로 피해 상태에 비해 과다한 보험금을 수령할 목적으로 필요 이상으로 장기입원하거나 피해 상태를 부풀려 보험금을 청구하는 보험사기 유형이다.[204)]

(1) 사고피해 과장청구

자동차사고가 발생한 상태에서 피보험자, 피해자 등이 자신이 입은 피해를 과장하여 보험금을 청구하는 유형의 보험사기이다.[205)]

(2) 병원 과장청구

「자동차손해배상 보장법」상 의료기관은 보험회사에 대해 치료비를 직접 청구할 수 있다(동법 제12조). 이를 기회로 병원관계자들에 의한 치료비 등 허위·과다청구, 의료법위반 행위를 통한 보험금 편취행위 등이 병원의 과장청구 보험사기유형이다.[206)]

1) 처벌법규

「자동차손해배상 보장법」 제12조 제3항은 “의료기관이 제2항의 규정에 의하여 보험사업자 등에게 자동차보험 진료수가를 청구하는 때에는 의료법 제22조의 규정에 의한 진료기록부의 진료기록에 따라 청구하여야 한다.”고 규정하고 있고, 같은 법 제46조 제4항은 “제12조 제3항의 규정을 위반하여 진료기록부에 의한 진료기록과 다르게 자동차보험 진료수가를 청구하거나 이를 청구할 목적으로 허위의 진료기록

203) 보험연수원, 앞의 책, 19면 참조.
204) 보험연수원, 「보험조사론 I (이론)(개정판)」, 2017: 203면 참조.
205) 보험연수원, 위의 책, 203면 참조.
206) 보험연수원, 위의 책, 203면 참조.

을 작성한 의료기관에 대하여는 5천만 원 이하의 벌금에 처한다."고 규정하고 있으며, 의료법 제22조 제1항은 "의료인은 각각 진료기록부 · 조산기록부 · 간호기록부 그 밖의 진료에 관한 기록을 비치하여 그 의료행위에 관한 사항과 소견을 상세히 기록하고 서명하여야 한다."고 규정하고 있다.

여기에서 '진료기록부'라 함은 그 명칭 여하를 불문하고 환자의 진료를 담당한 의사·치과의사·한의사가 그 의료행위에 관한 사항과 소견을 상세히 기록하고 서명한 것을 말하고, 의사 · 치과의사 · 한의사 이외의 자가 작성한 조산기록부, 간호기록부, 물리치료대장, 방사선촬영대장 등과는 구별되어야 한다. 따라서 의사가 작성한 진료기록부의 진료기록에 따라 자동차보험 진료수가를 청구하였다면 설령 그 진료기록부에 기재된 처방 등을 시행하였음을 증명하는 간호기록부 등 다른 진료에 관한 기록에 그 처방 등이 시행되었다는 기재가 없더라도 자동차손해배상보장법 제46조 제4항에서 규정하는 '진료기록부에 의한 진료기록과 다르게 자동차보험 진료수가를 청구한' 경우에 해당한다고 볼 수 없다.[207]

2) 사례

① 인정되는 사례

의료기관이 청구한 진료수가 내역을 보험회사가 삭감할 것을 미리 예상하고 그만큼 허위로 과다하게 진료수가를 청구하였다면, 허위로 과다하게 청구한 부분에 대한 사기죄가 성립한다.[208]

㉮ 사례 : 1심 - 징역 3년, 2심 - 2년 6월[209]

피고인들은 도박으로 재산을 탕진한 후 입원비가 지급되는 보험에 집중적으로 가입하고 최장 736일에 달하는 장기입원을 하여 보험금을 편취한 사례이다.

가입한 보험상품의 특약에 따라 질병 또는 재해를 원인으로 4일 이상 계속 입원

207) 대법원 2006. 9. 8. 선고 2006도413 판결.

208) 대법원 2008. 2. 29. 선고 2006도5945 판결.

209) 금융감독원 홈페이지/민원,신고/보험사기신고/보험사기 예방 및 소비자정보/보험사기 형사판례. https://www.fss.or.kr/fss/main/contents.do?menuNo=200536 (2024.1.1.검색).

시 입원기간에 따라 상당한 보험금이 지급된다는 점을 이용하여, 장기간 입원하여 불필요한 진료를 받거나, 입원등록만 하고 외출·외박을 계속하여 정상적인 입원치료를 받지 않았음에도 정상적인 입원치료를 받은 것처럼 가장하였다.

㉯ **사례 : 1심 - 징역 6월, 집행유예 2년**[210)]

경미한 통증으로도 입원이 용이하고 통원치료를 받아도 입원으로 처리해 주는 병원에 입원한 후 허위자료를 보험회사에 제출하여 보험금을 편취하였다.

좌골신경통 등의 상해로 진단을 받은 다음 수시로 개인적인 용무를 보기 위하여 병실을 이탈하였고 위 상처가 입원을 할 필요가 없는 상처임에도 불구하고 병원 관계자와 합의하여 동 기간 전일 입원을 하여 치료를 받았다는 등의 허위의 치료내용을 기재한 자료를 보험회사에 제출하였다.

㉰ **사례 : 징역 1년 6월**[211)]

세 모녀가 질병입원급여가 지급되는 보험상품에 단기간 집중적으로 가입한 후 통원치료가 가능한 경미한 질병을 사유로 장기간 입원하여 보험금을 편취하였다.

천식, 두통 등 피고인들의 증세에 대한 치료는 통원치료로도 충분히 치료가 가능함에도 불구하고 병원을 옮겨 다니며 피고인들을 진찰하는 의사에게 통증을 호소하여 장기간 입원한 후 보험회사에 보험금을 청구하였다.

㉱ **사례 : 1심 - 징역 2년, 2심 - 징역 1년, 집행유예 3년**[212)]

일가족 5명이 입원일당 및 질병 등을 담보하는 보장성보험 53개에 집중적으로 가입한 후 경미한 질병으로 장기입원하고, 자녀까지 보험사기에 동원하여 보험금을 편취하였다.

210) 금융감독원 홈페이지/민원,신고/보험사기신고/보험사기 예방 및 소비자정보/보험사기 형사판례. https://www.fss.or.kr/fss/main/contents.do?menuNo=200536 (2024.1.1.검색).

211) 위의 자료.

212) 위의 자료.

피고인들은 통원이나 교정에 의하여도 충분히 치료가 가능한 질병에 대하여 수술을 받은 후 장기입원을 하거나 또는 입원치료가 필요한 질병인 경우에도 필요 이상으로 장기간 입원치료를 받았다.

② 부정되는 사례

이 부분 공소사실의 요지는 "의료기관이 보험사업자 등에게 자동차보험 진료수가를 청구할 때에는 의료법 소정의 진료기록부의 진료기록에 따라 청구하여야 함에도, 피고인들은 공모하여 2005. 4. 26.경 공소외 7에 대한 자동차보험 진료수가를 삼성화재해상보험 주식회사에 청구하면서 진료기록부에 의한 진료기록과 다르게 투약료 24,193원, 처치료 7,333원 등 합계 31,526원을 허위 청구한 것을 비롯하여 별지 1 범죄일람표 기재와 같이 2005. 5. 12.경부터 2005. 11. 25.경까지 사이에 위 삼성화재해상보험 주식회사 등 10개의 회사에 공소외 7 등 241명의 교통사고 환자들에 대한 자동차보험 진료수가를 청구하면서 합계 8,801,911원 상당을 진료기록부와 다르게 허위 청구하였다."는 것이다.

따라서 이 사건의 경우에 있어서도 피고인들이 자동차보험 진료수가를 청구함에 있어서 의사인 피고인 1이 작성한 진료기록부의 기재내용과 다르게 청구한 경우에만 구 자동차손해배상 보장법 제38조 제3항 전단에 해당하여 처벌할 수 있다고 할 것인데, 이 사건기록을 살펴보아도, 피고인들이 그와 같이 진료기록부의 기재 내용과 달리 자동차보험 진료수가를 청구하였거나 혹은 처음부터 허위청구를 하기로 공모하여 피고인 1이 진료기록부를 허위로 작성하였다고 인정할 만한 아무런 증거가 없으므로, 피고인들에 대한 이 부분 공소사실은 범죄의 증명이 없는 때에 해당하여 무죄라고 할 것이다.[213)]

(3) 정비공장 과장청구

정비공장 관계자들이 실제로 발생한 수리비에 비해 허위·과다한 금액을 청구하는 유형의 보험사기이다.[214)]

---

213) 서울중앙지방법원 2009. 9. 10. 선고 2009노232 판결, 대법원 2009. 12. 24. 선고 2009도10754 판결.

214) 보험연수원, 「보험조사론 I (이론)(개정판)」, 2022: 207면 참조.

1) 무죄사례

자동차정비회사 대표이사인 피고인이 수입자동차를 정비·수리한 다음, 국내 수입자동차부품상에게서 구입한 실제 부품가격이 아닌 이른바 '미첼가격'(미국의 미첼사가 발행한 미첼북에 기재된 부품가격으로, 미국 자동차부품의 표준소비자가격)을 기준으로 보험회사에 수리비를 과다청구하여 이를 교부받았다는 내용으로 기소된 사안에서, 보험회사가 해당 부품의 실제 구입가격을 일일이 확인하기 곤란하고 수입차 부품의 객관적 시장가격을 산정하기도 어려워 정비업체에서 미첼가격을 기준으로 계산된 수리비 청구를 받으면 별다른 이의 없이 보험금을 지급하는 관행이 상당기간 계속되어 왔고, 이로 인해 보험금을 과다지급할 위험이 있지만, 통일적인 업무처리를 통해 비용절감의 이득을 본 측면도 있으므로, 보험회사가 실제 부품가격에 관한 정보를 정비업체에 별도로 요구하는 등의 조치를 하지 않은 이상 실제 부품가격보다 비싼 위 미첼가격에 따른 보험금 지급을 용인하였다고 보는 것이 타당하므로, 단지 위 미첼가격에 따라 보험금을 청구하였다고 해서 피고인이 보험회사를 기망하였다고 볼 수는 없고 달리 위 공소사실을 인정할 증거가 없다는 이유로, 피고인에게 사기죄를 인정한 제1심판결에 사실오인의 위법이 있다.[215]

2) 유죄사례[216]

피고인 A는 울산 중구에 있는 "K 유리", 피고인 B는 울산 북구에 있는 "L 유리", 피고인 C은 울산 북구에 있는 "M 유리", 피고인 D은 울산 북구에 있는 "N 유리", 피고인 E은 울산 북구에 있는 "O 유리", 피고인 F는 울산 남구에 있는 "P 유리", 피고인 G은 울산 북구에 있는 "Q 유리" 피고인 H은 울산 북구에 있는 "R 유리", 피고인 I은 울산 울주군에 있는 "S 유리", 피고인 J은 울산 남구에 있는 "T 유리"를 각각 운영하고 있다.

피고인들은 각종 교통사고 등으로 인한 자동차 수리 시 자동차유리 교체 및 탈·부착 수리를 하면서 보험금을 이중 청구하고, 순정부품을 사용하지 않을 시 고객에게

215) 서울동부지방법원 2011. 4. 8. 선고 2010노1187 판결 : 상고.

216) 울산지방법원 2014. 2. 7. 선고 2012고정499 판결 [사기].

순정부품을 사용하지 않는다고 고지하고, 보험회사에 그 사실을 알리거나, 부품 구입 영수증을 첨부하거나, 비순정부품을 사용한다는 고객의 동의서를 작성하여 보험청구서와 함께 청구하여야 함에도 불구하고, 이를 보험회사에 알리지 않고, 부품 명만 적어 보험금을 청구하면 순정부품을 사용한 것으로 보험금을 지급한다는 사실을 알고 이를 이용하여 보험금을 편취할 것을 마음먹었다.

① 피고인 A의 범행

피고인은 2010. 12. 6.경 울산 중구 남외동에 있는 위 'K 유리' 앞길에서 00-0000호 스타렉스 차량 후면유리 탈·부착 작업 시 순정부품을 사용하지 않고, 중국산 저급 우레탄DGU710 실란트를 사용하였음에도 순정부품이 아닌 사실을 적시하지 않고 마치 순정부품인 것처럼 DGU 710우레탄이라고 기재하여 LIG보험회사에 보험금 33,000원을 청구하고, 이를 믿은 LIG보험회사로부터 동액 상당을 피고인명의 예금계좌로 송금받는 등 별지 범죄일람표 기재와 같이 모두 75회에 걸쳐 합계 1,844,788원 상당을 편취하였다(변경 전 공소장에 첨부된 범죄일람표와 변경된 공소장에 첨부된 범죄일람표를 비교하여 보면, 범죄일람표를 수정하는 과정에서 착오로 일부 항목을 잘못 삭제하거나 삭제과정에서 한 행씩 올라가는 등의 명백한 오류가 발견되는바, 이러한 오류들은 바로잡았다. 덧붙여, 범죄일람표 작업구분란에 탈부착 또는 교환이라고 기재되어 있으나, 이에 따라 실제 작업을 구분하지 아니하고 청구항목에 부품으로 청구하였는지, 공임으로 청구하였는지에 따라 작업구분을 판단하였다).

② 피고인 B의 범행

피고인은 2009. 5. 15. 울산 북구에 있는 위 'L 유리' 앞길에서 00-0000호 i30 차량의 유리 교환작업을 하면서 교환비에 포함된 윈도우블러쉬 탈·부착비 7,260원을 현대해상에 청구하고, 이를 믿은 현대해상으로부터 동액 상당을 피고인명의 예금계좌로 송금받는 등 별지 범죄일람표 기재와 같이 모두 154회에 걸쳐 합계 3,309,240원 상당을 편취하였다.(이하 생략)

Ⅲ 고지의무 위반

고지의무 위반 유형은 보험계약상 약관에 소정의 고지의무가 규정되었음을 잘 알면서도 이를 고지하지 아니한 채 그 사실을 모르는 보험회사와 보험계약을 체결한 다음 바로 그 질병의 발병을 사유로 하여 보험금을 청구한 경우에 성립하는 유형을 말한다.

앞의 <표 2-3> 보험사기유형별 적발금액 통계에서 보듯이 2022년 고지의무 위반으로 적발된 금액은 1,063억 원으로 전체 보험사기 적발금액의 9.8%에 해당한다. 2020년에 977억 원, 2021년 1,043억 원으로 해마다 고지의무 위반으로 인한 적발금액이 증가하고 있다. 여기서는 상법상 고지의무와 그 판단례를 통해 무엇을 조사해야 하는지를 살펴보기로 한다.

1. 상법상 고지의무

보험계약자 또는 피보험자는 보험계약을 체결함에 있어 보험자에 대하여 중요한 사실을 고지하고 부실의 사실을 고지하지 아니할 의무를 부담하는데, 이를 보험계약자 등의 고지의무(duty of disclosure and representation)라고 한다.[217]

이와 관련하여, 상법 제651조 본문은 「보험계약 당시에 보험계약자 또는 피보험자가 고의 또는 중대한 과실로 인하여 중요한 사항을 고지하지 아니하거나 부실의 고지를 한 때에는 보험자는 그 사실을 안 날로부터 1월 내에, 계약을 체결한 날로부터 3년 내에 한하여 계약을 해지할 수 있다.」라고 규정하고 있다.

2. 고지의무와 형사상 보험사기

한편 상법상 고지의무를 위반하였다고 하여 곧바로 형사상 처벌받는 보험사기가

217) 이정원, "보험계약자 등의 고지의무와 사기죄의 성부－대법원 2019. 4. 3. 선고 2014도2754 판결", 「보험금융연구」, 제32권 제4호, 2021: 36면 참조.

인정되는 것은 아니다.

(1) 성립요건

사기죄의 요건으로서의 기망은 널리 재산상의 거래관계에 있어 서로 지켜야 할 신의와 성실의 의무를 저버리는 모든 적극적 또는 소극적 행위를 말하는 것이고, 이러한 소극적 행위로서의 부작위에 의한 기망은 법률상 고지의무 있는 자가 일정한 사실에 관하여 상대방이 착오에 빠져 있음을 알면서도 이를 고지하지 아니함을 말하는 것이다.

특정 질병을 앓고 있는 사람이 보험회사가 정한 약관에 그 질병에 대한 고지의무를 규정하고 있음을 알면서도 이를 고지하지 아니한 채 그 사실을 모르는 보험회사와 그 질병을 담보하는 보험계약을 체결한 다음 바로 그 질병의 발병을 사유로 하여 보험금을 청구하였다면 특별한 사정이 없는 한 사기죄에서의 기망행위 내지 편취의 범의를 인정할 수 있고, 보험회사가 그 사실을 알지 못한 데에 과실이 있다거나 고지의무위반을 이유로 보험계약을 해제할 수 있다고 하여 사기죄의 성립에 영향이 생기는 것은 아니라고 할 것이다.[218)]

(2) 판단기준 : 보험의 우연성

대법원은 상법상 고지의무를 위반하여 보험계약을 체결하였다는 사정만으로 고의의 기망행위를 단정할 수 없고, 더 나아가 ① 보험사고가 이미 발생하였음에도 이를 묵비한 채 보험계약을 체결하거나 보험사고 발생의 개연성이 농후함을 인식하면서도 보험계약을 체결하는 경우 또는, ② 보험사고를 임의로 조작하려는 의도를 갖고 보험계약을 체결하는 경우와 같이 그 행위가 '보험사고의 우연성'과 같은 보험의 본질을 해할 정도에 이르러야 비로소 보험금 편취를 위한 고의의 기망행위를 인정할 수 있다고 보고 있다.[219)]

---

218) 대법원 2007. 4. 12. 선고 2007도967 판결 참조.

219) 대법원 2012. 11. 15. 선고 2010도6910 판결 등 참조.

(3) 상해, 질병보험계약의 경우

특히 상해·질병보험계약을 체결하는 보험계약자가 보험사고 발생의 개연성이 농후함을 인식하였는지는 보험계약 체결 전 기왕에 입은 상해의 부위 및 정도, 기존 질병의 종류와 증상 및 정도, 상해나 질병으로 치료받은 전력 및 시기와 횟수, 보험계약 체결 후 보험사고 발생 시까지의 기간과 더불어 이미 가입된 보험의 유무 및 종류와 내역, 보험계약 체결의 동기 내지 경과 등을 두루 살펴 판단하여야 한다.[220)]

1) 부정한 사례 1

> **① 보험계약 체결 당시 고지의무 위반 여부**
>
> 이 사건 기록에 의하면, 피고인이 2010. 5. 25.경부터 2011. 4. 19.경까지 5회에 걸쳐 경추염좌 및 긴장, 허리통증 등으로 입·퇴원을 반복하며 치료를 받은 사실을 인정할 수 있고, 피고인이 그로부터 얼마 지나지 않은 2011. 5. 25.경 C과 사이에 수술비, 입원비 등을 보장하는 보험계약을 청약하면서, 고지의무 관련 질문인 '최근 3개월 이내 의사로부터 진찰 또는 검사를 통해 의료행위를 받은 적이 있나요', '최근 1년 이내에 의사로부터 진찰 또는 검사를 통하여 추가검사(재검사)를 받은 사실이 있습니까', '최근 5년 이내에 의사로부터 진찰 또는 검사를 통하여 다음과 같은 의료행위를 받은 사실이 있습니까? 1) 입원 2) 수술 3) 계속하여 7일 이상 치료 4) 계속하여 30일 이상 투약'라는 각 질문에 각 '아니오'라는 취지로 답변한 사실이 인정되므로, 이 부분 고지의무 위반은 있었다고 보인다.
>
> **② C에 대한 고지의무 위반과 관련한 보험사기의 인정 여부**
>
> 위 법리에 비추어 C에 대한 고지의무 위반과 관련한 보험계약 체결 및 보험금 청구를 보험사기행위로 볼 수 있는지 여부에 관하여 보건대, 피고인이 위 보험에 가입하면서 고의 또는 중대한 과실로 인하여 과거 경추염좌 및 긴장, 허리통증 등으로 입·퇴원을 반복하며 치료를 받은 사실을 고지하지 아니함으로써 상법상 고지의무를 위반하였다고 하더라도, 별지 범죄일람표 기재 각 사고(낙상사고, 세탁기 옮기다 다친 사고, 후미추돌 사고, 계단에서 넘어진 사고) 또는 질병이 피고인의 의사나 어떠한 행위에 의하여 그 발생 여부가 좌우될 수 있는 성질의 것이 아닌 이상, 보험계약 체결

220) 대법원 2017. 4. 26. 선고 2017도1405 판결 등 참조.

당시 이미 위 사고 또는 질병이 발생하여 피고인이 이를 알고 있었다거나 사고의 발생 가능성을 예견할 만한 상황 속에서 피고인이 이를 인식하고 보험계약의 체결에 나아간 경우가 아니라면 위와 같은 고지의무위반의 점만으로는 위 보험계약 체결 행위가 보험금 편취를 위한 고의의 기망행위에 해당한다고 볼 수 없다.

또한 기록에 의하면 알 수 있는 아래와 같은 사정들에 비추어 보면, 피고인이 보험사고 발생의 개연성이 농후함을 인식하면서도 C과 보험계약을 체결함으로써 '보험사고의 우연성'이라는 보험의 본질을 해한 것이라고 단정하기는 어렵고, 달리 이를 인정할 증거가 없다.

㉮ 피고인이 2013. 3.경 내지 2019. 7.경 C에 보험금을 청구하였는데, 그 보험금 지급대상 내용은 별지 범죄일람표 중 진단명 기재와 같다. 그런데 피고인이 이 사건 보험계약 체결 전에 급성기관지염, 천식, 대뇌죽상경화증, 고지혈증, 폐렴 등으로 진단받거나 치료받은 전력이 있음을 뒷받침하는 증거가 제출된 바 없다.

㉯ 피고인이 별지 범죄일람표 중 요추염좌, 경추염좌 등으로 입원치료를 받은 것을 사유로 보험금을 지급받은 것이 있고, 위 질병은 이 사건 보험계약체결 전의 입원병력과 동일하기는 하다.

그러나 한편 피고인이 요추염좌 및 긴장으로 입원한 시기는 2015. 9. 7.인데 이는 이 사건 보험계약 체결일로부터 4년을 초과하여 발생한 것인바(요추추간판탈출증으로 입원한 시기는 2014. 7. 1.로 이는 보험계약 체결일로부터 3년을 초과하여 발생한 것이다), 보험계약 체결전의 입원병력과 동일한 사유를 원인으로 보험금을 청구하였다는 사정만으로는 피고인에게 보험금 편취의 고의가 있었다고 단정하기 어렵다.

㉰ 한편 C의 직원 G은 이 법정에서 '피고인이 보험계약 체결 당시 경추염좌 및 긴장, 허리통증으로 입·퇴원한 사실을 고지하였더라도 보험가입이 될 수도 있고 안 될 수도 있다'고 진술하기도 하였다. 즉 피고인이 보험계약 체결 당시 경추염좌 및 긴장 등에 관한 사실을 사실 그대로 이야기하였더라도 C과 사이에 실제 보험가입이 이루어졌을 수도 있다.

③ 결론

그렇다면 이 사건 공소사실은 범죄의 증명이 없는 경우에 해당하므로, 형사소송법 제325조 후단에 의하여 피고인에게 무죄를 선고하고, 형법 제58조 제2항 단서에 의하여 이 판결의 요지를 공시하지 않기로 한다.

2) 부정한 사례 2

원심은, 피고인이 2005. 8.경부터 보험설계사로 근무하고 있는 사람으로서 피고인의 남편 망 공소외 1이 1998년경부터 2003. 8. 29.까지 혈액암의 일종인 비호지킨림프종으로 검사 및 치료를 받은 사실이 있음에도 불구하고, 2008. 6. 20. 망 공소외 1을 주 피보험자로, 계약자 및 보험수익자를 피고인으로 하며 피보험자의 사망 시에만 보험금이 지급되는 것을 내용으로 하는 '○○변액유니버셜 종신보험'이라는 이름의 보험계약(이하 '이 사건 보험계약'이라 한다)을 공소외 2 주식회사(이하 '보험회사'라 한다)와 체결하면서, '계약 전 알릴 의무사항' 서식 제3항의 '최근 5년 이내에 다음과 같은 병명(암, 백혈병 등 10개 질병)으로 의사로부터 진찰, 검사를 통하여 진단을 받았거나 치료, 투약, 입원, 수술, 정밀검사를 받은 적이 있습니까?'라는 질문에 대해 '아니오'라고 답하고, 계약 전 고객면담보고서의 질문사항 중 과거 질병과 관련된 질문에 대해 '과거 질병 없다'라는 내용으로 답하는 등으로 망 공소외 1이 과거 항암치료 등을 받은 사실을 숨긴 채 이 사건 보험계약을 체결한 후, 망 공소외 1이 보험가입 직후인 2008. 9.경 림프종 재발 진단을 받고 보험가입 후 109일이 경과한 2008. 10. 6. 가톨릭대학교 여의도성모병원에서 급성 림프구성백혈병으로 사망하자 2008. 11. 17. 보험회사에 보험금의 지급을 청구하여 2009. 5. 4. 보험회사로부터 이 사건 보험계약에 따른 보험금 102,405,916원을 지급받았다는 사실을 인정한 다음, 피고인의 위와 같은 이 사건 보험계약 체결행위가 보험금 편취를 위한 고의의 기망행위에 해당한다고 판단하였다.

그러나 원심판결 이유를 앞서 본 법리에 비추어 살펴보면, 피고인이 이 사건 보험계약을 체결하면서 고의 또는 중대한 과실로 인하여 '계약 전 알릴 의무사항' 또는 '계약 전 고객면담보고서의 질문사항'에 대하여 답하면서 망 공소외 1의 과거 항암치료 전력 등을 고지하지 아니함으로써 상법상 고지의무를 위반하였다고 하더라도, 이 사건 보험사고가 피고인의 의사나 어떠한 행위에 의하여 그 발생 여부가 좌우될 수 있는 성질의 것이 아닌 이상, 보험계약 체결 당시 이미 이 사건 보험사고가 발생하여 피고인이 이를 알고 있었다거나 보험사고의 발생가능성을 예견할 만한 상황 속에서 피고인이 이를 인식하고 보험계약의 체결에 나아간 경우가 아니라면 위와 같은 고지의무 위반의 점만으로는 이 사건 보험계약 체결행위가 보험금 편취를 위한 고의의 기망행위에 해당한다고 볼 수 없다. 그럼에도 원심은 그 판시와 같은 고지의무 위반의

사정만으로 이 사건 공소사실을 유죄로 판단하였으니 이러한 원심의 판단에는 보험금 편취를 목적으로 하는 사기죄에서 요구되는 기망행위에 관한 법리를 오해하여 필요한 심리를 다하지 아니함으로써 판결에 영향을 미친 위법이 있다.[221]

3) 인정한 사례 1

① 피고인과 G는 당뇨병 등으로 입원치료를 받은 전력이 있음에도 보험가입에 대한 각 청약서를 작성하면서 건강상태 등 항목에 최근 5년 이내 당뇨병 등으로 입원하거나 치료를 받은 사실이 없다고 체크하여 보험회사에 이를 제출한 점(피고인은 보험설계사의 권유로 '아니오'라고 체크를 한 것일 뿐 편취의 범의가 없었다고 주장하나, 제2회 공판기일에 본사에서 기왕증 발병 사실을 알면 가입시켜 주지 않는 사실을 알았고, 면책기간이 지난 후 보험금을 청구하였다는 취지로 진술하였다), ② 더군다나 피고인과 G는 당뇨병 등에 대한 고지의무위반으로 청약거절을 당하거나 가입한 보험이 해지된 전력이 있음에도 고지의무를 제대로 이행하지 아니한 점, ③ 피고인이 고지의무 위반 면책기간이 지나자마자 2년 전에 미리 발부받아 놓은 입·퇴원확인서를 제출하여 보험금을 청구한 점 등에 비추어 보면, 피고인은 건강상태 등의 항목에 병력에 대한 질문사항이 있음을 알고 있으면서도 의도적으로 병력을 사실과 다르게 표시한 것이라 할 것이고, 사정이 그렇다면, 피고인은 이 사건 각 보험을 청약함에 있어 당뇨병력 등을 피해자에게 고지할 의무가 있다는 것을 알면서도 건강상태 등 항목에 사실과 다르게 체크를 하는 방법으로 피해자를 기망하여 이 사건 각 보험계약을 체결하였다고 보기에 충분하므로, 피고인에게 편취의 범의가 없었다고 할 수는 없고, 한편 보험설계사는 보험계약의 당사자가 아니라 보험계약자인 피고인과 보험자인 피해자의 계약체결을 중개하는 지위에 있을 뿐이므로, 피고인의 주장과 같이 보험설계사가 피고인으로부터 당뇨병력 등을 고지받고도 청약서를 거짓으로 작성하면서 이를 숨기도록 하여 보험계약이 체결되도록 하였다면, 이는 보험설계사를 피고인과 더불어 이 사건 사기죄의 공범으로 평가할 수 있는 사유가 될 수 있을 뿐, 그것이 피고인의 편취범의를 배제할 특별한 사정이 된다고 볼 것은 아니므로, 피고인 및 변호인의 위 주장은 받아들이지 아니한다.[222]

221) 대법원 2012. 11. 15. 선고 2010도6910 판결.

222) 인천지방법원 2013. 11. 1. 선고 2013노2328 판결.

4) 인정한 사례 2

피고인이 이 사건 공소사실과 같이 이 사건 보험계약을 체결하기 오래 전부터 당뇨병을 앓아 왔고 당뇨병으로 입원치료를 받은 적이 있음에도 이를 고지하지 아니하는 방법으로 피해자 회사를 기망하여 이 사건 보험계약을 체결한 다음 그 이후 위 당뇨병 발병에 따른 치료를 이유로 보험금을 청구함으로써 보험금 명목으로 합계 73,160,000원을 편취한 사실을 인정할 수 있다.

① 아래와 같은 사정들에 비추어 보면, 피고인은 이 사건 보험계약을 체결한 2002. 8.경에 이미 그 전부터 당뇨병을 앓아 왔고 피고인 스스로도 자신에게 당뇨병이 있다는 사실을 인식하고 있었다고 보인다.

㉮ 피고인은 1999. 7. 10.부터 2002. 1. 1.까지 대한생명보험주식회사의 보험설계사로 근무하였는데. 2000. 7. 4. 및 2000. 7. 14. 당시 대한생명보험주식회사에 2회에 걸쳐 이 사건 보험과 유사한 종신보험의 가입을 청약하였으나 건강검진서를 제출하지 않거나 건강검진 결과 뇨당이 검출되어 그 가입이 거절되었다.

㉯ 피고인은 2002. 5. 14.부터 2002. 5. 17.까지 G신경외과에서 입원치료를 받았는데, 당시 작성된 의무기록지(증거기록 730면)에는 피고인이 당뇨조절을 위해 입원을 하였고 양발이 저린 증상을 호소하였음이 기재되어 있다.

㉰ 위 입원당시 피고인의 치료를 담당하였던 의사 S는 당심 법정에서 '의무기록지의 내용에 의하면 피고인이 2002. 5. 14.부터 3일간 당 조절이 되지 않아 입원치료를 받았던 것으로 보이고, 매일 손가락에서 피를 뽑아 당검사를 실시한 다음 인슐린을 주사한 사실이 확인된다'고 진술하였다.

㉱ 당심의 건강보험공단에 대한 사실조회결과에 의하면, 피고인의 보험급여내역자료가 남아있는 2004. 10.경부터 현재에 이르기까지 피고인이 여러 병원에서 정기적으로 당뇨병 치료를 받고 투약을 해온 사실이 확인되고, 피고인이 2006. 7. 24. 당뇨병으로 T 내과를 내원하여 의사와 상담하면서 '당이 높다는 이야기를 들은 지가 8년쯤 되었다. 그동안 제천에 있는 G신경외과에서 치료를 받았다'고 진술하기도 하였다.

② 피고인은 위와 같이 당뇨병을 앓고 있고 불과 3개월 전에 당뇨병으로 입원치료를 받은 적이 있음에도 2002. 8. 29. 피해자 회사와 사이에 이 사건 보험계약을 체결하면서 보험계약 청약서의 '회사에 알려야 할 사항'란의 '최근 5년 이내에 의사로부터 진찰, 검사를 받고 그 결과 입원, 수술 등을 받았거나 계속하여 7일 이상 치료 또는

30일 이상 투약을 받은 적이 있습니까'라는 질문 및 '최근 5년 이내에 다음과 같은 병명(당뇨병 포함)으로 의사로부터 진찰 또는 검사를 통하여 진단을 받거나 치료, 투약, 입원, 수술, 정밀검사를 받은 적이 있습니까'라는 질문에 각각 '아니오'라고 표시하였다(피고인은 위 보험계약 청약서 상의 '회사에 알려야 할 사항'란을 자신이 작성하지 않았다고 주장하나, 피해자 회사의 직원 내지 보험모집인인 E, I, J의 각 진술에 의하면, 실제로 위 보험계약청약서를 직접 작성한 것이 피고인인지 또는 보험모집인인 E인지는 다소 불명확하지만 적어도 피고인의 답변 내용을 토대로 하여 작성된 것임은 분명하다)

③ 피고인이 당초 E가 보험가입을 권유하였을 때 E에게 자신이 당뇨 기운이 있다는 정도의 이야기를 한 사실은 인정되나, E에게 이전에 이 사건 보험과 유사한 종신보험을 가입하려다가 뇨당이 검출되어 보험가입이 거절된 적이 있다거나 최근 3개월 전에 당뇨병으로 입원치료를 받은 적이 있다는 사실은 전혀 고지하지 않았고, 이 사건 보험가입을 위한 기본 건강검진 과정에서도 담당 의사에게 위 사실을 말하지 아니하였다. 만약 피고인이 E나 건강검진을 담당한 의사에게 위와 같은 사실을 알렸다면 E가 단순히 건강검진 결과만을 기초로 피고인을 보험에 가입시키지는 않았을 것이고, 건강검진을 담당한 의사도 피고인이 당뇨병을 앓고 있는지 여부에 관하여 추가 검사를 실시하였을 것으로 보인다.

④ 이 사건 보험가입을 위한 건강검진 절차에서 피고인에게 당뇨병을 의심할 만한 검진결과가 나오지 아니하였으나, 피고인이 그 이전부터 오랜 기간 당뇨병을 앓아온 것으로 보이는 점, 당뇨병의 경우 별도의 약물을 복용하지 않고 식이요법만으로 당수치가 정상으로 회복될 가능성은 굉장히 낮은 점, 의사 S의 진술에 의하면 피고인은 위와 같이 건강검진을 받기 약 3개월 전 G신경외과에서 당뇨로 입원치료를 받은 후 위 병원에서 약물 처방을 받아 이를 복용해 온 것으로 보이는 점 등에 비추어 위와 같은 검진결과는 피고인이 약물을 복용하여 당 수치가 조절되었기 때문으로 보인다.

⑤ 피고인은 이 사건 보험 외에도 당뇨로 인한 질병입원비를 보장하는 보험으로 2001. 11. 14. 농협생명에 새천년가족보장보험을 가입하였고, 2005. 4. 30. 홍국생명에 무진단실버정기보험을 가입하였으며, 그 과정에서 위 보험회사들에 피고인의 당뇨병 이력을 전혀 고지하지 않았다. 나아가 2006년도에만 당뇨병으로 3회의 입원치료를 받았음에도 그러한 사실을 고지하지 아니한 채 2007. 2. 27. 한화손해보험주식회사와 당뇨로 인한 질병입원비를 보장하는 보험계약을 추가로 체결하였다(결국 피고인은 이

사건 보험을 포함하여 당뇨병의 질병입원비를 보장하는 내용의 보험을 총 4개 가입하였음이 확인된다).

⑥ 피고인은 당뇨병으로 입원치료를 받고 피해자 회사를 비롯한 4개의 보험회사에 보험금을 청구함에 있어서도 보험회사가 가입자의 고지의무 위반을 이유로 보험계약을 해지하거나 보험금 지급을 거절할 수 있는 제척기간이 '보험계약일로부터 3년'이라는 사실을 알고 위 4개의 보험계약의 각 체결일로부터 약 3년이 경과하였을 무렵부터 집중적으로 보험금을 청구하고 이를 수령하였다.

⑦ 피고인은 이 사건 보험계약을 체결한 뒤 2005. 7. 5.부터 2012. 5. 17.까지 총 23회에 걸쳐 당뇨병을 이유로 하여 피해자 회사로부터 합계 73,160,000원을 보험금으로 지급받았고, 같은 기간 동안 당뇨병을 보장하는 다른 보험계약에 기하여 수령한 보험금을 합하면 그 총액이 약 1억 원에 이른다.[223]

223) 청주지방법원 2015. 1. 23. 선고 2013노948 판결.

Ⅳ 허위 · 과다 사고

허위 · 과다 사고 형태의 보험사기는, 보험사고가 발생하지 않았거나 실제 지급받을 수 있는 보험금이 한정되어 있음에도 불구하고 보험사고가 발생한 것처럼 조작하거나 이미 발생한 보험사고의 피해 정도를 과장하는 방법을 통해 지급 가능한 보험금보다 다액의 보험금을 편취하는 유형이다.[224] 허위사고를 이용한 보험사기의 유형을 분류하면, ① 허위(과다)입원 · 진단 · 수술 · 장애 관련 보험을 이용한 허위(과다)사고, ② 허위사망 · 실종 등(생명보험을 이용한 허위사고) ③ 허위(과다)사고(자동차보험 등을 이용한 허위과다사고) 등이 있다.[225]

금융감독원이 발표한 앞의 <표 2-3> 보험사기유형별 적발금액 통계에서 보듯이 2022년도 기준 허위사고 적발금액은 1,914억 원으로 전년 대비 크게 증가(35.6%)했다. 이 중에서 질병의 상해사고위장 등이 1,122억 원으로 가장 많았고 전년 대비 27.3% 증가했다. 일반상해의 자동차사고위장 등은 749억 원으로 전년대비 대폭 증가(54%)했고, 허위 차량도난이 17억 원으로 전년 대비 32.4% 증가했다.

1. 허위 · 과다 입원

금융감독원에서 2015년 2월 23일 배포한 보도자료 '허위 · 과다 입원 나이롱환자 실태 분석결과'를 통해 그 현황과 허위 · 과다 입원 보험사기 혐의자 특성을 살펴보면 다음과 같다.

(1) 현황

허위 · 과다입원 보험사기는 2014년 상반기에만 320억 원이 적발되어, 2년 전보다 적발금액이 약 2배(109.5%) 증가하였다.

224) 보험연수원, 「보험조사론 I (이론)(개정판)」, 2017: 148면 참조.
225) 보험연수원, 위의 책.

〈표 4-2〉 허위 · 과다 입원 보험사기 적발금액 추이 (단위: 백만 원, %)

구분	'12년 상반기	'13년 상반기	'14년 상반기	증감률('12~'14)
허위 · 과다입원	15,279	18,850	32,014	109.5
전체	223,697	257,926	286,854	28.2
구성비	6.8	7.3	11.2	64.7

(2) 허위입원 혐의자의 특징

1) 50대, 주부 등 입원으로 인한 경제적 손실이 작은 혐의자 다수

혐의자의 67.6%가 여성이며, 50대가 48.6%를 차지하는 등 40대 이상 중 · 장년층이 대부분(92.9%)을 차지하였으며, 직업별로 살펴보면 주부(51.4%), 자영업(17.1%), 무직(6.3%) 등 장기입원이 가능하고 입원으로 인한 경제적 손실이 작은 직업군이 다수 포함되었다. 특히, 사기금액 확대를 노리고 배우자, 자녀, 자매 등 2인 이상의 일가족이 공모하는 사례가 큰 비중(42.3%)을 차지하였다.

2) 보험금 부당취득 목적으로 다수의 고액보험을 단기간 내 집중가입

대체로 입원보험금을 지급하는 보장성보험에 다수 가입(평균 10.4건)하여, 매월 62.3만 원의 고액의 보험료를 납부하였다. 이는 국민평균 보장성보험 월납보험료(7.8만 원, '12년 기준) 대비 8.0배의 금액으로, 과다계약으로 편취금액을 극대화하려는 의도가 숨어있다. 특히, 재해입원 시 1일당 평균 17만 원, 일반질병시 19만 원, 특정질병(당뇨, 간 질환 등)시 35만 원의 보험금을 수령하도록 고액의 입원일당 보장상품에 다수 가입하였으며, 혐의자의 88.7%가 별도로 실손보험에 가입하여, 입원일당 정액보험금의 수령액 대부분이 발생의료비 초과이득으로 귀속되게 된다.

한편 대부분의 혐의자는 단기간에 집중가입 후 바로 장기입원하는 특성을 보였는데, 통상 장기입원하기 전 6개월 이내에 평균 6.9건의 보험에 집중적으로 가입하였으며, 이중 대부분(80.3%)은 집중가입 후 2개월 이내에 장기입원을 개시하였으며, 이후에도 평균 6.5건의 신규가입(3.0건 유지)을 통해 보험금확대 노력을 지속하였다.

3) 경미한 병증으로 입원과 퇴원을 반복하며 장기입원으로 피해과장

무릎관절염(25.9%), 추간판장애(24.0%), 당뇨(7.4%) 등 대부분 국민평균 30일 이내 단기간 입원치료 후 통원 및 약물복용으로 치료가능한 질병으로 장기입원한 경우가 많았다.

> ※ 건강보험심사평가원에서 발표한 2013년 질병별 입원일수 자료에 따르면, 국민 평균적으로 무릎관절염 23.8일, 추간판장애 10.3일, 당뇨 23.5일 입원

또한, 상해사고(평균10.2건)의 원인을 보면 계단에서 넘어짐, 미끄러짐 등 허위로 추정되는 목격자 없는 단독사고가 반복 발생한 것이 특징이다. 혐의자의 총 입원일수는 평균 7년에 걸쳐 1,009일(연평균 136.7일)간 장기간 입원하였으나, 입원기간 중 잦은 외출·외박, 허위 입원확인서 발급사기 적발병원에 입원 등 일부 허위입원 혐의가 확인되었다.

1회당 평균 입원일수가 19일에 불과한 병원에 계속 입원하지 않고 주기적으로 입원과 퇴원을 반복하는 행태(메뚜기 환자)를 보인다. 또한 보험약관상 입원비 지급 한도를 악용하여, 한도일 수까지 장기입원 후 병명을 변경해 가면서 주기적으로 반복 입원하는 패턴도 다수이다. 가령 무릎뼈연골 연화증 등(149일 입원) → 고혈압, 위염 등(93일) → 무릎뼈연골 연화증(97일) → 두통 등(99일) → 지방간, 고지혈증 등(122일) → 관절염(122일) → 고혈압 등(42일)의 식이다.

혐의자들은 장기입원을 통해 개인평균 납입보험료(63백만 원) 대비 5.6배인 2억 82백만 원의 보험금을 수령하였으며, 2013년 1년간 평균 48.6백만 원의 보험금을 지급 받았다. 특히, 일평균 발생 의료비는 4.6만 원으로 대부분(88.7%) 7만 원 이하이나, 일평균 지급보험금은 6.8배인 31.1만 원으로 실손보험을 제외하고도 1일당 평균 26.5만 원의 초과이익이 발생하였다.

4) 일가족 공모를 통한 편취금액 확대

전체 혐의자 중 42.3%는 배우자, 자녀, 자매 등 일가족이 공모하여 21.7건의 상해사고, 82.4건의 질병사고 등 평균 110.1건의 다수 사고(입원)가 발생하였다. 이들 공모 가족들은 매월 평균 203만 원의 과도한 보험료를 부담하면서 33건의 보장성 보험

에 다수 가입한 후, 동일 병원에 동반입원을 하는 등 가족평균 2,053일 동안 장기 입원하면서 평균 523백만 원의 고액 보험금을 편취하는 방식을 취하였다.

(3) 판결분석

과다한 기간 동안 입원을 하였으나 실제로 질병, 상해가 존재하는 경우에 과연 보험사기에 해당하는지 문제된다. 대법원은 보험금을 지급받을 수 있는 사유가 있다 하더라도 이를 기회로 실제 지급받을 수 있는 보험금보다 다액의 보험금을 편취할 의사로 장기간의 보험 등을 통하여 과다한 보험금을 지급받는 경우에는 지급받은 보험금 전체에 대하여 사기죄가 성립한다고 판시했다.[226]

1) 입원의 정의

'입원'이라 함은 환자의 질병에 대한 저항력이 매우 낮거나 투여되는 약물이 가져오는 부작용 혹은 부수효과와 관련하여 의료진의 지속적인 관찰이 필요한 경우, 영양상태 및 섭취음식물에 대한 관리가 필요한 경우, 약물투여 · 처치 등이 계속적으로 이루어질 필요가 있어 환자의 통원이 오히려 치료에 불편함을 끼치는 경우 또는 환자의 상태가 통원을 감당할 수 없는 상태에 있는 경우나 감염의 위험이 있는 경우 등에 환자가 병원 내에 체류하면서 치료를 받는 것을 말한다. 이와 관련 보건복지부 고시인 '요양급여의 적용기준 및 방법에 관한 세부사항' 등의 제반 규정에 따라 환자가 6시간 이상 입원실에 체류하면서 의료진의 관찰 및 관리 아래 치료를 받는 것을 의미하나, 입원실 체류시간만을 기준으로 입원 여부를 판단할 수는 없고, 환자의 증상, 진단 및 치료 내용과 경위, 환자들의 행동 등을 종합하여 판단하여야 한다.[227]

2) 허위·과다 입원으로 인한 사기죄 성립요건

이 사건과 같이 피보험자의 입원에 기초한 보험금청구가 사기죄를 구성하기 위해서는 ① 피보험자가 입원하여 치료를 받았으나 그 치료의 실질이 입원치료가 아닌 통원치료에 불과한 경우, ② 피보험자인 환자가 실제로는 입원의 필요성이 없음에도 불구하고 고의로 자신의 증세를 과장하거나 악화시키는 방법 또는 과거 치료 내역을

---

226) 대법원 2009. 5. 28. 선고 2008도4665 판결 등 참조.

227) 대법원 2009. 5. 28. 선고 2008도4665 판결.

속이는 방법 등으로 의사로 하여금 입원치료의 필요성이 있다고 오판하도록 하여 입원한 경우, ③ 의사가 입원치료를 받을 필요가 없는 환자들이 보험금 수령을 위하여 입원치료를 받으려고 하는 사실을 알면서도 입원을 허가하여 형식상으로 입원치료를 받도록 하는 경우 등의 사정이 인정되어야 할 것이다.[228]

- 이 사건 공소사실의 요지

피고인이 '양쪽 무릎관절증 등'의 병명으로 입원이 필요치 않음에도 4건의 보험에 가입되어 있어 치료비와 일당 등을 받기 위해 2011. 10. 1.부터 2011. 10. 20.까지 D병원에서 입원치료를 받고 보험회사에 그로 인한 치료비 등을 청구하여 보험금을 편취하였다.

- 2심 판결내용

① 피고인이 2007. 6. 13.경 넘어지면서 복숭아뼈가 다치는 상해를 입은 사실, 당시 M신경외과에 두 달간 입원치료를 받았고, 계속 통증이 지속되자 N병원에서 수술을 받았으며, 이후 2009. 3. 13.경 인제대학교부산백병원에서 CRPS(복합부위통증증후군) 진단을 받아 신경차단시술을 받고 당일 퇴원한 사실을 인정하면서도,
한편 ② 피고인은 2011. 10. 1.경부터 2011. 10. 20.경까지 D병원에 입원하였는데 수술이나 시술을 받지 아니한 채 골관절염약 등만 투약 받은 사실, 피고인을 진료한 의사는 입원한 날과 퇴원한 날을 제외하고는 피고인이 입원한 기간 동안 2번 더 진료를 보았는데 2011. 10. 8.경 골관절염약의 개수를 추가한 외에는 피고인이 느끼는 통증의 정도 등에 따라 다른 약을 투약하지 않은 사실, 간호활동기록지의 안전관리 부분에 '이하 같다'는 취지의 표시 외 다른 사항이 전혀 기재되어 있지 않고, 간호기록지도 2011. 10. 2.경부터 피고인이 퇴원한 2011. 10. 20.경까지 피고인이 느끼는 통증의 경감이나 식사불편 등의 특이사항이 전혀 기재되어 있지 않은 등 환자상태에 변동이 없는 것으로 기재되어 있으며, 체온·맥박 및 호흡기록표에도 측정한 수치를 적고 이를 연결한 것이 아닌 그냥 한 줄이 그어져 있는 사실,
③ 피고인은 경찰에서 보험설계사로 일하면서 위 병원이 재활치료를 잘한다는 소문을 듣고 입원하였지만 누구로부터 그런 이야기를 들었는지 기억하지 못한다고 진술한

228) 대법원 2007. 6. 15. 선고 2007도2941 판결, 대법원 2006. 1. 12. 선고 2004도6557 판결 등 참조.

사실, 위 병원에 3회에 걸쳐 입원하였던 E는 경찰에서 처음 입원할 당시 위 병원 측에서 소개한 사람의 이름을 알려주지 않으면 입원시켜주지 않으려고 하였는데, 그 이유가 위 병원이 외출·외박 등에 대한 통제를 하지 않았고, 투약하지도 않은 주사 등도 투약한 것처럼 치료비를 청구하는 등 불법을 저질렀기 때문이라는 취지로 진술한 점, 위 병원에 입원하였던 F, J, K, L 또한 경찰에서 위 병원이 외출·외박 등에 대한 통제를 하지 않아 입원치료를 하였다는 취지로 진술한 점 등을 인정하였다. 그리고 피고인의 증상은 굳이 고액의 입원료를 부담하면서까지 입원하여 검사 또는 치료를 받지 않고 통원치료를 통해서도 이를 치료할 수 있었음에도, 그 치료를 위하여 통상적으로 필요한 범위를 훨씬 넘어 마치 입원치료가 필요한 것처럼 각 피해보험회사를 속여 과다한 보험금을 청구한 것이므로, 피고인에게는 보험금 편취의 고의가 있었다고 판단하였다. 이에 따라 원심은 피고인을 유죄로 인정한 제1심판결을 그대로 유지하였다.

• 대법원

① 피고인은 2007년도에 부상을 당하여 이후 수술과 통원치료를 하였으나 통증이 지속되고 차도가 없어 위 병원에서 정상적으로 입원치료를 받았던 것이고, 보험금을 편취하기 위하여 입원한 것이 아니라고 일관하여 주장하고 있는데,

원심도 앞서 ①에서 판시한 대로 피고인의 부상과 수술 및 통원치료 사실을 인정하고 있다. 그리고 기록에 의하면, 피고인은 그 후 2010. 8. 16.경까지 인제대학교부산백병원 O클리닉 등에서 지속적으로 치료를 받은 사실, 위 클리닉 의사 P가 2013. 3. 14.자로 발행한 진단서에는 피고인의 증상에 대하여 '좌측 하지에 신경 손상에 의한 복합부위통증증후군으로 통증이 지속되고 있고, 이는 만성근골격계통증으로 치료가 어려우며 향후 장기적인 약물치료와 침습적인 치료가 필요하다'는 취지로 기재되어 있는 사실도 알 수 있다.

② 원심이 피고인을 유죄로 본 근거 중 앞의 ③의 점은 피고인이 입원하였다는 D병원에서 입원환자들의 외출·외박 등에 대한 통제가 이루어지지 않고 실제 행하여지지도 않은 치료에 대한 치료비가 청구되는 등의 불법이 저질러졌으며, 피고인이 이와 같은 사정을 알고 위 병원에 입원했을 가능성이 높다는 취지로서 공소사실에 대한 간접적 정황에 불과하다.[229]

229) 대법원 2014. 7. 24. 선고 2014도5063 판결.

③ 피고인의 보험금 편취의 고의를 인정하기 위한 전제로서 입원치료의 필요성이 없었다는 사실에 대한 직접적인 근거에 해당하는 것은 앞서 원심이 근거로 든 ②의 점인데, 그 내용을 살펴보면, 진료기록 상 피고인에 대하여 이루어진 치료의 내용이 통상 입원이 필요한 환자에 대한 것으로 보기에는 다소 미진해 보인다는 점, 간호기록 상 입원기간 중 피고인에게 특기할 만한 증상이나 상황이 없었다는 점을 알 수 있을 뿐이다. 오히려 기록에 드러나는 위 병원의 환자관리 실태에 비추어 그와 같은 진료기록이나 간호기록 등이 성실하고 정확하게 작성된 것인지, 또 그와 같은 기록 등에 의하더라도 피고인의 증상이 반드시 입원치료가 불필요하였다고 단정할 수 있는 것인지 의문이 가고, 당시 피고인의 상태에 관하여 피고인을 진료하고 간호한 위 병원의 의사나 간호사의 진술 등이 증거로 제출되어 있지도 않다.

④ 제1심이 증거로 든 부산지방법원 2012고단9596 등 사건의 판결문 사본 등의 기재에 의하면, 위 병원의 의사 H와 이를 운영한 Q가 공모하여 피고인을 포함한 입원치료가 필요하지 않은 환자 34명을 입원시킨 후 이들이 마치 정상적으로 입원한 것처럼 건강보험공단에 요양급여를 청구하여 편취하였고, 위 의사 H가 위 34명에게 정상적으로 입원하여 치료받고 진료기록부상의 모든 치료를 받은 것처럼 입퇴원확인서를 발급해주어 환자들로 하여금 이를 보험회사들에게 제출하여 보험금을 지급받도록 함으로써 위 환자들의 보험회사에 대한 사기를 방조하였다는 등의 범죄사실로 각 유죄판결이 선고되어 확정된 사실과, 위 사건에서 Q와 H가 범행을 자백한 것으로 보이는 점을 알 수 있다.

하지만, 위 사건에서 피고인에 대한 조사는 이루어진 적이 없는 것으로 보이고, 진료기록 등 위 병원의 각종 기록 외에 피고인에게 입원치료의 필요성이 있었는지에 관한 구체적 증거가 제출되었다고 볼 자료도 없으며, 이에 비추어 Q, H는 다수의 환자들에 관한 진료기록 등을 근거로 한 수사기관의 추궁이나 공소제기에 대하여 공소사실을 단지 일괄적으로 수긍함으로써 피고인 관련 부분 범죄사실까지도 자백하게 된 것일 뿐일 가능성도 상당해 보이므로, 이들에 대하여 위와 같은 판결이 선고되어 확정되었다는 사실이 있다 하여 피고인에 대한 이 사건 공소사실까지 유죄로 단정할 수 있다고 보기는 어렵다.

⑤ 결국 피고인에게 입원치료의 필요성이 없었다는 점을 인정하려면, 피고인의 입원실 체류시간과 당시 증상, 진단 및 치료내용과 경위, 피고인의 행동 등 모든 사정을 종합하여 합리적 의심을 배제할 수 있을 정도의 증명이 있어야 할 것이다. 그런데

원심이 든 증거와 사정만으로는 피고인에 대한 의심을 넘어 그와 같은 증명이 이루어졌다고 보기에는 부족하다.

아울러 사기죄가 성립하려면 입원치료의 필요성이 없는 환자에 대하여 입원결정을 하는 등의 의사의 관여가 있을 수밖에 없는데, ① 의사가 허위로 입원하려는 환자와 공모하였거나(공동정범) 또는 ② 허위로 입원하려 한다는 사정을 알면서도 이를 묵인하고 형식적인 입원결정을 한 경우(사기방조)가 있다.[230)][231)] 그렇지 않다면 ③ 의사가 환자의 고의로 과장하거나 본인의 부주의 등으로 입원의 필요성 또는 필요한 입원기간 등에 관하여 잘못된 입원결정을 한 경우가 될 수 있다.[232)] 만약 이 중 어느 하나에도 해당하지 아니하여 환자에 대한 입원결정이 형식적이거나 잘못된 것이라고 볼 수 없다면, 설령 그 환자가 보험에 가입한 목적이 입원을 기초로 한 다액의 보험금 수령을 위한 것이었다 하더라도, 적정한 입원에 따른 보험금 청구가 '기망행위'에 해당한다고 볼 수 없으므로 사기죄가 성립한다고 볼 수 없다. 그런데 만약 의사가 보험금 수령을 목적으로 허위로 입원하려는 환자와 공모하였다거나 또는 이를 묵인하였음이 인정되지 아니하는 경우에는, 환자에 대한 의사의 입원결정이 잘못된 판단임이 증명되어야 하는데, 이를 판단함에 있어서 다음과 같은 사정, 즉 의사의 의료행위가 고도의 전문적인 지식과 기술을 요하는 전문가에 의하여 이루어지는 판단임을 전제한 것으로 보아야 한다.[233)] 따라서 특정한 환자에 대한 적정한 진료행위가 일의적으로 정의되기 어렵고, 구체적인 진료방식의 차이에도 불구하고 의사의 전문적인 진료행위로서 정당화되는 일정한 영역이 존재한다고 보아야 하며, 문제된 진료행위의 내용이 입원과 관련된 것이라 하여 달리 볼 것은 아니다. 따라서 입원의 필요성 또는 적정한 입원기간 등에 관하여 보험금 청구의 기초가 된 의사의 입원결정과는 다른 내용의 의학적 견해가 제시되었다는 사정만으로 당연히 당초 의사의 입원결정이 잘못된 판단이라고 단정하기 어렵고, 당초 의사의 입원에 관한 결정이

230) 창원지방법원 2018. 2. 13. 선고 2015고단3525, 2017초기101 판결.
231) 대법원 2006. 1. 12. 선고 2004도6557 판결.
232) 창원지방법원 2018. 2. 13. 선고 2015고단3525, 2017초기101 판결.
233) 창원지방법원 2018. 2. 13. 선고 2015고단3525, 2017초기101 판결.

환자의 상태와 일반적인 의학적 지식 등에 비추어 정당한 진료행위의 영역을 벗어나는 것이라는 사정에 대한 증명이 있어야 한다.

그리고 그 증명을 위하여 피고인이 체결한 보험계약 건수, 체결 시기와 경위 등에 비추어 피고인이 자신의 재산상태에 비추어 과도한 보험계약을 체결하였다거나, 피고인의 입원기간 중 외출·외박 기록 또는 신용카드 사용 내역 등을 통하여 피고인의 입원기간 중 행태가 입원환자의 행태로 보기 어렵다는 사정 등을 통하여 의사의 피고인에 대한 입원·퇴원 관련 결정이 정당한 진료행위의 영역을 벗어나는 것이라는 사정을 추인할 수 있으나, 이러한 경우에도 그와 같은 사정을 통하여 피고인에 대한 입원결정이 일반적인 의사라면 입원결정을 하지 아니하였을 것이라는 점에 대한 합리적인 의심을 배제할 정도의 증명이 있어야 하고, 만약 그러한 정도의 입증이 이루어지지 아니하였다면 앞서 든 사정에 비추어 피고인이 보험계약을 체결한 목적이 보험금의 부정수령을 위한 것이 아닌가 하는 의심이 든다 하더라도 유죄판결을 위하여 엄격한 증명을 요하는 형사재판의 본질에 비추어, 피고인의 이익으로 판단할 수 밖에 없다.

① 치료의 실질이 통원치료에 불과함을 인정한 사례[234)]

㉮ 피고인 2의 경우 (병원명 생략)내과에서 정기적으로 근육주사를 2대 맞고 1~2시간 동안 링거주사액을 투여받는 등의 치료를 받아 치료시간 자체가 6시간이 되지 아니할 뿐만 아니라,

㉯ 근육주사만 맞은 날도 있고 입원기간 중 1주일에 3~4회 정도 자신의 점포에 가서 일하거나 싱크대 배달업무를 계속 수행하고, 장애인인 둘째 아들을 차에 태우고 야외로 나가기도 하였으며, 입원기간 대부분 집에서 잠을 잔 점,

㉰ 피고인 3의 경우 (병원명 생략)내과에서 근육주사를 2회 맞고 링거주사액을 3시간 투여 받은 후 혈관레이저 치료를 1시간 받아 치료시간 자체가 6시간이 되지 아니할 뿐만 아니라, 입원기간 중 (병원명 생략)내과가 소재한 부천시 원미구에서 멀리 떨어진 충북 진천군까지 외출하기도 하였고, 입원기간 중 하루도 병원에서 잠을 자지 아니한 점,

234) 대법원 2006. 1. 12. 선고 2004도6557 판결.

㉱ 피고인 5의 경우 (병원명 생략)내과에서 근육주사를 맞고 링거주사액을 투여받고 치료약을 복용한 것 이외에는 병원에 머무르면서 의사 등 의료진의 지속적인 관찰을 받지 아니한 채 자유롭게 외출을 하는 등 방치된 점, 위 피고인들이 입원기간 중 받은 치료의 주된 부분은 링거주사와 근육주사인데 이는 통원치료를 하면서도 충분히 맞을 수 있는 것으로 보이는 점, 위 피고인들에게 근육주사와 링거주사 등을 투여한 후 이들을 병원에 남게 하여 그 경과를 관찰할 필요성이 있었다고도 보이지 않는 점,

㉲ 피고인들이 입원기간 중 전혀 혹은 대부분 병원에서 잠을 자지 아니하고 자주 외출한 것에 대하여 아무런 통제를 하지 않은 것으로 보아 피고인 1에게는 당초부터 위 피고인들을 병원에 장시간 머물게 하면서 그 경과를 관찰할 의사가 없었다고 보이는 점,

㉳ 피고인 1은 위 피고인들이 의료보험이나 의료보호의 혜택을 받지 않고 일반으로 치료받게 함으로써 그에 해당하는 입원비를 수령하였을 뿐만 아니라, 피고인 2에 대하여는 국민건강보험공단에 의료수가를 청구하지도 않아 정상적인 입원치료를 한 것으로 보이지 않는 점 등에 비추어, 위 피고인들이 형식상으로는 (병원명 생략)내과에서 입원수속을 밟고 치료를 받았다 하더라도 그 치료의 실질은 통원치료에 해당한다고 보아야 할 것이라는 이유로,

피고인 2, 4는 공모하여 피고인 2가 (병원명 생략)내과에서 입원치료를 받은 것처럼 보험회사를 기망하여 보험금을 편취하고, 피고인 3, 공소외 1도 자신들이 (병원명 생략)내과에서 입원치료를 받은 것처럼 보험회사를 기망하여 보험금을 편취하였음을 인정하였다.

② 치료의 실질이 통원치료에 불과함을 인정하지 않은 사례[235]

㉮ 피고인은 2014년 5월경 부산대학교양산병원에서 유방암 진단을 받고, 2014. 5. 29.경 서울대학교병원에서 유방부분절제술을 받았는데, 위 질병은 다른 질병에 비해 그 위험성의 정도가 결코 가볍지 아니하고, 재발방지를 위한 치료 및 관리가 중요한 질병인 점,

235) 울산지방법원 2017. 12. 14. 선고 2016고정860 판결.

㉯ 피고인은 2014년 7월경 F으로 전원하여 항암치료 및 방사선치료를 받으면서 지인의 추천으로 이 사건 병원에 입원하게 되었는바, 피고인은 항암치료 및 방사선치료 과정에 발생하는 통증치료 및 경과 관찰을 위해 입원치료가 필요했을 것으로 보이는 점,

㉰ 피고인에 대한 입원치료 결정은 이 사건 병원의 의사가 한 것이고, 실제로 피고인은 입원기간 중 이 사건 병원에서 고주파온열암치료, 레이저침술 등 한방치료 및 약물치료 등을 받은 것으로 보이는 점,

㉱ 피고인은 이 사건 입원기간 중인 2014. 10. 13.경부터 2014. 12. 8.경까지 총 38회에 걸쳐 F에서 방사선치료 등을 위한 통원치료를 받았는데, 피고인의 주거지인 울산 울주군 G는 F와 40km 이상 떨어져 있어 통원을 도와주는 사람이 없는 한 방사선치료를 받고 있던 피고인이 주거지에서 F까지 이동해 통원치료를 받는 것은 매우 힘들었을 것으로 보이는 점,

㉲ 더욱이 피고인은 입원치료 직전 보험에 가입하였던 것이 아니라 보험금 청구일보다 수년 전에 이미 보험에 가입해둔 상태였고, 피해자 회사들은 피고인의 보험금 청구에 대하여 조사 및 내부심의를 거쳐 보험금을 지급한 것으로 보이는 점,

㉳ 피고인이 무단외출이나 외박을 한 적이 있으나 주말이 상당수였던 것으로 보이고, 이는 병원 측의 관리소홀에 의해 이루어진 측면도 없지 않으며, 위와 같은 사정만으로 피고인에게 입원치료의 필요성이 없었다고 단정하기 어려운 점,

㉴ H의 진료기록 의료분석결과에는 진료기록에 대한 종합소견으로 '의사의 처방은 있으나 실제 치료내역 없는 경우가 다수 확인되고, 약 투여한 것으로 기록되어 있으나 의사의 처방이 없는 경우가 있으며, 진료기록으로 보아 통원치료 가능하였을 것으로 판단됨'이라는 취지로 기재되어 있으나, 위 진료기록 의료분석은 진료기록만을 기초로 피고인에 대한 치료여부 및 입원치료의 필요성을 분석한 것으로 참고자료 이상의 의미를 가지기 어렵고, 위 진료기록 의료분석을 어느 정도의 전문지식을 갖춘 의료인이 작성하였는지도 알 수 없어 이를 그대로 믿기 어려운 점,

㉵ 건강보험심사평가원은 피고인에 대한 진료기록 등을 심사한 뒤 이 사건 입원기간 중 적정 입원일수가 7일이라는 취지의 검토 결과를 제시하였으나, 동일한 질병을 가진 환자라도 환자 개개인의 특성에 따라 증상과 그 정도가 달라질 수 있고,

의료행위는 고도의 전문적 지식이 요구되는 행위로서 치료과정에 있어서 의사가 가진 고유의 경험이나 지식이 반영되어 동일한 환자라 하더라도 그 치료방법과 기간이 달라질 수 있는바, 위 검토 결과만을 받아들여 피고인이 입원의 필요가 없었음에도 장기간 입원하였다고 단정할 수 없는 점 등을 종합하여 보면,

검사가 제출한 증거만으로는 피고인의 입원치료가 사회통념상 권리행사의 수단으로서 용인할 수 없는 정도에 이르렀다거나 통원치료가 가능함에도 보험금을 편취할 범의로 판시 기재와 같이 입원한 것이라고 인정하기 어렵고, 달리 이를 인정할 증거가 없다.

③ 의사로 하여금 입원치료가 필요하다고 오판하도록 한 사안[236)]

㉮ 피고인은 이 사건 공소가 제기된 보험사기를 포함하여 2007. 6.부터 2014. 2. 경까지 총 2,463일 중 절반을 상회하는 약 1,280일 동안 의료기관에 입원하였다. 당시 진단받은 병명의 대부분이 염좌, 지방간, 만성간염, 허리 아래 통증 등으로서 그 질환내용에 비추어 응급치료 또는 장기간의 입원치료가 필요한 상황이었다고 보이지 않고, 나아가 병원을 바꾸면서까지 자주 입원을 반복할 필요가 있었다고는 더더욱 보이지 않는다.

㉯ 피고인은 한 의료기관에서 입원치료를 받고 이틀 내지 수일 만에 동일한 병명으로 다른 의료기관에 입원하기도 하였다. 보험금편취 목적 외에는 같은 증상으로 사실상 연속하여 다른 의료기관을 전원하면서까지 입원해야 할 만한 특별한 동기를 찾을 수 없다.

㉰ 피고인이 의료기관에 입원하여 처치받은 내역들의 상당수가 약물치료 또는 물리치료에 불과하고, 피고인이 입원한 상당수의 의료기관이 한방병원으로서 근원적 치료를 할 수 있는 의료기관이 아닌 점에 비추어 보면, 근원적 치료를 통하여 통증에서 벗어나고자 하는 일반적인 환자의 행태와도 구별된다.

㉱ 피고인은 의료기관에서 입원기간 동안 외출이 잦았고, 통화내역에 의하면 외출지도 의료기관에서 원거리 지역인 사실이 확인될 뿐만 아니라, 체크카드 사용내역에 의하면 외출기간 중 식당, 노래방, 주점 등지에서 체크카드를 사용하였다. 이는

---

236) 수원지방법원 성남지원 2017. 8. 16. 선고 2016고단4206 판결.

주로 간염, 허리통증으로 인하여 의료기관의 입원치료가 필요한 환자의 행태로 보기는 어렵다.

㉶ 피고인에 대한 진료기록지에 의하면, 상당수의 의료기관에서 피고인의 통증호소 및 피고인 스스로의 입원요청에 따른 문진만으로 입원이 결정되었던 것으로 보인다.

3) 의사가 보험사기에 가담한 사례

의사 또는 병원이 주도한 허위(과다)입원 보험사기의 경우, 보험사기방지 특별법 위반(사기)에 대한 공동정범 내지 방조 외에도 의료법위반, 허위진단서작성 등이 함께 문제되므로, 이를 처벌하기 위해서는 환자가 주도한 허위·과다 입원의 경우보다 명확한 불법성 구증이 필요하다.

① **의료법위반**

의료인은 진료기록부 등을 거짓으로 작성하거나 고의로 사실과 다르게 추가 기재·수정하여서는 아니 된다. 그럼에도 피고인은 2016. 8. 4.경 위 I치과의원에서 환자 J의 제25, 27번 치아의 임플란트 수술 및 치조골 이식을 동시에 진행하였음에도 2016. 8. 4.경에는 제27번 치아, 2016. 8. 8.경에는 제25번 치아의 임플란트 수술 및 치조골 이식을 각각 한 것처럼 진료기록부를 거짓으로 작성한 것을 비롯하여 그때부터 2019. 3. 27.경까지 같은 방법으로 별지 범죄일람표(1) 기재와 같이 총 10회에 걸쳐 J 등 환자 6명에 대한 진료기록부를 거짓으로 작성하였다.

② **허위진단서작성**

피고인은 2016. 8. 4.경 위 I치과의원에서 환자 J의 제25, 27번 치아의 임플란트 수술 및 치조골 이식을 동시에 진행하였음에도 각각 다른날 위 수술을 한 것처럼 '2016년 8월 8일 상악좌측 제2대구치(#27)부위 치조골 이식을 동반한 임플란트 식립 시행함'이라는 내용의 허위진단서(서류명: 수술확인서) 1장을 작성하여 2016. 8. 4.경 J에게 발급해 주는 등 그때부터 2019. 3. 27.경까지 같은 방법으로 별지 범죄일람표(2) 기재와 같이 J 등 환자 8명에 대한 허위진단서 총 13장을 작성하여 발급하였다.

③ 사기방조

피고인은 2016. 8. 4.경 위 I치과의원에서 환자 J가 제25, 27번 치아의 임플란트 수술 및 치조골 이식을 동시에 받았음에도 2016. 8. 8.경에 27번 치아의 수술을 받았다는 허위진단서 1장을 발급하여 줌으로써 위 J가 2016. 8. 24.경 피해자 K(주)에 위 진단서를 첨부하여 보험금을 청구해, 같은 달 26. 위 피해자 회사로부터 보험금 114만 원을 편취하는 사기범행을 용이하게 하였다.

이로써 피고인은 위 허위진단서 발급으로 J의 위 사기범행을 용이하게 하는 등 2015. 10. 12.경부터 2016. 8. 26.경까지 별지 범죄일람표(3) 기재와 같이 환자 J, C가 피해 보험사로부터 합계 344만 원의 보험금을 편취하는 사기범행을 용이하게 하여 이를 방조하였다.

④ 보험사기방지 특별법 위반 방조

피고인은 2017. 6. 21.경 위 I치과의원에서 환자 L이 제25, 26번 치아의 임플란트 수술 및 치조골 이식을 동시에 받았음에도 2017. 6. 28.경에 25번 치아의 수술을 받았다는 허위진단서 1장을 발급해 줌으로써 위 L이 2017. 11. 22.경 피해자 K(주)에 위 진단서를 첨부하여 보험금을 청구해, 2017. 11. 23.경 위 피해자 회사로부터 보험금 120만 원을 편취하는 보험사기 범행을 용이하게 하였다.

이로써 피고인은 위 허위진단서 발급으로 L의 위 보험사기 범행을 용이하게 하는 등 2016. 11. 22.경부터 2019. 3. 29.경까지 별지 범죄일람표(4) 기재와 같이 L 등 환자 7명이 피해 보험사들로부터 합계 2,646만 원을 편취하는 보험사기방지 특별법 위반 범행을 용이하게 하여 이를 방조하였다.

(4) 주요 조사사항

먼저 진료기록조사와 입원적정성 분석이 필요하다. 보험회사에 청구된 진단서 또는 입원확인서뿐만 아니라, 진단 및 치료한 병원의 진료기록부와 영수증을 확보하고 분석하는 것이 중요하다. 왜냐하면, 질병진단의 근거를 알 수 있고, 입원치료에 대한 적정성 분석의 기본자료가 되기 때문이다.

〈표 4-3〉 입원의 적정성 판단[237)]

조사 POINT	확인 사항
입원차트 분석	외출, 외박, 식사대장, 투약대장, TPR
최초 부상의 원인 및 정도	진술의 신빙성, 부합성, 모순점
최초 병원 내원사항 및 문진회동	부상의 원인 · 정도와 병원의 주장 간 부합
심평원, 입원기간 적정성 분석	필요시 심평원의 입원기간 적정성 분석의뢰
진단명별 상해진단서 작성지침	진단명에 따른 상해진단서 작성지침 상의 치료기간
보험사 지급관련 조사서류	과다입원에 대한 의사소견서 및 감액지급서류
근무지 출근기록부 등 직업특성에 따른 서류	출근기록부상 출근여부
국민건강보험공단 요양급여 지급내용	입원기간 중 타 의료기관이나 약국 이용내용
신용카드 사용내역	입원기간 중 병원과 먼 지역에서의 신용카드 사용
간호일지 및 인계장, 입원환자 관리대장	간호일지, 인계장 등 입원환자 재원현황
식사관리대장	처방내역과 식당내역과 비교
휴대폰 통화내용	휴대폰 발신지 확인을 통해 병원 외 지역통화 내용
인터넷 접속내용	입원기간 중 인터넷 접속 기록 ID, IP 등 확인
고속도로, 유료도로 통행기록	입원기간 중 차량운행 내용
병원의 이동과정, 기간, 원인, 치료사항	설계사, 브로커 등의 개입여부
외박, 외출의 빈도	외박, 외출기간, 간격, 시기, 의료차트 내용

(5) 수사 사례 - 허위, 장기입원

1) 개요

㈜라이나생명 등 15개 보험사에서 경찰에 수사의뢰한 사항으로, 무직인 A(62년생)가 15개 보험사에 28건의 보험을 가입하고 매월 170만 원 상당 보험료를 납입한 상태에서 퇴행성관절염, 발목골절 등으로 진단받고 2011년에서 2021년까지 약 11년간에 걸쳐 104개 병원에서, 총 2405일을 입원하고 보험금 531,997,478원을 수령한 사건을 수사하여 구속 송치하였다.

237) 보험연수원, 「보험조사론Ⅱ(실무)(개정판)」, 2022: 17면.

2) 수사착수 : 법리분석에 기초한 수사사항의 확인

① 기본적 보험사기 법리

환자가 받은 치료의 내용이나 목적이 통원치료로도 충분히 달성될 수 있을 때에는 이를 입원치료가 아닌 통원치료로 보아야 하고, 치료의 실질이 입원치료가 아닌 통원치료에 해당하는 경우는 물론, 입원의 필요성이 없음에도 의사가 입원치료의 필요성이 있다고 오판하도록 하여 필요 이상의 장기입원을 한 경우 역시 이를 알리지 않은 채 보험회사에 대하여 보험약관에 정한 입원기간을 충족시켰다고 주장하면서 보험금을 청구하는 행위는 사기죄에 있어서의 기망행위에 해당한다. 그리고 보험금을 지급받을 수 있는 사유가 있다 하더라도 이를 기회로 실제 지급받을 수 있는 보험금보다 다액의 보험금을 편취할 의사로 장기간의 입원 등을 통하여 과다한 보험금을 지급받는 경우에는 지급받은 보험금 전체에 대하여 사기죄가 성립한다.[238)]

나아가 본 건과 관련하여 2018.2.1. 선고 광주지방법원 2017고단3002 판결이 검색되었다. 16년 기간 입원하여 8개 보험사, 12개 보험가입을 하고 44회 입원함으로써 176,900,011원 편취한 사건에서 징역 1년 6월, 집행유예 3년이 선고되었다. 이 판결에서 구체적으로 설시한 부분은 아래와 같고, 이를 토대로 수사사항을 특정하기에 이르렀다.

㉮ 비정상적인 보험계약관계, 피고인은 8개 보험사의 보험상품 12건을 유지하며 매월 보험료로 피고인 가구의 월수입에 비추어 부담이 되었을 것으로 보이는 약 80만 원을 납부하여 왔고, 특히 2007년부터 2010년 사이에 보장성 보험에 집중 가입하였는데, 이와 같은 피고인의 보험가입행태는 일반적인 모습이 아니다.

㉯ 보존적 치료가 대부분, 피고인이 입원기간 중 치료를 받은 주된 내역은 단순한 보존적 치료가 대부분인 반면(특별한 검사나 치료를 받지 않고 단순 경과 확인 및 투약, 물리치료만 이루어진 경우가 대부분이다. 즉 상당 부분은 통원치료로 가능하였음을 의미한다), 장기간의 입원이나 잦은 입원을 하여야 하는 특별한 사정이 나타나지 않는다.

㉰ 입원행태, 진료기록이 확보되지 않은 등의 이유로 기소에 이르지 않은 입원내역들을 합한 일련의 입원경위를 살펴보면, 피고인은 가입한 보험상품에서 약정된

238) 대법원 2006. 1. 12. 선고 2004도6557 판결, 대법원 2009. 5. 28. 선고 2008도4665 판결 등 참조.

보험금 지급가능기간을 채워 입원하고 보험금이 지급되지 않는 기간에는 입원을 하지 않는 행태를 반복해 왔음을 알 수 있고, 장기간 입원이나 잦은 입원이 필요할 정도로 건강상태가 불량하였다면 상급병원에 전원하여 근원적인 치료를 받거나 보험금이 지급되지 않는 기간에도 자비를 들여 입원치료 등을 받는 것이 마땅한데, 그와 같은 내역이 존재하지 않는다.

㉣ 입원횟수나 입원일, 피고인은 동종 또는 유사한 상병으로 병원에 입, 퇴원을 반복하는 등 일반적이지 않은 입원태양을 보이고 있고, 그 입원횟수나 입원일이 증상이나 이에 대응한 진료내역에 비추어 수긍하기 어려울 정도로 많으며(기소에 이르지 않은 입원내역을 포함하면 더욱 그러하다), 입, 퇴원을 반복하면서 퇴원한 다음 날 또는 얼마 지나지 않아 다른 병원에 재입원하는 경우가 다수 있었다(퇴원한 병원의 진료기록에 증세가 호전되어 퇴원한다는 내용이 기재되어 있는 경우도 다수 있다).

㉤ 다른 병원 입원치료를 받은 사실 미고지, 재입원 당시 직전에 다른 병원에서 입원치료를 받았다는 사실을 고지하지 않은 적이 다수 있고, 주로 담당의사에게 증상을 호소하며 입원의 필요성이 있는 것처럼 이야기하여 입원결정 및 입원기간 연장 결정이 이루어진 것으로 보인다(진료기록상 입, 퇴원과 입원기간 연장을 본인이 원하였다고 기재된 경우가 여럿 있고, 의사가 통원치료를 권유하였음에도 입원을 원하여 입원한 내역도 있다).

㉥ 중소병원, 피고인의 입원은 규모가 크지 않은 중소 병원들에 집중되어 있고, 피고인이 여러 병원에 돌아가며 입원한 것으로 보아, 피고인은 입원이 용이한 병원들을 찾아 입원한 것으로 보인다(피고인이 입원한 병원은 병원 수입의 극대화를 위해 만연히 피고인들의 요청에 따라 입원을 결정하고 입원기간을 연장해 준 경우가 많았을 가능성이 크다).

㉦ 피고인이 입원기간 중 잦은 외출, 병실 부재 및 외박(추석, 설 등)을 한 내역이 확인된다.

㉧ 건강보험심사평가원 분석보고서, 피고인의 진료기록을 검토한 전문의들과 건강보험심사평가원이 밝힌 입원치료의 필요성이나 적정 입원기간에 관한 소견은 피고인의 실제 입원기간과 상당한 차이가 있다(비록 위 각 소견은 서로 상이한 부분이 있고 환자를 직접 관찰한 의사의 소견이 아니어서 입원치료의 필요성이나 적절성을 판단하는 절대

적 기준이 될 수는 없겠으나, 위에서 본 여러 사정과 종합하여 볼 때 충분히 신뢰할 수 있고 경청할 만하다).

㉶ 피고인은 경찰에서 아프기도 하였으나 일정한 수입이 없다 보니 반복적으로 입원을 하게 되었다고 진술하였고, 과다한 입원을 하였음을 인정하는 진술을 하였다.

② 이 사건 분석

결국 피의자가 편취의 고의를 자백하지 않는 한, 간접증거를 가지고 입원이 필요하다는 의사의 진단을 깨뜨려야 하는 어려움이 있다. 그런데 이미 동일 건 보험사기 혐의로 2014년도에 ○○경찰서에서 증거불충분으로 불송치되었던 전력이 있을 뿐 전과는 없었다. 그뿐만 아니라 피의자 명의의 전화번호 1년 기간 동안의 기지국 위치값이 병원기지국 값과 일치하여 쉽지 않은 사건이었다.

3) 수사진행

① 피의자신문 결과

피의자는 '월 160만 원의 보험금을 낼 수준의 수입이 있는가요'라는 질문에, 사실은 보험금 낼 돈이 미비하였고, 다만, 보험금으로 수령한 돈으로 대부분 충당하였다는 진술을 획득하였다. 그리고 입원일수와 관련하여, "생명보험사의 경우 ○○질병과 관련하여 120일, 손해보험사는 180일을 한도로 보장을 해줍니다. 이후 ○○질병으로 최종퇴원을 한 이후에는 180일이 지나고 재입원을 해야 하며 또 120일 180일 한도 내에서 재보장을 해줍니다. 그래서 입원일수를 잘 보고 입원을 해야 합니다. 또한 한도 내에서 재입원을 하려면 다른 B병명으로 입원을 해야 보험금이 지급됩니다."라고 답변을 한 진술을 확보하기에 이르렀다.

② 간접증거의 수집

㉮ 입원기간과 주로 보존적 치료를 하였는지 여부

피의자 입원기간 중 가장 많이 입원한 병원을 분석해보면, 'A요양병원'에서 468일, 'B요양병원'에서 244일 입원하였다. 요양병원은 노인환자들을 수용하여 장기적인 요양과 치료를 할 수 있도록 시설을 갖추어 놓은 병원이라 할 수 있는데, 피의자가 이런 요양병원에 입원에 입원하였다 함은, 질병이나 부상의 치료를 목적으로 한 전문적인 의료행위를 하기보다는 대부분 보존적 치료를 하였다고 볼 수 있다. 실제 입원기간 중 치료를 받은 주된 내역은 단순한 보존적 치료가 대부분이며, 검사나 치료를 받지 않고 단순 경과 확인 및 투약, 물리치료만 이루어진 경우가 확인되었다. 상당 부분은 통원치료로 가능하였음을 의미하며, 장기간의 입원이나 잦은 입원을 하여야 하는 특별한 사정이 나타나지 않는다.

㉯ 입퇴원 패턴분석

보험사의 입원 보장한도를 보면(별권 입원관련 약관) 특정 병명 당 120일 입원한도 내에서 보장해주고, 이후 180일이 지나면 같은 병명이라도 재차 120일 한도 내에서 입원보장이 가능함이 확인되었다. 피의자의 병명에 따른 입퇴원 내역을 보면, 최대 입원한도를 이용하여 입원하는 패턴이 확인되고, 피의자 역시 입원보장한도를 구체적으로 인지하고, 입원일수를 기록해 두거나 보험회사에 입원한도를 문의해 병명을 바꿔가며 입원을 하였다고 진술하는 점으로 보아, 치료의 목적이 아닌 허위 입원으로 보험금 취득을 위한 고의성이 매우 뚜렷하다고 볼 수 있다. 퇴원 당일에 다른 병원에 재입원하는 경우가 16회 되며, 10일 이내 재입원하는 경우는 전체 입퇴원 기간 중 76%를 차지하였다. 피의자의 진료기록을 보면, 퇴원 시 통증이 없고 증상이 호전되어 퇴원하나, 퇴원 즉시 유사한 병명의 통증을 호소하며 다른 병원에 재입원한 사실도 발견되었다.

장기간 입원이나 잦은 입원이 필요할 정도로 건강상태가 불량하였다면 상급병원에 전원하여 근원적인 치료를 받거나 보험금이 지급되지 않는 기간에도 자비를 들여 입원치료 등을 받는 것이 마땅한데, 피의자의 행태는 요양병원 등 중소병원을 전전하며, 입원일당을 받기 위한 목적으로 입·퇴원을 반복한 점으로 보여, 허위입원을 통해 보험금 취득에 대한 고의가 뚜렷하다고 보인다.

㉰ 타 병원치료사실 미고지

피의자는 재입원 당시 직전에 다른 병원에서 입원치료를 받았다는 사실을 고지하지 않은 적이 57회나 되며, 주로 담당의사에게 증상을 호소하며 입원의 필요성이 있는 것처럼 이야기하여 입원결정 및 입원기간 연장결정이 이루어졌다. 특히, 19차, 44차, 86차, 90차 입원 시에는 의사가 퇴원처방을 하였으나, 환자가 더 치료하고 싶다며 퇴원연기를 요구한 내역도 확인된다. 피의자 역시, 병원에 입원할 때, 전 병원에 대한 고지를 하면 입원을 잘 해주지 않아 고지를 일부러 하지 않는다고 진술한다.

㉣ 병원의 규모와 선택

피의자의 입원은 규모가 크지 않은 중소병원들에 집중되어 있고, 피의자가 여러 병원에 돌아가며 입원한 것으로 보아, 피의자는 입원이 용이한 병원들을 찾아 입원한 것으로 보인다. 피의자 역시 대학병원은 입원이 불가능해, 개인병원이 입원이 용이하여 주로 찾았고, 특히 병원에 아는 사무장이 있는 곳에 일부러 찾아가 입원을 하였다고 진술한다. 이런 내용으로 보았을 때, 치료의 목적이 아닌 보험금 취득을 위한 입원을 한 범행의 고의성이 뚜렷하다고 보인다.

㉤ 입원기간 중 행동

피의자의 입원기간 중 외출, 외박대장의 내역을 보면, 무단외출, 장례식장 방문, 제사를 위한 외출, 원주 병원에서 서울에 있는 주민센터 방문을 위한 외출, 설·명절 차례 지내기 위해 친척방문을 위한 외출 등 잦은 외출, 외박, 병실 부재를 한 내역이 총 117회 확인된다.

피의자가 사용하는 농협, 우체국 체크카드 거래내역을 보면, 입원기간 중 외부 식당 이용이 잦다. 결제 시간도 야간인 경우가 많다. 21시경 이후 닭갈비집, 치킨집, 갈비집, 족발집 등 결제내역이 확인된다. 이를 보면 입원 중 외부식당에서 음주를 하는 것으로 보이는데, 이에 대해 피의자 역시 입원기간 중 매일 음주를 하였고, 병원에서 몰래 마시거나 외부에 나가서 먹는다고 진술한다.

㉥ 건강보험심사평가원 회시서

의료자문분석 결과를 보면, 총 입원기간 2,407일 중 228일이 입원 적정기간이라고 회시되었다.

㉦ 자백진술

피의자는 입원기간 중 허리디스크 관련된 통증으로 입원을 주로 하였다고 하면서, 사실 통원으로도 치료가 가능하지만 입원일당 등 부수적으로 받는 보험금이 많아 입원을 하려고 노력하였고, 그리하여 입원을 하였다고 시인한다. 또한 10년은 과다하였고 1년 정도 입원이 적정한 것 같다는 진술 역시 확보하였다.

㉧ 치료의지

피의자의 진료내역을 보면, 채혈을 거부(19차)하고, 수액·진통·항생제 등 주사 거부(8차, 10차, 18차, 27차, 40차, 56차, 81차), 약물복용 거부(26차, 78차, 81차)하는 등

기록이 다수 확인된다. 피의자 역시, 피의자에게 처방된 경구약은 대부분 복용을 하지 않고, 진짜 아플 때 몇 번 복용한 사실이 있다고 진술한다.

2. 허위 사망 · 실종

피보험자가 실제로 사망, 실종되지 않았음에도 사망진단서 등의 위, 변조 등의 방법으로 사망한 것처럼 위장하여 보험금을 편취하는 유형이다.[239] 2022년 기준 전체 보험사기 적발금액 약 1조 818억 원 중, 허위 사망 · 실종 유형의 보험사기 적발금액은 약 8억 원으로 전체의 0.1%에 해당한다.

> **멀쩡한 손목 자르고…허위 실종신고…살벌한 보험사기[240]**
>
> 검찰은 또 자기가 일하던 모텔의 사장 이모씨(41 · 별건 구속기소)와 허위로 혼인신고를 하고 생명보험에 가입한 후 잠적해 보험금을 타내려 한 혐의로 최모씨(30 · 여)를 붙잡았다. 이들은 2003년 12월부터 2004년 8월까지 최씨 이름으로 생명보험 13건에 가입한 뒤 잠적했다. 보험금액은 60억 원에 달했다. 이씨는 최씨의 실종신고를 했고 2010년 5월 장기간 생사불명인 사람을 사망한 것으로 보는 실종신고심판이 확정되자 보험금 24억 원을 청구했다가 적발됐다. '사고를 빙자한 보험금 부정취득 목적의 보험계약으로 추정된다'는 법원 선고로 이씨는 조사를 받게 됐고 결국 지난해 9월 범행이 들통난 것. 이씨는 지난해 9월 구속됐고, 최씨는 가족들의 설득으로 검찰에 자진 출석해 범행을 자백하고 기소유예 처분을 받았다.

239) 보험연수원, 「보험조사론 I (이론)(개정판)」, 2017: 182면 참조.

240) 장성호, "멀쩡한 손목 자르고…허위 실종신고…살벌한 보험사기", 한국경제신문, 2012. 6. 25, https://www.hankyung.com/news/app/newsview.php?aid=2012062577981.

V 고의사고

고의사고를 이용한 보험사기는 보험사고를 고의로 발생시켰음에도 우연한 보험사고가 발생한 것처럼 보험회사를 기망하여 보험금을 편취하는 유형을 말하며, 여기에는 ① 자살·자해·살인·상해의 유형 ② 고의충돌, 자기재산 손괴, 보유불명사고 ③ 방화 유형으로 나눌 수 있다.[241)]

금융감독원이 발표한 앞의 <표 2-3> 보험사기유형별 적발금액 통계에서 보듯이 2022년도 고의사고로 인한 적발금액 1,553억 원 중에는 자살·자해(915억 원)와 고의충돌(534억 원)이 가장 많았고, 자기재산손괴와 방화로 적발된 금액이 58억 원으로 전년 대비 크게 증가(38.1%)했다.

1. 자살·자해·살인·상해

(1) 개관

사망·상해를 담보하는 보험가입 후 보험금 편취목적으로 피보험자를 상해·살해하는 보험사기 유형으로서 피보험자가 혐의자 자신인 경우는 자살·자해, 제3자인 경우는 살인·상해로 분류한다.[242)] 금융감독원에서 2022년 8월 29일 발표한 보도자료[243)]에 의하면, 최근 10년간('12년 ~ '21년) 보험사기로 판결이 확정된 고액(1억 원 이상) 사망보험금 관련사건(31건)의 주요특징을 분석한 결과는 다음과 같았다.

1) 보험사기자 가해자와 피해자의 특성

특정한 직업이 없는(무직·일용직 등) 50대 이상의 가족이 보험금 편취목적으로 흉기·약물 또는 사고사로 위장하여 살해하는 경우가 많은 반면, 피해자는 50대 이상 평범한 계층의 남성으로 자택·도로 등 일상생활 영역에서 살해되는 경우가 많았다.

241) 보험연수원, 「보험조사론 I (이론)(개정판)」, 2022.3: 119면 참조.

242) 보험연수원, 위의 책.

243) 금융감독원, 보도자료, 2022. 8. 29. "고액 사망보험금을 노린 보험사기 사건의 주요 특징" 참조.

2) 보험계약의 특징

피해자는 평균 3.4건의 보험계약(월 보험료 62만 원)에 가입되어 있으며, 가입 후 5개월 내 사망하였고, 사망보험금은 7.8억 원 수준의 고액이었다. 이 가운데 5건 이상 가입한 경우도 22.6%이었으나, 주목할 만한 점은 1건만 가입한 경우도 38.7%였다는 점이다. 한편 보험상품별 가입현황을 살펴보면, 종신보험 33.7%, 질병(건강)보험 27.9%, 정기보험 12.8%, 상해(재해)보험 12.8% 등의 순으로 나타났다.

3) 보험사고의 발생

납입보험료의 경우, 월평균 62.2만 원의 보험료를 납입하였으며 100만 원 이상은 20% 수준이었다. 그리고 보험가입 후 평균 158일(5개월)에 사망사고가 발생하였으며, 절반 이상(54.8%)이 계약체결 후 1년 내 사고 발생하였다.

〈 본인의 보험가입내용 조회방법 〉

조회대상자가 보험계약자 또는 피보험자로 되어 있는 보험계약내용*은 생·손보협회에서 조회 가능

① 보험사명, 보험상품명, 증권번호, 계약상태, 계약관계, 보험기간, 모집점포, 전화번호 등
   ㉮ 생 · 손보협회 홈페이지 『내보험찾아줌』 메뉴에서 본인 확인 후 조회* 신청하거나,
   ㉯ 생 · 손보협회 방문 신청*(신분증 소지)

② 생 · 손보협회 중 한곳에서만 신청하면 생보, 손보 모든 가입내역 일괄 조회 가능
   상세내용은 생·손보협회 홈페이지 『내보험찾아줌(보험가입조회)』 참조

(2) 유형

1) 흉기·약물 등으로 살해

① 대구 금호강 보험금 살인사건(2015)

무직인 A는 고향 친구(피보험자)가 상해로 사망할 경우 4억 원의 보험금을 받을 수 있는 보험에 가입한 후, 금호강 다리 밑에서 걸어서 퇴근 중인 친구(피해자)를 둔기로 수십 회 가격하여 살해함

② 농약 연쇄살인(2015)

주부인 B는 남편의 사업 실패로 경제적 어려움을 겪자 음료수에 맹독성 농약을 넣어 남편을 살해한 후 4.5억 원의 보험금을 편취하고, 사치성 소비로 보험금을 탕진하게 되자, 재혼 후 남편을 피보험자로 종신보험에 가입하고 음식에 맹독성 농약을 넣어 살해 후 5.3억 원의 보험금을 편취함
※ 동일 수법으로 시어머니 살해, 자녀(딸) 중태

③ 신혼여행 니코틴 살해(2017)

식당 아르바이트생인 C는 일본 신혼여행을 가는 공항에서 해외여행자 보험에 가입한 후 여행 중 아내가 우울증으로 자살하였다며 사망보험금 1.5억 원을 청구하였으나, 사전에 치밀한 계획에 따라 호텔 객실에서 주사기를 이용하여 피해자에게 니코틴 원액을 주입하여 사망케 한 것으로 밝혀짐

④ 태국 청부살해(2016)

D는 前 남자친구를 살해하여 보험금을 취득하기로 지인과 공모한 후, 피해자에게 마사지사를 한국으로 데려오면 큰 돈을 주겠다고 제안하여 여행자보험에 가입시킨 후 태국으로 보낸 뒤 지인으로 하여금 피해자를 과도 등으로 살해하게 하고 사체를 유기함

⑤ 외국인 아내 방화살해(2011)

무직인 E는 카지노 도박에 빠져 생활고를 겪던 중 20살 어린 외국인 아내와 결혼 후 아내가 사망할 경우 11억 원의 보험금을 받을 수 있는 보험계약에 가입하고 아파트에서 아내에게 수면제를 먹인 뒤 고의로 화재를 일으켜 사망케 하고 화재사고로 가장함

2) 재해사고 위장

① 홍천강 다슬기 살해사건(2014)

가계 폐업 후 일용직에 종사하던 F는 생활형편이 넉넉하지 못하였음에도 아내가 사망할 경우 6억 원의 보험금을 받을 수 있는 보험계약에 가입(월납보험료 108만 원)한 후, 아내가 강에서 다슬기 채집 중 물에 빠져 익사하였다며 보험금을 청구하였으나 수사결과 아내의 머리·어깨를 수 분간 눌러 사망케 한 것으로 밝혀짐

② 보험금 노리고 父 살해한 母子(2017)

경제적 어려움을 겪던 자녀와 (前)아내는 피해자(父)가 사망할 경우 14억 원의 보험금을 받을 수 있는 보험계약에 가입한 후 피해자가 물놀이 도중 갯바위에서 미끄러져 익사하였다며 보험금을 청구하였으나 수사 결과 피해자를 바다에 빠뜨린 후 등에 올라타 양팔을 잡고 움직이지 못하게 하여 사망케 한 것으로 밝혀짐

3) 자동차사고 위장

① 동백섬 보험살인극(2013)

가게 아르바이트생인 G가 내연관계인 피해자에게 11억 원의 사망보험을 가입하게 하고 혼인신고 2년만에 피해자가 차량추락으로 사망하였다며 보험금을 청구한 사건임
수사결과, 4년간 준비한 치밀한 계획에 따라 공모자(친구)가 동백섬 선착장에서 피해자가 탄 차량을 후진하여 바다에 추락시켜 피해자를 사망케 한 것으로 밝혀짐

② 의성 뺑소니 청부살인(2016)

H는 동생, 동창생 등과 본인 남편(무직)의 사망보험금을 나눠 갖기로 공모한 후 동창생이 트럭으로 피해자를 추돌하여 사망케 한 후 보험금 5.2억 원을 편취함
사건 발생 12년 후 공범 중 한 명이 술자리에서 범행사실을 누설하였으며, 동석자가 금융감독원에 보험사기로 제보하여 재수사를 통해 뺑소니 사고를 가장한 살인으로 밝혀짐

(3) 보험살인 조사 시 유의사항

보험금 수령을 목적으로 피보험자를 고의로 사망에 이르게 한 경우, 살인과 사기(보험사기방지 특별법 위반)죄 적용이 문제된다. 피의자가 자백하거나 직접증거가 있는 경우에는 유죄입증에 큰 문제가 없으나, 없다면 간접증거에 의할 수밖에 없다. 대법원은 직접증거 없이 간접증거만에 의한 경우 고의인정에 엄격한 입장을 유지하고 있다.

1) 간접증거에 의한 살인과 사기의 고의

즉 ① 범행 동기, ② 범행수단의 선택, ③ 범행에 이르는 과정, ④ 범행 전후 피고인의 태도 등 여러 간접사실로 보아 피고인이 범행한 것으로 보기에 충분할 만큼 압도적으로 우월한 증명을 요하며, 고의인정에 의심스러운 사정이 병존하고 고의적 범행이 아닐 여지를 확실하게 배제할 수 없다면 유죄로 인정할 수 없다.

2) 금전적 이득이 살인의 범행동기가 될 수 있는 경우

특히 대법원은 간접사실 중 하나인 범행의 동기를 인정하는데 엄격하다. 즉 금전적 이득만이 살인의 범행 동기가 되는 것은, ① 범인이 매우 절박한 경제적 곤란이나 궁박 상태에 몰려 있어 살인이라는 극단적 방법을 통해서라도 이를 모면하려고 시도할 정도라거나 ② 범인의 인성이 원래부터 탐욕적이고 인명을 가벼이 여기는 범죄적 악성과 잔혹함이 있는 경우 등이 대부분이다. ③ 그렇지 않은 경우는 증오 등 인간관계의 갈등이나 치정 등 피해자를 살해할 금전 외적인 이유가 있어서 금전적 이득은 오히려 부차적이거나 적어도 금전 외적인 이유가 금전적 이득에 버금갈 정도라고 인정될 만한 사정이 있어야 살인의 동기로서 수긍할 정도가 된다. 더구나 계획적인 범행이고 범행 상대가 배우자 등 가족인 경우에는 범행이 단순히 인륜에 반하는 데에서 나아가 범인 자신의 생활기반인 가족관계와 혈연관계까지 파괴되므로 가정생활의 기반이 무너지는 것을 감내하고라도 살인을 감행할 만큼 강렬한 범행유발 동기가 존재하는 것이 보통이다.

3) 무죄 판결례 : 캄보디아 만삭아내 교통사고 사망사건[244]

> 피고인이 피해자 갑과 혼인한 후 피보험자를 갑, 수익자를 피고인으로 하는 다수의 생명보험에 가입하였다가, 경제적 상황이 어려워지자 거액의 보험금을 지급받을 목적으로 자신의 승합차 조수석에 갑을 태우고 고속도로를 주행하던 중 갓길 우측에 정차되어 있던 화물차량의 후미 좌측 부분에 피고인 승합차의 전면 우측부분을 고의로 추돌시키는 방법으로 교통사고를 위장하여 갑을 살해하였다는 내용으로 주위적으로 기소된 사건이다. 1심에서 무죄, 2심에서 무기징역, 대법원 파기환송, 파기환송심에서 살인혐의는 무죄, 교통사고처리특례법위반(치사) 유죄판결로 변경되어 금고 2년에 처하게 되었다.

① 졸음운전 사고인지 고의사고인지 단언할 수 있는 객관적인 증거가 없는 이 사건에서, ㉮ 피고인이 보험금을 노리고 계획적으로 처인 피해자를 살해하였다고 볼 수 있는 범행동기가 선명하게 드러나는지, ㉯ 피고인을 기준으로 한 경험칙으로 볼 때 이 사건 사고가 선택가능한 범행방법의 범주에 속하는지, ㉰ 이 사건사고 당시, 이 사건차량의 상향등 점 등, 이 사건차량의 진행경로, 제동장치에 의한 앞숙임 현상, 이 사건차량의 수동변속기의 인위적 변경 등 검사가 주장하는 간접사실들이 모두 증명되었다고 볼 수 있는지, 나아가 인정되는 간접사실들에 의하여 피고인이 고의로 이 사건사고를 일으켰다고 단정할 수 있는지, 졸음운전으로는 이 사건사고 발생당시의 상황이 일어날 수 없다는 데 대하여 과학적이고 정밀한 분석이 충분히 뒷받침되는지, ㉱ 혈흔에서 수면유도제 성분인 디펜히드라민이 검출된 것을 근거로 피고인이 피해자를 잠들게 할 목적으로 옥수수수염차 등에 수면유도제를 용해하여 먹였다고 볼 수 있는지 등에 관하여 환송 후 당심에서 새롭게 증거조사가 이루어진 증거를 포함하여 검사가 제출한 증거능력있는 증거들에 의하여 충분히 가능성이 있는 여러 의문을 떨쳐내고 합리적인 의심을 할 여지가 없이 고의사고라고 확신할 수 있을 정도로 이 사건사고의 고의성이 증명되어야 한다.

② <경제사정> 피고인에게는 사고 당시 재정적으로 문제가 될 만한 사채나 악성 부채를 부담하고 있었다는 뚜렷한 사정은 찾아볼 수 없었고, 피고인은 월 수익이

---

244) 대법원 2017. 5. 30. 선고 2017도1549 판결.

900~1,000만 원 정도는 되었고, 생활용품점 수익 외에 매월 대여금이자 500만 원, 자판기수입금 120~150만 원 등 부수적 수입이 있어 보험료 및 생활비를 충당하는데 부족함이 없는 상황이었다.

③ <다수 보험계약 체결의 동기> 피해자의 사망으로 피고인이 수령할 보험금 합계액이 95억 원 정도에 이른다고 하나, 그중 54억 원 정도는 일시금이 아닌 정기금으로 지급받는 것이고, 피고인 단독이 아니라 피해자의 다른 법정상속인과 함께 지급받도록 되어 있는 것도 다수 포함되어 있다. 그리고 피고인이 피해자를 피보험자로 하여 가입한 보험은 이 사건사고에 임박한 때에 집중적으로 가입한 것이 아니라 피해자와 결혼한 2008년부터 2014년까지 매년 적게는 2건에서 많게는 9건까지 꾸준히 가입하였고, 그중 순수하게 재해사망을 보장 목적으로 하는 보험은 3건에 불과하다. 나머지는 재해사망 외에 질병사망, 질병치료, 수술비용, 암 진단 및 치료, 부인질환 등 다른 보험사고도 함께 보장하는 것이거나 연금보험, 의료실비보험 등이다. 더구나 피고인은 피해자를 피보험자로 한 보험 외에도 중도해지된 것까지 포함하면 1999. 4.경부터 이 사건사고 무렵까지 피고인 본인을 피보험자로 한 59건, 부친 공소외 5를 피보험자로 한 3건, 모친 공소외 6을 피보험자로 한 4건, 큰딸 공소외 7을 피보험자로 한 15건, 작은딸 공소외 8을 피보험자로 한 12건, 이혼한 전 배우자 공소외 9를 피보험자로 한 2건 등 자신과 위 피해자 이외의 가족을 피보험자로 한 각종 보험에 다수 가입하였다고 주장하고 있다. 그리고 피고인은 이와 같이 여러 개의 보험에 가입하게 된 이유를 보험설계사들의 계속된 권유, 과거 모친이 수술하면서 가입해 둔 보험의 혜택을 본 경험, 피해자와 혼인 및 출산 후 보험의 필요성을 느껴서라고 변소하고 있다. 그런데 피고인에게 보험가입을 권유하였던 보험설계사 등은 피고인의 성격이 맺고 끊는 것이 분명하지 못하여 보험가입을 권유하면 잘 거절하지 못하였다고 하고, 처음에는 거절하다가도 다시 방문하면 가입을 해주기도 하였으며, 피고인이 운영하는 생활용품점에서 보험영업에 필요한 기념품, 선물 등을 자주 구입하여 그 기회에 보험가입을 권유하기도 하였다는 취지로 진술하고 있다.

④ 피고인이 피해자를 피보험자로 하여 가입한 보험의 보험금은 적게는 1,000만 원부터 6,000~7,500만 원, 1~2억 원 등으로 다양하고 고액으로 약정된 것은 2008. 6.경 가입한 4억 2,000여만 원, 2011. 9.경 가입한 27억 6,000여만 원, 2013. 3.경

가입한 8억 3,600만 원, 그리고 가장 금액이 많고 가입시기도 이 사건사고일에 근접하여 범행과의 연관성을 의심해 볼 만한 것으로 사고 두 달 보름 전인 2014. 6. 5. 삼성생명에 가입한 변액유니버셜보험이 있고, 이는 사망보험금이 30억 9,000만 원, 월 보험료가 495,000원이나 된다. 그러나 피고인에게 그 보험가입을 권유하여 성사시킨 보험모집인 공소외 12는, 2011년에 피해자를 피보험자로 한 연금보험에 처음 가입하게 한 후 그 무렵부터 계속하여 다른 보험 상품에도 추가로 가입할 것을 권유하다가 2014. 4.경부터 2014. 5.경까지는 수십 차례 피고인을 찾아가 보험가입을 권유하였고, 팀장 공소외 13이 3~4회, 영업소 대표 공소외 14가 2회 정도 찾아가 결국에는 보험에 가입시켰으며, 당시 피해자가 피고인과 나이 차이가 있고 태어날 아이까지 포함하면 자녀가 3명이므로 장래에 납입보험료를 중도인출하여 학자금이나 생활비로도 사용할 수 있도록 하라고 권유하면서 피해자가 65세가 되면 연금보험으로 전환하여 노후 준비를 할 수 있도록 하라는 취지로도 설명하였다는 것이고, 피고인을 피보험자로 한 보험가입도 권유하였으나 피고인은 자신명의로 가입된 보험이 이미 많고 보험료도 600만 원 정도 된다고 하며 가입을 거절하였다고 진술하였다. 무엇보다도 공소외 12는 피고인에게 사망보험금이 30여억 원에 이른다는 사실을 설명한 적이 없고 보험금 총액이 그 정도인지 본인도 생각조차 못했으며 사망 시 일시금 1억 5,000만 원과 65세까지 매월 600만 원씩 연금형태로 지급된다는 사실만 설명하였다는 것이어서, 피고인이 그 보험금을 일시금으로 환산하여 지급받을 경우 30여억 원에 이르는 거액을 받을 수 있다는 것을 알면서, 더 나아가 피해자를 상대로 한 살인범행을 염두에 두고 계획적으로 위 보험에 가입한 것이라고 쉽게 단정할 수 있을지 의문이다.

⑤ 피고인이 피해자를 피보험자로 한 보험계약을 유지하기 위해 이 사건 사고 당시 부담한 월 보험료가 400여만 원에 이르기는 하나, 피고인 본인 및 다른 가족을 피보험자로 한 보험의 월 보험료 역시 그와 비슷한 수준으로, 매월 지출한 총 보험료가 800~900만 원에 이른다. 그런데 피고인이 피해자와 결혼한 2008년 이후로 위 각 보험계약을 유지하는 동안 피고인명의의 계좌 등에 나타난 입출금 내역 등을 살펴보아도 매월 납입하여야 하는 보험료 때문에 피고인에게 견디기 어려운 경제적 압박이 있었다고 볼 만한 현금흐름의 어려움이나 유동성의 부족 등 이상 징후는 엿

볼 수 없고, 위 기간 동안 보험료 납입을 제때에 하지 못하여 다수의 보험계약이 일시에 실효되는 등의 문제가 발생한 정황도 찾아보기 어렵다.

⑥ 피고인은 농협, 신용협동조합, 우체국에 각 1개씩의 예금계좌를 보유하고 있는데 그 합계 잔고가 600만 원에 미치지 못하고, 그 밖에 적금, 펀드 등 다른 저축수단이나 금융수단은 전혀 이용하지 않고 있었다. 대신 보험가입 후에는 보험계약대출, 보험료 중도인출 등을 활용하여 필요에 따라 수시로 돈을 이용하고 다시 대출금을 상환하거나 보험료를 계속 적립하는 등으로 보험을 예금이나 적금과 유사한 금융거래 수단으로 활용하였던 것으로 보인다. 즉, 피고인은 보험을 순수한 사고나 질병 대비 또는 연금 목적으로만 이용한 것이 아니라 수입 중 일부를 저축하고 자금을 대출받아 사용하는 일종의 자산운용 수단으로 이용한 것으로 볼 여지도 없지 않다.

⑦ <부부간 갈등> 피고인과 피해자가 2회에 걸쳐 임신중절을 한 바 있으나 나름대로 이유가 있었던 것으로 보이고, 이 사건사고 당시 임신 중이었던 태아에 대해서도 임신중절을 고려한 것으로 보이기는 하나, 병원에서 낙태할 수 있는 단계를 지났다고 하여 출산하기로 하였고, 특히 태아가 남자 아이라는 사실을 알고 모두 좋아했다는 것이며, 피고인은 2014. 5. 9.경 위 아이를 위해 2건의 태아보험에 가입하기도 하는 등 피고인과 피해자 사이에 아이의 출산 문제를 놓고 의견대립이나 불화가 있었던 것으로 보이지는 않는다. 한편 피해자가 혼인 직후인 2008년경 시부모와 동거하면서 시어머니와 사이에 고부갈등이 있었던 것으로 보이기는 하나, 분가한 이후로도 갈등관계가 지속되었다는 정황은 엿볼 수 없고, 피고인이 처가에도 비교적 잘하는 편이어서 피고인과 피해자를 둘러싼 가족관계에도 별다른 문제는 없었던 것으로 보인다. 그 밖에 피고인과 피해자의 부부관계에 여느 부부와 달리 특별한 문제나 갈등이 있었다고 볼 만한 뚜렷한 사정도 찾아볼 수 없다. 나아가 피고인에게 다른 여성과의 불륜 등 이성 문제가 있었다고 볼 만한 사정도 구체적으로 드러난 것이 없다.

⑧ <반사회성> 피고인에 대한 지능검사 및 심리테스트결과, 재범의 위험성 평가결과 등에 의하더라도 피고인에게 이 사건 사고와 같은 유형의 지능적이고 악랄한 살인범죄를 저지를 만한 심리적, 정서적 위험요인이 있다는 점이 드러난다고 단정할 수 없고, 피고인의 범죄전력 역시 특별히 주목할 만한 점이 없어 그로부터 피고인의

범죄성 내지 반사회성을 추단하기도 어렵다.

⑨ 위와 같은 여러 사실관계 및 사정으로 볼 때, 피고인이 피해자의 사망으로 거액의 보험금을 받을 가능성이 있었다고 하더라도, 2008년 결혼 이후 6년여 동안 두드러진 갈등없이 비교적 원만한 부부관계를 유지하면서 그 사이에 만 3세의 딸을 두고 있고, 더구나 전처 소생까지 포함하여 슬하에 딸밖에 없다가 임신된 태아가 아들이라는 것을 알고 기뻐하였던 피고인이 특별히 경제적으로 궁박한 사정도 없이 고의로 자동차 충돌사고를 일으켜 임신 7개월인 피해자를 태아와 함께 살해하는 범행을 감행하였다고 보려면 그 범행 동기가 좀 더 선명하게 드러나야 한다.

4) 유죄 판결례 : 드들강 임산부 살인사건[245)]

피해자의 운전미숙 등으로 승용차가 강물에 빠졌다기보다는 누군가가 실신한 피해자를 차량에 태운 채 강물에 빠뜨려 피해자가 익사하였고, ① 피고인은 2007. 6. 6. 22:51경 강가 주변에 피해자와 함께 있었고, ② 2007. 6. 6. 23:47 피해자 휴대전화기에서 주월동 기지국을 통하여 R에게 4초간 발신된 것은 피고인이 피해자의 휴대전화기를 소지하고 있다가 발신한 것으로 인정되며, ③ 피고인은 B을 시켜 2007. 6. 19.과 6. 20. 이틀에 걸쳐 차량이 빠져있는 지점을 정확히 특정하여 설명하는 내용으로 119와 112에 신고하게 한 사정을 종합하여, 피고인은 피해자가 차량과 함께 강물에 빠질 당시 그 현장에 있었던 것으로 인정할 수 있고, ④ 피고인의 주장과 같이 피해자가 2007. 6. 6. 22:51부터 22:53까지 Q와 통화한 곳이 이 사건사고 장소 인근 강가가 아니라 도곡기지국 인근이라고 하더라도, 그 곳에서 사고장소로 가서 범행을 한 이후 전남 화순군 화순읍 인근으로 이동하였을 경우에 그 경로의 차량 운행에 소요되는 시간은 약 22분~26분 정도이고, ⑤ 이 사건범행 추정시각은 차량의 통행이 드문 23:00경 이후이므로, 차량운행 소요시간에 관한 현장검증 시각인 14:00~16:00경의 교통량보다 훨씬 더 적었을 것이어서 실제 피고인의 범행 당시 차량운행에 소요된 시간은 현장검증에서 소요된 시간보다 더 짧았을 것이라는 사정을 들어, 피고인이 22:53경 이후 사고장소에서 피해자를 살해하였다는 사실과 23:22경 화순읍에서 휴대전화를 발신한 내역이 있다는 사실은 서로 양립이 불가능하지

245) 대법원 2013. 11. 28. 선고 2013도10112 판결, 대법원 2013. 2. 14. 선고 2012도11591 판결.

않고, 피고인과 무관한 제3자가 피해자를 살해하였다면 피고인이 B을 이용하여 신고하거나, 신고 이후에 피고인 자신과 B의 신분을 숨길 이유는 없으므로, 피고인과 무관한 제3자가 피해자를 살해하였을 가능성은 없고, 피해자의 사체에 반항한 흔적이 없는 점 등에 비추어 피고인이 사고장소에 없는 시각에 공범에 의하여 살인의 실행행위가 이루어졌을 가능성도 없으며, 피고인에게는 교통사고를 가장하여 보험금을 수령할 목적으로 피해자를 살해할 동기가 있었다고 보아, 이 사건 살인의 공소사실에 대하여 유죄로 판단한 사례이다.

(4) 주요 조사사항

1) 살인

보험살인의 경우 가장 중요한 점은 보험가입 현황을 확인하는 것이다. 단순히 보험가입금액이 많을 뿐 아니라 보험가입시점이 사고발생시점과 근접하였는지, 특약을 통해 사망담보금액을 고액으로 높였는지를 확인해야 한다. 아울러 보험가입 경위가 중요하다. 자진 청약여부, 유족 중 특정인이 가입하였는지, 가족이 아닌 제3자가 가입하였을 경우 그 가입 경위에 대한 이유와 배경 등에 대한 철저한 조사가 필요하다.

2) 상해

허위장해 또는 기왕장해를 부인할 수 없는 객관적인 증거를 확보하는 것이 무엇보다 중요하다. 이를 위해 ① 보험가입 전 경제적 상황 등을 알 수 있는 사실, ② 보험가입사항, ③ 계약관련 사항, ④ 인적관계, ⑤ 사고경위 및 원인과정, ⑥ 치료내역 및 치료과정 등을 중점적으로 조사할 필요가 있다.

2. 고의충돌

고의충돌이란 혐의자가 단독으로 차량충돌사고를 고의로 발생시키는 보험사기 유형과 혐의자들이 공모하여 가 · 피해자 역할을 분담한 후 차량충돌사고를 고의로 발생시키거나 제3자의 차량을 대상으로 차량 충돌사고를 발생시키는 보험사기 유형을 말한다. 고의충돌로 인한 보험사기 적발금액은 2022년 기준 534억 원으로 전체 적발금액의 4.9%를 차지하고 있고, 2021년 기준 610억 원으로 전체 적발금액의 6.5%를 차지하고 있다. 2019년 3.8%, 2020년 5.8%로 최근 급증하는 보험범죄유형이다.[246] 자동차 고의충돌과 관련하여 다양한 형태가 있다.

과거에는 1인에 의한 고의충돌 유형이 많았으나, 최근에는 계획적으로 고의충돌 범행에 가담할 자를 모집한 후 고의충돌사고를 유발하여 보험금을 편취하는 조직적인 범죄유형으로 발전하고 있다.[247]

(1) 유형

1) 자동차사고 이용 보험사기

아래에서는 금융감독원에서 제시하는 자동차사고를 이용한 보험사기 10가지 유형과 대응방법을 소개한다.[248]

① 음주운전자 대상 보험사기

[유형] 술집이 밀집한 유흥가 골목에서 음주운전차량을 상대로 고의 차량사고를 일으킨 후 상대편 운전자의 음주운전 사실을 들어 거액의 합의금을 요구하거나 보험금을 편취

[사기자의 특징(행동방식 등)]

- 음주운전사실을 경찰에 신고한다고 협박하고 현장에서 합의를 요구
- 주변의 목격자(공모자)에게 가해 차량의 음주사실을 알림
- 음주사실 확인서나 음주측정을 요구하는 등 음주사실을 인정하게 함
- 주로 20~30대 다수가 동승하여 운전자에게 문신 및 칼자국을 보여주는 등 공포심을 유발

[피해자의 대응요령]

- 상대 차량의 탑승자와 차량번호를 확인하고 사고현장을 촬영
- 사고현장에서 자신의 과실을 쉽게 인정하지 말고, 면허증 등을 상대방에게 쉽게 제시하지 말 것
- 경찰관이나 보험회사 직원에게 고의사고 의심 부분에 대하여 강력하게 주장

---

246) 금융감독원, 보도자료, 2022. 4. 13. "2021년 보험사기 적발현황 및 향후계획" 참조.

247) 보험연수원, 「보험조사론 I (이론)(개정판)」, 2017: 132면 참조.

248) 금융감독원 홈페이지, 보험사기 예방 및 소비자정보, 자동차사고 유형별 대응요령. https://www.fss.or.kr/fss/main/contents.do?menuNo=200535 (2024.1.1.검색).

② 불법유턴차량 대상 보험사기

[유형] 불법유턴차량을 대상으로 고의로 차량접촉사고를 일으킨 후 법규위반 사실을 근거로 상대편 운전자를 가해자로 주장하여 보험금을 편취

[사기자의 특징(행동방식 등)]

- 현장에서 불법 유턴 사실을 강조하며 현장합의와 보험처리를 요구(경찰신고를 회피)
- 혐의자의 차량에는 여러 명이 동승
- 사고현장 도로의 상태를 잘 알고 있으며 사고정황을 자세히 설명

[피해자의 대응방법]

- 상대방이 사고를 충분히 피할 수 있었는데도 고의로 충격한 사실을 경찰관 및 보험회사 직원 등에게 정확하게 고지
- 혐의자차량 탑승자의 수, 인상착의, 연락처 등을 확인
- 사고현장에서 목격자의 연락처, 진술 등 확보
- 사고차량의 운전경로, 사고현장 등을 정확하게 도로에 표시하고 충돌부위 등을 사진 촬영하여 객관적인 증거를 확보

③ 역주행차량 대상 보험사기

[유형] 일방통행도로에서 도로사정을 모르고 역진입하는 차량을 대상으로 고의로 차량 접촉사고를 일으킨 후 법규위반 사실을 근거로 상대편 운전자를 가해자로 주장하여 보험금을 편취

[사기자의 특징(행동방식 등)]

- 역주행차량이 정상주행차량을 발견하고 정지해도 고의로 사고를 일으킴
- 사고현장에서 상대방의 역주행 행위를 크게 강조하여 운전자가 인정하도록 유도하고 현장합의와 보험접수를 요구(경찰신고 회피)
- 실제사고처럼 보이기 위하여 강하게 충격
- 심야에 다수가 탑승해 있고 사고현장에서 바람잡이가 있음
- 경미한 물적 사고임에도 병원치료 등을 요구

[보험사기 피해자의 대응방법]

- 경찰관과 보험회사 직원에게 상대방이 고의로 사고를 발생시켰다는 사실을 적극적으로 부각

• 사기혐의자의 인상착의와 연락처를 명확히 확인
• 피해자가 역주행 시 혐의 차량의 진행경로와 충돌지점 등 사고현장을 표시하고 사고부위 등을 사진 촬영

④ 중앙선침범차량 대상 보험사기

[유형] 좁은 도로에서 중앙선을 침범하는 차량을 대상으로 고의로 차량접촉사고를 일으킨 후 법규위반 사실을 근거로 상대편 운전자를 가해자로 주장하여 보험금을 편취

[사기자의 특징(행동방식 등)]
• 정지상태에서 갑자기 출발하고 충분히 피할 수 있음에도 그대로 진행하여 사고를 유발
• 중앙선침범 위반행위에 대한 형사책임 등을 내세워 협박하며 현장합의와 보험접수를 요구(사고현장에서 중앙선침범을 근거로 과실을 100% 인정하도록 유도)
• 피해차량에 다수인원이 탑승

[피해자의 대응방법]
• 사고처리 시 경찰관과 보험회사 직원 등에게 사고 후 상대방의 언행 등을 구체적으로 진술하여 상대차량의 고의사고 가능성을 주장
• 사고당시 목격자의 연락처 등을 필히 확보
• 피의차량의 진행경로와 사고지점을 표시하고 충돌부위 등을 사진촬영

⑤ 횡단보도사고를 위장하는 보험사기

[유형] 횡단보도나 골목길에서 차량에 고의로 부딪히거나 뒷바퀴에 살짝 발등을 밀어 넣은 후 운전자 과실로 인한 횡단보도 사고로 위장하여 보험금을 편취

[사기자의 특징]
• 보행자가 소리쳐서 사고 발생 사실을 차량운전자에게 알림
• 주변사람을 동원하여 사고 사실에 대한 목격자를 확보
• 10대 중과실 사고의 약점을 이용하여 경찰신고 없이 합의금 및 보험접수 요구
• 거액의 합의금 등 무리한 요구사항 없이 보험회사가 제시한 금액을 수용하여 보험사기로 의심받을 가능성을 최소화

[피해자의 대응방법]
• 사고발생 시 당황하지 말고 보행자와 접촉한 차량 부위와 보행자의 피해
• 부위를 정확히 확인하고 사진 촬영 등을 통해 객관적 증거를 확보(병원치료 과정에서 부상 부위 및 정도를 확대시킬 가능성을 방지)
• 보행자의 연락처 등 정확한 정보를 현장에서 확인
• 경찰관이나 보험회사의 조사 시 사람과 접촉한 느낌이 없었다는 점 등 사고 상황을 구체적으로 설명하고 고의사고가 의심되는 부분을 적극 주장

⑥ 사고 후 처리가 미흡한 운전자 대상 보험사기

[유형] 차량손상이 거의 없는 경미한 교통사고에 대해 상호양해 하에 헤어진 후 상대차량을 뺑소니로 신고하여 이를 빌미로 거액의 합의금 및 보험금을 편취
[사기자의 특징(행동방식 등)]
• 주로 법규위반 차량 상대로 가벼운 접촉사고 후 현장에서는 법규위반 사실만을 인정하게 하고 신체나 차량에는 큰 이상이 없다고 헤어짐
• 사고 시 법규위반을 한 사실과 사고 후 적절한 조치가 없었기 때문에 뺑소니라고 주장하며 고액의 합의금 및 보험처리를 요구
[피해자의 대응방법]
• 아무리 경미한 사고라도 경찰서나 보험사에 사고접수하는 것이 바람직
• 현장에서 합의가 이루어지는 경우에는 합의서 등을 반드시 작성
• 현장에서 상호 인적사항, 부상 여부 등을 교환하는 경우에는 뺑소니에 해당하지 않으므로 연락처, 피해 정도 등을 정확하게 파악
• 상대운전자를 병원에 이송하는 경우에도 병원에 본인 연락처 등을 남겨야 하며 병원에 이송만한 경우 뺑소니로 간주될 수 있음

⑦ 차선변경차량 대상 보험사기

[유형] 정상적으로 차선을 변경하는 차량에 고의로 차량의 속도를 높여 접촉사고를 일으킨 후 차선변경 시 안전운전의무 위반을 이유로 상대편 운전자를 가해자로 몰아 보험금을 편취
[사기자의 특징(행동방식 등)]

• 피해차량의 차선변경 시 속력을 갑자기 높인 이유가 불분명
• 사고현장에서 진로변경을 한 운전자에게 사고에 대한 과실이 더 많은 것으로 인식하도록 유도
• 차량수리 없이 신속한 합의와 보험처리를 요구(경찰서 신고 거부)
• 차량에 여러 명이 탑승

[피해자의 대응방법]

• 혐의차량의 갑작스러운 가속사유를 구체적으로 확인
• 사고 전, 사고 당시, 사고 후 차량 위치 등을 현장에 표시하고 사고현장과 차량의 상태 등을 사진촬영(혐의 차량 발견지점, 최초 차선변경지점, 차량충돌지점 등을 확인)
• 사고 시의 주변차량 및 행인 등 목격자 확보
• 경찰관과 보험회사 직원에게 혐의차량이 충분히 피할 수 있음에도 고의로 충격한 사실 등 사고정황을 구체적으로 진술
• 차로를 변경하고자 진입하는 순간 후속하던 차량과 가볍게 측면을 스치는 정도의 접촉사고가 발생하면 일단 고의사고를 의심

⑧ 안전거리 미확보차량 대상 보험사기

[유형] 교차로나 횡단보도 근처에서 안전거리를 확보하지 않고 지나치게 근접하는 차량 앞에서 고의로 급브레이크를 밟아 추돌사고를 일으킨 후 보험금을 편취
특히 주택 · 상가 등 보행자의 통행이 잦은 장소에서는 급브레이크가 필요한 경우가 많으므로 특별히 주의

[사기자의 특징(행동방식 등)]

• 피해차량에 다수가 탑승, 경미한 사고에도 과장되게 통증을 호소
• 급정거 사유가 불명확
• 후미 추돌사고의 경우 보험회사에서 과실상계 등을 하지 않음을 숙지하고 있음

[피해자의 대응방법]

• 선행차량의 급정지 사유를 정확하고 구체적으로 파악(갑작스런 보행자 및 동물 출현, 제3차량의 급정거 여부 등)
• 사고처리 경찰관 및 보험회사 직원에게 사고 전 주행과정을 구체적으로 진술하여 보험사기가 의심됨을 적극적으로 주장

⑨ 좁은 골목길 진행차량 대상 보험사기

[유형] 좁은 골목길에서 숨어 있다가 자전거 등을 타고 갑자기 튀어나와 고의로 접촉사고를 유발하여 보험금을 편취

[사기자의 특징(행동방식 등)]

- 사고 발생사실을 인식시키기 위해 크게 소리쳐서 차량을 정지시키고 주변 사람을 이용하여 사고사실을 확인시킴
- 사고처리와 관련한 법규 및 절차를 잘 알고 있음
- 병원치료비 등 합의금을 현장에서 요구하며 극히 경미한 사고임에도 보험 접수를 강요

[피해자의 대응방법]

- 충격부위의 일치 여부, 부상부위 및 정도 등을 정확하게 확인
- 자전거 등이 나온 지점, 충돌현장, 피의자가 굴러 넘어진 지점 등을 표시하고 사진촬영
- 사고상황에 대한 목격자의 진술을 확보
- 경찰조사 시 반드시 사고재연을 요청하여 고의사고 가능성을 확인

⑩ 고가의 외제차를 이용한 보험사기

[유형] 고가의 외제차량을 이용하여 무리하게 차로를 변경하다가 가벼운 접촉사고를 유발한 뒤 안전거리 미확보를 이유로 고액의 보험금을 편취

[사기자의 특징(행동방식 등)]

- 외제차량이 고가임을 주장하며 현장합의와 보험접수를 요구
- 피해차량에 젊은 사람들이 다수 탑승
- 고가의 부품에 대하여 과도한 피해를 주장
- 사고발생 경위 등에 대하여 명확히 진술치 못함

[피해자의 대응방법]

- 혐의차량 진로변경지점 및 사고지점 등을 표시하고 사고로 인한 파손부위 등을 사진촬영
- 상대방이 주장하는 과실과 수리비를 인정하지 말 것
- 상대방의 언행을 자세히 기억하여 사고처리 시 경찰관과 보험회사 직원에게 고의 사고 의문점을 구체적으로 진술

2) 자기재산손괴 및 보유불명사고

자기재산손괴는 사기범행 대상 자동차 등의 자기재산을 유기·손괴하는 등의 사고를 고의로 발생시켜 보험금을 편취하는 유형이며, 보유불명사고는 가해자가 불분명한 보험사고로 조작하거나 고의로 발생시켜 보험금을 편취하는 유형이다.[249]

> **보험사기방지 특별법 위반**
>
> 피고인은 피고인 소유인 B 에쿠스 승용차에 대해 고의로 침수사고를 야기한 후, 운전 중 과실로 일어난 우연한 사고인 것처럼 피해자 C주식회사를 속여 사고 보험금을 편취하기로 마음먹었다. 이에 피고인은 2018. 10. 15. 18:00경 전남 보성군 D 앞 둑길에서 위 승용차를 운전하다가 핸들을 고의로 조작하여 위 승용차를 길 옆 수로에 침수시킨 후, 2018. 10. 15. 20:30경 피해자 회사의 콜센터(E)에 전화를 걸어 마치 우연한 사고인 것처럼 "다리를 건너던 중 차량이 다리 옆 물에 빠졌다."며 사고 접수를 하고, 2018. 10. 16. 피해자 회사에 자차 사고보험금을 청구하였다.
>
> 피고인은 이와 같이 피해자 회사를 기망하여, 이에 속은 피해자 회사 소속 보험금 지급 담당자로부터 2018. 12. 21. 피고인 명의의 기업은행 계좌로 보험금 5,380만 원을 지급 받음으로써, 보험사기행위로 보험금을 취득하였다.[250]

(2) 판결례 및 쟁점

1) 유죄사례 : 피고인 손○○ 징역 1년 6월, 피고인 최○○ 징역 1년 2월

[범죄사실 : 수원지방법원 2020고단5796 보험사기방지특별법위반]

피고인 손○○은 2019. 2. 17 00:35경 수원시 팔달구 인계로 ○○번길에 있는 다○○호텔 옆 주차장에서 40마50○○호 BMW 승용차에 처 피고인 최○○, 아들 손○○를 탑승시킨 채 대기하다가 위 주차장에서 빠져나오며 우회전 한 뒤 일방통행로인 인계로 ○○번길로 진입하던 중 마침 위 일방통행로를 역주행하여 진행하던 김○○이 운전하는 25고01○○호 스포티지 차량을 발견하고 스포티지 승용차가 먼

---

249) 보험연수원, 「보험조사론Ⅰ(이론)(개정판)」, 2017: 143면 참조.

250) 광주지방법원 목포지원 2020. 1. 31. 선고 2019고단707 판결 [보험사기방지특별법위반].

저 정차하였으므로 피고인 손○ ○도 속도를 줄여 정차하는 등으로 스포티지 승용차와의 충돌을 충분히 피할 수 있었음에도 그리고 그 충돌이 미미하여 피고인들과 손○ ○는 상해를 입지 아니하였다.

그럼에도 피고인들은 마치 위 승용차가 일으킨 교통사고로 인하여 상해를 입은 것처럼 꾸미는 한편 충분한 합의금을 지급하지 않는 경우 각종 민원을 제기할 것처럼 행세하여 스포티지 승용차 보험회사로부터 보험금을 편취하기로 공모하였다. 이에 따라 피고인들은 ○ ○한병병원에서 마치 스포티지 승용차의 역주행으로 발생한 교통사고를 당하여 다친 것처럼 치료를 받은 뒤 ○ ○보험 담당직원으로부터 교통사고 합의금 명목의 보험금을 지급받기로 합의하였다. 피고인들은 이와 같이 공모하여 피해자 회사를 기망한 뒤 이에 속은 피해자 회사로부터 합계 17,342,440원의 보험금을 편취한 것을 비롯하여 다음 범죄일람표와 같이 5차례의 사고를 이유로 79,970,070원을 지급받아 편취하였다.

2) 무죄사례

① 공소사실의 요지

피고인은 고의로 자동차교통사고를 유발한 뒤 마치 과실로 인한 교통사고로 인해 인적피해가 발생한 것처럼 행세하면서 병원치료를 받는 방법 등으로 보험금을 취득하는 보험사기범행을 하기로 마음먹었다.

피고인은 2017. 2. 16. 13:30경 부산 중구 영주동 영주터널 앞 도로에서 B 레조 승용차를 운전하여 진행하던 중, 전방에서 C 운전의 D 혼다승용차가 차선을 변경하려고 하는 것을 발견하고도 이를 피하거나 급정차하는 등의 조치를 취하지 아니한 채 그대로 진행하여 충격하는 방법으로 교통사고를 유발한 다음, 마치 과실로 교통사고가 발생한 것처럼 행세하여 C로 하여금 피해자 F 주식회사에 교통사고 피해접수를 하게 하고, 우연에 의한 교통사고로 인적피해가 발생한 것처럼 G병원에 입원하여 치료를 받는 방법으로 피해자 회사로부터 2017. 2. 24.경 합의금 명목으로 1,000,000원을 교부받은 것을 비롯하여, 그 때부터 2018. 10. 24.경까지 별지 범죄일람표 기재내용과 같이 총 11회에 걸쳐 같은 방법의 보험사기 행위로 피해자 회사들로부터 합계 47,316,700원의 보험금을 취득하거나 관련 병원, 자동차 수리업체에서 보험금을 취득하게 하였다.

② 2심의 판단

피고인이 보험회사 긴급출동 기사로 상당한 기간 근무하는 등 운전경력 및 경험이 상당할 것으로 보임에도 약 17개월가량에 걸쳐 11건(공소가 제기되지 않은 교통사고를 포함하면 총 13건이다)의 교통사고를 일으킨 사실, ② 피고인이 2011. 12.경부터 2017. 1.경(이 사건 각 교통사고 중 최초 교통사고가 발생하기 이전 달이다)까지는 총 5건의 교통사고만 일으켰고, 그중 4건이 보행자와 부딪힌 사고인 점, ③ 이 사건 공소사실 기재 각 교통사고의 유형이 모두 유사한 점, ④ 피고인이 위 각 교통사고와 관련하여 미수선수리비나 합의금 등 명목으로 상당액의 보험금을 지급받은 점 등에 비추어 보면, 피고인이 고의로 사고를 유발하여 보험금을 편취한 것은 아닌가 하는 의심이 드는 것은 사실이다.

그러나 피고인이 이 사건 각 교통사고를 야기하여 보험금을 청구한 것이 사기죄의 기망행위로 인정되기 위해서는, 피고인이 고의로 위 각 교통사고를 발생시켰다는 점이 합리적 의심을 배제할 정도로 증명되어야 하는바, 원심이 든 위 각 사정들에, 앞서 든 증거들에 비추어 알 수 있는 다음의 사정들을 보태어 보면, 위와 같은 정황만으로는 피고인이 고의로 교통사고를 야기하고 피해 보험회사들에게 보험금지급을 청구하였다는 점이 합리적 의심을 배제할 정도로 증명되었다고 보기 어려우므로, 이 사건 공소사실에 대하여 무죄를 선고한 원심의 판단은 정당한 것으로 수긍이 간다. 따라서 검사의 주장은 이유 없다.

㉮ 이 사건 각 교통사고는 모두 시내 도로 주행 중 피고인이 운행하는 차량과, 피고인이 진행하던 차선으로 진입하기 위해 차선 변경을 시도하는 차량과 충격하여 발생한 것이다. 이는 누구나 일상생활에서 흔히 겪을 수 있는 사고로, 이러한 사고의 발생 빈도가 일반적인 자동차 보험 가입자에 비하여 다소 높다는 점만으로 곧바로 피고인에게 편취의 고의가 있다고 추단할 수는 없다.

㉯ 블랙박스 영상(증거목록 순번 7)에 의하여 확인할 수 있는 이 사건 각 교통사고 발생경위를 보면, 비록 각 사고발생에 관하여 상대방 차량운전자들의 과실이 좀 더 큰 것으로 보이기는 하나, 피고인이 상대방 차량의 차선변경을 사전에 충분히 인식할 수 있었던 것으로 보임에도 충격을 피하기 위해 속도를 줄이거나 다른 차선으로 차량을 옮기는 등의 방어운전을 하지 않음은 물론, 오히려 속도를 높이는 바람에

사고가 발생한 것으로 보이는 경우가 다수 존재하기는 한다.

그러나 피고인은 수사기관에서부터 당심 법정에 이르기까지 일관하여 "업무상 차량운행 중 휴대전화를 사용해야 할 필요성이 컸다"거나, "끼어들기를 못하게 하기 위하여 양보운전을 하지 않은 것에 불과하다"라는 취지로 주장하고 있는 점, 피고인이 실제 보험회사 긴급출동 기사로 근무하였으므로 긴급출동 및 그에 따른 업무상 연락의 필요성이 있었던 것으로 보이는 점 등 사정에 비추어 보면, 위 주장과 같은 피고인의 운전습관에 따라 이 사건 각 교통사고가 발생하였을 가능성을 완전히 배제할 수는 없어 보인다.

㉰ 이 사건 각 교통사고 발생당시에는 상대차량 운전자들 대부분이 피고인이 고의로 사고를 유발하였다는 등의 주장을 한 사정은 없는 것으로 보인다(별지 범죄일람표 순번 10 기재 범행과 관련해서는 상대방 차량운전자가 피고인을 보험사기로 경찰에 신고하였으나, 경찰은 고의사고로 보기 어렵다고 판단하였다). 또한 교통사고에 따른 보험금이 정상적으로 지급된 점에 비추어 볼 때, 피해 보험회사들 역시 피고인이 위 각 교통사고를 발생시켰을 당시부터 위 각 교통사고들이 고의로 발생한 것이라는 의심을 가졌던 것으로 보이지는 않는다.

㉱ 이 사건 각 교통사고 직후에 수사기관의 조사로까지 이어진 경우는 없어, 사고 당시 촬영된 블랙박스 영상이나, 사고에 따라 출동한 보험회사의 직원들이 촬영한 사진이나 작성한 문건 이외에 사고 당시의 정황을 확인할 만할 객관적 자료 역시 부족하다.[251]

(3) 입증방법 : 자동차 EDR 정보활용

1) 사고기록장치(Event Data Record)란?

최초 차량에 설치된 에어백의 작동여부에 대해 제작회사의 결함여부를 확인하는 것으로 즉 차량의 충돌 당시 에어백 전개여부를 확인하여 에어백 결함을 밝히는데 주목적이 있다. 사고기록장치EDR에는 사고 전 5초가량의 운행정보Pre-Crash Data와 충돌정보Crash Data, 에어백 작동정보 등 각종 시스템의 정보가 비교적 상세하게 저장되어 있다(충돌사고 등 사고 전과 사고상황, 사고 후의 자동차 각종 주행상태, 충돌상태, 탑승자

251) 부산지방법원 2021. 1. 15. 선고 2020노1480 판결, 대법원 2021. 4. 8. 선고 2021도1579 판결.

정보, 전후방 충돌, 측면충돌, 전복 등 2개 이상의 충돌 상황 등). 이러한 사고 전후의 시스템 정보 등으로 고의사고, 주행속도, 충돌속도, 차량결함, 안전벨트 착용상태 등 교통사고의 원인과 요인에 대한 과학적인 응용 해석이 가능하며 항공기의 블랙박스처럼 활용되고 있는 추세이다.

2) 법적 근거

자동차관리법에 사고기록장치 장착이 의무화되었다. 자동차관리법 제29조의3에 따르면, 자동차 제작·판매자 등은 국토교통부령으로 정하는 바에 따라 사고기록장치를 장착하여야 하고, 사고기록장치가 장착된 자동차를 판매하는 경우에는 사고기록장치가 장착되어 있음을 구매자에게 알려야 한다. 사고기록장치를 장착한 자동차 제작·판매자 등은 자동차 소유자 등 국토교통부령으로 정하는 자가 사고기록장치에 기록된 내용이나 그 내용을 분석한 결과보고서 등 기록내용을 요구할 경우 관련 정보를 제공하여야 한다. 이에 위반하여 사고기록장치를 장착하지 않거나 사고기록장치가 장착되어 있음을 구매자에게 알리지 아니하는 경우, 또는 사고기록장치 정보를 제공하지 아니하거나 거짓으로 제공한 경우 3년 이하의 징역 또는 3천만 원 이하의 벌금에 처하도록 규정하였다(자동차관리법 제79조).

3. 수사사례 – 고의교통사고[252]

㈜KB손해보험 등 17개 보험사에서 경찰에 수사의뢰한 사건으로 장○○ 등 친구관계인 대상자 29명이, 2018년 6월부터 2019년 11월 사이에 법규를 위반하는 차량들에 대하여 고의로 접촉하여 사고를 발생시키고, 보험금 총 217,089,060원을 청구하여 부정편취한 것으로 의심되는 43건의 교통사고를 수사하여 2021년 10월 최종 구속기소 의견으로 송치하였다.

252) 아래 사례는 서대문경찰서 수사과 지능범죄수사팀에서 수사했던 사례임.

(1) 수사 착수

수사의뢰 내용을 볼 때 피해차량이 차선을 변경하면 차량이 끼어들고, 차선변경 후 사고가 발생하는데, 피해차량이 차선변경을 할 때 뒤에서 고의로 사고를 내는 수법으로 추정되며, 지나치게 동일한 방법으로 사고가 빈발하는 것에 착안하여 보험사기 가능성이 높다고 보고 수사를 개시하였다.

(2) 수사진행

1) 보험사 제출자료 분석 및 범죄사실 정리

먼저 보험사별로 상이한 수사의뢰양식과 범죄일람표 가운데, 의뢰받은 43건의 교통사고 중 중복된 교통사고, 이륜차교통사고, 다소 애매한 교통사고는 제외하였다. 블랙박스영상 분석 등을 통해 동일유형의 수법 및 입증이 명확하게 가능한 총 22건의 사건으로 압축한 다음, 수사의 편의를 위해 범행중심의 사건별범죄일람표를 작성하였다(다만, 송치 시에는 피의자별 범죄일람표를 작성).[253]

2) 수사대상자 기초조사

나이, 지역, 연고 등 인적관계를 확인하였다. 대상자 29명 중 20명이 모두 1998년생에서 2000년생으로 20대 초반이며 광진구 거주하는 점, 대부분 폭력, 공갈, 절도, 청소년보호법 위반 등 다수의 전과가 있는 점, 사고발생 위치가 주로 광진구, 강남구, 송파구인 점 등으로 미루어 광진구 일대 선후배 사이의 범행으로 추정하였다.

3) 범행의 공범관계 분석 및 조사계획

특정된 22건 사고에서 운전자와 동승자를 분석하면 운전은 장○○, 김○○이 하고, 나머지 27명 대상자는 단지 번갈아 가며 동승하였을 뿐인 점, 사고차량은 주범의 부모 차(k5, 아반테)이거나 렌트카인 점을 볼 때 주범은 장○○, 김○○으로 특정하고 주범을 중심으로 수사계획을 세우고 조사순서를 정했다. 설득이 쉽고 자백을 할

---

253) 판례의 태도에 따라, 다수 교통사고 발생만으로 부족하고, 쌍방과실로 처리되거나, 무면허 운전임에도 스스로 교통사고를 신고하였는지 등 제반사정을 감안하여 합리적 의심이 배제될 정도에 이르러야 하기 때문임.

여지가 높은 사람을 먼저 조사하고 주범을 가장 마지막으로 조사했다. 대체로 ① 여성, ② 동승 횟수가 적은 사람, ③ 전과가 적은 사람, ④ 주범의 순이다.

4) 피의자들의 혐의부인

피의자들은 자백보다는 대체로 부인을 한다. 이 사건의 경우에도 피의자들은 ① 우연이지 않을까 생각을 한다, ② 기억이 나지 않습니다, ③ 사고는 기억이 나지 않습니다, ④ 저는 자고 있어서 모릅니다, ⑤ 저는 잘 모르겠습니다라는 식의 부인을 하였다. 피의자가 자백하지 않는 한 편취고의의 입증을 위해 간접사실을 이루는 정황과 관련된 객관적 증거를 확보하여야 한다. 계좌거래내용, 카드사용내용, 블랙박스영상 분석 등을 차례로 분석하여야 한다.

5) 계좌분석

피의자명의의 계좌거래내역 분석, 휴대폰 압수 및 포렌식 분석과 국립과학수사연구원, 도로교통공단에 영상분석을 의뢰하여 객관적 증거를 확보했다. 택시공제조합이나 보험사로부터 보험금 100만 원을 받은 동승자들이 주범인 장○ ○에게 송금한 다음, 장○ ○로부터 30만 원을 다시 송금받은 내역이 발견되어, 범죄수익의 은익과 분배정황을 확인할 수 있었다.

6) 휴대폰 분석

피의자별로 29개 영장을 모두 발부받아, 주범 2명 및 주요 동승자 7명을 동시에 집행하고 지체없이 나머지 동승자를 전부 집행하는 방법으로 3일간 29명의 휴대폰을 전부 확보하였다. 휴대폰포렌식 분석결과 사건별 동승자와 단체 카카오톡방을 개설하여 범행을 모의한 정황과 범죄수익을 분배한 정황이 드러났고, 구글 Time 라인자료 분석에서는 같은 위치를 계속 배회하는 점이 드러난다.

7) 도로교통공단과 국립과학수사연구원에 블랙박스 영상분석 의뢰

공문을 발송하면 위 기관에서 영상분석을 해주는데, 마디모는 그 회신에 3개월 이상 장기간이 소요되는 경우가 있고, 국립과학수사연구원의 경우 비교적 빨라서 25일 만에 회신이 되었다.

(3) 구속과 수사종결

혐의를 전부 부인하는 상황을 감안해서 사건을 주도적으로 계획, 실행, 지시한 주범 2명에 대해 구속영장을 신청하였는데 위 수사한 내용을 토대로 증거인멸, 도주우려 등 구체적으로 구속사유를 작성하여 신청하였다. 구속영장 신청 이후 구속영장 청구 전 피의자가 검사와 화상면담 당시 일부 범행을 시인했으나 결국 구속영장이 발부되고 이후 공범들이 모두 자백하고 동승자 27명에 대해서는 불구속 송치하여 종결하였다.

◉ 보험상식 코너 : 포르쉐 뒤쿵하고 9억…보험사기 알아도 돈 줄 수밖에 없었다[254)]

경상남도 밀양시 일대에서 활동하던 '신동방파' 행동대원인 20대 A씨 등 일당은 2020년 4월부터 보험사기에 뛰어들었다. 그동안 A씨는 지역 유흥업소 등에서 보호비 명목으로 받는 돈이 주요 수입이었다. 하지만 신종 코로나바이러스 감염증(코로나19) 여파로 유흥업소 영업이 어려워지자 보험사기로 눈을 돌렸다. A씨는 차량에 4~5명이 탑승한 뒤 '뒤쿵'이나 '보험빵'으로 불리는 고의 교통사고를 냈다. 좌회전 차선에서 직진하는 차량이나 주·정차된 차량을 피해 중앙선 침범해 오는 차량 등이 대상이었다. 일반적으로 차선을 바꿀 때 사고가 나면 변경 차량 운전자에게 과실 비율이 높게 나온다는 점을 악용했다. 사고 후 A씨 일당은 한방병원 등에서 진료를 받으며 합의금 명목으로 1인당 200만 원가량을 뜯어냈다. 또 범행은 조직적으로 이뤄졌다. 가담할 이들은 지인이나 소셜미디어(SNS) 등을 통해 모집했다. 범행 전날에는 모텔에서 합숙하며 보험사기 방법과 사후 조치 등을 교육했다.

특히 이들은 문신을 보여주며 피해자를 압박한 것으로 드러났다. 한겨울에도 문신을 과시하기 위해 반바지나 반소매 티셔츠를 입었다. 피해자 상당수가 고의사고가 의심되더라도 경찰 신고 대신 보험접수를 택한 이유다. 이들 일당은 SNS로 모집한 단순 가담자들에게는 합의금의 절반가량을 갈취했다. A씨 일당이 2020년 4월부터 1년 동안 45차례 고의사고로 챙긴 보험금은 2억 4,000만 원에 이른다.

254) 안효성, "포르쉐 뒤쿵하고 9억…보험사기 알아도 돈 줄 수밖에 없었다.", 중앙일보, 2022. 3. 5, https://www.joongang.co.kr/article/25053110.

◉ 보험상식 코너 : 홀인원 보험사기[255)]

최근 골프인구가 크게 증가하고 있으며, 보험사·카드사 등도 홀인원 보험을 마케팅 수단으로 활용하고 있는 가운데, 일반인의 홀인원 성공 가능성은 매우 희박[256)]함에도 불구하고, 단기간에 여러 차례 홀인원을 성공하거나, 허위의 홀인원 비용 영수증을 제출하는 등 보험사기 의심 건이 다수 확인되었다. 금융감독원은 홀인원 보험의 비용 담보[257)]를 악용한 보험사기에 대해 기획조사를 실시하고 경찰청국가수사본부(이하 '국수본')에 수사의뢰하였다.

1. 허위비용청구

홀인원 보험에서 보장하는 손해는 홀인원 성공 후 계약자가 실제 지출한 비용 등에 한정됨에도 불구하고 혐의자들은 보험회사에 실제 지출하지 않거나, 타인이 지출한 비용을 청구하는 등의 수법으로 보험금 편취

가. 실제 지출하지 않은 허위 영수증 제출

- 혐의자 A는 인근 음식점에서 10여 분 내 결제한 두 개의 영수증(305만 원)을 제출
- 설계사 OOO을 통해 보험계약을 체결한 혐의자 B, C는 각각 홀인원 성공 후 동일한 음식점에서 200만 원 이상을 결제한 영수증 제출

나. 타인이 지출한 영수증 제출

혐의자들은 근접한 시간대에 이동이 불가능한 두 지역에서 지출한 비용 등 타인이 지출한 것으로 추정되는 영수증을 제출

- 혐의자 D는 약 30분 동안 경기도(포천)와 강원도(속초)에서 서로 다른 카드로 결제된 6개의 카드 영수증 제출

255) 금융감독원, 보도자료, 2022. 9. 28. "홀인원 보험사기 혐의자에 대해 금감원·경찰청이 공조하여 수사" 참조.

256) 통상 아마추어 골퍼 기준 0.008%(1/12,000) 정도 [주 1회 라운드 시, 약 57년 소요].

257) 아마추어 골퍼가 국내 골프장 등에서 홀인원을 성공할 경우 실제 지출한 축하만찬 비용, 증정품 구입비용, 축하라운드 비용 등을 보상.

2. 반복적인 보험가입으로 보험금 집중 수령

혐의자들은 홀인원 보험을 반복적으로 가입 및 해지하는 방법으로 단기간 내 여러 차례 홀인원 보험금을 수령

- 혐의자 E는 '19년 중 6일 만에 홀인원을 2회 성공하였으며, 특히 1차 홀인원 성공 후 5일 뒤 새로운 보험을 가입하고 다음 날 2차 홀인원 성공

3. 설계사가 주도한 홀인원 보험금 편취

동일 설계사가 모집한 계약자들 또는 설계사 – 계약자 間 동반 라운드를 하면서 순차적으로 홀인원 보험금을 수령

- 설계사 ○○○을 통해 보험계약을 체결한 혐의자 F, G, I는 동반 라운드를 통해 돌아가며 홀인원 성공

계약자	홀인원 성공 시기	동반자1	동반자2	동반자3
F	6개월 이내 각각 홀인원 성공(총 3회)	G	○○○	○○○
G		F	I	○○○
I		G	○○○	○○○

제5장

주요 보험범죄 조사사례

I 불법 사무장병원

수익성만을 주목적으로 개설된 사무장병원은 당연히 과다·허위 진료 및 입원 등을 조장할 수밖에 없다. 환자들 또한 환자 유치에 몰두하는 병원에 이끌려 특별한 죄의식 없이 과다진료 및 허위입원을 통해 부당한 보험금을 지급받게 되며, 이로 인해 다수의 선량한 시민이 보험사기 피의자로 전락할 위험에 놓이게 된다.

여기서는 2017년부터 2018년 사이에 광주·전남 지역에서 근무했던 필자가 보험범죄 관련기관들과 보험범죄연구회를 조직해 정례적인 세미나를 통해 보험범죄 관련 정보를 공유하고 공동으로 대응하여 획기적인 성과를 올렸던 바, 특히 불법 사무장병원에 대한 조사사례를 살펴본다.

1. 사무장병원의 개념

사무장병원은 의료법 제33조에 따른 의료기관 개설주체가 아닌 자(비의료인)가 의료기관 개설주체(의사, 법인 등)의 명의를 빌려 의료기관을 개설·운영 또는 의료기관 개설주체(의사, 법인 등)가 다른 개설주체(의사, 법인 등)의 명의를 빌려 의료기관을 개설·운영하는 경우도 포함하여 아래와 같이 7가지 유형으로 구분한다.[258]

〈표 5-1〉 사무장병원의 유형

유형	실소유자	불법 내용	조문
(1-1)	의료기관 개설자격 미보유자 (비의료인)	비의료인이 의료인 명의를 대여하여 의료기관 개설	〈의료법〉 제33조 제2항 위반
(1-2)		비의료인이 의료(비영리)법인 명의를 대여하여 의료기관 개설	
(1-3)		비의료인이 의료인과 동업하여 의료기관을 개설	
(2-1)	의료기관 개설자격 보유자 (의료인/법인)	의료인이 자신의 명의로 의료기관 개설 후 타의료인 명의로 수개의 의료기관 개설(1인 1개소 위반)	제33조 제8항 위반
(2-2)		의료인이 자신의 명의로 개설하지 않고 타의료인 명의로 의료기관 개설	제4조 제2항 위반

258) 전남경찰청 보험범죄연구회, 「보험범죄 대응전략과 성과」, 2018, 80면 이하 참조.

(2-3)		의료인이 비영리법인의 명의를 대여받아 의료기관 개설	第33조 제10항 위반
(3-1)	MSO[259]를 이용하여 복수(단수)의 의료기관을 실질적으로 운영하면서 수익을 배분하는 형태		第33조 제2항/제8항 위반

2. 조사사례

(1) 의사, 환자가 짜고 실손보험금 타낸 사무장병원 수사[260]

[개요]

광주서부경찰서(서장 이유진)에서는 '16년 2월경 광주 서구에 ○의원을 개설한 후 같은 해 7월까지 약 6개월 동안 병원장, 원무부장, 간호사 등 병원 직원과 브로커는 허위환자를 모집, 병원에서 입원치료를 받은 것처럼 꾸며 보험금을 타내기로 공모하여, 국민건강보험공단으로부터 요양급여비 명목으로 약 1억 5천만 원, 허위 환자가 지급받은 보험금을 치료비 명목으로 약 1억 5천만 원 도합 3억 원 상당을 지급받은 병원장 A, 원무부장 B등 병원관계자 3명을 사기 혐의로 구속하고, 허위 입원환자를 유치한 브로커 C, 허위입원환자 D등 총 138명을 사기 혐의로 검거하였다.

[범행의 특징]

• 사전 공모된 브로커와 병원직원들로부터 소개받은 보험가입자들이 내원하면 원무부장 등 직원들이 면담하고, 병원장은 입원치료가 불필요한 환자임에도 병명, 입원일수 등 결정하고 허위 내용의 진료기록부, 입퇴원확인서 등을 작성, 발급하도록 지시하는 등 보험사기를 주도하였다. 또한 ○의원은 국민건강보험공단에 병상 수가 29개로 신고되었으나, 실제는 1일 최대 60명까지 입원한 것처럼 약제비, 입원 식대 등을 허위로 작성하여 국민건강보험공단으로부터 요양급여비 명목으로 1억 5천만 원 상당

259) MSO(Management Service Organization): 미국의 관리의료(managed care)에서 병의원들의 경영지원을 위해 설립된 회사. 우리나라에서는 네트워크 병의원의 경영지원회사나 대형병원의 구매과, 원무과 등의 경영지원부서가 비슷한 역할을 한다. 임구일, "MSO란 무엇인가", 「臨床耳鼻」 제18권 제2호, J Clinical Otolaryngol, 2007: 274면 참조.

260) 광주경찰청, 보도자료, 2017. 3. 23. "의사, 환자가 짜고 실손보험금 따낸 보험사기 일당 검거" 참조.

을 지급받았다.

• 브로커 및 병원직원들은, 실손보험에 가입되어 있는 환자들에게 "입원하지 않고도 보험금을 받게 해 주겠다. 보험사로부터 지급받은 보험금으로 병원비를 내라."며 허위입원을 부추겼고, 이에 대한 소개비로 가짜 환자 1명당 10만 원 또는 환자들이 지급한 치료비의 30%를 수당으로 지급받았다.

• 허위입원 환자들은 브로커나 이미 허위로 보험금을 지급받은 사람들로부터 소개받아 병원직원과 "요추부 염좌" 등으로 병명을 결정하고, 입원기간 중에 회사에 출근하거나 집에서 생활하고, 마치 정상적으로 입원치료를 받은 것처럼 보험금을 청구하여 각 보험사로부터 적게는 30만 원부터 많게는 1,000만 원에 이르는 보험금을 지급받는 등 이들이 지급받은 보험금은 약 2억 9천만 원에 달하였다. 이 중에는 환자유치 수수료까지 지급받은 전·현직 보험설계사와 의료인 7명이 포함되었고, 가정주부 등 무직자가 가장 많았으며, 엄마가 초등생 자녀를 허위입원 시킨 후 보험금을 수령한 경우도 있었다.

(2) 139억 원을 편취한 보험사기 사무장병원 적발(한방병원)[261]

[개요]

○○○한방병원 사무장 A씨와 B씨는 병원을 개설할 수 없는 비의료인임에도 불구하고 의사 C씨를 고용하여 의사 C씨 명의로 '13년 10월경부터 2017. 4. 현재까지 광주 광산구 우산동에 있는 ○○한방병원을 개설('15년 11월까지 약 2년 동안 다른 장소에서 사무장병원을 운영하다 임대기간이 끝나자 폐업하고 현재 병원으로 운영)하여 국민건강보험공단으로부터 요양급여비 명목으로 30억여 원을 편취하고, 38개 보험사로부터 환자들의 민영보험금(실손보험금) 등 명목으로 약 105억여 원을 청구케 하여 편취하였고, 또한, 가짜 환자(일명 나이롱환자) 165명은 사무장병원과 짜고 입퇴원확인서 등을 허위로 발급받아 각 보험사로부터 3억 5천만 원 상당의 보험금을 편취하였다.

261) 광주경찰청, 보도자료, 2017. 4. 27. "139억여 원 편취한 보험사기 사무장 병원 적발" 참조.

[범행의 특징]

• 특히 의사 C씨는 병원에 입원할 때 방문하고 퇴원할 때 한번 방문한 일부 가짜 환자들이 매일 치료를 한 것처럼 진료기록부를 거짓으로 작성하여 요양급여비등을 청구한 것으로 수사결과 확인되었다.

• 사무장 A씨와 B씨는 자신의 가족과 지인들로부터 소개받은 허위 환자들을 병원에 입원시킨 후 허위 환자들에게 무단 외출외박은 당연한 것으로 말하고 입원등록만 하고 병원에 수납만 하러 오도록 허위입원을 부추기며 환자들을 모집한 것으로 확인되었다.

• 허위입원 환자들은 입원기간 중에 회사에 출근하거나 집에서 일상생활을 하면서 보험금을 청구하여 각 보험사로부터 적게는 1인당 30만 원부터 많게는 1,000만 원에 이르는 보험금을 지급 받는 등 이들이 지급받은 보험금은 약 3억 5천만 원 상당에 달하였다. 이 중에는 가정주부 등 무직자가 가장 많았으며, 부모가 초·중·고등생 자녀를 허위입원 시킨 후 보험금을 수령한 경우도 있었다.

[검거경위]

• 경찰은 불법으로 사무장병원을 만들어 병원 7층 별도의 입원실에 가짜 환자들을 무더기로 유치한다는 첩보를 입수하고 내사에 착수하고, 금융감독원과 건강보험공단 등의 방대한 자료를 수집·분석하고, 병원을 실질적으로 운영하는 관련자들의 진술을 확보하고 실투자내용 등에 대한 장기간에 걸친 끈질긴 수사로 사무장병원임을 구증하였다.

• 그리고 피의자들은 경찰수사가 개시되자, 병원환자들에게 연락하여 경찰의 출석요구에 응할 필요가 없으며, 출석할 경우 병원에 들러서 사전에 조사 답변요령에 대하여 교육을 받고, 조사받은 후에 국민신문고 등에 불만 민원을 제기하라고 지시하여 실제 허위 입원환자들이 여러 차례 민원을 제기하기도 하였다.

• 경찰은 사안의 중대성 등을 고려하여 핵심 주범인 사무장 A씨와 의사 C씨를 구속하고, 허위 입원환자 165명에 대해서는 불구속 입건하였다.

(3) 허위 입원환자를 유치해 국민건강보험공단에서 거액의 보험금 편취

[개요]

허위 입원환자를 유치하여 국민건강보험공단에서 거액의 보험금을 편취한 한방병원장과 양방의사 등 피의자 116명을 검거하고 병원장을 구속했다. 이번에 구속된 한방병원장 A씨(남, 45세)는 고령의 양방의사 B씨(남, 86세)를 고용하여 2016. 5.부터 2017. 7.까지 ○○한방병원을 운영하면서 가짜 입원환자 113명을 유치하여 진료기록부 등을 거짓으로 작성한 후 국민건강보험공단에 허위로 요양급여비용 등을 청구하여 1억 원 상당을 받아 챙기고, 또한 가짜 입원환자에게 허위 입 · 퇴원확인서를 발급해 주어 민영보험회사에서 2억 1,000만 원 상당을 받을 수 있도록 방조한 것으로 확인됐다. 이러한 입소문을 듣게 된 일부 허위환자들은 경기도 화성 · 광주, 전남 화순 · 목포 등 타 지역에서 광주광역시까지 방문하여 원정 입원까지 한 것으로 드러났다. (광주지역 한방병원 전국 최다)

[진행경과]

보험범죄와 전쟁을 선포한 북부경찰은 광주청 최초 보험범죄전담수사팀을 편성, 5개월간 끈질긴 수사 끝에 증거확보, 116명을 검거하고 한방병원장을 구속하였다.

(4) 허위 입원환자 유치해 180억 원 편취한 사무장한방병원 적발[262)]

[개요]

국민건강보험공단으로부터 요양급여비 61억 원과 민영보험금 119억 원 등 총 180억 원을 편취하고 허위 입원환자를 유치한 혐의 등으로 의사 7명, 사무장 6명과 허위 입원환자 114명을 형사입건(의료법 위반 · 사기 · 보험사기방지 특별법 위반)하고 그 중 사안이 중한 甲 한방병원 사무장 A씨 등 2명이 구속됐다. 광주지방경찰청에 따르면 甲 한방병원 사무장 A씨 등 4명은 의사 B씨와 의사 C씨를 연달아 고용해 의사들의

262) 광주경찰청, 보도자료, 2017. 9. 20. “180억 원의 보험금 편취한 7개 병원 사무장 등 130명 검거(구속 2명)” 참조.

명의로 2015년 11월경부터 올해 4월 30일까지 광주 북구 경향로에 있는 甲 한방병원을 개설(같은 장소에서 폐업과 개원을 2회 반복)해 국민건강보험공단으로부터 요양급여비 명목으로 15억 원을 청구 편취하고 환자들이 가입한 37개 보험사로부터 민영보험금 약 25억 원을 직접 청구 또는 청구케 하여 편취했다고 밝혔다.

[범행특징]

경찰은 이어 이들 사무장들은 병원 개설자금을 확보하기 위해 사채 등을 빌려 마련하고 국민건강보험공단에서 지급되는 요양급여비로 채무를 변제하고 있었으며 자신들의 가족과 지인들로부터 소개받은 허위 입원환자들을 모집했다고 밝혔다. 또한 허위 입원환자(일명 나이롱환자) 114명은 사무장 병원과 짜고 입퇴원확인서 등을 허위로 발급받아 각 보험사로부터 2억 7000만 원 상당의 보험금을 편취한 것으로 드러났다. 특히 의사 B씨는 병원에 입원할 때와 퇴원할 때만 방문한 일부 가짜환자들이 매일 치료를 한 것처럼 진료기록부를 거짓으로 작성해 요양급여비 등을 청구한 것으로 수사결과 확인됐다. 허위입원 환자들은 입원기간 중 회사에 출근 또는 여행을 다니거나 집에서 일상생활을 하면서 보험금을 청구해 각 보험사로부터 적게는 1인당 50만 원부터 많게는 1500만 원에 이르는 보험금을 지급 받는 등 이들이 지급받은 보험금은 약 2억 7000만 원에 달한 것으로 나타났다. 경찰은 또 한방병원에 의약품을 납품한 제약회사 직원 3명도 사무장으로부터 2000만 원 상당을 받고 위 병원에 한의사들을 소개한 사실도 확인됐다고 밝혔다. 또한 乙 한방병원 사무장 D씨는 의사 E씨, F씨, G씨를 연달아 고용해 의사들의 명의로 2015년 4월경부터 올해 4월 30일까지 광주 북구 오치동에 있는 乙 한방병원을 개설(같은 장소에서 폐업과 개원을 3회 반복)해 국민건강보험공단 요양급여비 32억 원과 환자들의 민영보험금 약 52억 원을 편취한 혐의도 드러났다. 丙 한방병원 사무장 H씨는 의사 I씨를 고용해 의사 명의로 2010년 9월경부터 2013년 10월 31일까지 광주 북구 신안동에 있는 丙 한방병원을 개설해 국민건강보험공단 요양급여비 14억 원과 환자들의 민영보험금 약 42억 원을 편취 한 혐의다. 광주시 북구 두암동에 있는 丁의원 의사 ○씨는 2015년 9월경부터 올해 6월경까지 입원치료를 받지 않는 허위 입원환자들의 진료기록부를 허위 작성하고 국민건강보험공단에 요양급여비 등 2500만 원을 편취한 혐의다. 광주경찰은 보험협회, 금융감독원, 국민건강보험공단 등 보험 관련 기관들과 보험범죄 분위기 제압을 위한 공동의 대처 노력이 필요하다는 데에 공감하고 올 한해를 보험범죄 특별단속기간으로 설정해 보험범죄 집중단속에 주력하고 있다.

경찰은 사건 관련 편취한 보험급여비, 보험금은 전액 환수조치 하고 불법 의료행위를 한 의료기관과 한의사들에 대해서는 철저히 면허 취소 정지 등 행정처분이 이루어질 수 있도록 보건복지부 등 관련 기관에 통보할 예정이다.

3. 불법 사무장요양병원의 폐해

2017년도경 호남지역(광주, 전남, 전북)은 급속한 인구 고령화로 인해 요양병원 설립이 급증했다. 이렇게 증가하는 요양병원 중에는 속칭 '사무장요양병원'과 같이 열악한 의료인프라와 과잉진료 등으로 인해 각종 불법행위의 온상이 된 보험범죄 집단으로 전락한 사례도 발생했다. 이러한 요양병원의 관련 자료를 토대로 불법 사무장병원에 대하여 살펴본다.[263]

첫째, 입원중심의 진료에 따라 병상이 과밀하다는 것이다. 사무장요양병원은 병실당 병상이 6.37개이나, 일반 의료기관은 대체로 병실당 5.96개로 사무장요양병원이 병실당 0.14개 더 많은 과밀형 병상 구조이다.

둘째, 임금인력 활용에 따른 이윤추구로 의료인프라 투자가 미흡하다. 사무장요양병원의 1등급 의사 비율은 79.2%이나, 일반 의료기관은 의사 1등급 비율은 86.5%로 사무장요양병원의 1등급 의사비율이 7.3%p 낮다.

셋째, 빈번한 의료인의 이직으로 지속적인 진료가 어렵다. 사무장요양병원의 경우 6개월 이내 의사 이직률은 50%이나, 일반기관 의사 이직률은 21.2%로 사무장요양병원은 6개월 이내 의사 이직률이 일반 의료기관에 비하여 28.8%p 더 높다.

넷째, 연간 요양급여 비용을 과다 지출한다. 사무장요양병원의 1년간 수진자 당 요양급여비용 지출은 348천 원이나, 일반 의료기관의 1년간 수진자 당 요양급여비용 지출은 125천 원으로 사무장요양병원이 223천 원 더 많이 부담하고 있다.

263) 전남경찰청 보험범죄연구회, 「보험범죄 대응전략과 성과」, 2018, 81-83면 참조.

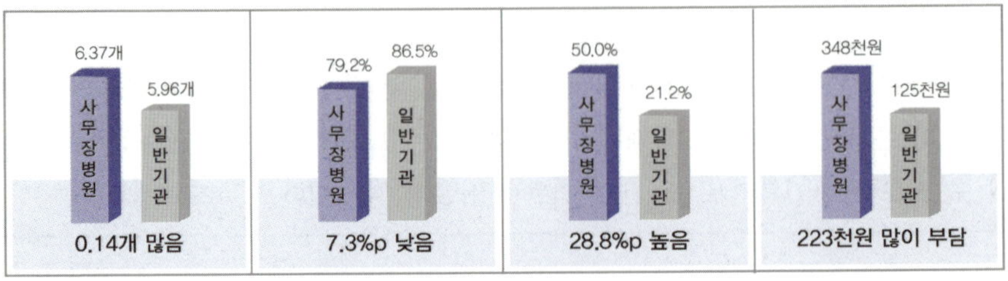

〈병실당 병상 수〉 〈의사1등급 비율〉 〈6개월내 의사 이직률〉 〈1년간 요양급여비용〉

〈그림 5-1〉 사무장요양병원 VS 일반 의료기관

다섯째, 상대적으로 낮은 의료 서비스가 제공되고 있다. 사무장요양병원의 중증도 사망비율은 110.1%이나, 일반 의료기관 중증도 사망비율은 98.7%로 사무장요양병원이 11.4%p 더 사망하는 것으로 상대적으로 낮은 의료 서비스가 그 원인으로 파악된다.

여섯째, 높은 진료비, 주사제사용비율과 장기입원일수의 과다 등 과잉진료가 이루어진다. 사무장요양병원은 연평균 입원급여비용, 진료건당 진료비, 연평균 주사제처방률, 입원일수 부분이 일반 의료기관에 비하여 상대적으로 높다. 환자의 상태에 맞은 의료 서비스가 제공되지 않고 수익을 위해 진료가 이루어진다는 것을 짐작할 수 있는 부분이다.

※ (연평균 입원 급여비용) 사무장의원 1,003천 원 (102천 원↑) 〉 일반의원 901천 원
※ (진료건당 진료비) 사무장병원 282천 원 (131천 원↑) 〉 일반병원 151천 원
※ (연평균 주사제 처방률) 사무장의료기관 37.7% (4.7%p↑) 〉 일반 의료기관 33.0%
※ (입원일수) 사무장의원 15.6일 (1.8배↑) 〉 일반의원 8.6일

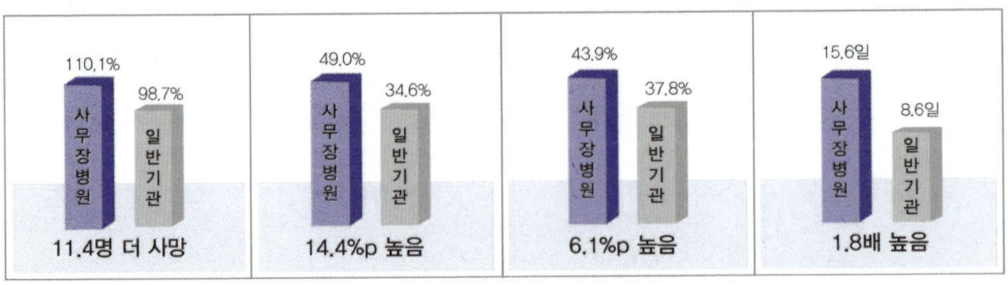

〈중증도 사망비〉 〈주사제 처방률〉 〈항생제 처방률〉 〈1년간 입원일수〉

〈그림 5-2〉 사무장요양병원 VS 일반 의료기관

일곱째, 안전 관련 사고에 취약하다. 사무장요양병원은 사무장 개인 이익추구를 위해 시설안전 투자에 소극적이어서 화재 등 안전사고에 취약하며, 감염(전염)병 관리에도 취약하다는 문제를 드러내고 있다. 또 과잉진료, 환자유인, 진료비 부당청구 등으로 인해 건강보험 재정에 악영향을 끼쳐 국가 복지정책의 추진동력이 상실될 수 있다.

4. 불법 사무장병원 대응전략

(1) 국민건강보험공단의 대응전략과 한계

국민건강보험공단은 국민보건과 사회보장 증진으로 국민의 삶의 질을 향상시키기 위하여 설립되었으며, 다음 <그림 5-3>에서 보듯이 가입자를 대리하여 국민건강보험과 노인장기 요양보험의 의료와 요양급여 및 보험재정 등을 관리 운영하는 단일 보험자이다.

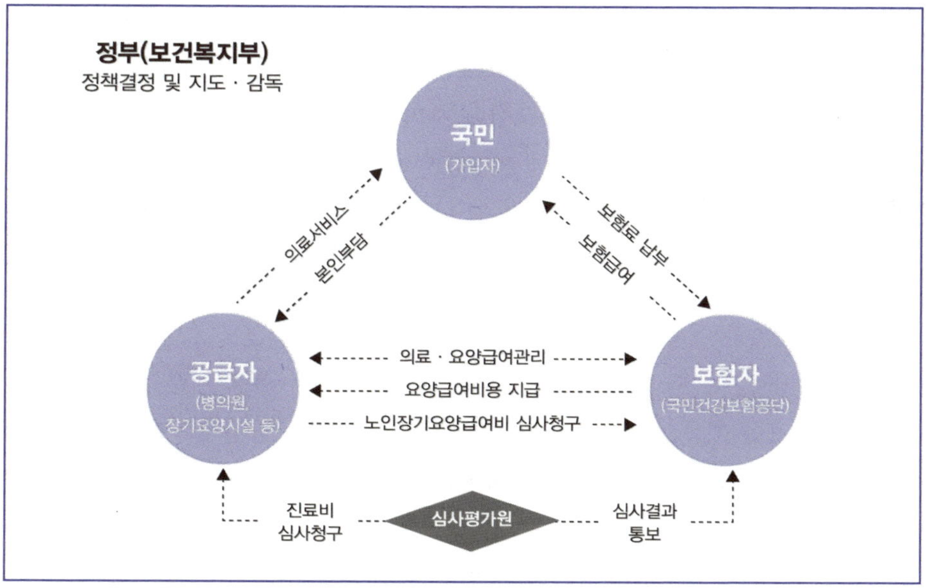

*자료: 2018년 국민건강보험공단

〈그림 5-3〉 의료 요양급여 등 운영구조

실질적으로 사무장병원에 대한 대응책을 추진 중인 국민건강보험공단에서는 다음과 같이 불법 사무장병원을 척결하기 위한 대책을 제시하였다.[264] 사무장병원 ① 진입단계에서는 불법개설 사전차단을 중심으로 ② 운영단계에서는 전방위 감시체계 구축, ③ 퇴출단계에서는 불법행위 반복 방지 등 단계별 대책을 마련하였다. 단계별 주요 세부내용은 다음과 같다.

1) 대응전략

① 진입단계

진입단계에서는 우선 의료법인의 임원지위 매매금지를 명문화하고, 이사회에 친인척 등 특수관계인의 비율을 제한하며, 이사 중 1인 이상은 의료인을 선임하도록 추진하여 의료법인 설립요건을 강화할 방침이다. 또한, 의료법상 법인 설립기준을 구체화하여 지방자치단체별 지침으로 운영 중인 법인설립 기준을 조례화 할 예정이며, 의료법인 설립에 대한 일반적인 가이드라인을 의료법에 반영하여 지방자치단체가 지역실정에 맞는 법인설립 허가기준을 조례로 제정할 수 있도록 의료법 개정을 추진하고 있다. 소비자생활협동조합의 의료기관 개설권 제한 검토를 위해 공정거래위원회와 협의하여 소비자생활협동조합의 의료기관 개설권을 삭제하고, 기존 의료기관에서 운영하는 소비자생활협동조합은 사회적협동조합으로 전환하는 방안을 검토 중이며, 지역의사협회 등을 통한 사전감시체제를 구축하여 의료기관 개설 신고(허가) 시 개설자(의료인, 법인)의 실정을 잘 아는 지역의사회 또는 병원협회의 사전검토peer review 등 지원방안도 협의하여 추진할 계획이다.

② 운영단계

운영단계에서는 이미 적발된 사무장병원의 특징분석을 통해 개발한 78개 예측·감지 표준지표를 기준으로 기존 불법개설 의료기관 예측·감지시스템 고도화를 추진한다. 행정조사의 실효성 강화를 위하여 복건복지부 특별사법경찰관을 활용한 전담단속체계를 마련하고, 검찰, 경찰, 금융감독원 등과 수사협력체계를 정립하여 사무장병원 적발률을 제고한다. 법인제도 악용 등 사무장병원의 고도화·지능화로 내부정보 없이는 적발이 어려워짐에 따라 의료인 자진신고 시 감면leniency제도를 강화

264) 이하 보건복지부, 보도자료, 2018. 7. 18. "'사무장병원' 진입단계부터 사전차단한다."

하여 사무장병원 내부고발을 유도하도록 사무장에게 면허를 대여한 의사가 자진신고 시 의료법상 면허취소 처분을 면제하여 주고, 요양급여비용 환수처분 감면제도를 한시적(3년)으로 도입하는 방안을 추진한다. 사무장병원의 원인 중 하나로 지목되고 있는 병원 경영의 폐쇄성을 해결하기 위해 의료기관 회계공시제도의 단계적 확대를 검토하고, 의료계와 협의하여 예비의료인 및 의료인 (보수)교육을 강화하고, 협회신고센터 운영활성화 등과 함께 건강보험 신고포상금 상한을 인상하는 방안으로 의료계 자정유도 및 사회적 감시체계 구축을 진행할 예정이다. 또한, 일반인들이 사무장병원의 폐해와 특징을 쉽게 알고 신고할 수 있도록 대국민 홍보(안내)자료 등을 마련하여, 보건소 등에 배포하였다.

③ **퇴출단계**

퇴출단계에서는 사무장병원 조사 거부 시 형사처벌 규정을 신설하고, 의료기관 업무정지처분으로 조사거부 시 제재를 강화하고, 의료인이 다른 의료인의 면허를 대여받아 의료기관을 개설하는 불법개설자 형사처벌을 강화하기 위한 규정신설[265]과, 사무장병원에 대한 형기를 상향조정[266]하는 법률개정을 추진하고 있다. 모든 사무장병원 유형[267]에 대한 요양급여비용 지급보류 근거를 마련하고, 지급보류 시기를 현행 수사결과 통보시점에서 수사개시시점으로 앞당기며, 환수결정 이후 별도 독촉절차 없이 체납처분을 할 수 있도록 하는 등 환수처분의 실효성을 강화하였다. 이 외에도 사무장병원에 대한 행정처분 개시 전후 의료기관을 양도하는 경우 처분의 효과가 양수인에게 승계되도록 하고 고의적인 처분면탈을 방지하기 위하여 사무장병원 폐쇄명령 처분 등을 승계하도록 할 예정이고, 비급여 진료비용도 범죄수익은익규제법 대상범죄로 사무장병원을 추가하여, 사무장병원의 비급여 진료비용을 몰수 · 추징하는 방안도 검토한다.

2) 대응상 한계점

사무장병원 척결을 위한 3단계 전략(진입-운영-퇴출)을 이행하는데 대응 상의 한계

---

265) 3년 이하의 징역이나 3000만 원 이하 벌금(2017년 2월 14일 최도자의원 의료법 개정안 발의).
266) 10년 이하 징역 또는 1억 원 이하 벌금(2018년 7월 11일 천정배의원 의료법 개정안 발의).
267) 의료법상 의료인의 1인1개소 위반(제33조 제8항), 의료인이 타 의료인 명의로 의료기관 개설하는 경우(제4조 제2항) 지급보류 근거 신설.

점이 있다.

첫째, 진입단계에서는 사무장이 의료법인 이사직을 매수하거나, 지인들로 형식적 이사회를 구성하는 등 제도를 악용하는 사례에 대한 사전규제가 부족하고, 기존의 사후단속 중심의 대응으로는 적발률 및 부당이득 환수율이 저조해 한계가 있으며, 지역 단속주체와 사무장병원 관계자들의 유착관계 등이 단속환경을 어렵게 만들고 있다.

둘째, 운영단계에서는 단속확대에도 불구하고 사무장병원의 지능화·은밀화로 적발률 하락과 내부자(의료인)의 자진신고율이 저조하다는 한계점이 있다. 사무장병원에 특화된 단속·수사가 필요하나 수사기관의 전문인력이 부족한 현실이고, 내부자 또는 일반인이 사무장병원 신고 시 혜택(처분 감면, 포상금 등)이 없어 적극적인 신고가 이루어지지 못하는 한계점을 노출하고 있다.

셋째, 퇴출단계에서는 사무장에 대한 경미한 처벌, 비급여비용에 대한 몰수 등 제재규정 부재로 확실한 퇴출이 어려운 구조이며, 수사종료 후 환수결정 및 지급보류, 환수결정 이후 체납처분까지 장기간(통상 5개월) 소요로 사무장의 부당이득에 대한 징수율이 저조하다는 한계가 있다.

〈표 5-2〉 사무장병원 규제강화 관련 법률개정 내용

구분	법률 조항	개정내용	시행일
의료인의 면허 대여 금지	의료법 제4조 제4항	·의료인이 다른 사람에게 면허증을 빌려주는 행위 금지 명문화	2015년 12월 29일
행정처분 강화	의료법 제64조 제1항	·의료법 제33조 제2항, 제10항(법인의 명의대여 금지) 위반시 의료기관 개설허가 취소	
법인의 의료기관 개설 요건 강화	의료법 제33조 제9항, 제10항	·의료법인 등의 명의대여 금지 ·법인개설 및 정관변경시 정관에 의료기관 소재지 기재(2016년 9월 30일 시행)	
형사처벌 강화	의료법 제87조 제1항	·사무장병원, 의료인과 법인 명의대여 시 처벌 강화(5년 이하 징역 또는 2천만 원 이하 벌금 → 5천만 원 이하 벌금)	2016년 12월 20일
의료생협 설립요건 강화	소비자생활 협동조합법 제21조, 제46조의2	·조합원: 300명 → 500명 ·출자금: 3천만 원 → 1억 원 ·최저출자금: 없음 → 5만 원	2016년 9월 30일
의료생협 인가·사후관리 위탁	소비자생활 협동조합법 제81조	·시·도의 의료생협 인가·사후관리 지원을 건보공단에 위탁	

(2) 경찰의 대응전략

2018년 경찰청에서는 민생과 직결된 생활적폐 특별단속계획[268]을 수립하여 토착비리, 재개발·재건축 및 사무장요양병원에 대한 전국적인 수사력을 집중하였는데, 이 중에서 불법 사무장요양병원에 대한 수사사례를 살펴본다.

1) 사무장요양병원 현황 및 문제점

최근 인구 고령화로 인한 노인의료서비스 수요증가 등으로 요양병원 설립이 증가하는 추세이다. 요양병원 증가와 더불어, 요양병원의 이점(장기입원 환자에 의한 수익성 보장, 일반병원 대비 완화된 설립기준 적용)을 악용한 사무장병원도 급증, 요양병원이 사무장병원의 숙주로 지목되고 있다. 국민건강을 위협하고 건강보험 재정에 누수를 초래하는 '사무장요양병원'에 대한 특별단속을 실시했다.[269]

2) 단속기본방침

지능·경제 수사인력을 중심으로 단기간에 집중적 수사력를 투입하여 토착비리, 재개발·재건축 및 사무장요양병원 비리를 척결하여 국민불안을 해소한다. 그리고 선거 이후 새로 구성되는 지방정부와 토착세력 간 결탁에 의한 특혜·이권개입, 공기업·산하 단체의 인사·채용비리 등 토착비리를 엄단한다.[270]

국무총리실 '정부합동 부패예방감시단', 국토교통부, 보건복지부, 국민권익위원회, 행정안전부 등 관련 기관과 첩보 수집단계부터 적극 협업하고, 실적 올리기식 무차별 형사입건과 특별한 단서없는 감사형태의 기관방문 등 백화점식 단속은 자제하며, 적법절차를 반드시 준수할 것을 기본방침으로 정했다.

---

268) 경찰청, 보도자료, 2018. 6. 29. "경찰, 생활적폐 특별단속실시(토착비리, 재개발·재건축, 사무장요양병원)" 참조.

269) 2017년 말 기준 요양병원은 전체 의료기관(91,545)의 1.67%에 불과하나, 요양급여비 수급 비중은 전체(51.8조원)의 7.5%(3.9조원) 차지.

270) 재개발·재건축 조합-시공사-감독관청간 부패고리, 사무장요양병원의 개설과 요양급여 편취 과정의 구조적 비리행위 중점 수사.

3) 중점단속대상

① 비의료인에 의한 요양병원 설립 · 운영 행위

비의료인이 '의료인', '비영리법인', '소비자생활협동조합법(이하 생협법)에 따른 보건 · 의료조합' 등의 명의를 빌려 의료기관(한방병원 포함)을 설립 · 운영하는 행위, 생협법상 '보건 · 의료조합' 설립인가기준 충족을 위해 조합원허위가입, 출자금대납 등 허위 · 부정한 방법으로 등기하는 행위, 비의료인이 의료인 고용, 지분투자 등의 형태로 의료인과 동업하여 의료기관을 개설 · 운영하는 행위[271], 의료인이 자신의 명의로 의료기관을 운영하면서, 추가로 다른 의료인의 명의로 의료기관을 개설 · 운영하는 행위 등이 중점 단속대상이다.

② 요양급여 부정청구 및 보험사기 행위

사무장병원에서 요양급여를 수급하는 행위, 의사 · 간호사 수, 환자 수, 입원기간, 치료내용 등을 임의로 부풀려 요양급여를 과다청구하는 행위, 환자와 공모하여 입원한 것으로 가장한 후 요양급여를 부정청구하고, 환자는 생명 · 손해보험사 등에 허위로 보험금을 청구하는 행위, 병원에서 급식업체를 직접 운영하는 것처럼 영양사 · 조리사 등을 허위신고 후 입원환자 식대 등을 부정청구하는 행위 등이 단속대상이다.

③ 무자격자 등에 의한 불법진료 행위

사무장 등 비의료인에 의한 무자격 진료행위, 고령 · 질병 등으로 사실상 의료행위를 할 수 없거나, 의료면허 취소 · 정지 등으로 의료행위를 할 수 없는 자에 의한 진료행위, 의료인이 비의료인 또는 다른 의료인에게 면허를 대여하여, 그로 하여금 의료행위를 하도록 하는 행위 등이 단속 대상이다.

④ 기타 사무장병원 관련 각종 불법행위

의사 · 간호사 · 환자 등이 실제 근무 · 입원하는 것처럼 허위서류를 작성하여 보건당국 등에 제출하는 행위, 의료인이 사무장병원에 고용되어 의료행위를 하는 행위, 의료인이 비의료인 또는 다른 의료인에게 면허를 대여하여, 그로 하여금 의료행위를

271) 판례는 "비의료인이 의료기관의 시설 · 인력 · 자금 조달을 주도적으로 처리하고, 운영성과가 비의료인에게 귀속될 경우" 불법 사무장병원으로 간주.

하도록 하는 행위, 본인부담금을 면제 · 할인하거나, 금품 · 교통편의 제공 등 영리목적으로 환자를 의료기관 · 의료인에게 소개 · 알선 · 유인하는 행위, 의약품 · 의료기기 납품업자 등으로부터 부당한 경제적이익 취득행위, 허가 · 인가 · 신고받지 아니한 의료기기를 사용하는 행위 등이 단속대상이다.

4) 단속체제

① 지능 · 경제분야 수사력 집중투입, 강력한 단속전개

지방경찰청 지능범죄수사대 및 경찰서 지능 · 경제팀을 중심으로 타업무에 우선하여 강력한 단속을 실시하고 특히, 지능범죄수사대에 토착비리 전문수사팀, 재개발 · 재건축 전문수사팀, 사무장요양병원 불법행위 전문수사팀을 지정하여 전문수사체제를 구축하였다.[272)]

② 범죄첩보 수집강화

생활적폐 6개 단속테마를 범죄첩보분석시스템에 게시하여 수사부서뿐만 아니라 전 기능에 대해 첩보수집을 독려하고 그 활동을 강화하였다.

③ 협업강화

국토교통부, 보건복지부, 국민권익위원회, 지방자치단체, 국민건강보험공단, 금융감독원 등 관련기관과 첩보입수 단계부터 종결 시까지 적극 협업하고 실무자급으로 직통전화hot-line를 구성하여 사무장요양병원에 대한 범죄발생 분석 및 최신 수사기법 등을 공유하였다.

5) 단속방향

경찰 자체첩보 및 국민건강보험공단 · 금융감독원 측 자료를 유기적으로 분석하여 사무장병원 의심병원을 선정하고 단기간에 집중수사하며 면허대여 등 의료법 위반뿐만 아니라 철저한 계좌추적을 통해 자금의 실질적 귀속관계를 면밀히 파악하여, 사무장병원 입증에 주력하도록 계획을 수립했다. '잦은 입 · 퇴원의 반복', '다수인의 동시 입 · 퇴원' 등 보험사기와 연계된 사무장병원에 대한 첩보도 적극적으로 수집하여 다

---

272) '장기간 · 고액' 요양급여 부정수급, '브로커가 개입된 보험사기' 등 구조적 · 조직적 부패비리 사건은 지방경찰청 지능범죄수사대에서 직장 수사.

수 사무장병원 운영자, 전문브로커가 개입된 구조적·조직적 불법행위에 수사력을 집중하되, '사무장요양병원', '한방병원'을 중심으로 요양병원의 의료법 위반 등 각종 불법행위도 병행단속하기로 하였다.

〈표 5-3〉 사무장요양병원 주요 적용법률

<table>
<tr><th>구분</th><th>적용법조</th><th>위반유형</th></tr>
<tr><td rowspan="2">비의료인의 의료기관 설립·운영</td><td>의료법 제87조 제1항 2호</td><td rowspan="2">-비의료인이 '의료인', '비영리법인', '생협법에 따른 보건·의료조합' 등의 명의를 빌려 의료기관 설립·운영
-비의료인이 의료인 고용, 지분투자 형태로 동업하여 의료기관 개설·운영</td></tr>
<tr><td>생협법 제85조 제2항 3호</td></tr>
<tr><td rowspan="4">요양급여 부정청구 및 보험사기</td><td>형법 제347조</td><td rowspan="4">-사무장병원에서 요양급여 수급
-허위 내용으로 요양급여 과다청구
-환자와 공모, 입원가장하거나 입원환자 식대 등을 부정청구</td></tr>
<tr><td>특정경제범죄법 제3조 제1항</td></tr>
<tr><td>국민건강보험법 제115조 제3항 5호</td></tr>
<tr><td>보험사기방지법 제8조</td></tr>
<tr><td rowspan="3">무자격자 등에 의한 불법진료</td><td>의료법 제87조 제1항 1호</td><td rowspan="3">-사무장 등 비의료인 또는 의료면허 취소·정지자의 무자격 진료 행위
-의료인이 비의료인 등에게 면허를 대여하여 의료행위를 하게 하는 행위</td></tr>
<tr><td>의료법 제87조 제1항 2호</td></tr>
<tr><td>의료법 제88조 1호</td></tr>
<tr><td rowspan="5">기타 불법행위</td><td>의료법 제88조 1호</td><td rowspan="5">-실제 근무내용과는 다른 허위 사실을 보건당국 등에 제출하는 행위
-본인부담금을 면제·할인하는 등으로 환자를 의료기관·의료인에게 소개·알선·유인하는 행위
-의약품·의료기기 납품업자 등으로부터 부당한 경제적 이익 취득
-허가·인가·신고하지 아니한 의료기기를 사용하는 행위</td></tr>
<tr><td>의료법 제88조 2호</td></tr>
<tr><td>약사법 제94조 제1항 5의2호</td></tr>
<tr><td>의료기기법 제53조</td></tr>
<tr><td>의료법 제90조</td></tr>
</table>

6) 사무장병원 수사기법

사무장병원은 의사와 비의료인(사무장)이 자금을 나누어 투자하고 공동운영하며, 비의료인이 필요한 자금을 투자하여 시설을 갖추고 유자격 의료인을 고용하여 그 명의로 의료기관을 개설한다. 비의료인이 이미 개설된 의료기관의 의료시설과 의료진을 인수하고 개설자의 명의변경 절차를 거쳐 그 운영을 지배, 관리하는 등 종전 개설자의 의료기관 운영행위와 단절하고 새롭게 운영한다. 비의료인이 생활협동조합 또는 비영리법인과 공모하여 그 명의를 빌려 의료기관을 개설하고, 의료인을 고용하여 운영하는 유형으로 운영한다.[273] 이런 사무장병원은 치료목적이 아닌 영리목적의 병원으로서 그 특성상 운영자(사무장)는 불법적인 입원환자를 많이 유치하여 수익을 높이려고 하고 보험사기범은 입원해야만 입원일당 등 보험금을 많이 벌 수 있기에 운영자와 보험사기범은 공생관계에 있다고 볼 수 있다. 병원 설립구조의 특성상 사무장병원에서 보험사기가 많이 이루어지고 사무장병원에서는 허위진료기록 및 입퇴원 확인서를 남발한다.

① 의료생활협동조합 사무장병원의 경우

법인형 사무장병원에서 진화하여 보다 개설이 용이한 의료생활협동조합을 개설한 후 의료기관을 직접 운영하거나 명의를 대여받아 의료기관을 운영하는 형태이다. 소비자생활협동조합법상 조합원 500명과 자본금 1억 원을 출자하면 쉽게 의료생활협동조합을 인가받을 수 있고 부속기관으로 병 · 의원을 개원할 수 있다. 이렇듯 단순 사무장병원에서 → 법인형 사무장병원 → 의료생활협동조합 사무장병원으로 사무장병원 개설 방법이 진화하고 있는데, 법제도적으로 의료생활협동조합 인가권자는 시·도지사, 주무부처는 공정거래위원회, 관리감독은 보건복지부로 나뉘어져 있어 불법의료행위 감시단속에 사각지대가 노정된 실정이다. 불법 사무장병원에 효과적으로 대응하기 위해서는 인가 · 관리감독기관의 통합 체계화 등 적절한 조정이 필요하다고 하겠다.

273) 박성철, “의료법이 금지하는 의료기관 개설행위의 의미”, 의협신문, 2022. 11. 17, https://www.doctorsnews.co.kr/news/articleView.html?idxno=146935&sc_word=&sc_word2.

〈의료생활협동조합 사무장병원의 조사 착안사항〉

1. 관련 법령 : 소비자생활협동조합법 [시행 2022. 6. 8. 법률 제18572호]

2. 조합설립 과정 조사

가. 발기 단계

– 30명 이상의 발기인, 정관 및 사업계획서 작성, 15일 이상 공고 후 창립총회

나. 설립준비 단계

– 조합원(설립동의자): 500명 이상

– 출자금: 1억 원 이상

– 조합원은 반드시 1좌 이상 출자, 출좌한도: 총출자금 1/5 (1인당 최저 출자금 5만 원 이상)

다. 창립총회

– 조합원 과반수 출석, 출석자의 2/3 이상 찬성으로 의결

– 총회 장소 대관 여부

라. 인가 및 등기

– 지방자치단체에 설립인가 및 인가증 수령 후 등기 신청 (3개월내 설립등기)

3. 의료생협 설립취지에 맞게 활동했는지 여부 확인

– 의료사각지대 해소 여부, 정관상 설립취지

4. 운영자 경력, 임대차 계약서 조사

– 임차인의 의료생협 인가증, 임대계약서 및 이면계약서 존재 여부 등

② 한방병원의 경우

문제되는 한방병원은 대개 사무장병원 형태로 운영되고 있으며 입원환자의 관리부재(입원환자 외출·외박 관리 미비), 진료 전 미리 만들어진 약침 처방, 질병을 상해로 위장하여 첩약을 제조하는 등의 문제점이 있다. 즉 모집인(브로커)은 한방병원과 유착관계를 가지고 계약자를 모집하고, 계약자는 병원에서 불법 · 허위치료를 받은 후 보험회사에 보험금을 청구하는 형태이다. 이러한 불법행위는 각종 의료기록 분석을 통해 확인해야 하고, 병원 정보 및 위치를 확인 후 청구 건의 피보험자들의 주소지를 비교하여 통원 가능한 거리에 있는지 여부도 확인할 필요가 있다.

한 사례로 일가족이 한방병원에서 통원치료를 받은 사안에서, 일가족 주소지는 경기도인데 서울에 있는 한방병원에서 통원치료를 받을 것이라고 보기에는 의심할 사항이 많다는 점에 착안하여 보험범죄 사실을 밝혀낸 경우가 있었다. 한방치료 불법행위를 정리하면 다음 표와 같다.

〈표 5-4〉 한방치료 불법행위

의료행위	적법	위법(불법행위)	관련의료법
침,뜸,부항	한의사 시행 후 침,뜸,부항기 제거		무면허 의료행위 (의료법 제27조)
	한의사 침 자입 후 발침	한의사외 침 자입	
	한의사 침 자입 후 전기연결, 자극강도 조절	한의사외 침 자입	
	한의사 시혈 후 부항기 부착	한의사외 시혈(침을 놓아 피를 봄) 침부항 직접 시행	
	한의사 뜸 혈위 지정 후 그 혈위에 뜸 부착	한의사외 뜸 혈위 저정없이 뜸 부착	
의료기기	양방에서 검사된 골밀도 판독지 확인	골밀도 측정기 구입해 골밀도 측정 (의료기기 사용)	의료기사 고용행위 (의료법 제27조) 의료기사 등에 관한 법률 제2조
방사선, 혈액검사	방사선 판독지, 임상병리검사결과지 확인	한의사가 영상 직접확인, 환자에게 영상을 보며 설명	
	영상의학과에 협진의뢰서 발송 후 영상의학과 의사가 환자 진찰(기록) 후 촬영	한의사의 X-ray, MRI, CT 등 촬영관련 처방(오더) 기록	
약침술		한의사 이외 시행	의료법 제17조 제1항 약사법 제61조1 의료법 시행규칙 제34조 별표3 의료법
		초진일 진찰 후 즉시 주사	
	진찰 후 탕전실(원내 또는 원외)에서 조제	미리 제조된 약침(기성품) 약재 사용	
첩약	첩약재료 절단, 계량, 포장 등	한의사, 한약사 이외 약의 탕재	
		첩약 거부하였으나 택배 배송 또는 입원중, 퇴원시 지급	
		보신목적, 보약이라고 설명하며 보험사로 청구 안내	
	진찰 후 탕전실(원내 또는 원외)에서 탕재	초진 진찰 후 즉시 지급	
	첩약봉투나 박스에 정보사항 기재	첩약봉투나 박스에 정보사항 미기재 또는 일부 기재	
수기치료		추나요법(도인운동, 근거이완수기) 1부위 10분 미만 시행	자배법 심사기준

	추나요법(도인운동, 근거이완수기)을 한방요법실(침구실, 진료실, 추나테이블 등)에서 시행	추나요법(도인운동, 근거이완수기) 병실(입원침대)에서 시행	
		추나요법 한의사 이외(물리치료사, 운동치료사, 간호사 등) 시행	무면허 의료행위
기타	• 현행 법률 상 한방의료행위는 한의사가 직접 실시해야 하는 것이 원칙이나 행위별로 위험도가 낮고 반복되는 행위에 대해서는 진료보조 범위 설정하고 있음 (한의사의 지도나 입회하에) • 한방병원내 양방의사 진료 및 양의원 개설된 경우는 방사선과 혈액검사 위법행위는 제외임		

한편 광주시한의사회, 광주시한방병원협회, 건강보험심사평가원 광주지원은 합동으로 한방병원 진료비 심사업무 이관(건강보험심사평가원 본원 → 광주지원) 안내 및 올바른 진료비 청구 당부를 위해 2017년 7월부터 약 3개월간 광주 시내에 자리 잡고 있는 한방병원(98개소)을 전수 방문한 바 있다.[274)]

의료법은 의료기관을 개설할 수 있는 자격을 한정하고 있다(의사, 한의사, 치과의사, 국가, 공공기관, 비영리법인 등). 그리고 의료법에 의해 개설된 모든 의료기관은 국민건강보험법에 따라 건강보험이 적용되는 '요양기관'이 된다. 따라서 의료기관을 개설할 자격이 없는 자가 의료기관을 개설하고, 건강보험 요양급여를 실시한다거나 그 비용을 청구할 수는 없는 것이다. 즉, 강행법규 위반으로 환자에게 받은 본인부담금, 공단·지자체 등 보험자로부터 수령한 모든 돈은 '부당이득'이 된다. 위와 관련 아래와 같은 사실들을 파악하게 되었다.

㉮ 허위 입원·진료(페이퍼 환자)

문제는 한방병원에 입원하고 있는 환자들이 소위 '나이롱 환자' 수준을 넘어 허위입원(페이퍼 환자)일지도 모른다는 사실이었다. 위 합동방문과정에서 병실이나 병상에 환자 이름이 표시되어 있지 않거나, 텅 빈 병실, 썰렁한 조리시설과 식당을 확인할 수 있었다. 건강보험심사평가원은 국민건강보험법에 따라 한방병원 등 요양기관이 청구한 진료비와 그 구성요소인 진료내역에 대해 확인할 필요가 있는 경우, 해당 병원을 방문해 이를 확인할 수 있다. 이를 확인하는 과정에서 오전에는 텅 비어 있던

274) 광주경찰청 보험범죄연구회, 「보험범죄대응백서」, 2017: 168-172면.

병실에 오후에는 마치 '민방공대피훈련'을 하듯 트렁크를 들고 속속 모여드는 환자들을 확인할 수 있었다. 외출을 빙자한 페이퍼 환자들이었다.

㈏ 개·폐업 반복

㉠ 동일장소 개·폐업 반복

건강보험심사평가원은 전국의 상급종합병원에서 동네 의원, 도서산간에 자리 잡고 있는 보건진료소에 이르기까지 모든 의료시설·인력·장비를 등록하고, 그 변경사항을 관리하고 있다. 이러한 배경에서 건강보험심사평가원 광주지원은 광주 시내에서 한방병원의 개·폐업(또는 요양병원)이 반복되는 특정건물과 장소를 쉽게 확인할 수 있었다. 물론 해당 위치가 병원을 하기에 좋은 곳일 수도 있다. 환자의 접근성이 용이하고, 임대료가 비교적 저렴한 이유가 있을 수 있다. 하지만 이러한 이유만으로 한방병원의 개설과 폐업이 반복되는 소위 '간판갈이'가 이루어지고 있는 것일까? 심지어 건물주가 병원을 운영할 수 있는 병상 등 시설을 일체 임대하고 있는 곳도 있다.

㉡ 동일인 장소이전 개·폐업 반복

한편, 위 합동방문과정에서 한방병원을 운영해온 한 병원장은 이러한 고충을 토로하기도 했다. "건물주들은 병원에 임차인이 들어오면 의례히 임대료를 올린다. 임대기간이 지나면 임대료를 감당할 수 없어 다른 곳을 이사를 할 수밖에 없는 경우도 있다. 기존 병원시설을 철거(원상회복)하지 않고 남겨 놓고 갈 때도 있다. 그러면 그 건물주는 다음 임차인도 병원을 하는 사람으로 구하고, 이런 일이 반복되면 해당 건물은 병원하기 좋은 곳이 되어 임대료를 점점 높여 받을 수 있다." 동일 개설자가 장소를 이전해 개폐업을 반복하게 할 수도 있다. 그런데 이러한 환경요인이 '비단 광주에서만 발생되는 것일까? 이러한 일들이 한방병원에만 해당되는 것일까?'하는 의구심이 든다. 통상적으로 병원에는 많은 의료장비, 병상 등 시설이 자리한다. 한방병원은 양방병원에 비해 비교적 이러한 부담이 적은 편이다. 그렇다고 해서 짧게는 6개월에서 1년, 길어야 2년마다 병원을 옮긴다는 것은 이해하기 어려운 기이한 현상이다.

㉢ 잦은 개·폐업 반복을 통한 행정조사와 수사 회피

건강보험심사평가원, 보건복지부, 지방자치단체는 각각의 근거법에 따라 의료기관에 대한 행정조사권이 부여되어 있다. 하지만, 행정조사권이 있다는 사실만으로 무턱대고 병원에 들이닥칠 수는 없는 일이다. 여기에는 그럴만한 이유나 근거가 뒷받침 되어야만 한다. 이를테면 민원제기 반복, 내부고발, 장기간의 행정조사 미실시, 통계적 분석결과 열외군 등 행정조사 필요성에 대한 합리적 판단자료가 필요하다. 광주시내에서 짧은 주기로 한방병원의 개·폐업이 반복되는 이유에 대한 답을 여기서 일부 찾을 수 있다. 행정조사나 수사가 개시되기 전에 이른바 '먹튀'하는 것이다.

㉣ 폐업 시 진료기록부 폐기로 증거인멸하여 조사회피

의료법 제22조에 따라 의료기관이 폐업되더라도 진료기록부 등 의무기록자료는 개설자가 보관하거나, 보건소에 위탁해 보관해야 한다. 하지만, 적어도 광주의 한방병원들에서는 이러한 의무가 잘 지켜지고 있는 것으로 보이지 않는다. 개·폐업을 반복하며 의무기록을 폐기하면 건강보험심사평가원과 보건복지부의 행정조사 및 경찰과 검찰의 수사는 제약을 받을 수밖에 없다. 불법과 부당을 입증할 책임이 있는 국가기관, 질서유지를 위한 공권력은 작동할 수 없는 '빛 좋은 개살구'가 되어 버리기 십상이다.

㉤ 진료기록부 폐기에 대한 벌칙은 미미

이에 반해, 진료기록부 등을 폐기한 행위에 벌칙은 미미하다. 의료법 제90조에 따라 벌금 5백만 원이면 이러한 죄책罪責을 면할 수 있기 때문이다. 의료기관을 개설할 수 없는 자(소위 '사무장')에게 고용되어 의료행위를 한 의료인의 경우도 이와 마찬가지다.

㉥ 형식적인 인허가 절차

한방병원을 개설하기 위해서는 의료법 제33조 제2항에 따라 한방병원을 개설할 수 있는 자격이 있어야 하고, 같은 법 제34조에 따른 시설기준을 구비한 후 시·도지사로부터 허가를 받아야 한다. 그런데, 이러한 과정에서 지방자치단체가 의료기관(한방병원)을 개설하려는 자가 자격이 있는 지 여부, 실제 병원이 그러한 시설을 구비하고 있는지 여부를 실질적으로 심사하지 못하고 있는 실정이다. 현장 확인 등 실질적 심사를 수행할 수 있는 공무원 부족 등 인력적인 문제, 그리고 사실관계와 그 뒤에 숨은 실체적 진실을 조사할 수 있는 조사권한이 미비하기 때문이다.

㉱ 폐업의 제한

의료법 제51조에 따르면 설립이 허가된 병원의 귀책사유가 있는 경우, 허가취소에 대한 규정은 존재한다. 병원의 정관에서 정하지 아니한 사업을 하거나, 설립허가를 얻은 후 2년간 병원을 설립하지 않거나, 할 수 있는 범위 밖의 부대사업을 하거나, 감독관청의 지시를 따르지 아니한 경우가 바로 그렇다. 하지만 반대의 경우는 그렇지 못하다. 예를 들어 한방병원을 불법적으로 운영하고, 국민건강보험공단 등으로부터 진료비를 허위 또는 부당하게 지급받아 온 기관이 폐업하는 경우에 대한 폐업을 제한하는 조치는 미비한 형편이다.

㉲ 입원적정성 심사의 문제

경찰 등의 수사과정에서 보험사기를 판단하기 위해 입원적정성을 따져볼 필요가 있다. 이러한 심사의뢰 건을 처리하기 위해 건강보험심사평가원 본원에는 '공공심사부(21명)'가 설치·운영되고 있다. 수사진행 및 기소를 위해 빠른 처리가 필요하지만, 심사의뢰 건은 급증하고 처리는 지체되는 등 해결해야 할 몇 가지 숙제들이 있다.

㉠ 「보험사기방지 특별법」 시행에 따른 심사 의뢰건 증가

2015년 건강보험심사평가원에 입원적정성 심사의뢰가 접수된 건은 총 19,271건이었다. 이에 비해 2016년도에는 접수 건이 총 34,554건으로 무려 79%나 증가하였다. 이로 인해 2016년 9월에 접수된 건이 2017년 9월에 처리되는 등 심사 적체현상이 심화되고 있다.

㉡ 입원적정성 심사의 공정성·신뢰성 담보를 위한 절차적 문제

보험사기 여부를 판가름하는 심사결과의 책임성을 높이고, 사실조회·법원 증인출석 횟수 증가에 따른 신뢰성 확보가 필요했다. 이를 위해 입원적정성 심사가 의뢰된 모든 건을 건강보험심사평가원 내부 및 외부 전문가가 참여하는 '공공심사위원회'를 구성해 심의처리하고 있다. 한편, 심사는 2단계로 진행된다. 1단계는 건강보험심사평가원 내부·외부위원이 참여한 가운데 합동으로 이루어진다. 2단계로 '공공심사위원회'의 심의·의결을 거친다. 위와 같이 입원적정성 심사는 자문절차 강화, 2단계 심사체계를 갖추는 등 업무의 신뢰성·공정성 및 체계화가 진행되었지만, 신속성 부분에 대해서는 정작 부하가 걸리게 된다.

㉢ 신속한 심사처리를 위한 신규자원(resource) 투입 한계

건강보험심사평가원의 인력과 예산은 주로 건강보험 재정으로 운영된다. 자동차보험 심사업무는 손해보험사의 부담으로 운영된다. 보험사기 문제 해결 등 공공의 필요에 의해 입원적정성 심사건이 건강보험심사평가원에 접수·처리되고 있지만, 인력을 운용하고 업무에 필요한 제반 비용을 사회적으로 누가 어떻게 부담할 것인지에 대해서는 합의가 이루어지지 않고 있다.

(3) 판결사례

1) 요건

대법원은 사무장병원에 대하여 비의료인이 의료기관의 개설 및 인력의 충원관리, 개설신고, 의료업의 시행, 필요한 자금의 조달, 운영성과의 귀속 등을 주도적인 입장에서 처리하는 것을 의미한다고 판시하고 있다.[275]

2) 범죄사실

① 의료법 위반

누구든지 의사, 한의사, 치과의사, 조산사, 국가, 지방자치단체, 의료법인, 민법이나 특별법에 따라 설립된 비영리법인, 준정부기관이 아니면 의료기관을 개설할 수 없다. 의료인 자격이 없는 피고인 김○○은 2012. 5. 31경 서울 노원구 상계로 ○○플라자 5층에서 손○○에게 손○○ 명의로 의료기관을 개설할 것을 제안하였고, 피고인 김○○과 손○○는 손○○의 명의로 나○○ 명의의 바르○○의원을 인수하여 의료기관을 개설하고, 피고인 김○○은 직원의 채용, 환자의 상담, 환자의 치료의사 배정, 병원의 전반적인 운영관리 등 업무를 하고 손○○은 자신의 명의로 바르○○의원을 개설하여 환자 진료업무를 담당하기로 공모하였다. 이에 따라 피고인들은 공모하여 2012. 12. 31경 위 항의 장소에서 손○○의 명의로 의료기관인 바르○○의원을 개설하였다.

② 사기

의료인의 자격이 없는 일반인이 의료기관 개설자금, 시설운영비 등 필요한 자금

275) 대법원 2011. 10. 27. 선고 2009도2629 판결.

을 투자하여 시설을 갖추고 자격이 있는 의료인과 동업하여 그 명의로 의료기관을 개설, 운영하는 것은 의료법에 의하여 개설된 의료기관이라고 할 수 없음으로 의료 행위하는 경우 국민건강보험법상 요양급여 비용을 청구할 수 없다. 그럼에도 불구하고 피고인들은 2013. 1경부터 2014. 4. 21까지 위항의 장소에서 위 항과 같은 공모에 따라 손○○은 환자를 진료한 다음 건강보험심사평가원에 요양급여비용명세서를 제출하여 심사를 의뢰하고 그 심사결과를 명목으로 범죄일람표와 같이 합계 157,671,640원을 지급받았다. 피고인 김○○은 위와 같이 서울 노원구 상계로, 의정부시 시민로 등 2개의 장소에 체형교정전문병원을 개설하고 이를 명목으로 국민건강보험공단으로부터 합계 34억 2,506만 원 상당을 지급받았다.

3) 판결례 : 의정부지방법원 2018노185호 판결, 의료법 및 사기

(피고인 김○○ 징역 4년, 피고인 심○○ 징역 1년, 피고인 김○○ 징역 10월)

2013. 2. 6경부터 바르○○의원 노원점에서 코디네이터로 근무한 김○주는 '강남○○의원'에서 같이 근무했던 피고인 김○○이 전화가 와 바르○○의원 노원점에서 근무할 것을 제안하였다. 2013. 2초경 바르○○의원 노원점을 방문하여 피고인 김○○을 만나 손○○에게 인사한 후 피고인 김○○의 사무실로 옮겨 근무조건과 급여를 상의하여 결정하였다. 치료과정의 결정, 진료비의 결정, 환자 상담방식 등은 피고인 김○○으로부터 교육을 받았다. 원장 손○○, 신○○으로 부터는 위와 같은 사항에 대하여 교육받거나 지시받은 사실이 없다. 손○○은 노원점 개원과 관련하여 직원들의 채용, 장비의 구입 등에 구체적으로 관여하지 않았고, 환자 진료외에 다른 업무를 하지 않았다. 이런 제반 사정을 종합해 볼 때 피고인 김○○은 손○○이 바르○○의원 노원점의 원장으로 재직할 당시 위 병원 인력의 충원, 관리, 필요한 자금의 조달, 그 운영성과의 귀속 등을 주도적인 입장에서 처리한 것으로 보이는 바, 원심의 판단은 정당한 것으로 수긍이 된다.

Ⅱ 고의 교통사고

1. 음주운전차량 대상 고의 교통사고[276)]

[개요]

광주지방경찰청(청장 이기창)에서는 음주운전자만을 골라 고의로 사고를 일으키고 운전자를 상대로 합의금 갈취 및 보험금을 편취한 혐의로 A씨(42세, 남)를 구속하고 이에 가담한 공범 2명을 검거하였으며, 범행에 사용된 차량 1대를 압수하였다. A씨는 2016.8.29.부터 2017.3.22.까지 심야시간대에 상무지구 유흥가에서 주차 대기하면서 음주운전으로 의심되는 차량을 쫓아가 고의사고를 내고 피해자들에게 합의금 및 보험처리를 요구하는 등 총 28회에 걸쳐 합의금 59,900,000원, 보험금 40,421,180원을 교부받아 편취하고, 피해자들로 하여금 보험회사에 면책금 5,000,000원을 납부하게 하는 등 도합 105,321,180원 상당을 편취한 혐의를 받고 있다.

[범행 특징]

피의자 A씨는 공범자에게 음주운전자를 물색하여 연락을 주게 하거나 라이트를 켜지 않고 운행하는 차량, 운전이 불안정한 차량 등을 범행대상으로 삼았으며, 음주운전 사고는 사고경위와 상관없이 사고책임을 전가하기 쉽다는 점을 악용하여 현장에서 합의금을 요구하였으며, 실제로 피해자 중 19명이 합의금을 준 것으로 밝혀졌다.

---

276) 조순익, “광주경찰, 고의사고 유발 후 합의금 및 보험금 편취 보험사기 피의자 검거”, 전남조은뉴스, 2024. 9. 2, https://www.jngoodnews.co.kr/79965.

2. 교통법규위반차량 대상 고의 교통사고[277)]

[개요]

심야시간대 교통법규를 위반하는 차량들을 노려 고의로 사고를 낸 뒤 수억 원대 보험금을 챙긴 일당이 무더기로 경찰에 붙잡혔다. "용돈을 벌게 해주겠다"는 말에 현혹된 20대 사회 초년생들이 공범으로 범행에 가담한 것으로 조사됐다. 서울경찰청은 교통사고 보험사기 혐의를 받는 일당 92명을 검거하고 이 가운데 주범 A씨 등 3명을 구속했다고 24일 밝혔다. 이들은 지난 2019년 8월부터 지난해 8월까지 약 3년간 서울 강남구 일대에서 고의로 접촉사고를 내는 등 총 87회에 걸쳐 5억 3000만 원 상당의 보험금을 챙긴 혐의를 받는다. 당시 일당은 사고부담이 적은 렌터카를 빌린 뒤 교통법규를 위반해 진로변경하는 차량과 고의로 충돌하는 수법으로 합의금을 받아냈다. 특히 운전자들의 집중력이 떨어지는 심야시간대 도로를 돌아다니면서 사고과실이 더 많은 진로변경이나 교통법규위반 차량을 대상으로 접촉사고를 낸 것으로 조사됐다. 사고를 낸 이후엔 다른 사람의 명의로 보험을 접수해 잦은 사고이력을 감추는 등 보험사의 의심을 장기간 피할 수 있었다고 한다. 경찰조사결과, A씨 등은 배달원이나 동네 선후배, 지인들을 차량 탑승자로 모집해 함께 범행을 벌였다. 대부분 20대 초반 사회 초년생이었던 공범들은 "차량에 타고만 있으면 용돈을 벌게 해주겠다"는 말에 현혹돼 범행에 가담했던 것으로 조사됐다. 결국, 이들은 교통사고를 낸 뒤 합의금을 받아 나눠 가졌다고 한다. 특히 공범들은 보험금도 유흥비와 생활비 등으로 모두 탕진한 것으로 알려졌다. 서울경찰청은 서민경제 피해근절 및 건전한 보험체계 확립을 위해 지난해에 이어 올해도 교통사고 보험사기를 집중단속하는 중이다.

[범행 특징]

경찰관계자는 "최근 들어 구직활동 및 경제적 사정이 어려운 20대 젊은 층이 보험사기범죄 유혹에 빠지지 않도록 각별한 주의가 필요하다"고 말했다. 아울러 "자동차를 운전하는 시민들은 언제든지 교통사고를 가장한 보험사기범죄의 표적이 될 수 있다는 마음으로 교통법규를 준수해 안전운전을 해야 한다"며 "고의사고가 의심되는 교통사고가 발생한 경우 해당 사고 블랙박스영상을 준비해 가까운 경찰서에 신고해야 한다"고 당부했다.

---

277) "3년간 87회 사고…렌터카 이용 보험사기 일당 무더기 검거", 뉴시스, 2022. 7. 24, https://www.newsis.com/view/?id=NISX20220724_0001953883&cID=10201&pID=10200.

3. 조직폭력배에 의한 고의 교통사고[278)]

[개요]

신호위반 등 법규위반 차량을 일부러 충격하거나, 친구 · 선후배 등 지인들과 사전에 가 · 피해자 역할을 분담하여 고의로 접촉사고를 내고, 치료비 · 휴업손해금 · 차량수리비 등의 명목으로 3억여 원의 보험금을 편취한 광주지역 폭력조직 5개파 11명, 법인택시 운전사 7명 등 일당 60명을 사기혐의(보험사기방지 특별법 제8조: 10년 이하, 5천만 원 이하)로 검거하고, 이중 혐의가 중한 A씨(36세, 남, 조직폭력배), B씨(23세, 남, 조직폭력배) C씨(22세, 남, 택시운전사) 3명을 구속했다.

[범행 특징]

이들은 2013년 7월경부터 2016년 7월경까지 자가용 승용차, 렌터카, 또는 자신이 운행하는 택시를 이용 47회에 걸쳐 고의로 교통사고를 유발하고 보험금으로 회당 적게는 600만 원에서 최대 1,600만 원까지 약 3억 원을 편취해 왔던 것이다. 범행장소로는 주로 불법유턴, 신호위반 등 상습적인 교통법규 위반차량이 많은 상무지구, 동구 구시청 사거리 등을 택했고, 차량 통행이 드문 새벽시간대에 주로 범행해 왔던 것으로 드러났다. 또한, 용이한 범행을 위해 전조등을 끈 상태로(일명 '스텔스' 차량) 대상 차량을 충격했으며, 보다 많은 보험금을 지급받기 위해 대부분의 범행 시 최다 탑승 인원인 5명이 동승했고(승용차 기준), 인원이 부족할 때는 허위로 동승자 수를 부풀려 보험금을 청구하는 일명 '끼워넣기'까지 했던 것으로 드러났다.

○ 아울러, 이들은 위와 같은 수법에(예측할 수 없는 돌발상황에 따라) 상당한 위험이 따르고, 보험금 지급까지 상당한 시간이 소요되자 동호회 회원, 친구 등 지인들과 공모하거나 페이스북 등 SNS를 통해 즉석해서 공범자들 모집하고,(일명 '보빵') 광주, 전남 일대 한적한 도로에서 사전에 모의한 대로 가해자와 피해자 역할분담에 따라 '앞서 진행하는 차량이(피해차량 역할) 2회 브레이크를 밟으면 뒤에서 추돌' 하는 등의 수법도 추가하며 범행을 지속해 왔던 것으로 확인되었다.

○ 또한, 이들은 국내에서 구하기 어려운 고가의 외국산 타이어 휠을 장착한 차량을 이용해 보험사로부터 고액의 수리비를 수수하기도 하고, 보험계약자(고객)의 지위를 악용하여 보험사에 끈질긴 협박성 민원을 제기해 보험금 외 고액의 합의금까지

278) 광주경찰청, 보도자료, 2017. 5. 24, "고의 교통사고 보험사기 일벌백계해야", 광주매일신문, 2017. 5. 26, http://www.kjdaily.com/read.php3?aid=1495748932409164018.

가로채 왔던 것으로 확인되었다.

○ 이와 같이 지급되는 불법보험금은 결국 선량한 일반국민의 부담일 수밖에 없고, 본건의 경우 폭력조직과 택시운전사가 주도하고 상당수의 대학생까지 죄의식 없이 범행에 가담한 점으로 보아, 경찰은 여죄(50여 명 추가 입건예정)에 대해 철저한 수사를 진행하고 있고, 지속적인 단속을 펼칠 것이며, 유사한 피해를 봤거나 볼 경우 즉시 신고해 줄 것을 당부한다고 밝혔다.

◉ 보험상식 코너 : 브로커조직이 유인하는 실손의료보험 사기에 유의하세요[279]

실손의료보험은 환자가 부담하는 의료비(본인부담 급여 및 비급여)를 포괄적으로 보장하는 상품으로 실손의료보험 사기는 문제병원 및 브로커가 공모하는 조직형 보험사기 형태로 이뤄지는 경향이 강하며 거짓 진료기록을 기반으로 건보 요양급여 허위청구가 동반되는 경우 공영보험에도 악영향을 미치고 있다.

이와 같은 브로커 조직은 합법적인 기업활동을 가장하고 SNS 등을 통하여 대규모로 환자를 불법모집하고 있어 보험소비자들이 보험사기에 연루될 위험성이 매우 높기 때문에, 보험소비자들이 브로커의 유인·알선에 동조하여 허위서류로 실손의료보험금 등을 청구하는 경우 보험사기 공범이 되어 함께 형사처벌되는 등 불이익을 받을 수 있다.

1. 기업형 브로커조직의 환자유인－알선에 동조하여 금전적 이익을 받으면 안 된다

[사례] ① A브로커조직(병원홍보회사)은 '19.4월 B 등 여러 병원과 표면적으로는 '홍보광고대행계약'을 체결하는 외관을 가장하고, 실질적으로는 '환자알선계약'을 체결한 후, 병원 매출액의 일정비율(30%)을 알선비로 받음

② A조직 대표는 보험설계사 또는 브로커관리자들을 통하여 '다단계 방식'으로 브로커들을 모집하고 브로커들이 환자를 알선토록 한 후 이익 분배 (각 브로커가 모집한 환자가 결제한 진료비 등을 기준으로 차등배분)

③ A조직 브로커들은 '실손의료보험금 청구가 불가능한 약제를 처방받으면서 보험금 청구가 가능토록 해주겠다'며 환자모집 후 B한의원에 알선

④ B한의원은 '19.6월~'20.11월 보험대상이 되지 않는 고액의 보신제를 처방한 뒤 다른 치료제를 처방한 것처럼 거짓으로 작성하고, 실제 진료한 사실이 없음에도 여러번 진료한 것처럼 진료기록부 등을 허위작성(1,869회)

－ 이를 기초로 허위의 보험금청구서류(진료비계산서 · 세부내역서 · 통원확인서 등)를 교부하여 환자들로 하여금 실손의료보험금을 수령토록 함

⑤ 환자들은 단 1회 내원하여 보양 목적의 보신제를 받은 후, 마치 타박상 등에 대하여 3~4회 통원치료를 받은 것처럼 허위기재된 보험금청구서류를 발급받아 실손의료보험금을 청구 · 편취

279) 금융감독원, 보도자료, 2022. 1. 26, "브로커 조직이 유인하는 실손의료보험 사기에 유의하세요."

☞ 브로커조직 및 의료인 등 5명, 환자 653명 총 658명 적발(15.9억 원)
A브로커조직 대표(징역 2년 8월) · B한의원장(징역 4년) 실형 선고

2. 다른 환자를 모집해오면 소개비를 주겠다는 잘못된 권유에 절대 응해서는 안 된다

[사례] 병원관계자와 잘 아는 사이인 주부 C씨는 병원에 환자 소개하면 수수료를 지급받기로 공모하고, 실손의료보험 가입자를 병원에 소개 · 알선
☞ 환자모집책 C씨, 징역1년6월(집행유예) 선고

3. 실손의료보험에서 보상하지 않는 시술을 받은 후, 보상되는 치료를 받은 것으로 조작하여 보험금을 청구하면 안 된다

[사례] D병원은 '13.1월~'19.7월 실손의료보험이 보상하지 않는 비만치료주사 또는 예방접종을 시행한 후, 실손의료보험 청구가 가능한 식중독 · 감기치료 등으로 거짓 진료기록부를 작성하고 허위 진료비영수증을 발급
– 또한 일부 환자는 통원횟수를 부풀리거나 실제 치료받은 사실이 전혀 없는데도 허위진단서 등을 발급받는 등 실손의료보험금(5억 3,600만 원) 편취, 병원은 건보 요양급여(3,337만 원) 편취
☞ D병원장 및 브로커 등 5명, 환자 252명 총 257명 적발
허위진료기록 작성 · 발급한 의사, 징역3년 실형 선고 등

4. 실제 검사나 수술을 시행한 날에 해당하는 보험금을 청구해야 한다. 시행일자를 조작하거나 횟수를 부풀리면 안 된다

[사례] E병원은 '13년부터 브로커들이 유인 · 알선해온 환자들에게 백내장 수술을 하면서 실제 통원하면서 검사한 것을 입원한 후 시행한 것으로 조작하거나,
– 하루에 동시수술을 이틀에 걸쳐서 각각 수술한 것처럼 거짓 기재하고 허위진단서를 작성 · 발급
– 거짓 기재한 진료기록을 바탕으로 병원은 건보 요양급여(3,780만 원)를, 환자들은 민영보험금(9명 7,073만 원)을 편취
☞ 허위진단서작성 · 건보 급여를 편취한 의사(벌금 1,500만 원) 브로커(벌금 700만 원) 등

제6장

보험범죄 대응방안

I 보험범죄 대응전략[280]

1. 관련기관 협력체계 구축 및 공동대응

수사기관은 관련기관과 긴밀한 협력체계를 구축하여 불법개설병원 사무장, 브로커, 병원관계자를 등을 중심으로 적극적인 수사를 전개하고, 최근 심화되는 불법행위를 철저히 적발하여야 한다. 지방자치단체는 보험사기로 적발된 의료인 및 개·폐업을 반복하는 병원의 의사에 대한 인허가 가이드라인을 마련하고 허가를 제한하는 방안을 추진해야 한다. 또한, 보건소와 같은 의료기관 감독기관에서는 부재 환자 점검 및 당직 의료인 점검 등을 강화하여 부당행위가 적발된 병원에 대해 적극적인 행정처분을 시행하는 등 공동대응이 필요하다.

국민건강보험공단과 건강보험심사평가원에서는 보험급여를 부당하게 편취하는 병원에 대한 실사 및 점검을 더욱 강화해야 하며, 금융감독원과 생명·손해보험협회에서는 보험범죄 관련 정보를 취득하고 혐의점을 분석하여 수사기관에 제공하는 등 유기적인 협업을 통해 공동대응을 추진해야 한다.

보험사기특별조사팀SIU 현장실태 조사결과, 관련기관과의 협력체계 구축이 보험범죄예방에 도움이 될 것인가를 묻는 질문에 99.5%가 절실하게 필요하다고 응답했다. 즉, 금융감독원, 보험협회, 경찰청, 보건복지부, 국민건강보험공단 등 관련 기관 사이의 실질적인 상호협력과 정보공유를 위해 정례협의체를 구성하는 것도 고려할 수 있을 것이다. 예를 들어, 화재사고 조사를 위한 소방청과 업무협력, 건강보험공단과의 정보교류 추진, 행정안전부 보유정보를 이용한 보험사기 조사, 도난차량의 해외밀반출 조사를 위한 관세청과의 업무협력, 해외보험사기 국제협력체제 구축방안 마련, 택시운전자에 대한 보험사기 혐의 조사를 위한 국토교통부로부터의 유가보조금 지급정보 활용, 서류상 입원 중인 병원환자의 부재사실 확인을 위한 정보교환 등[281]이 포함될 수 있다. 이처럼 수사기관과 관련 기관 간 상호협력이 실무적으로

---

280) 광주경찰청 보험범죄연구회, 「보험범죄대응백서」, 2017, 66-68면 참조.

281) 박영수, 앞의 논문, 106면 참조.

절실히 요구되고 있으며, 이를 통해 보험범죄 예방과 대응의 효율성을 높일 수 있을 것이다.

한편, 이러한 정보교류와 협력을 위해 개인정보 보호법상 다른 공공기관의 개인정보가 필요한 경우가 있지만, 개인정보 유출 등 프라이버시권과 직접적으로 충돌될 우려가 있는 것도 사실이다. 동법 제17조(개인정보의 제공)[282]를 보면 보유기관의 장은 타 법률에 의해 보유하고 있는 정보를 보유기관 외의 자에 대하여 이용하게 하거나 제공할 수 있도록 하고 있는데 이러한 경우 공공기관이 보유하고 있는 개인정보 이용자에 대한 비밀준수의무 및 누설자에 대한 처벌문제가 중요한 과제가 될 것이다.

또한 생명보험이나 손해보험 또는 제3보험 등 모든 보험종목에 대한 통합정보의 수집과 관리가 필요하다. 예를 들어, 보험개발원의 계약 또는 사고조회시스템을 생명보험사와 손해보험사 및 외국계보험사 그리고 유사보험기관이 온라인[283]으로 활용할 수 있도록 하여 보험사기 예방 및 적발의 효율성을 높여야 할 것이다. 관련기관과의 정보교류 및 환류적인 협력모형은 다음 <그림 6-1>과 같다.

---

282) 개인정보 보호법 제17조(개인정보의 제공) ① 개인정보처리자는 다음 각 호의 어느 하나에 해당되는 경우에는 정보주체의 개인정보를 제3자에게 제공(공유를 포함한다. 이하 같다)할 수 있다. <개정 2020. 2. 4., 2023. 3. 14.>

1. 정보주체의 동의를 받은 경우
2. 제15조제1항제2호, 제3호 및 제5호부터 제7호까지에 따라 개인정보를 수집한 목적 범위에서 개인정보를 제공하는 경우

② 개인정보처리자는 제1항제1호에 따른 동의를 받을 때에는 다음 각 호의 사항을 정보주체에게 알려야 한다. 다음 각 호의 어느 하나의 사항을 변경하는 경우에도 이를 알리고 동의를 받아야 한다.

1. 개인정보를 제공받는 자
2. 개인정보를 제공받는 자의 개인정보 이용 목적
3. 제공하는 개인정보의 항목
4. 개인정보를 제공받는 자의 개인정보 보유 및 이용 기간
5. 동의를 거부할 권리가 있다는 사실 및 동의 거부에 따른 불이익이 있는 경우에는 그 불이익의 내용

③ 삭제 <2023. 3. 14.>

④ 개인정보처리자는 당초 수집 목적과 합리적으로 관련된 범위에서 정보주체에게 불이익이 발생하는지 여부, 암호화 등 안전성 확보에 필요한 조치를 하였는지 여부 등을 고려하여 대통령령으로 정하는 바에 따라 정보주체의 동의 없이 개인정보를 제공할 수 있다. <신설 2020. 2. 4.>

283) 박영수, 앞의 논문, 107면 참조.

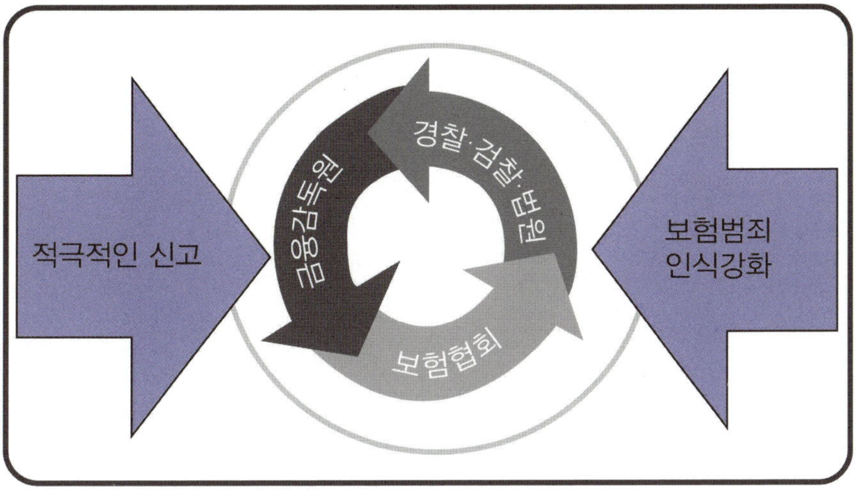

〈그림 6-1〉 정보교류 및 협력환류 모형

2. 보험범죄 엄정대응 원칙

각 관련 기관이 유기적인 공조체제와 지속 가능한 억제전략을 수행했더라도, 수사기관의 수사결과와 처벌이 어떻게 이루어졌는지는 매우 중요하다. 사실 그동안 보험범죄자들은 사법처리 단계에서 변호사를 선임하여 구속을 면하고 처벌 형량도 낮았던 것이 현실이다. 보험범죄에 효과적으로 대처하지 못하는 구조적 문제로 이어진다. 범죄학 이론상 처벌의 확실성, 엄격성, 신속성이 확보되면 범죄는 억제된다. 즉 죄를 범하면 누구를 막론하고 예외 없이 처벌하고(처벌의 확실성), 엄중하게 처벌하고(처벌의 엄격성), 죄를 지은 때로부터 신속하게 처벌(처벌의 신속성)하면 범죄는 억제된다.

그러나 수사기관의 수사결과와 달리 사법기관의 처벌이 약하면, 내성만 강해진 환자를 대량 배출하는 것과 같은 결과를 초래할 수 있다. 따라서 경찰은 최대한 증거를 수집하고 보험사기의 악성을 입증하여 조직적인 보험범죄조직, 특히 사무장과 그에게 고용된 의사를 구속수사해야 한다. 또한 거짓환자들도 개별적으로 모두 소환하여 그 혐의를 밝혀 형사입건하는 등 엄정한 수사가 필요하다. 국민건강보험공단과 건강보험심사평가원에서는 사무장병원으로 의심되는 의료기관을 빠짐없이 현장 방문하여 환자의 내원 여부, 당직의사 근무 여부 등을 엄격히 심사하고, 요양급여비 청구 관련 모니터링을 엄격히 하여 환수조치를 철저히 하여야 한다. 지방자치단체에서도 사무장병원으로 단속된 동일 장소에서 명의변경 후 병원 운영을 재개하고 있는 병원에 대해서는 인허가 후라도 현장지도점검 등 강력한 현장단속을 하는 전략이 필요하다.

우리나라의 보험사기에 대한 처벌은 기본적으로 형법 제347조(사기죄)에 10년 이하의 징역 또는 2천만 원 이하의 벌금으로 규정되어 있다. 특히 지난 2016년 새로 제정된 보험사기방지 특별법에 10년 이하의 징역 또는 5천만 원 이하의 벌금에 처하도록 규정되어 있고, 보험사기 이득액이 5억 원 이상일 때에는 3년 이상 징역, 50억 원 이상 일 때에는 5년 이상의 징역으로 가중처벌 한다. 뿐만 아니라 특정경제범죄 가중처벌 등에 관한 법률은 보험사기로 인하여 얻은 이득액이 일정액 이상인 경우에는 가중처벌토록 하고 있다.

하지만 SIU의 인식조사에 따르면, 보험범죄가 발생할 경우 적발될 확률이 10%대에 불과하다는 응답이 50%에 이르고, 심지어 80%는 적발될 확률이 20%에도 미치지 못한다고 응답했다.[284] 보험범죄의 특성상 적발이 어렵다는 점을 감안하더라도, 현장에서 보험범죄를 담당하는 SIU가 이와 같이 적발률을 낮게 인식하고 있는 것은 보험범죄 대응상 여러 문제점을 시사한다.

또한 최근 전문적인 보험사기조직에 의한 피해가 계속 확산되고 있지만, 이에 상응한 가중처벌이 이루어지지 않고 있고, 단순 가담자보다 주모자가 더 많은 범죄이득을 얻고 있음에도 양자가 동일하게 처벌받는 문제도 발생하고 있다. 이로 인해 보험범죄자들이 범행 후 다시 보험범죄를 저지르는 경우가 많으며, 초범도 보험범죄의 유혹에 쉽게 빠지는 상황이다. 또한, 보험회사가 영업정책상 사건을 조용하게 처리하려 한다는 점도 문제로 지적되고 있다.

284) 윤명성, 앞의 논문, 166면.

3. 보험범죄 단속의 지속성 확보

보험범죄를 근절하려면 관련 기관 워크숍, 단기간의 특별단속, 단일 사건에 대한 언론보도 등 일회성 조치로는 목표를 달성할 수 없다. 보험범죄 대응을 위해 관련 기관 간 긴밀한 공조와 체계적이고 상시적인 대응책이 요구된다. 하지만 현실적으로 상설적 공조체제가 마련되지 않아, 수사기관 등 개별기관이 독자적으로 연 1~2회 정도 특별단속 기간을 설정하여 일시적으로 대응할 뿐이다. 또한, 수사기관은 조직폭력배와 결부된 살인, 강도, 마약 등 국민의 관심이 높은 강력사건에 집중하는 경향이 있으며, 단순한 보험사기 사건에는 상대적으로 큰 관심을 갖기 어려운 실정이다. 우리나라 수사기관의 인력과 조직 여건상 보험범죄에 대한 자발적인 수사는 기대하기 어려우며, 보험회사의 보험사기 조사팀에서 인지·적발한 사건의 수사자료를 제공하는 경우에 한해서 수사를 하고 있는 정도이다. 이 경우도 모든 보험사건을 수사하는 것이 아니라 살인, 방화 등 강력범죄나 조직폭력배가 개입되었거나 집단적·기업적 사기사건 등의 경우에 수사에 집중하는 것이 보통이다. 즉 보험회사의 사기조사팀에서 수사기관에 적극적으로 수사를 요청해야만 수사가 행해지는 상황이라고 할 수 있다.[285)]

보험사기조직은 단속 관련 기관의 움직임을 면밀히 주시하면서, 단기적인 위기만 피한다면 결국 자신들의 목표를 달성할 수 있다고 판단하고 있다. 이는 그들이 그동안 관련 기관의 일회성 대응방식을 지속적으로 관찰한 결과 얻은 결론이다. 따라서 보험범죄의 뿌리를 뽑기 위해서는 지속가능한 억제전략이 필요하다. 이에 따라 보험사기 첩보수집 및 수사, 병원 인허가 시 문제점 검토, 보험사기 수법 등을 체계적이고 전문적으로 연구하여 그 결과를 유관기관 간 공유할 필요가 있다. 필자는 2017년 광주경찰청에 이어서 2018년에 전남경찰청에서 보험범죄연구회를 창립하여 기관별 토의 안건을 가지고 매월 세미나를 개최하고 정보교류와 합동단속 등 공동대응을 강화하여 획기적인 성과를 얻은 바 있다. 이렇게 보험범죄연구회를 만들어 관련 기관 간 정기회의와 정보공유를 통해 보험범죄에 효과적으로 대응한 사례가 각 지역별로 전국적으로 확대되어 상시적이고 지속적인 대응시스템으로 자리잡길 기대한다.

285) 김상균, 앞의 책, 59면.

4. 보험범죄 예방을 위한 홍보 강화

수사기관 등 관련 기관이 보험범죄 근절을 위해 노력하고 있는데 시민들이 무관심하게 바라만 보고 있다면, 그 지역사회는 건강하다고 볼 수 없다. 일부 시민들은 자신이 납입한 보험료를 떠올리며 아깝게 생각하고 이를 돌려받는 것이 무슨 죄가 될까 의문을 가지며 보험범죄에 관대한 태도를 보일 수도 있다. 또한, 보험가입자의 편의를 고려한다는 명목으로 환자의 허위진단 요구에 응하려는 의사·간호사 등 의료종사자와 사무장에 고용될 의도를 가진 의사들도 존재할 수 있다. 이 같은 보험범죄가 심각한 범죄행위임을 인식하게 하는 홍보가 필요하며, 보험범죄의 유혹에 빠질 가능성이 있는 잠재적 범죄자의 의식개선이 필수적이다. 보험범죄에 대한 죄의식과 그 심각성에 관해서는 수사기관뿐만 아니라 일반 국민과 보험업계 등 모든 관련 기관이 인식을 전환할 필요가 있다. 먼저 보험범죄가 중대한 범죄라는 점을 인식시키고, 보험범죄가 발생할 경우 그 피해가 주요 고객인 국민에게 돌아간다는 사실을 강조해야 한다.

다른 범죄와 마찬가지로 보험범죄도 예방이 중요하다. 실태조사에 의하면 보험범죄에 대한 인식도와 신고의식이 비교적 낮은 수준이다. 보험범죄 신고 시 지급되는 포상금에 대한 인지도는 매우 낮아 관련 기관의 적극적인 홍보가 필요하다. SIU를 대상으로 한 조사에서는 매스컴을 통한 보험범죄 예방효과가 99.2%의 긍정적인 영향을 미친 것으로 나타났다.[286] 따라서, 다음과 같이 효율적으로 대국민 홍보와 교육을 효율적으로 강화하기 위한 방안이 필요하다.

첫째, 보험범죄로 인한 피해와 피해자가 존재한다는 사실을 알리고, 보험범죄로 처벌될 가능성을 적극적으로 홍보해야 한다. 보험범죄는 피보험자의 이익을 직접 침해하며 보험회사의 경영 악화를 초래해 보험료 인상요인이 된다는 점을 인식시켜야 한다. 또한, 보험범죄는 수많은 선량한 계약자에게 경제적 피해를 주고 보험에 대한 신뢰도를 떨어뜨려 보험회사 이미지에도 부정적인 영향을 미치므로, 보험범죄 적발 못지 않게 그 위험성을 경고하는 것도 중요하다. 금융감독당국, 보험범죄조사협의회, 생명·손해보험협회 등을 중심으로 보험범죄 관련 보도내용과 여론 흐름 등

286) 윤명성, 앞의 논문, 153면.

을 분석하고, 이에 대한 대응책을 마련할 수 있는 제도적 장치가 필요하다.

둘째, 보험범죄 신고기관과 포상금 제도를 적극적으로 홍보해야 한다. 특히, 신고자의 신원이 철저히 보호되어 신고 후 관련자로부터 피해를 입거나 두려움을 느끼지 않도록 해야 한다. 또한, 신고포상금 제도를 활성화하여 적극적인 신고를 유도할 필요가 있다. SIU 조사결과 95% 이상이 신고포상금 제도가 보험범죄 예방에 효과적이라고 주장하고 있다. 한편 적정한 신고포상금액으로는 피해회복 금액의 10%~20% 수준으로 책정하는 것이 바람직한 것으로 분석된다.[287)]

셋째, 현재 보험회사 및 관련 기관에서 제한적으로 운영하고 있는 보험범죄 예방 프로그램의 내용과 방법을 대폭 개선하여, 관련자 모두에게 확대 적용할 수 있도록 교육해야 한다.

Ⅱ 입법적 관점

1. 공법상의 제도 개선방안

보험범죄의 효율적 대응방안을 마련하기 위해 객관적인 자료를 확보해야 한다. 이를 위해 현장실태 조사와 SIU의 설문조사와 면담 등을 활용하여 보다 현실적인 대책을 모색하고, 이를 실현하기 위한 다각적 노력이 이루어져야 한다. 이와 관련 제21대 국회에서는 제20대 국회에서 발의되었던 사항(① 금융위원회의 자료제공 요청권, ② 보험업 종사자 등 가중처벌, ③ 보험금 환수권)과 21대 국회에서 새롭게 발의된 사항(④ 보험사기 유인행위 제재, ⑤ 입원적정성 심사제도 개선, ⑥ 사무장병원 등에 대한 보험금 환수)을 포함하여 5건의 보험사기방지 특별법 개정안이 발의되었지만 폐기되었다.

다행스럽게 2024년 22대 국회에서 「보험사기방지 특별법」 일부가 개정되었다. 그간 처벌법규가 없었던 보험사기 알선·권유 등의 행위에 대한 처벌규정이 마련된

287) 윤명성, 앞의 논문, 97면.

바, 누구든지 보험사기행위를 알선·유인·권유 또는 광고하는 행위를 하여서는 아니 되고, 이를 위반할 시 보험사기죄 처벌규정과 마찬가지로 10년 이하의 징역 또는 5천만원 이하의 벌금에 처한다(동법 제5조의2). 아울러 수사기관에서 건강보험심사평가원에 입원적정성 심사를 의뢰한 경우 심사회시 지연으로 수사상 큰 차질이 발생해 왔는데 이를 개선하고자 법 개정이 이루어졌다. 즉 건강보험심사평가원은 입원적정성에 대한 체계적인 심사를 위하여 대통령령으로 정하는 바에 따라 그 기준을 마련하여야 하고, 이 경우 수사기관 등 대통령령으로 정하는 자와 사전에 협의하여야 한다(동법 제7조 제3항). 아울러 다음과 같은 여러 가지 제도적 개선방안 도입이 필요하다.

(1) 정비업체 등에 대한 사기금지의무 신설 및 제재 강화

정비업체, 렌터카업체, 병원 등 보험업 관련 서비스제공자의 보험사기 개입이 광범위하게 이루어지고 있다. 그러나 정비업체 등은 보험계약과 직접적인 이해관계가 있는 자로 보기 어려우며, 보험관계업무에 종사하는 자로 볼 수 있는지도 분명하지 않다. 설령 이들이 보험계약과 이해관계를 가지거나 보험관계업무 종사자에 해당한다고 하더라도, 감독권한의 한계로 인해 보험사기를 이유로 보험업법에 근거하여 등록취소 등의 조치를 취하는 것은 불가능하다. 그러나 최근의 보험사기는 국민건강보험과 연계되어 민영보험뿐만 아니라 물론 공영보험 재정에도 악영향을 미치고 있다.[288] 특히, 영리목적의 사무장병원은 허위·과다입원 등 과잉진료를 부추겨 공·민영 보험제도의 근간을 흔들고 있다. 따라서 보험업과 연계된 서비스를 제공하는 자에게 보험사기 금지의무를 명확하게 부과하고, 이들이 보험사기를 행하거나 관여한 경우 관련 감독부처에 인허가 취소 등의 행정적 조치를 할 수 있도록 금융당국에 조치요구권을 부여하는 방안을 검토할 필요가 있다. 또한, 의료기관 등의 사보험 관련 보험사기 혐의가 있는 경우 이들에 대한 조사가 가능하도록 제도를 마련해야 한다.

이와 관련 폐기된 개정법안 가운데에는 보험업 종사자 등에[289] 대한 가중처벌내

288) 이재원, "민영보험發 보험사기에 건보 누수 '1조원' 규모", 「의학신문」, 2020. 5. 4, http://www.bosa.co.kr/news/articleView.html?idxno=2126156.

용이 있었다. 보험업 종사자 등에 대한 처벌강화는 20대 국회에서도 논의되었으며, 21대 국회에서 발의된 개정안 5건 모두 보험업 종사자 등에 대한 처벌 가중규정을 두고 있었다. 한편 보험사기죄의 법정형은 10년 이하의 징역 또는 5천만 원 이하의 벌금인데, 개정안은 보험업 종사자 등에 대해서는 이를 1/2 가중하는 것을 내용으로 한다. 다만 처벌강화 대상에 보험회사 임직원을 포함할지 여부 및 벌금형만 가중할 것인지 벌금형과 징역형을 함께 가중할 것인지 등 세부적인 내용은 개정안마다 상이했다.

(2) 보험사기 조사 및 처벌 법제의 통합운용

보험업법은 보험사기 방지와 관련하여 금융당국의 조사근거를 마련하고 있다. 한편 보험사기방지 특별법은 보험사기에 관한 처벌규정 및 보험사기 정보의 수집 등에 관한 사항을 규정하여 보험업법과 상호보완적 역할을 수행하고 있다. 그러나 보험사기의 조사 및 처벌을 통한 효과적인 보험사기 방지를 위해서는 보험사기 정보에 관한 새로운 정의와 함께 보험정보의 수집 및 활용 등 새로운 정보수집 및 관리체계의 구축, 보험사기방지정책의 일관성 있는 추진, 보험사기행위자에 대한 처벌에 관한 사항 등을 통일적으로 규율할 필요가 있다. 또한 보이스 피싱 등 금융사기에 대한 조사 및 처벌 등에 관한 사항도 포괄하여 금융사기방지법제로 확대 운용하는 것도 고려할 필요가 있다.

(3) 보험사기 개념의 확장 및 적용범위 확대

미국 등에서는 보험사기를 연성사기soft fraud와 경성사기hard fraud로 분류한다. 그러나 우리법 상 이러한 구별의 실익은 크지 않다. 연성사기와 경성사기는 양형상의 고려사항에 불과하기 때문이다. 한편 보험사기방지 특별법의 제정으로 보험사기에 관한 형사처벌은 보험사기방지 특별법이 우선적으로 적용된다(보험사기방지 특별법 제3조). 보험사기는 보험제도의 이용과정에서 주로 발생하고, 그 이용대상은 사보험

289) "보험업 종사자 등"이란, (i) 보험업 종사자(보험회사 임직원, 설계사, 대리점, 중개사, 손해사정사(대리점, 중개사, 손해사정사가 법인인 경우 그 임직원을 포함함)), (ii) 의료인 및 의료기관 종사자, (iii) 자동차관리사업자 또는 자동차관리사업의 종사원을 의미함.

뿐만 아니라 공보험제도도 포함되고, 그 피해의 심각성은 공보험이 오히려 클 수 있으므로 공보험도 당연히 포함되어 규율되어야 한다.

그런데 보험사기방지 특별법은 "보험사기행위"란 보험사고의 발생, 원인 또는 내용에 관하여 보험자를 기망하여 보험금을 청구하는 행위를 말한다고 규정하고 있다(보험사기방지 특별법 제2조 제1호). 여기서 기망행위의 상대방을 보험자로 국한하고 있는데 여기서 말하는 보험자의 개념 속에 공보험자인 국민건강보험공단 등도 포함하여 해석할 수 있는지 여부가 문제된다.

생각건대, 여기서 말하는 보험자는 사보험 영업을 하는 보험회사로 해석되고, 이렇게 보면 보험회사를 제외한 우체국, 수협, 새마을 금고 등 유사보험기관이 제외되는 문제가 발생한다. 그런데 우체국 등이 판매하는 각종 공제계약은 실질적으로 보험과 그 성질이 같은 것으로 이러한 공제기관의 보험자뿐만 아니라 화물공제, 택시공제 등 국토교통부 산하 각종 공제기관 등도 당연히 보험자에 포함되어야 하고, 국민건강보험공단, 근로복지공단, 국민연금관리공단 등 연금기관도 보험자에 포함하여 규율하여야 할 필요가 있다.

또한 보험사기에 대한 정의규정을 보면 보험사기에 대한 개념 정의가 너무 좁게 설정되어 있다. 즉 보험사기행위를 보험사고의 발생, 원인 또는 내용에 관하여 보험자를 기망하여 보험금을 청구하는 행위를 말한다고 하고 있어서, 보험사기 행위는 보험사고에 대한 것 이외에 보험의 객체에 대한 상황의 기망 등 다양한 형태의 보험사기를 포섭할 수 없는 한계를 가진다. 기망의 내용을 보험사고의 발생, 원인 또는 내용에 관한 것으로 한정하는 것은 보험사기 적용범위를 현저하게 축소시키는 점을 유의할 필요가 있다.

(4) 보험사기에 대한 처벌의 양형에 관한 합리적 조정 필요

보험사기방지 특별법에 의하면 보험사기행위로 보험금을 취득하거나 제3자에게 보험금을 취득하게 한 자는 10년 이하의 징역 또는 5천만 원 이하의 벌금에 처한다고 규정한다(보험사기방지 특별법 제8조). 또한 보험사기이득금액이 5억 원 이상일 경우 다음과 같이 가중하여 처벌할 수 있는 규정을 두고 있다(보험사기방지 특별법 제11조).

〈보험사기방지 특별법〉

제11조(보험사기죄의 가중처벌) ① 제8조 및 제9조의 죄를 범한 사람은 그 범죄행위로 인하여 취득하거나 제3자로 하여금 취득하게 한 보험금의 가액(이하 이 조에서 "보험사기이득액"이라 한다)이 5억 원 이상일 때에는 다음 각 호의 구분에 따라 가중처벌한다.

1. 보험사기이득액이 50억 원 이상일 때 : 무기 또는 5년 이상의 징역
2. 보험사기이득액이 5억 원 이상 50억 원 미만일 때 : 3년 이상의 유기징역

② 제1항의 경우 보험사기이득액 이하에 상당하는 벌금을 병과할 수 있다.

〈특정경제범죄 가중처벌 등에 관한 법률〉

제3조(특정재산범죄의 가중처벌) ① 「형법」 제347조(사기), 제347조의2(컴퓨터등 사용사기), 제350조(공갈), 제350조의2(특수공갈), 제351조(제347조, 제347조의 2, 제350조 및 제350조의2의 상습범만 해당한다), 제355조(횡령 · 배임) 또는 제356조(업무상의 횡령과 배임)의 죄를 범한 사람은 그 범죄행위로 인하여 취득하거나 제3자로 하여금 취득하게 한 재물 또는 재산상 이익의 가액(이하 이 조에서 "이득액"이라 한다)이 5억 원 이상일 때에는 다음 각 호의 구분에 따라 가중처벌한다.

1. 이득액이 50억 원 이상일 때 : 무기 또는 5년 이상의 징역
2. 이득액이 5억 원 이상 50억 원 미만일 때 : 3년 이상의 유기징역

② 제1항의 경우 이득액 이하에 상당하는 벌금을 병과(倂科)할 수 있다.

위에서 본 바와 같이 보험사기이득금액이 5억 원 미만인 경우에는 그 처벌수준이 형법상의 사기죄와 동일하고, 보험사기이득금액이 5억 원 이상인 경우에도 종래 특정경제범죄 가중처벌 등에 관한 법률과 비교하여 볼 때 동일한 수준이다. 이처럼 처벌 규정만을 놓고 보면 기존의 법제와 동일한 수준으로서 보험사기방지 특별법의 제정 의의가 퇴색될 우려가 있다. 그리고 보험사기의 행위 특성 및 위법성을 고려해 볼 때 일반사기와 동일하게 처벌하는 것은 타당하지 않다.

보험사기는 일반 형사 사기범죄와 비교하여 다음과 같은 여러 가지 특성을 가지고 있다.

첫째, 보험사기는 보험사기 이전에 준비단계로서 다른 범죄를 수반하는 경우가 있다. 가령, 보증보험을 획득할 수 없는 자가 문서 등을 위조하여 보증보험계약을

체결하는 행위, 방화를 저지르고 보험금을 청구하는 행위, 자동차 사고를 위장하여 야기하고 보험금을 청구하는 행위, 살인을 한 후 보험금을 청구하는 행위 등이다. 둘째, 공모 등 범죄의 가담형태가 다양하다. 범죄조직에 의한 보험사기 및 보험사기 공모행위는 사회적 문제를 더욱 심각하게 일으킨다. 셋째, 보험사기는 보험단체에 해를 끼치는 행위를 하는 것으로 상부상조의 정신을 크게 훼손할 우려가 있다. 넷째, 보험사기는 개인적 법익뿐만 아니라 보험단체 등 사회적 법익과 건전한 보험거래질서유지라는 국가적 법익을 동시에 침해하는 범죄이다. 다섯째, 암수범죄가 다른 범죄보다 높을 것으로 보인다. 여섯째, 보험사기로 인한 결과는 보험료 부담 등 비용의 상승으로 소비자의 가처분 소득의 축소를 가져와 소비와 투자를 제약하고, 건강보험 재정을 훼손하여 국민경제질서에 악영향을 미치고 국가의 보험시스템을 뿌리 채 흔들리게 하는 결과를 초래한다.

이러한 보험사기의 특성을 종합적으로 고려해 볼 때 형법상의 사기죄와 특정경제범죄 가중처벌 등에 관한 법률을 구별하여 높은 양형수준을 설정할 필요가 있다(특정경제범죄 가중처벌 등에 관한 법률 제3조 제1항). 그리고 현재 보험사기죄의 법정형(징역 10년) 자체가 낮은 수준이라고 보기는 어렵고, 특정직업 종사자에 대한 법정형을 일률적으로 상향할 경우 과잉처벌 문제 및 형평성 문제가 야기될 우려가 있다는 지적이 있으며 오히려 보험사기죄 선고형 현황을 보면 대부분 3년 미만의 징역형, 집행유예 또는 벌금형이 선고되고 있는 바, 양형기준을 변경하여 처벌을 실질적으로 강화하는 방안을 모색할 필요가 있다고 본다.[290)]

(5) 보험사기에 대한 예비죄 신설 필요

범죄의 실현은 범죄의사를 결의한 다음 범죄 실현을 위한 준비행위를 하고, 범죄의 실행에 착수한 후 기수·종료 등의 과정을 거치게 된다. 보험자를 기망하여 보험계약을 체결하는 행위, 중고차를 싸게 구입하여 시장가격으로 보험에 가입한 후 손괴 후 보험금을 청구하는 행위, 각종 물건을 싸게 구입하고 손괴 후 정상가격에 대한 보험금을 청구하는 행위 등 보험사기에 앞서 다른 선행 범죄가 행해진 경우가 많다.

---

290) 황현아·손인숙, "보험사기방지 특별법 개정안의 주요 쟁점", 「kri 보험법 리뷰」, 2022. 4. 25, https://www.kiri.or.kr/report/downloadFile.do?docId=164239.

그런데 허위로 보험금을 청구하기 전에 발생하는 자기재물에 대한 손괴는 형사처벌 대상이 아니므로 이러한 단계의 행위도 규제할 필요가 있다. 따라서 어떠한 행위가 종국적으로 보험사기를 목표로 하는 경우에는 보험사기예비죄로 처벌할 필요가 있다. 가령 보험금 청구를 위한 자기물건의 손괴, 파손, 추락 등의 행위 등에 대해 사기예비죄로 의율하는 것을 고려할 필요가 있다. 한편 경미사고임에도 장기입원하는 행위, 보험금을 부풀리는 과장행위, 편승수리행위 등에 대해서는 기망의사 등 그 입증이 용이하지 않으므로 이러한 경미한 행위에 대해서는 기망의 고의가 없더라도 과태료나 과징금 등의 행정적 제재를 가할 수 있는 방안을 강구할 필요가 있다.

(6) 결합범죄의 신설

살인과 보험사기, 절도와 보험사기, 방화 내지 실화와 보험사기, 문서위조와 보험사기, 도로교통법 위반과 보험사기 등 결합범의 경우에 대하여 가중 처벌하는 특별한 처벌규정을 신설하는 것도 고려할 필요가 있다.

2. 사법상의 제도 개선방안

(1) 문제의 소재

보험사기 방지를 위한 사법상의 방어수단으로는 보험계약 체결 등 입구단계에서 발생할 수 있는 보험사기의 방지방안과 보험금 청구 등 출구단계에서 발생하는 보험사기 방지제도가 촘촘하게 갖추어져야 한다. 상법이나 민법 등 사법영역에서는 보험계약이 사기로 체결된 경우에는 무효나 취소를 통하여 제어할 수 있는 제도를 두고 있으나 보험금의 사기적 청구행위에 대해서는 아무런 제도를 두고 있지 않다. 한편 보험약관에 의하면 사기로 계약이 체결되거나 보험금 청구가 사기에 의하여 이루어지는 경우에 관하여 규정을 두고 있다. 그런데 이러한 약관의 규정에 의하면 사기취소권의 제척기간을 민법과 달리 지나치게 단축하여 규정하여 보험사기자에 대한 제재로서 기능을 제대로 수행하지 못하도록 하고 있다.

(2) 보험사기에 대한 상법 규정의 강화

1) 사기적 보험금 청구행위에 관한 면책규정 신설

사기적 보험금 청구행위에 대해 어떻게 취급할 것인지 문제된다. 사기적 보험금 청구에 대해 부책하자는 견해와 면책하자는 견해가 대립할 수 있고, 면책하는 경우에도 그 면책의 범위를 어디까지 하여야 하는 문제가 있다. 실무약관에 의하면 "보험계약자 또는 피보험자가 손해의 통지 또는 보험금청구에 관한 서류에 고의로 사실과 다른 것을 기재하였거나 그 서류 또는 증거를 위조하거나 변조한 경우 피보험자는 손해에 대한 보험금청구권을 잃게 된다"고 규정하고 있다. 이는 피보험자 등이 서류를 위조하거나 증거를 조작하는 등 신의성실의 원칙에 반하는 사기적인 방법으로 과다한 보험금을 청구하는 경우에는 그에 대한 제재로서 보험금청구권을 상실하도록 하려는 데 있다.[291]

면책하는 범위와 관련하여 우리 판례는 독립한 여러 물건을 보험목적물로 하여 체결된 화재보험계약에서 피보험자가 그중 일부의 보험목적물에 관하여 실제 손해보다 과다하게 허위의 청구를 한 경우에 허위의 청구를 한 당해 보험목적물에 관하여 위 약관조항에 따라 보험금청구권을 상실하게 되는 것은 당연하다고 보았다. 그러나 만일 위 약관조항을 피보험자가 허위의 청구를 하지 않은 다른 보험목적물에 관한 보험금청구권까지 한꺼번에 상실하게 된다는 취지로 해석한다면, 이는 허위청구에 대한 제재로서의 상당한 정도를 초과하는 것으로 고객에게 부당하게 불리한 결과를 초래하여 신의성실의 원칙에 반하는 해석이 되므로, 위 약관에 의해 피보험자가 상실하게 되는 보험금청구권은 피보험자가 허위의 청구를 한 당해 보험목적물의 손해에 대한 보험금 청구권에 한정된다고 본다.[292] 따라서 상법에서도 이러한 판례의 취지를 반영하여 신의성실의 원칙에 반하는 사기적인 방법으로 과다한 보험금을 청구하는 경우에는 그에 대한 제재로서 보험금청구권을 상실하도록 하는 것이 타당하다고 본다. 그러므로 보험금의 사기청구에 대해 면책할 수 있는 근거규정을 명확하게 규정하는 것이 필요하다. 종래 법무부가 마련한 상법 보험편 개정안에서는 보험금 청구가 사기

291) 대법원 2007. 2. 22. 선고 2006다72093 판결.
292) 대법원 2007. 2. 22. 선고 2006다72093 판결.

로 이루어지는 경우에 보험자의 보험금 지급책임을 면할 수 있도록 하였다.[293]

2) 중대사유에 해지규정 신설

우리나라에서는 생명보험표준약관 등에서 사기적 보험금 청구에 대해 중대사유에 의한 해지사유로 규정하고 있으나 상법에는 아무런 규정을 두고 있지 않다. 이러한 보험약관의 규정에 대해 상법 제663조에 반하는 것은 아닌가 하는 의문이 제기될 수 있다. 그러므로 보험금의 사기적 청구행위에 대해 보험계약을 해지할 수 있는 규정을 신설하여 그 근거를 명확하게 할 필요가 있다. 참고로 일본보험법은 보험금의 사기적 청구행위에 대해 해지할 수 있는 규정을 마련해 놓고 있고, 아울러 사기적 보험금 청구에 대해 면책할 수 있는 제도를 두고 있다.

〈일본보험법〉

제30조(중대한 사유에 의한 해제) 보험자는 다음에 열거하는 사유가 있는 경우에는 손해보험계약을 해제할 수 있다.

1. 보험계약자 또는 피보험자가 보험자에게 그 손해보험계약에 따른 보험급부를 하게 할 것을 목적으로 손해를 발생시키거나 발생시키고자 하였을 것.
2. 피보험자가 그 손해보험계약에 따른 보험급부 청구에 대하여 사기를 하거나 하고자 하였을 것.
3. 전 2호 외에, 보험자의 보험계약자 또는 피보험자에 대한 신뢰를 손상하고, 그 손해보험계약의 존속을 곤란하게 하는 중대한 사유

제31조(해제의 효력) 손해보험계약의 해제는 장래를 향해서만 그 효력이 생긴다.
② 보험자는 다음 각 호에 열거하는 규정에 따라 손해보험계약을 해제한 경우에는 각 호에서 정하는 손해를 전보할 책임을 지지 아니한다.

1. 제28조 제1항 해제된 때까지 발생한 보험사고에 의한 손해. 다만, 동항의 사실에 기인하지 않고 발생한 보험사고에 의한 손해에 대해서는 그러하지 아니하다.
2. 제29조 제1항 해제에 관련된 위험증가가 발생한 때부터 해제된 때까지 발생한 보험사고에 의한 손해. 다만, 그러한 위험증가를 초래한 사유에 기인하지 않고 발생한 보험사고에 의한 손해에 대해서는 그러하지 아니하다.

293) 법무부 공고 제2012-156호. 이에 관한 논의로 양기진, "보험사기 방지를 위한 보험계약법 개정방향", 「법학연구」(부산대학교 법학연구소), 제55권 제3호, 통권 81호(2014년 8월), 141-143면.

3. 전조 동조 각 호의 사유가 발생한 때부터 해제된 때까지 발생한 보험사고에 의한 손해

(3) 보험사기에 대한 취소권의 제척기간 연장

앞서 본 바와 같이 민법에 의하면 사기로 인한 계약의 취소권은 추인할 수 있는 날로부터 3년 이내에, 법률행위를 한 날로부터 10년 이내에 행사하여야 한다(민법 제146조). 그런데 자동차표준약관에 의하면 보험회사가 보험계약자 또는 피보험자의 사기에 의해 보험계약을 체결한 점을 증명한 경우, 보험회사는 보험기간이 시작된 날부터 6개월 이내(사기 사실을 안 날부터는 1개월 이내)에 계약을 취소할 수 있다(제50조). 또한 생명보험표준약관에 의하면 보장개시일부터 5년 이내 또는 사기 사실을 안 날부터는 1개월 이내 취소할 수 있다고 규정하고 있다(제15조).[294)]

그러나 보험사기는 강력범죄 및 방화 등의 선행행위와 결합되는 매우 중대한 사회질서 위반행위임에도 표준약관 등에서 민법상의 사기로 인한 취소규정 보다 오히려 취소권의 행사기간을 단기로 규정하고 있는 것은 보험사기를 방지하기 위한 보험업계 전체의 노력과 배치되는 것으로 이에 대한 개선이 필요하다고 생각한다.

〈표 6-1〉 보험사기에 대한 취소권 제척기간 비교

민법	자동차보험	생명보험	화재보험
추인할 수 있는 날로부터 3년 이내 또는 법률행위를 한 날로부터 10년 이내	보험기간이 시작된 날부터 6개월 이내 또는 사기 사실을 안 날부터는 1개월 이내	보장개시일부터 5년 이내 또는 사기 사실을 안 날부터는 1개월 이내	계약일부터 5년 이내 또는 사기 사실을 안 날부터는 1개월 이내

294) 생명보험표준약관 제15조(사기에 의한 계약) 계약자 또는 피보험자가 대리진단, 약물 사용을 수단으로 진단 절차를 통과하거나 진단서 위·변조 또는 청약일 이전에 암 또는 인간면역결핍바이러스(HIV) 감염의 진단 확정을 받은 후 이를 숨기고 가입하는 등의 뚜렷한 사기의사에 의하여 계약이 성립되었음을 회사가 증명하는 경우에는 보장개시일부터 5년 이내(사기 사실을 안 날부터는 1개월 이내)에 계약을 취소할 수 있다.

3. 소결

보험사기를 효과적으로 방지하려면 단순히 조사조직을 확대하고 처벌을 강화하는 것만으로는 해결할 수 없다. 정책이 초점은 보험사기를 유발할 수 있는 근본원인을 찾아 이를 제거하는 데에 맞추어져야 한다. 즉 보험사기의 인센티브 요인을 없애 보험사기 발생가능성을 줄이고, 범죄행위에 대한 강력한 처벌과 이익취득 방지에 중점을 두어야 한다. 또한 보험사기는 반드시 적발된다는 의식을 심어주기 위해 적발가능성을 높이는데 지속적으로 노력하여야 한다.

또한 보험사기 방지정책 수립 시 소홀히 취급되었던 보험회사의 업무처리가 보험사기 예방정책에 집중될 수 있도록 당근과 채찍 전략이 필요하다. 즉 보험사기의 직접 피해자인 보험회사가 보험사기 유발요인을 찾아 제거해야 한다. 보험사기는 보험료와 보험금 간의 현저한 불균형, 실제 발생한 의료비와 보험금의 큰 차이, 다수의 보험계약 존재 등이 주요 원인으로 작용한다. 보험업계는 과거 요실금 보험 등으로 보험금 지급증가에 따라 막대한 손실을 입었던 사례도 있다. 이는 보험회사가 출시하는 보험상품 내용과 구조적 허점에서 비롯된 것으로 볼 수 있다. 따라서 보험상품을 출시하기 전에 보험사기 노출정도를 측정하여 보험사기에 취약한 상품의 출시를 억제할 필요가 있다.

보험사기에 대한 유인을 제거하려면 보험사기로 취한 이득을 환수하고, 이익취득을 사전에 원천적으로 차단하여야 한다. 이를 위해 보험금의 사기적 청구행위에 대해 지급을 제한하고, 사기금액의 3배 이상에 해당하는 징벌적 손해배상책임을 부과하는 장치를 마련할 필요가 있다. 또한, 현행 보험약관에서 보험사기와 관련된 계약체결단계와 보험금 청구단계의 취소 및 면책규정이 명확하게 정리되지 않아, 사기행위자에 대한 엄격한 처리를 위한 통일적인 규정 정비 등 제도적 개선이 이루어져야 한다.

보험사기 행위의 범위를 공보험 사기로까지 확대하고 보험사기에 대한 양형을 상향하여 처벌을 강화할 필요가 있다. 보험사기 적발가능성을 높이려면 보험정보의 효과적인 공유 및 활용이 필수적이며, 정보 흐름의 보안을 강화하기 위해 블록체인 기술 등을 이용하여 개인신용정보가 외부로 노출되지 않도록 하여야 한다. 또한,

CCTV 설치확대, 인공지능이나 빅데이터 분석 등을 통하여 보험계약유지 중 보험사기 행위에 대비하는 방안을 마련해야 한다.

보험회사의 조사조직은 대부분 전직 경찰 등 보험사기 수사 유경험자가 담당하므로, 이들에게 일정부분 조사권을 부여하는 방안을 적극적으로 검토할 필요가 있다. 또한, 보험사기 조사에 필요한 정보 흐름을 개선하고 개인정보 보호법과 신용정보의 이용 및 관리에 관한 법률 등의 내용을 통합조정하여 보험업법에 반영하는 등 보험정보의 체계적인 관리방안도 강구하여야 한다.

금융당국과 사법당국이 활발하게 보험사기 조사를 진행하면서 수많은 보험사기 사례가 집적되고 있다. 이러한 사례의 정밀한 분석을 통하여 보험사기가 발생한 원인을 파악하고, 보완해야 할 점을 찾는 피드백 과정이 무엇보다 중요하다. 이를 위해서 모든 사기 건에 대해 사후 원인분석 보고서를 각 보험회사로부터 징수하여 이를 빅데이터로 집적하고, 이를 보험사기 예측 및 방지에 활용할 수 있는 여건을 조성할 필요가 있다.

Ⅲ 정책적 관점

1. 공인탐정제도 도입

보험회사는 보험사고 발생 시 신속한 보험금 지급을 통해 영업상 이미지를 제고하려는 경향이 있어, 보상심사과정에서 철저한 조사가 이루어진다는 사실을 고객에게 적극적으로 알리지 않으려 한다. 이로 인하여 경기불황과 함께 보험범죄가 증가하는 추세에도 불구하고, 일부 보험회사는 자체 운영 중인 있는 보험사기특별조사팀(Special Investigation Unit, SIU)을 경영상 부담스러운 존재로 인식하는 경우가 많다. 따라서 보험업계의 보험범죄 혐의에 대한 소극적 조사와 수사기관의 수사착수의 지연이라는 간극을 매워 줄 전문 민간조사기관이 필요하다. 즉, 보험회사는 비밀이 보장되는 외부 사설기관에 의뢰하여 전문적이고 체계적인 조사를 실시함으로써 기업의 손실을 최소화하려는 입장인 바, 이러한 상황에서 우리나라에 탐정제도의 도입을 본격적으로 검토할 필요가 있다.

일본의 경우 민간조사업(탐정업)이 매우 발달되어 있는데 조사영역에 따라 형사소송과 관련 업무를 수행하는 법률탐정, 경제범죄를 주로 조사하는 경제탐정, 기업 내부의 분쟁이나 타 기업의 신용도를 조사하는 기업탐정, 보험사기 등을 조사하는 보험탐정, 백화점 등의 공공장소에서 소매치기나 절도범을 검거하는 경비탐정, 법과학탐정 등으로 매우 전문적으로 세분화되어 발전하고 있다. 이러한 전문분야 중 법과학 분야에서 보험사기 혐의가 있는 교통사고를 포함한 교통사고조사(감정) 기업도 왕성하게 활동하고 있다.[295)]

우리나라에서도 이러한 입법적 필요성과 함께 신상정보 유출·도청 등 개인의 사생활 침해뿐만 아니라 청부살해·납치·협박 등 범죄행위까지 자행되는 불법 조사 관행을 개선하기 위한 입법이 여러 차례 발의되었다. 즉, 일정한 자격을 갖춘 사람에 한하여 조사업무를 할 수 있도록 공인탐정제도 도입에 대한 입법 발의다. 1999년 하순봉 국회의원이 대표 발의한 공인탐정법안부터 2005년 이상배 국회의원이 대표 발의한 민간조사업법안, 2006년 최재천 국회의원이 대표 발의한 민간조사업법안에 이어 2016년 윤재옥 의원이 '사설탐정'(민간조사업)을 제도화하는 내용의 공인탐정법 제정안을 발의했으나 관리 주체를 두고 경찰청과 법무부간 이견과 사생활 침해 등을 우려한 법조계의 반발이 이어졌고, 결국 국회 임기만료로 폐기됐다. 다만, 2020년 신용정보의 이용 및 보호에 관한 법률(신용정보법) 개정으로 신용정보회사가 아닌 자는 누구나 탐정 명칭을 사용할 수 있고, 법을 위반하지 않는 범위 안에서 특정인의 위치와 전화번호도 파악할 수 있게 되었다.

일부에서는 공인탐정제도 도입에 따른 사생활침해 심화, 민간조사서비스의 사회 양극화 우려 등으로 제도 도입에 부정적 인식이 여전하다. 그러나 국내에서 공인탐정을 양성하기 위하여 사설교육기관인 한국 민간조사교육원이 운영되고 있고, 외국인 민간조사업체 30여 개가 국내에서 활동하고 있는 실정을 고려해 볼 때 민간조사업 제도의 입법화가 시급한 실정이다.[296)] 경찰 수사구조개혁 방안으로 탐정활동의

---

295) 윤명성, 앞의 논문, 149-150면.

296) 황만성·신의기·탁희성, "우리나라의 보험사기 방지 선진화 방향 연구", 한국형사정책연구원,

영향을 연구한 이창훈 한남대 교수의 분석에 따르면 "경찰수사 전 단계 업무는 증거자료 수집, 특정인 소재파악, 탐문조사, CCTV · 신원 · 가출 정보확인 등 사실관계를 확인하는 활동이 대부분"이라며 "이를 탐정이 대행한다면 업무유형에 따라 1인당 월평균 8.5시간이 절약되는 것으로 파악됐다"고 분석했다.[297] 또한 경찰력의 한계와 보험회사의 영업 손실이 커지고 있는 상황에서 SIU의 92% 이상이 공인탐정제도 도입에 대하여 찬성을 하고 있어, 공인탐정에 대한 감독 소관부처는 경찰청으로 하고 업무범위는 보험범죄 관련 조사업무로 법령화하는 등[298] 공인탐정제도의 입법화가 긴요하다 하겠다.

2. 전문적인 수사인력 확보

첫째, 보험범죄 전문수사관 인증제를 시행해야 한다. 금융경제 분야의 광범위성과 보험범죄로 인한 피해의 심각성을 감안할 때, 별도의 인증제가 필요하다. 현재까지 보험범죄 아카데미 교육을 이수하고, 실무에서 뛰어난 수사실적을 거둔 경찰 수사관들이 전국적으로 다수 존재한다. 이들을 각 시도경찰청에서 우선 선발하여 1차로 인증하고 향후 보험범죄 수사전담부서를 설치해서 중심적 역할을 하게 해야 한다. 실제 사법기관의 보험범죄 관련 전담반을 설치할 경우 99% 이상이 보험범죄에 도움이 될 것이라고 SIU는 주장하고 있다.

둘째, 보험범죄 수사교육을 강화해야 한다. 다행스럽게도 현재 경찰수사연수원에서는 2022년 하반기부터 보험범죄연구센터를 신설하고 보험범죄수사교육과정을 운영하고 있다. 금융경제범죄 수사과정 외에도 다른 교육과정에서 보험범죄수사 교육이 지속적으로 이루어져야 하며, 추가적으로 확대할 필요가 있다. 경찰인재개발원에서도 관련 교육과정에 보험범죄수사 교육을 포함하고, 보험범죄관련 수사세미나를 통하여 선진국의 수사기법을 도입하는 노력도 필요하다.

셋째, 보험범죄 적발을 위한 전문기구를 설치해야 한다. 보험회사의 보험사기조사

2006: 99-110면.

297) 박정식, "['탐정사무소' 합법화로 문 열었더니] 산업정보 필요한 기업들 관심 나타내", 월간중앙, 2020. 9. 7. https://jmagazine.joins.com/economist/view/331208.

298) 윤명성, 앞의 논문, 150면.

팀이 수사의뢰한 증거자료가 수사기관 내부의 우선순위에 밀려 실질적인 수사가 이루어지지 않는다면, 보험사기조사팀의 노력은 헛수고로 돌아갈 것이다. 경찰 내 보험사기 전담부서가 설치되어 보험사의 보험사기조사팀SIU에 의해 수집된 증거자료를 협조받으면, 보험사기 수사는 보다 원활하게 이루어지고 상당한 성과를 기대할 수 있다. 실제로 미국의 주州보험사기국 조사관에게는 수사권이 주어지는 경우가 있지만, 우리나라는 아직 기대하기가 어려운 것이 현실이다. 따라서, 보험사 사기조사팀에서 수사 의뢰한 사건을 전담처리할 경찰 등 수사기관 내 보험범죄수사 전담부서 설치가 가장 바람직하다.

아울러, 보험사기범죄가 경찰 내부에서 다른 중요범죄와 동등하게 취급될 수 있도록 보험사건 조사자에게 실적에 따른 보상incentive 제공이나 보험사기수사 전문가로 성장할 수 있도록 인사관리제도 개선과 보험사기 수사의 중요성에 대한 인식 제고 등 기초여건을 조성해야 한다.

3. 인공지능을 활용한 보험사기 예측시스템 구축 활용

보험사기를 적발해 내는 데 필요한 인력, 시간, 비용은 제한적이며, 실제 보험사기 건수에 비해 적발률은 현저히 낮은 수준이다. 따라서 이러한 한계를 극복하고, 보험사기를 효율적으로 사전에 예측하고 적발하기 위해 인공지능AI 등 디지털 신기술을 활용한 보험사기예측시스템 구축 및 활용이 필요하다.

현대해상은 2020년 10월 8일 AI 보험사기예측시스템을 구축했다. 이 시스템은 건강보험심사평가원이 제공하는 의료기관 정보에 현대해상이 보유한 보험정보를 결합한 후 AI가 스스로 보험사기 특징을 학습하고 이와 유사한 특징을 보이는 보험사기 고위험군 대상을 자동으로 선별 및 탐지한다. 오렌지라이프와 교보생명도 AI를 활용한 보험사기 사전 예측모델과 보험사기예측시스템K-FDS을 운영하고 있다.[299] 특히 코로나 19 상황 이후 비대면에 대한 고객들의 수요가 늘고, 저금리 기조가 지속되면서 운용자산 수익률이 매년 하락하고 있는 경제여건에서 AI 시스템 도입으로 사업비

299) 김형석, "[보험사 AI 전성시대] ① 보험업계, 계약 심사부터 업무 전자처리까지 AI 도입 활발", 아주경제, 2020. 10. 23. https://jmagazine.joins.com/economist/view/331208.

용을 절감할 수 있다.

다만 각 보험회사 또는 기관별로 개별적인 데이터베이스를 만들거나 자체적인 시스템을 개발하면 자료의 중복과 불필요한 경쟁 등으로 인한 부작용이 발생할 수 있으므로, 데이터베이스 및 시스템의 통합관리가 필요하다. 즉 보험사별로 개발하고 독립적으로 운영하는 보험사기 예측시스템과 유용한 정보를 금융감독원, 건강보험심사평가원, 보험협회, 보험사, 수사기관 등 관련 기관과 유기적으로 협조체제를 구축하여 공동으로 공유하고 활용한다면 보험사기 대응의 효율성이 크게 향상될 것이다.

4. 보험사 특별조사팀SIU에 대한 적절한 보상과 처우

최근 들어 직장의 내·외적인 근무환경이 중요한 쟁점으로 부각되면서, 직장과 근무환경 간 상호작용의 중요성이 더욱 강조되고 있다. 근무환경이란 급여, 승진, 복리후생 등의 근무조건과 근무자의 직무를 효율적으로 수행할 수 있도록 내부적, 외부적 조건을 말한다. Miles(1975)는 직장의 전체 영역 가운데서 조직을 대표하는 하위영역을 제외한 나머지 영역이 직장의 근무환경에 해당한다고 설명하였다.

직장의 근무환경은 크게 환경적 요인, 인적 요인, 물적 요인으로 구분된다. 환경적 요인에는 사무실의 구조, 휴게공간, 환기시설, 청결상태 등이 포함되며, 인적요인은 상사와 동료 간의 협력과 팀워크, 직원 간 친밀감과 협조성 등이 해당된다. 물적요인으로 직장 내의 시설 및 도구의 안전성, 구조, 배치 등이 포함된다. 보험범죄 사건에 대응하는 SIU의 역할은, 재난과 사고로 인한 금전적 보상을 담당하며 국민의 재산을 보호하는 보호자 역할을 수행한다. 또한 보험회사와 고객 간 원활한 소통을 돕고, 보험회사의 손실을 방지하여 고객피해를 최소화하며, 보험범죄 및 피해행위 관련 상담하는 역할도 요구된다. 최근 보험범죄를 둘러싼 범행환경을 살펴보면, 범죄의 양적·질적 증가, 인적·물적 자원의 제한, 고객의 금전적 안전에 대한 요구 증가, 그리고 고객의 서비스에 대한 기대수준이 지속적으로 높아지고 있는 상황에 직면하고 있다. 보험협회는 보험범죄 환경에 효과적이고 능동적으로 대처해야 하므로 업무량이 지속적으로 증가하고 있다. 특히 보험회사 내에서 보험범죄를 최초로 현장에서 담당하는 SIU의 업무 부담이 더욱 가중되고 있다. SIU는 다른 직종과 비교하여 노동 강도가 높으며, 범죄자와의 접촉 등으로 인해 과중한 업무에 시달리고 있다. 최근 보험범죄에 관심이 높아지면서 보험회사 내의 SIU의 역할이 주목받고 있으며, SIU의 근무환경이 조직에 미치는 영향도 상당하다. 열악한 근무환경은 SIU의 업무능력에 직접적인 영향을 미치며 이는 보험회사의 손실뿐만 아니라 고객의 경제적 보호에도 영향을 미친다. 직무만족이 중요한 이유는 조직생활의 질과 관련되어 있으며, 조직의 효과성과 원활한 운영을 평가하는 중요한 기준이 되기 때문이다. 조직의 발전과 지속성을 위하여 필수적인 요소이며, 구성원의 욕구 충족뿐만 아니라, 조직구성원의 행복한 삶을 반영하는 지표로 작용하며, 다른 생활에도 영향을 미치는 전이효과가 있다.[300] 이러한 직무만족의 선행요건이 바로 근무환경의 개선이다.

SIU의 실태조사 결과에서도 나타났듯이 보험사기 조사자에게 실적에 따른 보상incentive을 주는 제도는 보험범죄 관련 업무수행에 긍정적인 영향을 미칠 것이라고 응답한 비율이 약 96%에 달할 정도로 높았다. 그럼에도 실태 조사결과 SIU는 과도한 업무부담으로 인해 심리적 압박감을 느끼고 있으며 과도한 책임, 낮은 임금, 불확실한 신분보장, 승진기회의 불공정성, 인력부족, 그리고 상대적으로 낮은 인센티브로 근무환경에 대한 불만족을 나타내고 있다. 따라서 SIU 근무환경을 개선하기 위해 업무의 부담과 책임을 완화해야 하며, 이를 위해 인력충원과 함께 타부서와 동등한 승진기회제공 및 신분보장 확보를 위한 제도적 장치 마련이 필요하다. 또한, 연구결과에서도 밝혔듯이, SIU의 보험범죄 예방활동은 보험회사의 보험금이 사기로 인하여 유출되는 것을 방지하는 중요한 역할을 한다는 점을 고려할 때 SIU의 사기진작을 위해 적정한 보상제도와 합당한 임금체계를 마련해야 한다.

5. 불법개설 병원에 대한 단속의 실효성 확보

사무장병원 등 불법개설 병원은 의료 인프라 수준이 낮아 적정 의료서비스의 질을 담보할 수 없으며, 환자 안전이 취약하고 의료시장 질서를 저해한다는 지적이 계속

---

300) 김진혁, “참여의사 결정이 직무만족에 미치는 영향에 관한 연구”, 「박사학위논문」, 원광대학교 대학원, 2011: 44면.

제기되고 있다. 2009년부터 2024년(4월 말)까지 불법개설로 적발되어 부당이득금이 환수결정된 사무장병원 등은 1,721개이며, 총 환수결정액은 3조 3,000억여 원에 이르나 환수율은 7.12%에 불과한 실정이다.[301] 하지만 보건복지부 특별사법경찰관리(이하 특사경) 운영과 경찰 수사의뢰를 통한 현행 사무장병원 단속 체계는 그 실효성에 한계가 있다. 보건복지부 특사경은 인력부족(현 3명) 등으로 직접 수사가 어려운 실정이고, 국민건강보험공단은 수사권이 없어 행정조사와 수사 지원 등 참여를 통한 조력자 역할에 머무르는 한계가 있다. 사무장병원 등의 경찰 수사가 보건의료 수사 인력의 전문성 부족 등으로 수사가 장기화(평균 11개월 소요)되고, 그 사이 요양급여 비용의 지급과 재산은닉 등으로 국민건강보험공단 재정이 누수되고 있다.

국민건강보험공단은 사무장병원과 면허대여 약국을 대상으로, 권한과 직무범위를 최소한으로 제한하여 특사경 도입을 추진하고 있다.[302] 국민건강보험공단은 사무장병원의 입증이 병원의 개설부터 운영, 전반적인 영업행위, 성과의 귀속 등을 포함하는 고도의 전문성이 필요한 분야로 보고 있으며, 국민건강보험공단의 자료, 관리시스템과 행정조사, 정기조사, 기획조사 등의 다양한 권한과 수단을 활용하면 사실관계의 확인과 적발이 더욱 효율적이고, 신속하게 이루어질 수 있다는 점을 특사경 도입의 주요 근거로 제시하고 있다.[303]

사무장병원 등에 대한 단속의 실효성 확보를 위해서 공공성과 전문성을 가진 국민건강보험공단에 특사경 권한을 부여하는 것을 고려할 필요가 있다. 사무장병원 단속과 환수의 모든 과정은 전문적이고 신속한 수사가 전제되어야 한다. 높은 공공성과 업무의 전문성이 있는 국민건강보험공단에 특사경 권한을 부여하면, 신속한 수사종결로 법집행력이 강화되고, 재정 누수를 최소화할 것으로 기대된다.[304] 다만, 국민건강보험공단 등 특정기관에 사무장병원 등에 대한 특사경 수사권이 부여될 경우

301) 임현정, “불법개설기관 근절의 효율적 방안－특별사법경찰관제도 도입 필요성－”, 국민건강보험공단 특별사법경찰제도 도입 필요성에 대한 정책 토론회 자료, 2024. 5. 16.

302) 추진(안)은 의료기관의 반발을 우려하여 특사경의 단속대상을 불법개설한 의료기관(사무장병원)에만 제한하고 있으므로, 사무장병원이 아닌 일반병원의 착오, 거짓 청구 등의 부당청구는 특사경의 단속대상이 아니다.

303) 임현정, 앞의 자료.

304) 문심명, “사무장병원등에 대한 단속의 실효성 확보 방안－국민건강보험공단 ‘특별사법경찰’ 도입 필요성을 중심으로－”, 국회입법조사처, 2023. 12. 15., 제308호, 참조.

보건복지부 특사경과의 수사권 중복 문제, 그리고 기존 수사기관의 관심도 저하로 인해[305] 오히려 대응역량이 약화될 가능성이 있다. 따라서 현재 사무장병원 개설사범을 단속할 수 있는 보건복지부의 특사경 제도를 포함하여 국민건강보험공단 특사경의 권한과 직무범위, 특사경의 소속, 운영 및 감독 체제 등에 대한 종합적인 검토가 필요하다. 아울러 보건복지부, 국민건강보험공단, 지자체, 경찰 간 유기적 협력 및 상시적 지원체제를 구축하고, 국민건강보험공단 특사경 등에게 수사권을 부여하더라도 특정기관만 수사할 수 있도록 전속적으로 지정하지 말고, 일반 수사기관도 기존처럼 계속 수사할 수 있도록 하여 전체적인 대응역량을 강화하는 방향으로 추진할 필요가 있다.

---

305) 나성수, 앞의 책, 104면.

◉ 보험상식 코너 : 내 보험찾기306)

나의 숨은 보험금을 한 번에 확인할 수 없을까? 생명보험협회와 손해보험협회 공동으로 숨은 보험금을 찾아주는 창구를 마련하였다. 이를 통해 본인이 가입한 모든 보험계약과 숨은 보험금을 한 번에 확인할 수 있다.

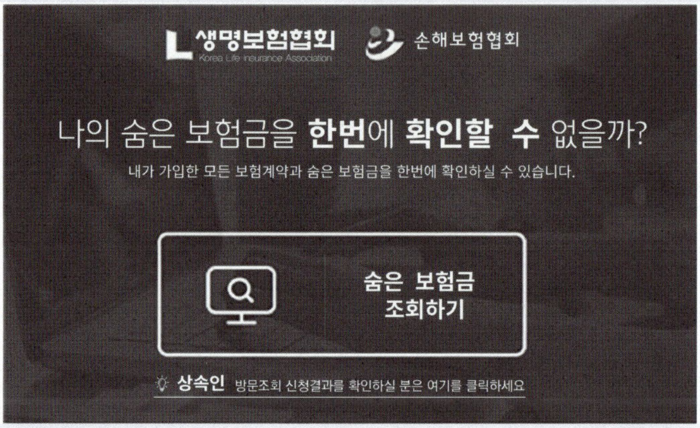

306) 내보험찾아줌 홈페이지, https://cont.insure.or.kr/cont_web/intro.do.

부록

1. 보험사기방지 특별법
2. 보험사기방지 특별법 시행령
3. 보험사기조사업무 모범규준(보험협회)

보험사기방지 특별법(약칭: 보험사기방지법)

[시행 2024. 8. 14.] [법률 제20303호, 2024. 2. 13., 일부개정]

금융위원회(보험과), 02-2100-2967

제1조(목적) 이 법은 보험사기행위의 조사·방지·처벌에 관한 사항을 정함으로써 보험계약자, 피보험자, 그 밖의 이해관계인의 권익을 보호하고 보험업의 건전한 육성과 국민의 복리증진에 이바지함을 목적으로 한다.

제2조(정의) 이 법에서 사용하는 용어의 뜻은 다음과 같다.

1. "보험사기행위"란 보험사고의 발생, 원인 또는 내용에 관하여 보험자를 기망하여 보험금을 청구하는 행위를 말한다.
2. "보험회사"란 「보험업법」 제4조에 따른 허가를 받아 보험업을 경영하는 자를 말한다.

제3조(다른 법률과의 관계) 보험사기행위의 조사·방지 및 보험사기행위자의 처벌에 관하여는 다른 법률에 우선하여 이 법을 적용한다.

제4조(보험사기행위의 보고 등) 보험회사는 보험계약의 보험계약자, 피보험자, 보험금을 취득할 자, 그 밖에 보험계약 또는 보험금 지급에 관하여 이해관계가 있는 자(이하 "보험계약자등"이라 한다)의 행위가 보험사기행위로 의심할 만한 합당한 근거가 있는 경우에는 금융위원회에 보고할 수 있다.

제5조(보험계약자등의 보호) ① 보험회사는 보험사고 조사 과정에서 보험계약자등의 개인정보를 침해하지 아니하도록 노력하여야 한다.

② 보험회사는 대통령령으로 정하는 사유 없이 보험사고 조사를 이유로 보험금의 지급을 지체 또는 거절하거나 삭감하여 지급하여서는 아니 된다.

제5조의2(보험사기행위의 알선·권유 등의 금지) 누구든지 보험사기행위를 알선·유인·권유 또는 광고하는 행위를 하여서는 아니 된다. [본조신설 2024. 2. 13.]

제5조의3(자료제공의 요청 등) ① 금융위원회는 보험사기행위의 효율적인 조사를 위하여 관계 행정기관, 보험회사, 그 밖에 대통령령으로 정하는 기관·단체에 보험사기행위 조사에 필요한 자료의 제공을 요청할 수 있다. 이 경우 요청 가능한 자료

의 종류 및 범위는 대통령령으로 정한다.

② 금융위원회는 제5조의2를 위반하는 행위를 조사하기 위하여 정보통신서비스 제공자(「정보통신망 이용촉진 및 정보보호 등에 관한 법률」 제2조제1항제3호에 따른 정보통신서비스 제공자를 말한다. 이하 같다)에 대하여 필요한 자료의 제출을 요청할 수 있다. 이 경우 요청 가능한 자료의 종류 및 범위는 대통령령으로 정한다.

③ 제1항 및 제2항에 따른 자료의 제공 및 제출의 요청을 받은 자는 정당한 사유가 없으면 이에 따라야 한다.

④ 금융위원회는 제1항 및 제2항에 따라 제공 및 제출받은 자료를 제공 및 제출받은 목적 외의 다른 목적으로 사용하여서는 아니 된다.

⑤ 금융위원회는 제5조의2를 위반한 행위를 발견한 경우 「방송통신위원회의 설치 및 운영에 관한 법률」 제18조에 따른 방송통신심의위원회에 대하여 같은 법 제21조제4호에 따라 심의 및 시정요구를 할 것을 요청할 수 있다. [본조신설 2024. 2. 13.]

제6조(수사기관 등에 대한 통보) ① 금융위원회, 금융감독원, 보험회사는 보험계약자등의 행위가 보험사기행위로 의심할 만한 합당한 근거가 있는 경우에는 관할 수사기관에 고발 또는 수사의뢰하거나 그 밖에 필요한 조치를 취하여야 한다.

② 제1항에 따라 관할 수사기관에 고발 또는 수사의뢰를 한 경우에는 해당 보험사고와 관련된 자료를 수사기관에 송부하여야 한다.

제7조(수사기관의 입원적정성 심사의뢰 등) ① 수사기관은 보험사기행위 수사를 위하여 보험계약자등의 입원이 적정한 것인지 여부(이하 "입원적정성"이라 한다)에 대한 심사가 필요하다고 판단되는 경우 「국민건강보험법」 제62조에 따른 건강보험심사평가원(이하 "건강보험심사평가원"이라 한다)에 그 심사를 의뢰할 수 있다.

② 건강보험심사평가원은 제1항에 따른 의뢰를 받은 경우 보험계약자등의 입원적정성을 심사하여 그 결과를 수사기관에 통보하여야 한다.

③ 건강보험심사평가원은 입원적정성에 대한 체계적인 심사를 위하여 대통령령으로 정하는 바에 따라 그 기준을 마련하여야 한다. 이 경우 수사기관 등 대통령령으로 정하는 자와 사전에 협의하여야 한다. <신설 2024. 2. 13.>

제7조의2(자동차보험사기 피해사실 고지의무 등) 보험회사는 자동차(「자동차손해배상 보장법」 제2조제1호에 따른 자동차를 말한다) 사고와 관련된 보험사기행위로 자동차보험(「보험업법」 제4조제1항제2호다목에 따른 자동차보험을 말한다)의 보험료가 부당하게 할증된 사실을 확인한 경우 해당 보험계약자 또는 피보험자에게 대통령령으로 정하는 바에 따라 보험사기 피해사실 및 후속 처리절차 등을 고지하여야 한다. [본조신설 2024. 2. 13.]

제8조(보험사기죄) ① 다음 각 호의 어느 하나에 해당하는 자는 10년 이하의 징역 또는 5천만원 이하의 벌금에 처한다.

1. 보험사기행위로 보험금을 취득하거나 제3자에게 보험금을 취득하게 한 자
2. 제5조의2를 위반하여 보험사기행위를 알선·유인·권유 또는 광고한 자

② 제1항제1호의 경우 징역형과 벌금형을 병과할 수 있다.[전문개정 2024. 2. 13.]

제9조(상습범) 상습으로 제8조의 죄를 범한 자는 그 죄에 정한 형의 2분의 1까지 가중한다.

제10조(미수범) 제8조 및 제9조의 미수범은 처벌한다.

제11조(보험사기죄의 가중처벌) ① 제8조 및 제9조의 죄를 범한 사람은 그 범죄행위로 인하여 취득하거나 제3자로 하여금 취득하게 한 보험금의 가액(이하 이 조에서 "보험사기이득액"이라 한다)이 5억원 이상일 때에는 다음 각 호의 구분에 따라 가중처벌한다.

1. 보험사기이득액이 50억원 이상일 때: 무기 또는 5년 이상의 징역
2. 보험사기이득액이 5억원 이상 50억원 미만일 때: 3년 이상의 유기징역

② 제1항의 경우 보험사기이득액 이하에 상당하는 벌금을 병과할 수 있다.

제12조(비밀유지의무) 보험사기행위 조사업무에 종사하는 자 또는 해당 업무에 종사하였던 자는 직무수행 중 취득한 정보나 자료를 타인에게 제공 또는 누설하거나 직무상 목적 외의 용도로 사용하여서는 아니 된다.

제13조(권한의 위탁) 금융위원회는 필요한 경우에는 이 법에 따른 권한의 일부를 대통령령으로 정하는 바에 따라 금융감독원의 원장에게 위탁할 수 있다.

제14조(벌칙) 제12조를 위반하여 직무수행 중 취득한 정보나 자료를 타인에게 제공 또는 누설하거나 목적 외의 용도로 사용한 자는 3년 이하의 징역 또는 3천만원

이하의 벌금에 처한다.

제15조(과태료) ① 다음 각 호의 어느 하나에 해당하는 자에 대하여는 1천만원 이하의 과태료를 부과한다. <개정 2024. 2. 13.>

1. 제5조제2항을 위반하여 보험금의 지급을 지체 또는 거절하거나 보험금을 삭감하여 지급한 보험회사
2. 제5조의3제3항을 위반하여 정당한 사유 없이 자료를 제출하지 아니하거나 거짓으로 제출한 정보통신서비스 제공자

② 제1항에 따른 과태료는 대통령령으로 정하는 바에 따라 금융위원회가 부과·징수한다.

제16조(준용규정) 제11조를 위반하여 처벌받은 사람에 대하여는 「특정경제범죄 가중처벌 등에 관한 법률」 제14조를 준용한다.

부칙 <법률 제14123호, 2016. 3. 29.>

제1조(시행일) 이 법은 공포 후 6개월이 경과한 날부터 시행한다.

제2조(벌칙 등에 관한 경과조치) 이 법 시행 전의 행위에 대한 벌칙과 과태료의 적용에 있어서는 종전의 규정에 따른다.

부칙 <법률 제20303호, 2024. 2. 13.>

이 법은 공포 후 6개월이 경과한 날부터 시행한다.

보험사기방지 특별법 시행령(약칭: 보험사기방지법 시행령)

[시행 2024. 8. 14.] [법률 제34816호, 2024. 8. 6., 일부개정]

금융위원회(보험과), 02-2100-2967

제1조(목적) 이 영은 「보험사기방지 특별법」에서 위임된 사항과 그 시행에 필요한 사항을 규정함을 목적으로 한다.

제2조(보험사기행위의 보고 등) 「보험사기방지 특별법」(이하 "법"이라 한다) 제4조에 따른 보고는 금융위원회가 정하여 고시하는 서식에 따라 다음 각 호의 사항을 문서·전자기록매체, 그 밖에 금융위원회가 정하는 방법으로 하여야 한다.

1. 보험회사의 명칭
2. 보고대상 행위가 발생한 날짜 및 장소
3. 보고대상 행위의 관련자
4. 보고대상 행위의 내용

제3조(보험금 지급지체 등 사유) 법 제5조제2항에서 "대통령령으로 정하는 사유"란 다음 각 호의 어느 하나에 해당하는 경우를 말한다.

1. 해당 보험계약의 약관 또는 다른 법령에서 보험금 지급을 지체 또는 거절하거나 삭감하여 지급하도록 정하는 경우
2. 보험회사가 보험사고 조사 과정에서 법 제4조에 따른 보험계약자등의 행위가 보험 사기행위로 의심할 만한 합당한 근거가 있는 경우로서 다음 각 목의 어느 하나에 해당하는 행위를 한 경우. 이 경우 보험금의 지급을 지체하는 경우로 한정한다.
   가. 법 제4조에 따라 금융위원회에 보고한 경우
   나. 법 제6조에 따라 관할 수사기관에 고발 또는 수사의뢰하거나 그 밖에 필요한 조치를 한 경우
3. 보험회사가 보험사고 조사 결과에 따라 다음 각 목의 어느 하나에 해당하는 행위를 한 경우. 다만, 보험회사가 부당하게 보험금의 지급을 지체하거나 보험금의 감액 합의 또는 보험금 청구권의 포기를 유도하기 위한 목적으로 소(訴)

를 제기하거나 조정을 신청한 것으로 인정되는 경우는 제외한다.

가. 소를 제기한 경우

나. 「민사조정법」 또는 「금융위원회의 설치 등에 관한 법률」에 따른 조정을 신청한 경우.

4. 그 밖에 보험회사가 보험금의 지급을 지체 또는 거절하거나 삭감하여 지급할 수 있는 합리적인 이유가 있는 경우로서 금융위원회가 정하여 고시하는 경우

제3조의2(자료 요청 대상 기관 · 단체 및 자료의 범위) ① 법 제5조의3제1항 전단에서 "대통령령으로 정하는 기관·단체"란 다음 각 호의 기관·단체를 말한다.

1. 「국민건강보험법」 제13조에 따른 국민건강보험공단 및 같은 법 제62조에 따른 건강보험심사평가원
2. 「국민연금법」 제24조에 따른 국민연금공단
3. 「산업재해보상보험법」 제10조에 따른 근로복지공단
4. 「자동차손해배상 보장법」 제39조의3에 따른 자동차손해배상진흥원
5. 「한국교통안전공단법」에 따른 한국교통안전공단
6. 그 밖에 「공공기관의 운영에 관한 법률」 제4조에 따른 공공기관 중 금융위원회가 정하여 고시하는 자료를 보유한 공공기관

② 법 제5조의3제1항 후단에 따라 보험사기행위의 조사를 위하여 요청 가능한 자료의 종류 및 범위는 다음 각 호와 같다.

1. 「국민건강보험법」 제41조에 따른 요양급여의 지급에 관한 자료, 같은 법 제53조에 따른 급여의 제한에 관한 자료 및 같은 법 제57조에 따른 부당이득의 징수에 관한 자료
2. 「국민연금법」 제49조제2호에 따른 장애연금의 환수(같은 법 제57조제1항제1호의 사유로 인한 환수로 한정한다)에 관한 자료, 같은 법 제67조제4항에 따른 장애등급의 결정에 관한 자료 및 같은 법 제82조에 따른 급여의 제한에 관한 자료
3. 「도로법」 제2조제1호에 따른 도로에서의 자동차 사고와 관련하여 같은 법 제60조제1항에 따른 도로교통정보체계를 통하여 관리되는 정보 중 같은 법 시행령 제52조제1호의 폐쇄회로 텔레비전(CCTV) 영상정보

4. 「산업재해보상보험법」 제40조에 따른 요양급여의 지급에 관한 자료, 같은 법 제57조에 따른 장해급여의 지급에 관한 자료, 같은 법 제83조에 따른 보험급여 지급의 제한에 관한 자료 및 같은 법 제84조에 따른 부당이득의 징수에 관한 자료
5. 「여객자동차 운수사업법」 제50조 제5항에 따른 보조금의 지급에 관한 자료
6. 「우체국예금·보험에 관한 법률」 제3장에 따른 보험금의 지급에 관한 자료 및 부당이득의 징수에 관한 자료
7. 「자동차손해배상 보장법」 제39조의4 제2항에 따른 검사 대상 기관의 보험금 및 공제금 지급에 관한 자료
8. 「택시운송사업의 발전에 관한 법률」 제13조 제1항에 따른 택시 운행정보 관리시스템으로 처리된 자료
9. 그 밖에 관계 행정기관, 보험회사 및 제1항 각 호의 기관·단체가 보유한 자료로서 금융위원회가 정하여 고시하는 자료

③ 법 제5조의3제2항 후단에 따라 법 제5조의2를 위반하는 행위의 조사를 위하여 요청 가능한 자료의 종류 및 범위는 다음 각 호와 같다.

1. 「정보통신망 이용촉진 및 정보보호 등에 관한 법률」 제2조제1항제1호에 따른 정보통신망의 접속기록
2. 「정보통신망 이용촉진 및 정보보호 등에 관한 법률」 제2조제1항제4호에 따른 이용자의 성명, 주소 및 연락처
3. 그 밖에 법 제5조의2를 위반한 행위를 조사하는 데 필요한 정보로서 금융위원회가 정하여 고시하는 정보 [본조신설 2024. 8. 6.]

제3조의3(입원적정성 심사 기준 등) ① 「국민건강보험법」 제62조에 따른 건강보험심사평가원(이하 "건강보험심사평가원"이라 한다)은 법 제7조제3항 전단에 따라 법 제4조에 따른 보험계약자등의 입원이 적정한 것인지 여부(이하 "입원적정성"이라 한다)에 대한 심사 기준을 마련할 때에는 다음 각 호의 사항을 고려해야 한다.

1. 병력·건강상태 등 환자 개인의 특성
2. 입원치료의 유효성, 필요성 및 의학적 타당성

② 건강보험심사평가원은 법 제7조제3항 전단에 따라 입원적정성에 대한 심사 기

준을 마련하거나 변경한 경우에는 그 내용을 건강보험심사평가원의 홈페이지에 공고해야 한다.

③ 법 제7조제3항 후단에서 “수사기관 등 대통령령으로 정하는 자”란 금융위원회 위원장, 「금융위원회의 설치 등에 관한 법률」에 따른 금융감독원 원장(이하 “금융감독원장”이라 한다), 검찰총장, 경찰청장 및 해양경찰청장을 말한다. [본조신설 2024. 8. 6.]

제3조의4(자동차보험사기 피해사실 고지의무 등) ① 보험회사가 법 제7조의2에 따라 보험계약자 또는 피보험자에게 고지하는 내용에는 다음 각 호의 사항이 포함되어야 한다.

1. 자동차(「자동차손해배상 보장법」 제2조제1호에 따른 자동차를 말한다) 사고와 관련된 보험사기행위로 자동차보험(「보험업법」 제4조제1항제2호다목에 따른 자동차보험을 말한다)의 보험료가 부당하게 할증된 사실
2. 부당하게 할증된 자동차보험의 보험료를 환급받을 수 있다는 내용과 그 환급절차에 관한 사항
3. 보험회사가 보험료 산출 업무를 위하여 「보험업법」 제176조제10항에 따라 음주운전 등 교통법규 위반 또는 운전면허의 효력에 관한 개인정보를 이용할 때 그 내용이 자동차보험사기로 인한 것임을 발견한 경우에는 보험계약자 및 피보험자의 동의를 받아 해당 개인정보를 보유하고 있는 기관의 장에게 그 내용을 알릴 수 있다는 내용

② 법 제7조의2에 따른 고지는 서면, 전자우편 또는 휴대전화 등의 방법으로 한다.

③ 제1항 및 제2항에서 규정한 사항 외에 법 제7조의2에 따른 고지에 필요한 사항은 금융위원회가 정하여 고시한다. [본조신설 2024. 8. 6.]

제4조(업무의 위탁) 금융위원회는 법 제13조에 따라 다음 각 호의 업무를 금융감독원장에게 위탁한다.

1. 법 제4조에 따른 보고의 접수
2. 법 제5조의3제1항 및 제2항에 따른 자료 제공 및 제출의 요청
3. 법 제5조의3제5항에 따른 심의 및 시정요구의 요청 [전문개정 2024. 8. 6.]

제5조(민감정보 및 개인식별번호의 처리) ① 금융위원회(법 제13조에 따라 금융위원

회의 업무를 위탁받은 자를 포함한다)는 다음 각 호의 사무를 수행하기 위하여 불가피한 경우 「개인정보 보호법」 제23조에 따른 건강에 관한 정보, 같은 법 시행령 제18조제2호에 따른 범죄경력자료에 해당하는 정보, 「신용정보의 이용 및 보호에 관한 법률」 제2조제1호의2가목2)의 정보가 포함된 자료를 처리할 수 있다.

1. 법 제4조에 따른 보고의 접수에 관한 사무
2. 법 제5조의3제1항 및 제2항에 따른 자료 제공 및 제출의 요청에 관한 사무
3. 법 제5조의3제5항에 따른 심의 및 시정요구의 요청에 관한 사무
4. 법 제6조제1항에 따른 고발 등 조치에 관한 사무

② 금융감독원장은 법 제6조제1항에 따른 고발 등 조치에 관한 사무를 수행하기 위하여 불가피한 경우 제1항 각 호 외의 부분에 따른 개인정보가 포함된 자료를 처리할 수 있다.

③ 건강보험심사평가원은 법 제7조제2항에 따른 입원적정성의 심사에 관한 사무를 수행하기 위하여 불가피한 경우 「개인정보 보호법」 제23조에 따른 건강에 관한 정보 및 「신용정보의 이용 및 보호에 관한 법률」 제2조제1호의2가목2)의 정보가 포함된 자료를 처리할 수 있다. [전문개정 2024. 8. 6.]

제6조(과태료의 부과기준) 법 제15조제1항에 따른 과태료의 부과기준은 별표와 같다

부칙 <대통령령 제27532호, 2016. 9. 29.>

이 영은 2016년 9월 30일부터 시행한다.

부칙 <대통령령 제30893호, 2020. 8. 4.> (신용정보의 이용 및 보호에 관한 법률 시행령)

제1조(시행일) ① 이 영은 2020년 8월 5일부터 시행한다. <단서 생략>

부칙 <대통령령 제34816호, 2024. 8. 6.>

이 영은 2024년 8월 14일부터 시행한다.

보험사기조사업무 모범규준(보험협회)

제정 2020. 6. 25

개정 2024. 8. 14

제1장 총 칙

제1조(목적) 보험사기 조사업무 모범규준(이하 "모범규준"이라 한다)은 보험회사 및 조사원이 보험사기 조사를 수행함에 있어 준수해야 할 사항을 정함으로써 보험회사의 보험사기 방지능력 제고 및 보험계약자, 피보험자, 그 밖의 이해관계인의 권익 보호를 그 목적으로 한다.

제2조(정의) 이 모범규준에서 사용하는 용어의 뜻은 다음과 같다. 다만, 이 모범규준에서 정의하지 아니하는 용어는 「상법」, 「보험업법」, 「보험사기방지특별법」에서 정의하는 바에 따른다.

1. "보험사기행위"란 「보험사기방지특별법」 제2조제1호에서 정한 보험사고의 발생, 원인 또는 내용에 관하여 보험자를 기망하여 보험금을 청구하는 행위 또는 「형법」 제347조에 따른 사기죄에 해당하는 행위를 말한다.

1의2. "보험사기행위 알선 · 권유 등"이란 「보험사기방지특별법」 제5조의2에서 금지하고 있는 보험사기행위의 알선 · 유인 · 권유 또는 광고하는 행위를 말한다.

2. "보험사기 조사"란 제1호 및 제1의2호에 따른 보험사기행위와 보험사기행위 알선 · 권유 등에 대한 조사를 말한다.

3. "조사원"이란 보험회사의 보험사기 조사 담당부서(이하 "조사전담부서"라 한다) 소속 임직원을 말한다.

4. "인지보고"란 「보험사기방지특별법」 제4조에 따라 보험회사가 보험사기행위를 금융감독원에 보고하는 것을 말하며, 제1의2호의 보험사기행위 알선 · 권유 등이 포함된 보험사기행위도 포함한다.

4의2. "알선 · 광고 등 보고"란 「보험사기방지특별법」 제5조의3제5항에 따라 방송통신심의위원회에 보험사기행위 알선 · 광고 등에 대해 심의 및 시정을 요구할만한 충분한 혐의 및 입증자료가 있는 경우 금융감독원에 보고하는 것을 말한다.

5. "수사의뢰"란 「보험사기방지특별법」 제6조에 따라 보험회사가 보험사기행위 또는 보험사기행위 알선·권유 등의 행위를 수사기관에 고발 또는 수사의뢰하거나 그 밖에 필요한 조치를 취하는 것을 말한다.
6. "보험업종사자"란「보험업법」 제102조의3에 따른 보험회사의 임직원, 보험설계사, 보험대리점, 보험중개사, 손해사정사, 그 밖에 보험 관계 업무에 종사하는 자를 말한다.

제3조(법령 등과의 관계) 보험사기 조사와 관련하여 법령 등에 특별한 규정이 있는 경우를 제외하고는 이 모범규준에서 정하는 바에 따른다.

제4조(법적 구속력) 보험사기 조사 모범규준은 법규가 아니므로 강제성이나 법적 구속력을 가지지 아니한다.

제2장 보험사기 방지체계

제1절 보험사기 조사 전담조직

제5조(전담조직 설치) ① 보험회사는 원활하고 공정한 보험사기 조사업무 수행과 이에 수반되는 위험을 효율적으로 관리할 수 있도록 보험사기 조사전담부서를 설치·운영하여야 한다. 다만, 보험금 지급규모 등을 고려하여 조사전담부서 설치가 적합하지 않은 경우에는 조사전담직원을 지정·운용할 수 있다.

② 보험회사는 조사전담부서가 보험사기 혐의적발 및 예방기능을 효율적으로 수행할 수 있도록 적정인력을 확보하여 배치한다.

제6조(전담조직 업무) ① 조사전담부서는 기존 보상조직과 구분되는 독립적인 기능을 수행하여야 한다.

② 조사전담부서는 회사의 규모, 조직 및 인력, 영업전략 등 자체실정을 종합적으로 고려하여 실천 가능한 보험사기방지 전략을 수립·시행하여야 한다.

③ 제2항에 따른 전략에는 다음 각 호의 사항이 포함되어야 한다.

1. 신상품 개발 시 보험사기 유발요인을 의견개진
2. 사기성 계약을 사전에 차단할 수 있는 인수심사 의견개진
3. 보험사기가 빈발하는 상품, 담보, 모집조직 등에 대한 관리대책

4. 보험사기 관련 정보 집적·활용, 혐의자 적발 등을 위한 전산시스템 구축

④ 조사전담부서는 보험사기 조사와 관련하여 임직원에 대한 교육 및 특정한 조치가 필요하다고 판단되는 경우에는 관련부서에 협조를 요청할 수 있으며, 협조요청을 받은 관련부서는 특별한 사정이 없는 한 이에 협조하여야 한다.

제7조(전담조직 평가) ① 보험회사는 조사원과 보험계약자·보험수익자 간 이해상충이 발생하지 않도록 조사원 및 조사전담부서에 대한 합리적인 평가기준을 마련하여야 하며, 조사활성화를 위해 조사원 및 조사전담부서에 대한 적정한 보상체계를 마련할 수 있다.

② 조사전담부서 책임자는 필요시 조사원 등에 대한 핵심 평가지표(KPI) 조정을 포함한 평가·보상체계 개선을 건의할 수 있다.

제2절 신고센터 설치 및 운영

제8조(보험사기 신고센터 설치 · 운영) ① 보험회사는 제2조 제1호 및 제1의2호에 대한 제보 활성화를 위하여 보험사기 신고센터를 설치·운영하고, 제보와 관련한 접수업무를 처리할 담당직원을 지정한다.

② 보험회사는 전화, 방문, 우편, 모사전송(FAX) 또는 인터넷 등 다양한 제보수단을 확보한다.

③ 제1항에 따른 담당직원은 제보자로부터 제보자의 개인정보에 대한 수집·이용·제공에 관한 동의를 받았는지를 확인하여야 한다.

제9조(제보자의 비밀보호) 조사원 기타 조사업무 관계자는 제보자의 동의가 있는 경우가 아니면 제보자의 인적사항 등 제보자에 관한 정보를 타인에게 제공하거나 누설하여서는 아니 된다.

제10조(신고포상금) ① 보험회사는 제보를 통해 보험사기행위 또는 보험사기행위 알선·권유 등의 행위 적발에 기여한 사실이 인정되는 경우에는 관계기준에 따라 해당 제보자에게 신고포상금을 지급할 수 있다.

② 보험회사는 제1항에 따른 신고포상금과 관련하여 지급기준, 절차 등을 명시한 내부기준을 마련·운용하여야 하며, 소속 협회 및 타사와의 형평을 유지하도록 노력하여야 한다.

제3절 내부통제

제11조(내부규정 제정) 보험회사는 체계적인 보험사기 조사 및 예방업무 수행을 위하여 다음 각 호의 사항이 포함된 보험사기방지 업무규정(지침, 매뉴얼 등)을 제정·운영한다.

1. 보험사기 조사 전담조직의 구성, 담당업무, 권한 및 책임
2. 보험사기 조사 착수요건, 인지보고 및 수사의뢰 기준·방법·절차, 부당하게 지급한 보험금 환수절차 등 세부 조사업무 처리절차
3. 조사업무 처리절차 준수여부 및 조사과정에서의 소비자피해 사례 등에 대한 점검
4. 보험사기 신고센터 설치 및 우수제보자에 대한 신고포상금 제도
5. 보험사기 예방을 위한 홍보·교육

제12조(보험사기방지 이행실태 점검) ① 보험회사는 보험사기 방지 및 소비자 보호를 위하여 보험사기 조사업무 전반에 대한 연간 내부통제점검 계획을 수립하여 실시한다.

② 보험회사는 제1항의 규정에 의한 자체점검 중 긴급을 요하거나 중대한 위법·부당행위가 발견된 때에는 지체없이 그 내용을 금융감독원장에게 보고하여야 한다.

③ 보험회사는 제1항에 따른 점검 이후 발견된 취약점에 대해 자체적으로 개선방안을 마련·시행하여야 한다.

제13조(보험사기 연루 보험업종사자 등) ① 보험회사는 다음 각 호의 어느 하나에 해당하는 경우에는 소정 절차에 따라 해당 보험업종사자를 모집행위에서 배제 및 징계 또는 해촉 등 필요한 조치를 취하여야 한다. 이 경우 조치 수준은 「금융기관 검사 및 제재에 관한 규정 시행세칙」 별표3－Ⅳ를 참고할 수 있다.

1. 보험업종사자가 「보험업법」 제102조의2, 제102조의3 또는 「보험사기방지특별법」 제8조를 위반한 것으로 인정할만한 구체적인 증거를 확보(보험대리점으로부터 통보받은 경우를 포함)한 경우
2. 보험업종사자가 "보험사기행위" 또는 "보험사기행위 알선·권유 등"을 인정한 경우

3. 법원이 보험업종사자의 “보험사기행위” 또는 ”보험사기행위 알선 · 권유 등”과 관련하여 유죄판결을 선고한 경우

② 제1항의 보험업종사자 범위에는 보험회사와 모집 위탁계약을 체결한 보험대리점 소속 보험업종사자를 포함한다.

제14조(준법 · 윤리교육) ① 보험회사는 조사원 및 보험업종사자를 대상으로 정기적인 준법 및 윤리교육을 실시한다.

② 제1항에 따른 교육내용에는 다음 각 호의 사항이 포함되어야 한다.

1. 보험사기 조사업무 관련 법령, 모범규준, 예방 모범규준, 내부규정
2. 보험사기 적발현황, 주요사례
3. 보험사기 조사업무 관련 소비자 불만사항
4. 보험사기 조사 및 수사기법(조사원에 한정)

제3장 조사단계별 준수사항

제1절 조사 실시

제15조(조사의 기본 인식) ① 조사원은 보험사기 조사업무를 수행함에 있어 관련 법령을 준수하여야 한다.

② 조사원은 보험사기지표 및 관련 정보 등을 종합 분석하여 필요한 범위 내에서 보험사기 조사업무를 수행하여야 하며, 다른 목적을 위하여 조사권을 남용하여서는 아니 된다.

제16조(조사시 유의사항) 조사원은 보험업의 건전한 육성과 선량한 보험계약자 의 권익 보호에 기여할 수 있도록 투철한 사명감과 성실 · 공정한 자세로 보험사기 조사업무에 임하여야 하며, 별표1의 ‘조사원 복무수칙’과 별표2의 ‘보험사기 조사 금지행위 예시’를 참고하여 업무를 수행해야 한다.

제17조(조사착수 등) ① 보험회사는 다음 각 호의 어느 하나에 해당하는 경우 보험사기관리 전산시스템에 등록하여 보험사기 조사를 실시하여야 한다.

1. 보험사기행위 또는 보험사기행위 알선 · 권유 등과 관련하여 제보를 받거나 조사를 의뢰하는 민원을 접수한 경우
2. 수사기관, 금융감독원 등이 보험사기행위 또는 보험사기행위 알선 · 권유 등의

수사 및 조사와 관련하여 협조를 요청하는 경우

3. 보험금 지급사유를 조사·확인하는 과정에서 보험사기행위 또는 보험사기행위 알선·권유 등의 협의가 도출된 경우
4. 그 밖에 공익 또는 보험계약자등 보호를 위하여 조사의 필요성이 있다고 인정되는 경우

② 제1항의 규정에 불구하고 다음 각 호의 어느 하나에 해당하는 경우에는 보험사기 조사를 실시하지 아니할 수 있다.

1. 보험사기행위 또는 보험사기행위 알선·권유 등에 해당하지 않는 것이 명백한 경우
2. 언론보도 등에 의해 널리 알려진 사실이나 풍문만을 근거로 조사를 의뢰하는 경우
3. 당해 보험사기행위 또는 보험사기행위 알선·권유 등에 대한 제보가 익명 또는 가공인 명의로 이루어지거나 그 내용이 조사단서로서의 가치가 없다고 판단되는 경우
4. 당해 보험사기행위 또는 보험사기행위 알선·권유 등과 동일한 사안에 대하여 수사기관이 수사를 개시한 사실이 확인된 경우
5. 당해 보험사기행위 또는 보험사기행위 알선·권유 등에 대해 신속한 조치가 필요하다고 인정되어 수사기관에 고발 또는 수사의뢰한 경우
6. 기타 보험사기 조사에 착수하는 것이 적당하지 않은 경우

③ 제1항의 규정에 의하여 조사를 실시한 경우라도 당해 보험사기행위 또는 보험사기행위 알선·권유 등과 동일한 사안에 대하여 다음 각 호의 어느 하나에 해당하는 사유가 확인된 경우에는 추가적인 조사를 중단하고 자체적으로 종결처리할 수 있다.

1. 수사기관이 수사를 개시하거나 금융감독원장이 수사기관에 조사자료를 제공한 경우
2. 검찰이 처분을 한 경우
3. 법원이 형사판결을 선고한 경우
4. 금융감독원이 중복하여 조사에 착수한 경우

제18조(인지보고) ①보험회사는 「보험사기방지특별법」 제4조에 따라 보험계약의 보험계약자, 피보험자, 보험금을 취득할 자, 그 밖에 보험계약 또는 보험금 지급에 관하여 이해관계가 있는 자(이하 "보험계약자등"이라 한다)의 행위가 보험사기행위로 의심할 만한 합당한 근거가 있는 경우(보험사기행위 알선·권유 등이 포함된 보험사기행위 포함)에는 금융감독원에 보고할 수 있다.

② 보험회사는 보험사기 조사착수 후 수사의 필요가 있는 사건 또는 2개 이상의 보험회사가 연루된 사건에 대하여는 적어도 수사의뢰 5영업일전까지 금융감독원에 보고하여야 한다.

③ 보험회사는 제1항 및 제2항에 따라 보고하는 경우 발생한 사고내용과 추정되는 혐의내용을 명확히 구분하여 보험사기행위로 판단한 합당한 근거를 분명하게 제시하여야 하며, 보고한 날로부터 5년 동안 관련자료를 보존하여야 한다.

제18조의2(알선 · 광고 등 보고) 보험회사는 방송통신심의위원회에 보험사기행위 알선·광고 등에 대해 심의 및 시정을 요구할 만한 충분한 혐의 및 입증자료가 있는 경우에는 금융감독원에 보고할 수 있다.

제19조(조사회피) 조사원은 자기와 직접적인 이해관계가 있거나 피조사자와 인척관계에 있어 조사에 공정성을 잃을 염려가 있다고 인정되는 경우에는 상급자의 승인을 얻어 그 조사를 회피하여야 한다.

제2절 조사결과 처리

제20조(조사결과 보고) ① 조사원은 보험사기 조사를 종료한 때에는 그 내용을 기록하여 내부 보고를 거친 후 관리하여야 한다.

② 제1항에 따른 보고내용에는 다음 각 호의 사항이 포함되어야 한다.

1. 조사착수 이유
2. 조사범위 및 방법
3. 조사결과 및 처리의견

제21조(수사의뢰 등) ① 보험회사는 제8조의 보험사기 신고센터 제보사항 또는 「보험사기방지특별법」 제6조에 따라 보험계약자등의 행위가 보험사기행위 또는 보험사기행위 알선·권유 등으로 의심할 만한 합당한 근거가 있는 경우에는 관할

수사기관에 고발 또는 수사의뢰하거나 그 밖에 필요한 조치를 취하여야 한다.

② 보험회사는 보험사기 혐의에 대하여 신속한 조치가 필요하다고 인정되는 경우에는 보험사기 조사를 실시하지 아니하고, 제1항에 따른 수사기관 고발, 수사의뢰 또는 그 밖에 필요한 조치를 취할 수 있다.

③ 보험회사는 제1항 및 제2항에 따라 수사의뢰 등을 하는 경우에는 의뢰형태를 불문하고 구체적 혐의점 및 보험사기행위로 판단한 근거를 기록·첨부하여 수사의뢰일로부터 5년 동안 보존하여야 한다.

④ 보험회사는 합당한 근거가 있을 경우 형사처벌 희망의 의사를 철회할 수 있고, 해당 근거를 기록·관리하여야 한다.

⑤ 위④항에 따라 형사처벌 희망의 의사를 철회한 동일 사건에 대하여 반복적으로 고소, 고발 또는 수사의뢰하여서는 아니되나, 새로운 증거가 발견되는 경우에는 재조치를 할 수 있다.

⑥ 보험회사는 제1항 및 제2항에 따라 수사의뢰 등을 하는 경우에는 수사 진행상황, 수사결과 등의 확인을 위하여 노력하여야 한다.

제22조(수사협조) ① 보험회사는 제21조에 따라 관할 수사기관에 고발 또는 수사의뢰한 경우에는 관련 자료를 수사기관에 송부하는 등 수사과정에 적극 협력하여야 한다.

② 보험회사는 원활한 보험사기 수사를 위하여 수사기관, 금융감독원 등 유관기관과의 긴밀한 협조체계를 구축하도록 노력한다.

제3절 사후관리

제23조(보험금 환수) 보험회사는 보험사기로 인해 부당하게 지급된 보험금 등을 환수할 수 있도록 조직, 인력을 갖추는 등 최선을 다하여야 한다.

제24조(보험사기자 정보공유) ① 보험회사는 보험사기에 연루된 보험업종사자의 유죄 확정판결 사실을 확인한 때에는 해당 보험업종사자의 인적사항, 사고내용, 제재내용, 판결문 등을 지체없이 금융감독원장에게 보고하여야 한다.

② 보험회사는 보험사기에 연루된 보험업종사자에 대한 자체 징계절차 등 조치가 종료되거나 소속 대리점으로부터 조치결과통보를 받은 경우에는 해당 보험업종사

자의 인적사항, 사고내용, 제재내용 등을 지체없이 소속 보험협회의 장에게 보고하여야 한다.

③ 제1항 및 제2항의 보험업종사자 범위에는 보험회사와 모집 위탁계약을 체결한 보험대리점 소속 보험업종사자를 포함한다.

제25조(금융질서문란행위자 등록 및 활용) ① 보험회사는 보험업종사자, 보험계약자 등이 보험사기에 연루되어 「신용정보법」 제32조제6항제9호 및 동법시행령 제28조제11항에 따른 금융질서문란행위자에 해당하는 경우에는 관련 법률이 정한 바에 따라 관련자의 정보를 한국신용정보원에 등록할 수 있다.

② 보험회사는 계약인수, 보험금지급 심사 등의 업무를 수행함에 있어 한국신용정보원이 보유하고 있는 지급, 담보 및 유의성 정보 등을 활용할 수 있다.

제26조(기록관리) ① 보험회사는 보험사기 조사과정에서 조사원이 작성 또는 입수한 기록 및 기타 자료를 서면 또는 전산으로 관리한다.

② 조사전담부서 책임자는 보험사기 조사업무 관련 각종 통계자료를 보관, 분석 및 활용한다.

제4장 소비자 보호

제1절 개인정보 보호

제27조(개인정보의 수집 · 이용) 보험회사는 보험사기 조사를 위하여 개인정보의 수집 및 이용이 필요할 경우 그 목적에 필요한 범위에서 최소한의 개인정보만을 적법하고 정당하게 수집 · 이용하여야 한다.

제28조(개인정보의 활용 · 파기) ① 조사원은 개인정보의 처리 목적에 필요한 범위에서 적합하게 개인정보를 처리하여야 한다.

② 조사원은 보유기간의 경과, 개인정보의 처리목적 달성 등 그 개인정보가 불필요하게 되었을 때에는 지체 없이 그 개인정보를 파기하여야 한다.

제29조(안전조치 의무) 보험회사는 개인정보가 분실 · 도난 · 유출 또는 훼손되지 아니하도록 기술적 · 관리적 · 물리적 조치를 취하여야 한다.

제2절 분쟁방지 및 조정

제30조(보험금 지급지체등 금지) ① 보험회사는 정당한 사유없이 보험사기 조사를 이유로 보험금의 지급을 지체 또는 거절하거나 삭감하여서는 아니 된다.

② 보험회사는 부당하게 보험금 지급을 지체하거나 감액할 목적으로 소(訴)를 제기하거나 조정을 신청하여서는 아니 된다.

제31조(고객안내 등) 보험회사는 보험사기 조사로 인하여 약관상 규정된 지급기일 이내에 보험금을 지급하지 못할 것으로 예상되는 경우에는 그 구체적인 지체 사유, 지급예정일, 보험금 가지급제도 등에 대하여 보험계약자 또는 보험수익자에게 안내하여야 한다.

제32조(부당 할증보험료 환급) 보험회사는 보험사기로 인해 부당하게 할증된 자동차 보험료를 확인하여 피해자에게 환급할 수 있도록 조직, 인력 등을 갖춘다.

제33조(민원 방지) 보험회사는 보험사기 조사업무 관련 소비자불만 내용 및 원인을 주기적으로 분석하고, 관련부서간 협의체 등을 통해 개선방안을 마련한다.

제5장 보 칙

제34조(기초자료 등 제출) ① 보험회사는 관련법령에 따라 금융감독원의 보험사기인지시스템 및 금융정보교환망 등을 통하여 보험계약 및 사고관련 정보(이하 "기초자료"라 한다), 보험사기 적발실적 자료를 제출한다.

② 보험회사는 제1항에 따른 기초자료 및 적발실적 자료를 제출함에 있어 제출기한 준수 여부, 자료누락 여부, 오류자료 제출여부 등을 점검하여야 한다.

③ 보험회사는 제2항에 따른 점검을 위해 검증프로그램을 개발·운영하고, 전담직원을 지정하는 등 인적·물적 설비를 갖추어야 한다.

제35조(홍보) 보험회사는 다양한 방법을 활용하여 보험사기 예방 및 제보 활성화를 위한 대국민 홍보활동을 실시한다.

제36조(포상) 보험회사는 적극적인 조사, 불합리한 제도개선 등을 통해 보험사기 근절 및 소비자권익 보호에 기여한 조사원에 대하여 포상을 실시할 수 있다.

부 칙

이 모범규준은 2020년 6월 30일부터 시행하고, 제24조제2항은 「보험업감독규정」 제9-4조의2 개정일부터 시행한다.

부 칙

이 모범규준은 2024년 8월 14일부터 시행한다.

참고문헌

1. 국내문헌

가. 단행본

강동욱 & 윤현종. (2021). *탐정학개론*. 박영사.

강영숙. (2009). *탐정학개론*. 진영사.

김두철 외 8인. (1997). *보험과 위험관리*. 문영사.

김상균. (2004). *최신범죄학원론*. 양서원.

김일수. (2002). *형법총론(새로 쓴 제9판)*. 박영사.

김종국. (1996). *생명보험총론*. 형설출판사.

김창호. (2010). *보험상식충전소*. 한빛비즈.

김태환. (2004). *프로탐정의 테크닉*. 백산출판사.

나성수. (2024). *보험사기 대응정책*. 유원북스.

문국진. (1998). *보험법의학*. 중앙문화사.

박상기, 손동권, & 이순래. (2010). *형사정책(제11판)*. 한국형사정책연구원.

박상기. (2002). *형법각론*. 박영사.

방갑수. (1996). *최신보험학*. 박영사.

배종대. (2005). *형법총론(제8전정판)*. 홍문사.

백형구. (2002). *형법각론(개정판)*. 청림출판.

송병호 & 박상진. (2009). *탐정학개론*. NO1210.

양승규. (2004). *보험법(제5판)*. 삼지원.

양해일. (2007). *자동차 보험론*. 두양사.

오영근. (2005). *형법총론*. 박영사.

이기수. (2003). *보험법 · 해상법학(제6판)*. 박영사.

이병희. (2001). *보험범죄론*. 형설출판사.

이상현. (2004). *범죄심리학*. 박영사.

이윤호. (2006). *경찰학*. 박영사.

이윤호. (2007). *범죄학*. 박영사.

이윤호. (2008). *현대사회와 범죄*. 다해.

이재상. (2005). *형법총론(제5판)*. 박영사.

이황우. (2007). *경찰행정학(5판)*. 법문사.

임준태. (2009a). *임준태교수의 법과학과 범죄수사*. 21세기사.

임준태. (2009b). *범죄예방론*. 대영문화사.

정경영. (2007). *상법학강의*. 박영사.

정찬형. (2016). *상법강의(하)(제18판)*. 박영사.

정찬형. (2022). *상법강의(하)(제23판)*. 박영사.

쯔키타리 카즈키요. (1997). *보험과 범죄*. (이홍무 · 이미영, 역). 두남출판사.

최기원. (2002). *상법학신론(하)*. 박영사.

최석윤, 이경재, & 박미숙. (1998). *독일형사법입문*. 길안사.

최응렬. (2006). *경찰행정학*. 경찰공제회.

하태훈. (2002). *사례중심 형법총론*. 법원사.

황의갑, 기광도, 김용근, 류준혁 & 박지선. (2011). *범죄학*. 그린.

나. 연구논문

강동범. (1994). *우리나라의 경제형법에 관한 연구* [박사학위논문]. 서울대학교 대학원.

강맹진. (1999). 보험범죄의 실태와 대책 연구. *복지행정연구*, 15, 115-133.

강영숙 & 김태환. (2006). 미국의 탐정제도에 관한 연구. *시큐리티연구*, (12), 25-50.

김상균. (2008). 보험범죄에 대한 사법적 대응방안. *한국범죄심리연구*, 4(2), 25-53.

김영중. (1998). 도덕적 위험방지를 위한 보험범죄 사례분석. *손해보험*, 대한손해보험협회.

김용덕 & 안철경. (2002). 보험사기조사의 효과성에 관한 실증연구-미국의 주 보험사기국을 중심으로. *보험학회지*, 61, 26-59.

김재엽, 최지현, 이효정, & 김기현. (2010). 자기통제이론에 근거한 청소년의 인터넷 음란물 이용과 성폭력 가해간 관계 분석: 성별에 따른 경로차이 분석. *한국아동복지학*, (31), 79-106.

김진혁. (2011). *참여의사 결정이 직무만족에 미치는 영향에 관한 연구* [박사학위논문]. 원광대학교 대학원.

김철영. (1996). 자동차보험의 보험범죄 유형별 사례분석. *손해보험*, 대한손해보험협회.

김헌수. (2002). 보상전문가의 지식을 이용한 보험사기의 조기경보 모형의 개발에 관한 연구. *리스크 관리연구*, 13(1), 59-97.

내남정. (1996). 보험범죄에 대한 효율적 대응방안: 자동차보험의 현안문제와 해결방안. *리스크 관리학회 특별세미나*.

문국진. (1997). 보험범죄의 특징. *손해보험*, 대한손해보험협회.

박기석. (1998). 양벌규정의 문제점과 법인범죄의 새로운 구성. *형사정책*, (10), 101-132.

박세민. (2009). 보험사기에 대한 현행 대응방안 분석과 그 개선책에 대한 연구. *저스티스*, 140-177.

박영수. (2010). *한국의 보험범죄 감소 방안에 관한 연구* [박사학위논문]. 한성대학교 대학원.

박은경. (1999). 인터넷을 이용한 보험계약의 법적 검토. *경성법학*, 8.

박종수. (2011), *CCTV의 운용에 대한 경찰과 주민의 인식연구* [박사학위논문], 동국대학교 대학원.

석승훈. (2010). 의사가 진료수준을 정할 때 건강보험에서의 도덕적 해이에 대한 이론적 고찰. *보험학회지*, (86), 1-21.

송기철. (1983). 보험과 범죄. *보험학회지*, 22, 한국보험학회.

신동준. (2009). 처벌의 효과: 억제이론에 대한 비판적 검토. *형사정책*, 21(2), 191-216.

신동호. (1998). 도난차량(盜難車輛) 사고 감소책과 보험사기에 대한 연구. *보험학회지*, 52, 291-318.

신현기. (2007). 보험사기의 방지와 보험계약자의 보호. *보험방지포럼*, 21, 52-88.

안경옥. (2003). 한국의 보험범죄의 실태 및 대책. *형사정책연구*, 59-104.

안병재. (2000). 보험범죄의 현황과 대책. *손해보험*, 10, 대한손해보험협회.

안철경. (2000). 모럴해저드의 경제학적 이해 및 효과적 대응수단 연구－법제적 측면의 인프라 구축방안을 중심으로. *보험금융연구*, 29, 35-73.

양기진. (2014). 보험사기 방지를 위한 보험계약법 개정방향. *법학연구*, 55(3), 131-154.

양승규. (1997). 고액보험가입자의 윤화사망과 도덕적 위험, *손해보험*, 345, 대한손해보험협회.

육태용. (2011). *보험사기 대응책에 관한 개선방안 연구* [박사학위논문]. 대전대학교 대학원.

윤명성. (2012). *보험범죄의 실태분석 및 대응방안에 관한 연구*, [박사학위논문]. 동국대학교 대학원.
윤승진. (1991). *보험자의 면책사유에 대한 고찰: 해상·보험법에 관한 제문제(하)*. 법원행정처.
은종성. (2001). 보험범죄의 실태와 그 대책에 관한 일고. *기업법연구*, 8, 13-38.
이병훈 & 강동욱. (2022). 보험사기 방지 대응체계의 개선방안에 관한 연구－탐정의 역할 확대를 중심으로. *법과 정책연구*, 22(1), 227-262.
이병희. (1999). 보험범죄와 범죄인의 특성에 관한 연구. *법학연구*, 2, 353-375.
이성남. (2018). 새로운 접근 방법을 통한 보험사기의 효과적인 방어체제 구축 방안. *보험법연구*, 12(2), 75-120.
이영래. (2009). 선진외국 민간조사제도의 시사점－국내 도입 및 선진국 운용사례를 중심으로. *한국치안행정논집*, 6(1), 25-44.
이윤호. (2002). 보험사기에 대한 모니터링효과의 국제비교. *리스크 관리연구*, 13(1), 39-58.
이윤호. (2002). 보험사기에 대한 수사권 문제와 최적제재에 관한 연구. *보험학회지*, 61, 100-116.
이윤호. (2010). 금융상품의 불완전판매와 입증책임의 역할. *보험금융연구*, 21(3), 79-103.
이재복. (2001). 보험범죄의 방지를 위한 법률적 대처방안－생명보험계약을 중심으로. *기업법연구*, 8, 111-143.
이정원. (2021). 보험계약자 등의 고지의무와 사기죄의 성부－대법원 2019. 4. 3. 선고 2014 도 2754 판결. *보험금융연구*, 105, 35-71.
이종환. (2000). 보험사기 및 범죄의 조사기법에 대한 연구. *손해보험*, 385, 대한손해보험협회.
이진국. (2000). 비교법: 독일형법의 제재체계상 상징적 원상회복. *비교형사법연구*, 2, 253-270.
이학립. (2004). *보험범죄의 실태분석과 대응방안에 관한 연구* [박사학위논문]. 동국대학교 대학원.
임구일. (2007). MSO란 무엇인가. *臨床耳鼻*, 18(2).
장인권. (2010). *보험범죄에 관한 실증적 연구* [박사학위논문]. 경상대학교 대학원.
전영실. (2007). 가족유대와 비행의 관계－허쉬의 사회통제이론에 대한 수정된 논의를 중심으로. *형사정책*, 19(1), 277-304.

정웅. (2009). 우리나라 보험범죄의 실태와 제도적 대응방향. *사회과학연구*, 15(2), 275-305.

정찬형. (2010). 보험범죄(보험범죄) 감소를 위한 제언. *월간손해보험*, 499: 2-6.

정기홍. (2005). 우리나라의 보험사기 실태와 방지 대책. *손해보험,* 438, 대한손해보험협회.

정요섭. (1996). 일본의 생보언더라이팅 현황과 시사점. *월간 생보*, 생명보험협회.

조수웅. (2007). 보험범죄와 그 방지대책. *보험학회지*, 41, 한국보험학회.

조해균 & 양왕승. (2001). 범국가적 차원의 보험사기 대처방안에 관한 연구. *경제연구*, 22(2), 33-56.

조현빈. (2005). 보험사기의 가해적 특성과 제재 효율성에 관한 연구. *한국공안행정학회보*, (20), 449-472.

조호연. (2003). *보험범죄의 유형과 대책에 관한 연구* [석사학위논문]. 홍익대학교 대학원.

최세련. (2011). 보험사기의 방지를 위한 제도개선방안에 대한 검토. *경영법률*, 21(2), 99-138.

최승혁, 김범준, & 김시업. (2009). 화이트칼라 범죄에 대한 처벌철학과 양형판단. *한국심리학회지: 사회 및 성격*, 23(3), 1-17.

최외숙. (2011). *피부미용사의 스트레스, 근무환경이 직업만족도와 생활만족도에 미치는 영향* [박사학위논문]. 계명대학교 대학원.

한상철, & 정병수. (2009). 보험범죄 수사제도의 개선방안에 관한 연구. *한국민간경비학회보*, (14), 297-321.

함우식. (2009). 화이트칼라범죄에 영향을 미치는 요인. *한국자치행정학보*, 23(2), 533-552.

홍태경. (2011). *처벌의 억제효과가 경찰일탈에 미치는 영향에 관한 연구* [박사학위논문]. 계명대학교 대학원.

황만성. (2009). 형법상 사기죄 관련규정의 제 · 개정방안. *형사정책연구*, 471-497.

다. 보고서 및 기타 간행물

광주경찰청 보험범죄연구회. (2017). *보험범죄 대응백서*. 아이앤지컴퍼니.

경찰청. (2016). *피의자신문조서 작성기법*.

금융감독원. (2003). *불법 금융거래의 유형 및 특성*.

김성태. (2001). *보험사기에 대한 법적 · 제도적 대응방안*. 생명보험협회 세미나.

김준호, 차종천, & 김성언. (1993). *사기범죄의 실태에 관한 연구*. 한국형사정책연구원.

대한손해보험협회. (2005). *보험범죄와 조사: 보험범죄 조사 실무자를 위한 가이드북*. 대한손해보험협회.
문심명. (2023). *사무장병원등에 대한 단속의 실효성 확보 방안: 국민건강보험공단 '특별사법경찰' 도입 필요성을 중심으로*. 국회입법조사처.
박일용. (1999). *보험사기 적발 및 방지방안*. 보험개발원.
박일용 & 안철경. (1999). *보험사기 성향 및 규모추정: 손해보험을 중심으로*. 보험개발원.
박종현. (2005). *보험범죄*. 국회도서관 입법전자정보실.
백영화. (2024). *최근 보험사기 적발 및 처벌 현황*. KIRI 보험법 리뷰 보험법 동향, 보험연구원.
변혜원 & 손지영. (2020). *데이터 분석을 이용한 보험사기 방지*. KIRI 리포트, 보험연구원.
보험연수원. (2017). *보험조사론 I (이론)*.
보험연수원. (2022). *보험조사론 II (실무)*.
신수식. (2002). *보험제도의 도덕적 해이*. 한국노동연구원.
이병희, 이희성, & 박형민. (2002). *보험범죄의 형사판례 분석*. 대한손해보험협회 · 한국형사정책연구원.
이진국. (2003). *형사입법자의 형벌법규 제정권한의 한계에 관한 연구*. 한국형사정책연구원.
임현정. (2024). *불법개설기관 근절의 효율적 방안: 특별사법경찰관제도 도입 필요성*. 국민건강보험공단 주최 정책 토론회.
장영민 & 조영관. (1996). *증권범죄에 관한 연구*. 한국형사정책연구원.
조문환. (2010). *보험회사 소송 남발방지 방안*. 조문환의원 의원실.
조해균. (1992). *도덕적 위험관리*. 보험감독원.
전남경찰청 보험범죄연구회. (2018). *보험범죄 대응전략과 성과*. 아이앤지컴퍼니.
지식경제공무원교육원. (2009). *보험금지급심사과정*.
지식경제공무원교육원. (2010). *보험법률: 창의와 실용을 선도하는 글로벌 인재육성*.
차현숙 & 이동현. (2002). *입원적정성 심사 효율화 방안 연구 용역*(G000DU4-2022-152). 건강보험심사평가원.
최인섭, 이천현, 오경식, 안경옥, & 이경렬. (2002). *한국의 금융범죄의 실태와 사회적 대응 방안*. 한국형사정책연구원.
치안정책연구소. (2018). *비교수사절차론*. 범신사(비매품).
탁희성. (2002). *보험범죄에 관한 연구*. 한국형사정책연구원.

한국형사정책연구원. (2000). *보험범죄에 관한 연구*.

한국형사정책연구원. (2007). *보험범죄 형사판례집*.

황만성. (2003). *공보험범죄의 실태와 대책*. 한국형사정책연구원.

황만성, 신의기, & 탁희성. (2006). *우리나라의 보험사기 방지 선진화 방향 연구*. 한국형사정책연구원.

황현아 & 손인숙. (2022). *보험사기방지특별법 개정안의 주요 쟁점*. KRI 보험법 리뷰, 보험연구원.

2. 국외문헌

Byrne, C. (2002). Intelligent fraud detection. *Communication*, 5(2), 56-95.

Carlsmith, K. M. (2006). The roles of retribution and utility in determining punishment. *Journal of Experimental Social Psychology*, 42, 437-451.

Carlsmith, K. M., Darley, J. M., & Robinson, P. H. (2002). Why do we punish? Deterrence and just deserts as motives for punishment. *Journal of Personality and Social Psychology*, 83(2), 284-299.

Cernkovich, S. A., & Giordano, P. C. (1987). Family relationships and delinquency. *Criminology*, 25, 295-321.

Cattarello, A. M. (2000). Community-level influences on individuals' social bonds, peer associations, and delinquency: A multilevel analysis. *Justice Quarterly*, 17(1), 33-60.

Dietterich, T. G. (2000). An experimental comparison of three methods for constructing ensembles of decision trees: Bagging, boosting, and randomization. *Machine Learning*, 40(2), 139-157.

Dishion, T. J., Patterson, G. R., Stoolmiller, M., & Skinner, M. L. (1991). Family, school, and behavioral antecedents to early adolescent involvement with antisocial peers. *Developmental Psychology*, 27(1), 172-180.

Vaughan, E. J., & Vaughan, T. (2008). *Fundamentals of risk and insurance(10th ed.)*. John Wiley & Sons.

Gibbs, J. P. (1975). *Crime, punishment and deterrence*. Elsevier.

Hirschi, T. (1969). *Causes of delinquency*. University of California Press.

Hill, G. D., & Atkinson, M. P. (1988). Gender, familial control, and delinquency.

Criminology, 26(1), 127-149.

Hoyt, R. E., Mustard, D. B., & Powell, L. S. (2004). The effectiveness of state legislation in mitigating moral hazard: Evidence from automobile insurance. *Journal of Law & Economics*, 49(2), 427-450.

Insurance Europe. (2019). Insurance fraud: Not a victimless crime. *Insurance Europe*, 11, 68.

Toby, J. (1964). Is punishment necessary? *Journal of Criminal Law, Criminology and Police Science*, 55, 332-337.

Jensen, G. F. (1972). Parents, peers, and delinquent action: A test of the differential association perspective. *American Journal of Sociology*, 78, 562-575.

Meier, R. F., & Johnson, W. T. (1977). Deterrence as social control: The legal and extralegal production of conformity. *American Sociological Review*, 42, 292-304.

Nye, F. I. (1958). *Family relationships and delinquent behavior*. Greenwood Press.

Optiz, D., & Maclin, R. (1999). Popular ensemble methods: An empirical study. *Journal of AIR*, 11, 169-198.

Patterson. (1957). *Essentials of insurance law(2nd ed.)*. Insurance Crime Strategy and Performance.

Reid, S. T. (2003). *Crime and criminology*. McGraw-Hill.

Rhodes, J. E., & Jason, L. A. (1990). A social stress model of substance abuse. *Journal of Consulting and Clinical Psychology*, 58, 395-401.

Siddiqi, N. (2006). *Credit risk scorecards: Developing and implementing intelligent credit scoring*. John Wiley & Sons.

Viaene, S., & others. (2002). A comparison of state-of-the-art classification techniques for expert automobile insurance fraud detection. *Journal of Risk & Insurance*, 2(1), 23-56.

Sutherland, E. H. (1940). *White-collar criminality*. American Sociological Review, 5(1), 1-12.

Sutherland, E. H. (1945). *White collar crime*. American Sociological Review, 10(2), 132-139.

Sutherland, E. H. (1983). *White collar crime: The uncut version*. Yale University Press.

Taarud, N. L. (2006). Insurance fraud bureau: Does Wisconsin really need one? *Journal of Economic Crime Management*, 4(2), 1-20.

Hirschi, T. (1969). *Causes of delinquency*. University of California Press.

Weisberg, H. I., & Derrig, R. A. (1991). Fraud and automobile insurance: A report on bodily injury liability claims in Massachusetts. *Journal of Insurance Regulation*, 9, 497-541.

Wilson, H. (1980). Parental supervision: A neglected aspect of delinquency. *The British Journal of Criminology*, 20(3), 203-235.

Zalma, B. (1998). Property claims: Weapons to fight fraud.

Zimring, F. E., & Hawkins, G. J. (1973). *Deterrence: The legal threat in crime control*. University of Chicago Press.

3. 기타

금융감독원. http://www.fss.or.kr/

보험개발원. http://www.kidi.or.kr/

보험범죄신고센터. http://www.Insucop.fss.or.kr/

사이버경찰청. http://www.police.go.kr/

생명보험협회. http://www.klia.or.kr/

소방방재청. http://www.nema.go.kr/

손해보험협회. http://www.knia.or.kr/

저자 소개

이 름 : 윤 명 성 (尹 明 星)

○ 학력 및 자격
- 경찰대학교 법학과 졸 (법학사)
- 연세대학교 행정대학원 졸 (법학석사)
- 동국대학교 대학원 졸 (범죄학박사)
- 보험조사분석사(CIFI), 행정사

○ 주요 경력
- 전남경찰청 청문감사담당관
- 전남화순경찰서장
- 서울종로경찰서장
- 서울경찰청 202경비단장
- 경찰청 홍보담당관
- 광주경찰청 제2부장
- 전남경찰청 제2부장
- 인천경찰청 자치경찰부장
- 경찰청 대변인
- 제3대 세종경찰청장
- 제20대 경찰수사연수원장
- 전 인하대학교 법학전문대학원 초빙교수
- 경찰대학교 치안정책과정 외래교수
- 현 서울디지털대학교 탐정학과 객원교수
- 현 한국보험범죄학회장

○ 주요 저서

＜형사소송법＞ 수사연구사 발행. 2000.

＜경찰학개론＞ 경찰고시연구원 발행. 2001.

＜형법총론＞ 경찰고시연구원 발행. 2004.

○ 주요 논문

＜보험범죄의 실태분석 및 대응방안에 관한 연구＞ 2012년 (박사학위 논문)

＜보험범죄특별조사팀(SIU)의 근무환경과 보험범죄에 대한 일반적 인식이 직무만족도에 미치는 영향(공동논문)＞ 2012년

＜보험산업 발전을 위한 보험사기 대응전략＞ 2020년

＜현행 즉결심판제도의 운영실태와 개선방안에 관한 연구＞ 2002년

보험범죄조사론

초판발행 2025년 6월 20일

지은이 윤명성
펴낸이 안종만 · 안상준

편 집 한두희
기획/마케팅 정연환
표지디자인 Ben Story
제 작 고철민 · 김원표

펴낸곳 (주) 박영사
서울특별시 금천구 가산디지털2로 53, 210호(가산동, 한라시그마밸리)
등록 1959. 3. 11. 제300-1959-1호(倫)
전 화 02)733-6771
f a x 02)736-4818
e-mail pys@pybook.co.kr
homepage www.pybook.co.kr
ISBN 979-11-303-1653-6 93350

정 가 25,000원